राजनीति सिद्धांत की समझ

संजीव कुमार (पीएच. डी.) वर्ष 2004 से ज़ाकिर हुसैन दिल्ली कॉलेज, दिल्ली विश्वविद्यालय के राजनीति विज्ञान विभाग में असिस्टेंट प्रोफ़ेसर हैं। आपकी शिक्षण और अनुसंधान संबंधी रुचि के मुख्य क्षेत्र राजनीति सिद्धांत, भारतीय राजनीतिक चिंतन, आपदा और शांति अध्ययन हैं। आपके लेख राष्ट्रीय और अंतरराष्ट्रीय जर्नल, पुस्तकों आदि में प्रकाशित होते रहे हैं। वर्तमान में आप "गाँधी और समकालीन विश्व" नामक प्रकाशनाधीन कृति का संपादन कर रहे हैं। आप दी सेंटर फ़ॉर दी स्टडी ऑफ़ डेवलपिंग सोसाइटीज़ (सीएसडीएस), दिल्ली के तत्त्वावधान में रिसर्च फैलो रहे हैं। आप दी डेवलपिंग कंट्रीज़ रिसर्च सेंटर (डीसीआरसी), दिल्ली विश्वविद्यालय में भी फैलो रह चुके हैं।

लेखन मंडल

अंकित तोमर, असिस्टेंट प्रोफ़ेसर, राजनीति विज्ञान विभाग, कमला नेहरू कॉलेज, दिल्ली विश्वविद्यालय।

अमरीन, असिस्टेंट प्रोफ़ेसर, राजनीति विज्ञान विभाग, ज़ाकिर हुसैन दिल्ली कॉलेज (सांध्य), दिल्ली विश्वविद्यालय।

अमित कुमार, असिस्टेंट प्रोफ़ेसर, राजनीति विज्ञान विभाग, मोतीलाल नेहरू कॉलेज (सांध्य), दिल्ली विश्वविद्यालय।

कुंदन कुमार, असिस्टेंट प्रोफ़ेसर, राजनीति विज्ञान विभाग, शहीद भगत सिंह कॉलेज (सांध्य), दिल्ली विश्वविद्यालय।

कमल कुमार, असिस्टेंट प्रोफ़ेसर, राजनीति विज्ञान विभाग, शिवाजी कॉलेज, दिल्ली विश्वविद्यालय।

भावना शर्मा, असिस्टेंट प्रोफ़ेसर, राजनीति विज्ञान विभाग, गुरु नानक देव खालसा कॉलेज, दिल्ली विश्वविद्यालय।

शबाना आज़मी, असिस्टेंट प्रोफ़ेसर, राजनीति विज्ञान विभाग, ज़ाकिर हुसैन दिल्ली कॉलेज, दिल्ली विश्वविद्यालय।

शुभ्रा पन्त कोठारी, असिस्टेंट प्रोफ़ेसर, राजनीति विज्ञान विभाग, ज़ाकिर हुसैन दिल्ली कॉलेज, (सांध्य), दिल्ली विश्वविद्यालय।

संजीव कुमार, असिस्टेंट प्रोफ़ेसर, राजनीति विज्ञान विभाग, ज़ाकिर हुसैन दिल्ली कॉलेज, दिल्ली विश्वविद्यालय।

ज्ञानरंजन स्वेन, असिस्टेंट प्रोफ़ेसर, राजनीति विज्ञान विभाग, रावेनशॉ विश्वविद्यालय, ओडीशा।

राजनीति सिद्धांत की समझ

Understanding Political Theory

संपादन

संजीव कुमार
राजनीति विज्ञान विभाग
ज़ाकिर हुसैन दिल्ली कॉलेज
दिल्ली विश्वविद्यालय

प्रस्तावना

अशोक आचार्य
प्रोफ़ेसर
राजनीति विज्ञान विभाग
दिल्ली विश्वविद्यालय

ओरियंट ब्लैकस्वॉन

राजनीति सिद्धांत की समझ

ओरियंट ब्लैकस्वॉन प्राइवेट लिमिटेड

मुख्य कार्यालय

3-6-752 हिमायतनगर, हैदराबाद 500 029, तेलंगाना, भारत

ई.मेल: centraloffice@orientblackswan.com

शाखाएं

बंग्लुरू, भोपाल, चेन्नई, गुवाहाटी, हैदराबाद, जयपुर, कोलकाता, लखनऊ, मुंबई, नई दिल्ली, नोएडा, पटना, विजयवाड़ा

028601

सर्वप्रथम प्रकाशित 2019

ISBN 978-93-5287-495-8

पुस्तक सज्जा : ओरियंट ब्लैकस्वॉन

आवरण सज्जा : OSDATA हैदराबाद

लेज़रटाइपसेटर

कमल लेज़र ग्राफ़िक्स, नई दिल्ली द्वारा वॉकमैन चाणक्य 905 12/15 पाइंट में टंकणांकित

मुद्रक

बी. बी. प्रेस, नोएडा

प्रकाशक

ओरियंट ब्लैकस्वॉन प्राइवेट लिमिटेड

3-6-752 हिमायतनगर, हैदराबाद 500 029, तेलंगाना, भारत

ई.मेल: info@orientblackswan.com

विषयानुक्रम

FOREWORD

Students of political science would know that just a few decades back, serious doubts were cast on the health and vigour of political theory. Around the middle of the twentieth century, some scholars argued that political theory was either dead or in the throes of an imminent death. The pessimism surrounding the status of political theory shared by some scholars was, among other things, attributed to the absence of any major work that political theory had produced in the twentieth century. Sensing this void, Isaiah Berlin captured the spirit of this sentiment by provoking a debate: 'Does political theory still exist?' This was the title of an essay he published in 1962.

Berlin, in this essay, calls into question the empirical basis of political theory, and by contesting the skepticism surrounding positivist beliefs, restores the pre-eminence of the normative argument. Since political theory, he reasoned, will always engage normative questions, by virtue of that theory will remain 'obstinately philosophical'. His argument, of course, yields an outcome that eschews perfectionism and does not adhere to a strictly Platonic or Kantian ideal. Values, for Berlin, are plural in nature and they do necessarily conflict, and the significance of political theory is to be able to uncover some of these without privileging one over the other in its quest to understand the human condition. Writing in the post-war milieu, when different ideologies vied to give a monistic account of human flourishing, Berlin's caution deserves all our attention, especially so when we are calling into question the significance of political theory. The essay concludes by way of a spirited defence:

"It is a strange paradox that political theory should seem to lead so shadowy an existence at a time when, for the first time in history, literally the whole of mankind is violently divided by issues the reality of which is, and has always been, the sole raison d'etre of this branch of study."

And rather than dying, the existence of a diverse and perhaps an incommensurable range of values and ideologies indicate 'new and unpredictable developments'. In the span of a decade and after the publication of Rawls's A Theory of Justice in 1971, normative political theory was, in substantive measure, reinvigorated. And, although Berlin and Rawls differ in their approaches and methods in making sense of political theory, both of them do their bit to bring to the centre their preoccupations with one of the normative thrusts of political theory, especially their common acknowledgment of the space staked out by disagreements that people may have of the ultimate values in life.

Rawls' work, chiefly *A Theory of Justice*, has not only revitalised political theory, but has also served as an exemplary model for its practice. This magnum opus opened up a new world of sophistication and rigour in framing political arguments and innovated a new method of doing political theory. It does not mean to say, however, that Rawls did not have his fair share of detractors. But most of those who either agreed or disagreed with him found themselves responding to both a language and a framework set by Rawls himself.

However, normative political theory, shaped by the Rawlsian framework, came under strident attack around the late 1980s and although Rawls himself responded to some of these criticisms by way of refining and revising his earlier arguments, by the turn of the twenty-first century, it was clear that a few new trajectories and modes of normative inquiry had opened up.

In hindsight, if we make sense of some of the significant changes that have altered the landscape of political theory, we find three major areas in which political theory has advanced. The three major developments have been in the areas of egalitarianism, communitarianism and cosmopolitanism. In each of these areas, the Rawlsian framework was either stretched or deepened to accommodate some concerns that had become pressing with the passage of time. Egalitarians, for instance, while pushing the debates to new frontiers, raised more robust questions on social wellbeing in a non-ideal world that was trapped in structural inequalities. The communitarians, in challenging Rawlsian individualism and 'the priority of the right over the good', argue that social identity is largely shaped by relationships within a community which help outline the shared meanings we give to social goods. In contrast to the communitarians, however, the cosmopolitans stretch the Rawlsian framework outwards and consider the individual as the unit of analysis in a global setting that offers a different picture of inequality than the one seen within national borders.

In different ways, each of the above interventions, besides the many other that do not directly engage the Rawlsian framework, have all together enriched and broadened the scope of political theory. Due in part to the pressing concerns of universal human rights, global distributive justice and the significance of transnational institutions and norms, political theory today is increasingly global in both scope and focus. The traditional normative discourses that dwelt on the richness of values that emanated from national settings require today a different sort of theoretical inflection mediated by a comparative prism. While we push the global horizons on the one hand, we are, on the other, simultaneously sensitive to deep contextual explorations. Political theory today promises more excitement than it ever did, reliving perhaps Berlin's hopes of 'new and unpredictable developments'.

Given the fact that the teaching of political theory in India has recently acquired a lot of serious professional interest along with translations of scholarship across the various Indian languages, I am immensely delighted to note the publication of this Hindi textbook edited by Dr Sanjeev Kumar. Dr Kumar, who is very well-trained in political theory, deserves accolades for not only collecting an excellent set of essays on different concepts that constitute the staple of mainstream political theory, but deserves praise for the painstaking work he undertook to translate some chapters for the book. Thanks to his efforts, almost every chapter in this book has been written competently, and together address most of the core debates surrounding contemporary political theory. I hope the book whets the appetite of the student-readers and sets them on the path of scholarship in new and exciting areas.

Professor Ashok Acharya
Department of Political Science
University of Delhi

प्रस्तावना

राजनीति विज्ञान के छात्र यह जानते होंगे कि कुछ दशक पहले तक राजनीतिक सिद्धांत की अवस्था और भूमिका को लेकर गंभीर सवाल उठाए गए थे। बीसवीं सदी के मध्य तक कुछ विद्वानों ने तर्क दिया कि राजनीति सिद्धांत का अंत हो चुका है अथवा यह पतन की अवस्था की ओर अग्रसर है। बीसवीं सदी में कुछ विद्वानों द्वारा राजनीति सिद्धांत के संबंध में कही गई अन्य बातों के अलावा यह निराशावादी संकल्पना राजनीतिक सिद्धांत के अंतर्गत किसी बड़े कार्य की अनुपस्थिति के कारण उत्पन्न हुई मानी जा रही थी। इस रिक्तता को भांपते हुए ईसेया बर्लिन ने 1962 में एक निबंध लिखा जिसका शीर्षक था – क्या राजनीतिक सिद्धांत अभी भी मौजूद है?

इस निबंध में बर्लिन राजनीतिक सिद्धांत के अनुभवजन्य आधार पर सवाल उठाते हैं और प्रत्यक्षवाद (positivists) की संशयात्मक मान्यताओं पर प्रश्न करते हुए मूल्यपरक तर्क (normative arguments) को पुनर्स्थापित करते हैं। बर्लिन का मत है कि राजनीति सिद्धांत क्योंकि हमेशा मूल्यपरक प्रश्नों को वरीयता देता है इस कारण सिद्धांत में 'दार्शनिक' प्रभाव निरंतर बने रहते हैं। निश्चित रूप से उनका तर्क पूर्णतावाद तथा प्लेटो या कांट के आदर्श का कठोरता से पालन नहीं करने के विचार पर बल देता है। बर्लिन के लिए मूल्य बहुल प्रकृति के हैं, इनके बीच टकराव अनिवार्य है। राजनीतिक सिद्धांत की महत्ता इस समझ पर आधारित है कि कैसे, बिना किसी एक मूल्य को वरीयता दिए, इन मूल्यों को उजागर किया जा सकता है। दूसरे विश्व युद्ध के उपरांत जब विभिन्न विचारधाराएं मानव विकास के एकांकी लेखन के लिए प्रतिबद्ध थीं, बर्लिन की चेतावनी ध्यान देने योग्य है, विशेषकर जब हम राजनीतिक सिद्धांत के महत्त्व पर सवाल उठाते हैं। यह निबंध एक उत्साही निष्कर्ष के साथ समाप्त होता है :

'यह एक अजीब विरोधाभास है कि राजनीतिक सिद्धांत को एक ऐसे समय में अस्पष्ट अस्तित्व के रूप में प्रस्तुत किया जा रहा है जब इतिहास में पहली बार संपूर्ण मानव जाति मुद्दों पर बलपूर्वक विभाजित है, जो इस शाखा के अध्ययन का एकमात्र औचित्य (*raison d'etre*) हमेशा से रही है।'

विविध और परस्पर-विरोधी मूल्यों और विचारधाराओं का अस्तित्व सिद्धांत की मृत्यु नहीं बल्कि "नई और अप्रत्याशित घटनाओं के विकास" को दर्शाता है। एक दशक के भीतर और रॉल्स के 1971 में *ए थीयरी ऑफ जस्टिस* के प्रकाशन के बाद आदर्शमूलक राजनीतिक सिद्धांत एक स्वायत्त रूप में पुनः अनुप्राणित हुआ। बर्लिन और रॉल्स के राजनीति सिद्धांत के दृष्टिकोण और तरीकों में अंतर है परंतु दोनों ही जीवन में आधारभूत मूल्यों के प्रति लोगों की असहमति को स्वीकृति प्रदान करते हैं जो आदर्शमूलक राजनीतिक सिद्धांत की प्राथमिकताओं में से एक है।

मौलिक रूप से रॉल्स की रचना *ए थीयरी ऑफ जस्टिस* ने न केवल राजनीतिक सिद्धांत को पुनर्जीवित किया है, बल्कि इसके व्यवहार के लिए एक आदर्श मॉडल के रूप में भी कार्य किया है। इस सर्वश्रेष्ठ कृति ने राजनीतिक तर्क को तैयार करने में परिष्कृत और दृढ़ता की नवीन दुनिया के द्वार खोले, साथ ही राजनीति सिद्धांत तैयार करने की नवोन्मेषी पद्धति को भी उजागर किया है। इसका तात्पर्य यह नहीं है कि रॉल्स के आलोचक नहीं थे, लेकिन इनमें से अधिकतर जो उनके साथ सहमत थे या असहमत, वे रॉल्स द्वारा निर्धारित भाषा और ढांचा के अंतर्गत ही अपने विचारों को प्रस्तुत कर रहे थे। यद्यपि 1980 के दशक के अंत तक रॉल्सवादी आदर्शमूलक राजनीतिक सिद्धांत प्रारूप के आधार पर बहुत सारी आलोचनात्मक प्रतिक्रियाएं आईं और स्वयं रॉल्स ने पहले के तर्कों को परिष्कृत करके तथा संशोधित तरीकों से इन आलोचनाओं पर अपनी प्रतिक्रिया दी, पर इक्कीसवीं सदी के आरंभ तक यह स्पष्ट था कि आदर्शमूलक प्रक्षेपण और जांच की कई नई पद्धतियां प्रारंभ हो चुकी थीं।

यदि हम कुछ उन महत्त्वपूर्ण परिवर्तनों जिन्होंने राजनीतिक सिद्धांत के परिप्रेक्ष्य को प्रभावित किया है, को समझने का प्रयास करें तो पाते हैं कि राजनीतिक सिद्धांत में प्रगति तीन मुख्य क्षेत्रों में हुई है, जिनमें – समतावाद, समुदायवाद तथा सर्वसमावेशीवाद प्रमुख हैं। रॉल्सवादी प्रारूप इन सभी क्षेत्रों में, मानव जीवन के महत्त्वपूर्ण सरोकारों को समायोजित करने के उद्देश्य से विस्तृत रूप से प्रयोग में लाया गया। उदाहरण के तौर पर, समतावादियों ने सामाजिक कल्याण के सवाल को संरचनात्मक असमानताओं में फंसे हुए एक गैर-आदर्श विश्व में महत्त्वपूर्ण रूप से उठाकर विमर्श को नई ऊंचाई दी। समुदायवादी रॉल्स के 'व्यक्तिवाद तथा शुभ (good) पर अधिकार की प्राथमिकता' को चुनौती देते हुए यह तर्क देते हैं कि "सामाजिक पहचान" बड़े पैमाने पर एक समुदाय के भीतर के संबंधों द्वारा निर्धारित होती है जो सामाजिक कल्याण (good) के एक साझे अर्थ को परिभाषित

करने में मदद करती है। इस संदर्भ में, समुदायवाद के विपरीत सर्वसमावेशवादी रॉल्सवादी प्रारूप में वृद्धि करते हुए व्यक्ति को वैश्विक व्यवस्था में विश्लेषण की इकाई के रूप में मानते हैं, जो राष्ट्रीय सीमाओं में प्रस्तुत असमानता की अलग तस्वीर प्रदान करता है।

उपर्युक्त प्रयासों के अलावा वे तमाम हस्तक्षेप जो सीधे रॉल्सवादी ढांचे को शामिल नहीं करते हैं, आज राजनीतिक सिद्धांत के दायरे को विविध तरीकों से समृद्ध और विस्तृत कर रहे हैं। आज सार्वभैमिक मानवाधिकारों, वैश्विक वितरणात्मक न्याय और अंतर्राष्ट्रीय संस्थाओं और मानदंडों के महत्त्व की चिंताओं के कारण, राजनीतिक सिद्धांत का केंद्र एवं दायरा वैश्विक होता जा रहा है। राष्ट्रगत मूल्यों से भरपूर परंपरागत मूल्यपरक विचारों को आज आवश्यकता है एक ऐसे सैद्धांतिक चिंतन की जो एक ओर तुलनात्मक दृष्टि को प्राथमिकता देने के साथ, दूसरी ओर वैश्विक क्षितिज की ओर बढ़ते हुए संदर्भगत अनुसंधान के प्रति भी संवेदनशील हो। राजनीतिक सिद्धांत में आज पहले की तुलना में संभावनाएं ज्यादा प्रबल हैं जो शायद बर्लिन की ''नई और अप्रत्याशित विकास'' की उम्मीदों को साकार करती हैं।

हाल के समय में भारत में राजनीति सिद्धांत के शिक्षण में न केवल रुचि बढ़ी है बल्कि पेशेवर तरीके से गंभीर लेखन कार्य हो रहे हैं, साथ ही विभिन्न भारतीय भाषाओं में भी महत्त्वपूर्ण रचनाओं का अनुवाद इसके अंतर्गत शुरू हो चुका है। डॉ संजीव कुमार द्वारा संपादित इस पाठ्यपुस्तक के प्रकाशन पर आज मुझे हार्दिक प्रसन्नता हो रही है। डॉ कुमार राजनीति सिद्धांत के बेहतर जानकार हैं। उन्होंने इस पुस्तक में न केवल प्रमुख अवधारणाओं, जो राजनीति सिद्धांत के विमर्श के केंद्र हैं, को एकत्रित किया है बल्कि कुछ अध्यायों का हिंदी अनुवाद करने का प्रशंसनीय कार्य भी किया है। उनके प्रयास से इस पुस्तक के लगभग हर अध्याय को कुशलतापूर्वक लिखा गया है। इसमें समकालीन राजनीतिक सिद्धांत की अधिकांश मूल बहसों को विस्तारपूर्वक सहज व्याख्या के माध्यम से पुस्तक में प्रस्तुत किया गया है। मुझे आशा है कि यह पुस्तक विद्यार्थियों-पाठकों की ज्ञान मीमांसा की उत्कंठा को और तीव्रता प्रदान करेगी और उन्हें विद्वता के नए और रोमांचक मार्ग प्रशस्त करने में प्रभावी होगी।

प्रो़फेसर अशोक आचार्य
राजनीति विज्ञान विभाग
दिल्ली विश्वविद्यालय

भूमिका

इस पुस्तक में "सिद्धांत निर्माण" तथा "राजनीति" संबंधी विविध संभावनाओं को समझने का एक विनम्र प्रयास किया गया है। पुस्तक का मुख्य लक्ष्य भारतीय विद्यार्थियों को राजनीति सिद्धांत की प्रमुख अवधारणाओं एवं परंपराओं से अवगत कराना है। इस दिशा में यह पुस्तक एक स्पष्ट और बोधगम्य परिचय प्रदान करने का प्रयास है। राजनीति सिद्धांत के क्षेत्र में आज अनेक महत्त्वपूर्ण कार्य एवं शोध हो रहे है और राजनीति विज्ञान के अध्ययन का दायरा भी व्यापक हो गया है। लोकतंत्र, स्वतंत्रता, न्याय, जेंडर, समानता आदि की प्रतिस्पर्धी समझ नई चुनौतियों के रूप में सामने आ रही है जिनकी जानकारी होना युवाओं के लिए अत्यंत आवश्यक है। *राजनीति सिद्धांत की समझ* में राजनीति सिद्धांत के विषय संबंधी ऐतिहासिक तथा समसामयिक विमर्शों का भी समावेश किया गया है। यह पुस्तक राजनीति विज्ञान के विद्यार्थियों के लिए उपयोगी रहेगी क्योंकि इसके माध्यम से सुसंगत ज्ञान के रूप में "राजनीतिक" की समझ को विकसित कर उनको एक सुदृढ़ आधार प्रदान करने का प्रयास किया गया है।

यह पुस्तक CBCS पाठ्यक्रम पर आधारित है। मुख्य रूप से यह पुस्तक दिल्ली विश्वविद्यालय के बी.ए. ऑनर्स के राजनीति विज्ञान के विद्यार्थियों की आवश्यकता के अनुरूप लिखी गई है किंतु इसके अध्ययन से देश के उन विश्वविद्यालय के स्नातक और स्नातकोत्तर विद्यार्थी लाभान्वित होंगे जहां CBCS पाठ्यक्रम लागू है। प्रतियोगी परीक्षा की तैयारी करने वाले प्रतिभागियों के लिए तथा आम पाठक, विशेषकर राजनेता, नौकरशाहों, पत्रकारों आदि के लिए भी यह पुस्तक उपयोगी होगी जो राजनीति की गतिशीलता और इससे संबंधित विमर्श को समझने में रुचि रखते हैं।

हिंदी में राजनीति विज्ञान में लेखन-कार्य बहुत चुनौतीपूर्ण है। अध्यापन के दौरान मैंने यह अक्सर महसूस किया है कि हिंदी माध्यम के विद्यार्थियों के लिए कोई स्तरीय पुस्तक उपलब्ध नहीं है जो इस विषय की सारगर्भित जानकारी दे सके। हाल के वर्षों में दिल्ली विश्वविद्यालय में हिंदी माध्यम के विद्यार्थियों की संख्या में लगातार बढ़ोत्तरी होती जा रही है और अब तो इनकी संख्या अंग्रेजी

माध्यम के विद्यार्थियों की तुलना में अधिक है। परंतु इसके अनुपात में हिंदी में न तो अधिक संदर्भ ग्रंथ हैं और न ही विषय से संबंधित पुस्तकें उपलब्ध हैं। स्वाभाविक है कि हमारी निर्भरता अंग्रेजी की चंद पुस्तकों या उनके अनुवादित संस्करणों पर ही सीमित रहती है।

जब ओरियंट ब्लैकस्वॉन की ओर से मेरे सामने राजनीति सिद्धांत पर पुस्तक लिखने का प्रस्ताव रखा गया तो मुझे प्रसन्नता हुई लेकिन हिंदी में प्रकाशन की बात पर मैं पशोपेश में था। विगत 13-14 वर्षों से इस विषय को कॉलेज में पढ़ाया तो था लेकिन हिंदी में लेखन-कार्य सर्वथा भिन्न कार्य था। इस कार्य को मैंने एक चुनौती की तरह लिया और दिल्ली विश्वविद्यालय के राजनीति विज्ञान विभाग के कुछ युवा प्रोफ़ेसर से इसके लिए संपर्क किया जो हिंदी माध्यम से विषय को पढ़ाते हैं; और उनके सहयोग से इस पुस्तक के संपादन का कार्यभार उठाने का निर्णय लिया। यह पुस्तक उन तमाम सहयोगियों के लगभग पिछले दो साल के अथक प्रयास का परिणाम है। विशेषकर मैं शिवाजी कॉलेज के कमल कुमार का, पुस्तक के लिए आवश्यक डेटा एकत्र करने में सहायता प्रदान करने के साथ ही समय-समय पर पुस्तक संबंधी विमर्श के लिए जरूरी हर मीटिंग को संयोजित करने में भी विशेष योगदान देने के लिए, आभार व्यक्त करना चाहता हूं। अनुवादित पुस्तकों के बजाय राजनीति सिद्धांत की मूल रचनाओं के अध्ययन को केंद्र में रखकर सभी सहयोगी लेखकों ने इस पुस्तक के लेखन-कार्य को संपन्न किया। इस बात का विशेष ध्यान रखा गया कि कोई भी पाठ बिना उचित उद्धरण (citation) के इसमें सम्मिलित न हो।

पुस्तक लेखन से जुड़ी चुनौतियों का अनुभव मुझे राजनीति सिद्धांत की इस पुस्तक के संपादन के समय हुआ। अंग्रेजी की मूल रचनाओं में प्रयुक्त ऐसी अनेक अवधारणाएं एवं शब्द हैं जिन्हें हिंदी में भाव के साथ अभिव्यक्त करना जटिल है। ऐसे अनेक शब्द हैं जिनका अंग्रेजी में प्रयोग एवं अर्थ काफी सहज है, उनका हिंदी में अनूदित होने पर अलग ही रूप हो जाता है और उनको समझना और भी जटिल। राजनीति सिद्धांत से संबंधित मानक शब्दों को अभी हिंदी में पूरी तरह से स्थापित नहीं किया जा सका है और मानकीकरण के प्रयास को अभी विमर्श द्वारा और सुदृढ़ करने की आवश्यकता है। पुस्तक में इसी बात को ध्यान में रखते हुए हिंदी में प्रयुक्त महत्त्वपूर्ण संकल्पना-विचार के लिए उपयोग किए जाने वाले मूल अंग्रेजी पारिभाषिक शब्द को भी साथ दिया गया है जो विद्यार्थियों और पाठकों के लिए पाठ को समझने में सहायक होगा।

इस पुस्तक की रचना के लिए मैं अपने सभी शिक्षकों के प्रति कृतज्ञता

व्यक्त करता हूं जिन्होंने राजनीति सिद्धांत की मेरी समझ को विकसित करने में मदद की है। मैं प्रोफ़ेसर अशोक आचार्य का विशेष आभार व्यक्त करना चाहता हूं जिन्होंने अन्यथा व्यस्त होने के बावजूद पुस्तक की प्रस्तावना लिखना स्वीकार किया। विद्यार्थी जीवन से आज तक लगातार प्रोफ़ेसर आचार्य मेरा मार्गदर्शन करते आ रहे हैं। उत्साह, प्रोत्साहन और समर्थन के निरंतर स्रोत के रूप में मेरे साथ अन्य अनेक सरपरस्त रहे हैं जिनका मेरे अकादमिक विकास में महती योगदान रहा है। खास तौर पर मैं श्री वाल्मीकि प्रसाद सिंह, प्रोफ़ेसर एम.पी. सिंह, प्रोफ़ेसर विद्युत चक्रवर्ती, प्रोफ़ेसर गोपाल गुरु, प्रोफ़ेसर पीटर डिसूजा, प्रोफ़ेसर डगलस एलन और प्रोफ़ेसर एंथनी परेल का विशेष रूप से आभारी हूं।

अपने परामर्शों, टिप्पणियों और रचनात्मक आलोचनाओं द्वारा मेरे साथी– ज्ञानरंजन, अश्विन पारिजात, कुमार राहुल, सुमित पाठक एवं सेल्विन पॉल मेरे काम को समर्थन देते और लगातार मेरा उत्साह बढ़ाते रहे हैं। इस कार्य के लिए अकादमिक वातावरण प्रदान करने के लिए राजनीति विज्ञान विभाग, जाकिर हुसैन दिल्ली कॉलेज में अपने सहयोगियों–शिक्षकों के प्रति अपना आभार व्यक्त करता हूं।

पुस्तक के प्रकाशन के लिए अपने प्रकाशक ओरियंट ब्लैकस्वॉन के संपादन विभाग का बहुत आभारी हूं जिसने पुस्तक के संपादन कार्य को बहुत धैर्य के साथ संपन्न किया। इस अवसर के योग्य हो पाने के लिए मैं अपने माता–पिता का उनके आशीर्वाद और प्रोत्साहन के लिए आजीवन ऋणी रहूंगा। अंततः मैं धन्यवाद देना चाहता हूं अपनी जीवन–साथी अंजलि रॉय को जिसने धैर्यपूर्वक सभी उत्तरदायित्वों को निभाते हुए मेरी अनुपस्थितियों को नजरअंदाजकर मुझे सहयोग दिया। उसके सकारात्मक समर्थन के कारण ही मैं इस कार्य पर अविभाज्य ध्यान दे पाया। विलंब से घर आने पर मेरे बेटे पार्थ ने भी कभी शिकायत नहीं की बल्कि उसके स्नेह से मेरे हौसले और बढ़े।

इस पुस्तक के संपादन द्वारा कई बिंदुओं पर मुझे सीखने का मौका मिला है। संपादन से संबद्ध हर तरह की कमियों को दूर करने का प्रयास किया गया है परंतु सुधार की संभावनाएं निस्संदेह सदैव रहती हैं। मुझे आशा है कि यह पुस्तक राजनीति सिद्धांत के विद्यार्थियों–पाठकों की विषय में समझ और रुचि बढ़ाने में सहायक होगी। साथ ही, आशा करता हूं कि यह पुस्तक हिंदी में राजनीति सिद्धांत पर पुस्तक लेखन के लिए और कई विद्वानों को प्रेरित करेगी जिससे हिंदी माध्यम के ज्यादा से ज्यादा विद्यार्थी भविष्य में लाभान्वित हो सकेंगे।

संजीव कुमार

नई दिल्ली

अध्याय एक

राजनीति क्या है: "राजनीतिक" का सिद्धांतीकरण

(What is Politics: Theorizing the "Political")

संजीव कुमार

* *राजनीति : एक विवादित अवधारणा* * *राजनीति की संकल्पना : विविध परंपराएं तथा विमर्श* * *राजनीति सिद्धांत की प्रकृति तथा विषय-क्षेत्र : राजनीतिक सिद्धांत को क्या समृद्ध बनाता है?* * *राजनीतिक सिद्धांत की समसामयिक प्रवृत्ति* * *समकालीन विमर्श एवं चुनौतियां* * *उदार-समुदायवादी विमर्श* * *बहुसंस्कृतिवाद-विल किमलिका एवं आइरिस यंग के विचार* * *किमलिका का सांस्कृतिक अधिकारों का उदारवादी औचित्य प्रतिपादन* * *यंग की विभेदित नागरिकता की अवधारणा* * *निष्कर्ष* * *महत्त्वपूर्ण प्रश्न* * *संदर्भ*

राजनीति क्या है? क्या यह प्राचीन तथा वर्तमान समय के सभी मानव समाजों की एक सार्वभौमिक विशेषता है? क्या यह विशिष्ट संस्थागत कार्यक्षेत्रों से सहबद्ध है? अथवा यह बड़े या छोटे, औपचारिक या अनौपचारिक, सभी समूहों एवं संगठनों में पाई जाती है? किन मानवीय गतिविधियों एवं अवधारणाओं को यथायोग्य रूप से "राजनीतिक" कहा जा सकता है, इन प्रश्नों का उत्तर देना जटिल है।

राजनीति शब्द सुनने पर, सामान्यत: हमारे मस्तिष्क में सरकार, राजनेताओं, संसद और चुनावों आदि की तस्वीरें उभरती हैं। आजकल, राजनेताओं का आचरण

* संजीव कुमार, असिस्टेंट प्रोफ़ेसर, राजनीति विज्ञान विभाग, ज़ाकिर हुसैन दिल्ली कॉलेज, दिल्ली विश्वविद्यालय।

अधिकतर सत्ता तथा धन प्राप्ति की व्यक्तिगत लालसा से जुड़ा होता है। रिश्वत, जालसाजी और भ्रष्टाचार का प्रयोग राजनीतिक कुशलता का अभिप्राय बन गए हैं, जिनकी सूचना मीडिया के माध्यम से प्रायः मिलती रहती है। यही मुख्य कारण है जिससे ''राजनीति'' को आज एक नकारात्मक प्रक्रिया के रूप में समझा जाता है और इससे आम आदमी को दूर रहने की सलाह दी जाती है। परंतु यह समझ सीमित है तथा राजनीति के वास्तविक सारतत्त्व को नहीं दर्शाती है। चर्चाओं में प्रायः एक आलंकारिक उपकरण के रूप में उपयोग होने वाली "राजनीति" (politics), एक अवधारणा के रूप में अस्पष्ट बनी हुई है। ''राजनीतिक'' क्या है? इसकी कोई सर्वसम्मत परिभाषा नहीं है। प्लेटो से लेकर समकालीन अवधि तक राजनीति के अर्थ को विभिन्न रूप से समझा तथा परिभाषित किया गया है।

राजनीति : एक विवादित अवधारणा
(Politics : A Contested Concept)

व्यापक रूप से राजनीति को एक ऐसे कार्यकलाप के रूप में समझा जाता है जो *सरकार* तथा *राज्य* तक ही सीमित है। इसके अंतर्गत औपचारिक राजनीतिक संस्थाओं तथा प्रक्रियाओं पर ध्यान केंद्रित किया जाता है। यह दृष्टिकोण, राजनीति शब्द के दिन-प्रतिदिन होने वाले प्रयोग में स्पष्ट रूप से झलकता है; सार्वजनिक कार्यालय में पद प्राप्त लोगों के लिए कहा जाता है कि वे राजनीति में हैं। इस प्रकार, ''राजनीति'' (polity) को आम तौर पर एक ऐसी व्यवस्था के रूप में–(सामाजिक संगठन की ऐसी व्यवस्था) समझा जाता जो सरकार के तंत्र पर केंद्रित होती है–और उसके भीतर घटित होने वाली व्यवस्था के संदर्भ में इसे समझा जाता है। इसका तात्पर्य है कि अधिकांश व्यक्ति, संस्थाएं तथा सामाजिक गतिविधियां ''राजनीति'' की परिधि से बाहर हैं। डेविड ईस्टन (David Easton) की राजनीति की परिभाषा, ''समाज के मूल्यों के प्रामाणिक वितरण के विज्ञान'' के रूप में राजनीति को राज्य तथा सरकार तक ही सीमित रखती है।

राजनीति की दूसरी तथा व्यापक अवधारणा इसे सरकार के उस संकीर्ण क्षेत्र से परे ले जाती है जिसे ''लोक मामलों'' या ''सार्वजनिक जीवन'' के रूप में समझा जाता है। राजनीतिक वैज्ञानिक एंड्रयू हेवुड (Andrew Heywood) कुछ हद तक राजनीति की एक व्यापक परिभाषा प्रस्तुत करते हैं। उनके अनुसार, राजनीति की महत्ता इस बात से है कि 'यह विश्व में प्रतिद्वंद्विता का एक स्रोत होने के साथ-साथ ''विवाद को हल करने'' तथा ''बेहतर समाजों के निर्माण'' करने की एक कार्यप्रणाली भी है।' वे राजनीति को 'एक ऐसी क्रिया के रूप में

परिभाषित करते हैं, जिसके माध्यम से लोग अपने जीवन में उन सामान्य नियमों का निर्माण, पररिक्षण तथा संशोधन करते हैं जो आवश्यक हैं। (हेवुड, 2013, 2) हेवुड के अनुसार 'राजनीति, संघर्ष के समाधान की एक ऐसी प्रक्रिया है, जिसके द्वारा प्रतिद्वंद्वी हितों में समन्वय स्थापित करने का प्रयास किया जाता है।' यद्यपि, संघर्ष का समाधान संभव नहीं होने पर भी राजनीति की यह विशेषता है कि वह ऐसे समाधान की खोज पर बल देती है। संघर्ष समाधान पर ध्यान केंद्रित करने के साथ, यह परिभाषा क्रिक (Crick) की परिभाषा के साथ कुछ समानताएं साझा करती है, तथापि इसमें कुछ भेद भी हैं। क्रिक, राजनीति को संघर्ष का समाधान करने के एक विशिष्ट तरीके के रूप में परिभाषित करते हैं–विभिन्न हितों द्वारा शक्ति का समानुपातिक विभाजन–और यह बताकर इसका दायरा सीमित करते हैं कि यह "शासन की एक प्रदत्त ईकाई (जैसेकि राज्य) के अंतर्गत" घटित होती है। निश्चित रूप से, हेवुड की परिभाषा अधिक व्यापक है, जो राजनीतिक गतिविधि को "शासन की इकाइयों" से परे ले जाती है और उसकी उपलब्धि के विपरीत उसे समाधान की खोज के रूप में परिभाषित करती है। राजनीति को, इस प्रकार, विभिन्न उपायों के माध्यम से संघर्ष के समाधान के साधन के रूप में परिभाषित किया जा सकता है। हाना आरेंट (Hannah Arendt) राजनीति को बल तथा हिंसा की बजाय "विमर्श" तथा "अनुनय" के माध्यम से निर्णय करने वाले तंत्र के रूप में देखती हैं और मानती हैं कि इस प्रकार की राजनीति के बिना स्वतंत्रता असंभव है। (आरेंट, 1958)

बहुत से आधुनिक राजनीतिक वैज्ञानिक यह मानते हैं कि राजनीति को प्रभावी बनाने के लिए इसमें "नियंत्रण" तथा "शक्ति" का होना आवश्यक है। लासवेल तथा रॉबर्ट डाल (H. Lasswell and Robert Dahl) के अनुसार, राजनीति में शक्ति, नियंत्रण, अधिकार तथा प्रभाव सम्मिलित होते हैं। (डाल, 1984 : 9-10) राजनीति के विश्लेषण में एक महत्त्वपूर्ण प्रश्न उठाया जाता है–*कौन, क्या, कब* और *कैसे* प्राप्त करता है? "राजनीति" को इस प्रश्न की उत्तर प्रदाता कहा जाता है, अर्थात् केवल शक्ति के प्रयोग तथा प्रभाव से ही किसी व्यक्ति अथवा संगठन द्वारा इच्छित वस्तु प्राप्त की जा सकती है। डेविड हेल्ड (David Held) ने 'मानवीय संगठन की संभावनाओं पर विमर्श एवं संघर्ष के विषय के रूप में राजनीति को एक व्यावहारिक गतिविधि के रूप में देखा है' और इस अर्थ में राजनीति को शक्ति का अध्ययन माना जा सकता है।

सत्ता (शक्ति) की अवधारणा सामाजिक प्रतिनिधियों तथा संस्थाओं की क्षमता से संबंधित है। हेल्ड द्वारा दी गई राजनीति की इस परिभाषा में हम

राजनीति विज्ञान के तीन अवयव पाते हैं– राजनीति विज्ञान, राजनीतिक गतिविधि, शक्ति एवं विभिन्न प्रतिनिधियों एवं संगठनों की क्षमता से संबंधित है। लिहाजा, राजनीति विज्ञान की किसी भी परिभाषा में इन सभी अवयवों को सम्मिलित करना आवश्यक है। इस परिभाषा का एक महत्त्वपूर्ण पहलू यह है कि इसमें राजनीति विज्ञान को एक व्यावहारिक (गतिविधि) माना गया है। ''राजनीति'' की कल्पना किसी एकांत स्थान में विचरण नहीं करती, यह एक व्यावहारिक तथ्य है जो समूहों, संस्थाओं, निगमों तथा विभिन्न प्रतिनिधियों के मामलों एवं कार्यकलापों/गतिविधियों तथा सार्वजनिक अथवा गैर सार्वजनिक के प्रबंधन से जुड़ी है। ''राजनीति'' का अस्तित्व सरकार तथा प्रशासन चलाने से लेकर परिवार चलाने तक पाया जाता है। सर्वोच्च शक्ति चूंकि सरकार में निहित होती है, इसलिए डेविड मिलर (David Miller) जैसे विचारक 'राज्य को आधुनिक विश्व में राजनीति का प्रमुख केंद्र मानते हैं'। (मिलर, 1987 : 391)

परंतु देखा जाए तो ''राजनीति'' हर उस निर्णय में शामिल है जिसमें नियंत्रण, अधिक्रम तथा शक्ति सम्मिलित है। हर निगम, धार्मिक, शैक्षणिक और प्रत्येक व्यवस्था के संचालन में (विशेषकर जो सीमित संसाधनों से ग्रसित हैं) प्रभुत्व व नियंत्रण शामिल है, इसलिए राजनीति का वहां होना स्वाभाविक है। इस व्यापक संरचना के तहत, परिवार, धर्म तथा जाति से संबंधित प्रथाओं को भी ''राजनीति'' की परिधि में लाया जा सकता है। विवाह एवं तलाक संबंधित अधिकतर मामलों में, मुद्दे राजनीतिक होते हैं। (इस पुस्तक में नारीवाद पर आधारित अध्याय सात में इस पहलू पर विस्तृत चर्चा होगी।)

राजनीति की संकल्पना : विविध परंपराएं तथा विमर्श
(Conception of Politics: Diverse Traditions and Debates)

''राजनीतिक'' (Political) की अवधारणा दरअसल इस सवाल पर केंद्रित है कि मानव समाज को किस प्रकार संगठित व शासित किया जाए? क्योंकि, समाज में रहने वाले लोग ''उत्तम'' (good) की तारतम्यहीन धारणा के साथ विभिन्न पृष्ठभूमियों से आते हैं, अत: राजनीति अथवा ''राजनीतिक'' का कोई सार्वभौमिक सिद्धांत संभव नहीं है। इस प्रकार, ''राजनीतिक'' शब्द, के लिए प्रयुक्त अंग्रेज़ी शब्द *पॉलिटिक्स* ग्रीक भाषा के "पोलिस" (*polis*) से आता है, जिसका अर्थ है, समग्र रूप में राज्य अथवा समुदाय। प्राचीन ग्रीस में, पोलिस (polis) अथवा सिटी-स्टेट (city state) राजनीतिक संगठन का सबसे लोकप्रिय व सामान्य स्वरूप था जो "सामान्य हित (common interest)" की भावना को

दर्शाता था। सामूहिक जीवन से संबंधित महत्त्वपूर्ण निर्णय का आधार पोलिस था। परंतु पोलिस के अंतर्गत दास, महिलाओं तथा ऐसे ही अन्य वर्ग को निर्णय लेने में सहभागी होने से वंचित रखा जाता था, अत: ग्रीक राज्य में राजनीति मानवीय कार्य का एक प्रतिबंधित क्षेत्र बना रहा। आधुनिक युग के आगमन के साथ ''राजनीतिक'' का अर्थ 'सामूहिक निर्णय के स्थान पर कुछ के हाथों में ''निहित सत्ता'' के साथ संबद्ध' हो गया। समकालीन समय में हाना आरेंट, लियो स्ट्रॉस (Leo Strauss), शेल्डन वोलिन (Sheldon Wolin) तथा राजीव भार्गव (Rajeev Bhargava) जैसे विद्वान राजनीतिक जीवन के सारतत्त्व एवं उत्कर्ष के अधिक गुणात्मक अर्थ को सुस्पष्ट करने की ओर प्रतिबद्ध हैं। ''उत्तम जीवन'' (good life) की कल्पना, जहां सभी समान हैं, राजनीति के विभिन्न उदाहरणों में निहित है। (भार्गव, 2004 देखें)

''उत्तम जीवन'' कैसे संभव है? इस संबंध में राजनीति विज्ञान में विभिन्न परंपराओं का उदय और विकास हुआ है। जिनकी इस पुस्तक में विस्तृत चर्चा की गई है। राजनीतिक सिद्धांत के परिचय के रूप में तथा राजनीति की एक बेहतर तस्वीर प्रस्तुत करने के लिए यहां उनकी संक्षिप्त चर्चा करना आवश्यक है।

उदारवादी परंपरा : संघर्ष के समाधान के साधन के रूप में राजनीति
(The Liberal Tradition : Politics as an Instrument of Conflict Resolution)

यह उदारवादी परंपरा (liberal tradition) ही है जिसने राजनीति सिद्धांत में अधिकांश विमर्शों के लिए माहौल बनाया है; उदाहरणार्थ, उदारवाद (Liberalism) में विमर्श–व्यक्तिगत अधिकारों, समान अवसर, लोकतंत्र, नागरिकता व अन्य मूल्यों पर केंद्रित होते हैं। राजनीतिक सिद्धांतकार-न केवल इनके विविध अर्थ ढूंढ़ने का प्रयास करते हैं अपितु उनकी तर्कसंगतता को भी समझने का प्रयास करते हैं जो आदर्शमूलक, ऐतिहासिक तथा अनुभवजन्य संरचना में से किसी एक पर आधारित हो (इस पर विस्तृत चर्चा के लिए द्वितीय अध्याय देखें)।

''राजनीति'' के उदारवादी दृष्टिकोण ने समाज की बहुलवादी धारणा को बरकरार रखा है। इस दृष्टिकोण के अनुसार, विभिन्न व्यक्ति अपने हितों के लिए विभिन्न समूहों के सदस्यों के रूप में प्रयास करते हैं। चूंकि विभिन्न समूहों के हित परस्पर विरोधी होते हैं, अत: प्रतिस्पर्धी समूहों के हितों में समन्वय स्थापित करने के लिए कोई तंत्र विकसित किए जाने की आवश्यकता है। ''राजनीति'' आवश्यक रूप से संघर्ष समाधान का साधन है। राजनीति, संक्षेप में, समाज की संगठित शक्ति को इन समस्याओं तथा विवादों के निष्पक्ष एवं न्यायोचित समाधान विकसित करने में समर्थ बनाती है। ''हितों का समन्वय,'' उदारवादी राजनीतिक

सिद्धांत की विशेषता है चाहे वह आधुनिक (modern) काल से संबंधित हो अथवा समकालीन (contemporary) युग से।

शास्त्रीय उदारवाद (classical liberalism) 17वीं–18वीं सदी में लॉक (Locke), एडम स्मिथ (Adam Smith) और बेंथम (Bentham) के लेखन में प्रतिबिंबित होता है। पुनर्जागरण (renaissance), उद्धार (reformation) तथा प्रबोधन (enlightenment) की ऊर्जा से लैस शास्त्रीय उदारवाद, उभरते हुए औद्योगिक वर्ग के दर्शन के रूप में ''व्यक्तिवाद'' (individualism) के साथ जुड़ गया। व्यक्तिवाद का सिद्धांत पूर्वकालीन उदारवादियों के दर्शन में, मनुष्य के व्यक्तिगत मूल्य, स्वतंत्रता को कायम रखने तथा सभी व्यक्तियों को समान स्वतंत्रता और समान अधिकारों पर बल देता है। लॉक के विचारों में, व्यक्ति को क्रांति की योजना बनाने तक का अधिकार है। एडम स्मिथ के अनुसार, यदि ''राष्ट्र की संपत्ति'' (wealth of nation) में वृद्धि करनी है तो व्यक्तियों की निजी आर्थिक गतिविधियों में सरकार का न्यूनतम हस्तक्षेप होना चाहिए, इसे अहस्तक्षेप-नीति (laissez faire) कहा जाता है। बेंथम के शब्दों में, 'जो... यथार्थ है वह ''व्यक्तिगत हित'' (individual interest) है, सामाजिक हित (social interest) बकवास से अधिक कुछ नहीं है।' यह नकारात्मक उदारवाद (negative liberalism) का दौर था- एक ऐसा समय जब राज्य को एक नकारात्मक संस्था माना गया जिसका कार्य मुख्यत: ''व्यक्ति'' के जीवन, स्वतंत्रता तथा संपत्ति की सुरक्षा पर केंद्रित था। न्यूनतम शासन ही स्वतंत्रता का परिचायक था।

1880 के दशक के उत्तरार्ध से, उदारवाद ने एक नई अवस्था में प्रवेश किया। जॉन स्टुअर्ट मिल (John Stuart Mill) व थॉमस हिल ग्रीन (Thomas Hill Green) ने अपने लेखन के माध्यम से ''सामाजिक उदारवाद'' (social liberalism) की अवधारणा को जन्म दिया। सामाजिक उदारवाद ''व्यक्तिगत'' उदारवाद (अर्थात् प्रारंभिक, शास्त्रीय, आर्थिक) से भिन्न था। इसमें व्यक्तिगत हित का विचार समग्र समुदाय के हित के साथ जुड़ गया। 19वीं सदी के अंत एवं 20वीं सदी के प्रारंभिक समय के ''सामाजिक उदारवाद'' ने ऐसे बहुलवादी समाज का मार्ग प्रशस्त किया जिसमें कल्याणकारी राज्य व्यवस्था का जन्म हुआ। (उदारवादी परंपरा के उद्भव एवं प्रकृति की अध्याय तीन में विस्तृत चर्चा की गई है।)

सामान्य हित के उद्यम के रूप में राजनीति
(Politics as a Pursuit of Common Good)

''सामान्य हित'' का विचार नया नहीं है। पश्चिमी राजनीतिक दर्शन में सामान्य हित की धारणा एक सुसंगत विषय रही है, विशेषकर अरस्तू (Aristotle), मैकियावेली,

(Machiavelli) तथा रूसो (Rousseau) के कार्यों में। यह राजनीतिक सिद्धांत में ''प्रजातंत्रवाद'' (republicanism) के विचार के साथ स्पष्ट रूप से विकसित हुआ है, जो व्यक्तिवाद की उदारवादी समझ के लिए एक अतिवादी विकल्प सुझाता है और समुदाय तथा सामान्य हित के अधिभावी महत्त्व पर बल देता है। जहां शास्त्रीय तथा नव-शास्त्रीय (Classical and Neo-Classical) उदारवादी राज्य द्वारा हस्तक्षेप, ''नकारात्मक स्वतंत्रता'' (negative liberty) से ''व्यक्तिगत स्वतंत्रता'' (individual liberty) की सुरक्षा करने को प्राथमिकता के रूप में देखते हैं, वहीं प्रजातंत्रवादी "सकारात्मक स्वतंत्रता" (positive freedom) की प्राथमिकता को महत्त्व देते हैं, जिससे कि व्यक्ति एवं उनके निजी हित समग्र समुदाय के बड़े हित के अधीन हो सकें। प्रजातंत्रवादी संसदीय लोकतंत्र के लिए संस्थागत विकल्पों का भी सुझाव देते हैं।

सामान्य हित (common good) की अवधारणा ''नागरिकता'' की, सामान्य हित की पूर्ति के लिए पारस्परिक प्रतिबद्धता और राजनीतिक कार्यवाही में लोक सेवा के मूल्य के साथ भी जुड़ी है। सामान्य हित को अपने राजनीतिक सिद्धांत का केंद्र बनाने वाले अरस्तू प्रथम व्यक्ति थे। अरस्तू अपनी कृति *पॉलिटिक्स (Politics)* में कहते हैं, सिटी-स्टेट एक विशेष प्रकार का समुदाय है, तथा वह सभी समुदायों की भांति ''किसी विशेष हित के लिए स्थापित किया गया है।" उन्होंने उल्लिखित किया कि सिटी-स्टेट का हित सर्वाधिक प्रामाणिक हित है, जिसमें अन्य सभी हित सम्मिलित हैं। (1998:1) अन्य प्राचीन विचारकों, विशेषकर रोमन लेखक एवं राजनीतिज्ञ सिसरो ने भी सामान्य हित के विषय में प्रभावी विचार दिए तथा बताया कि सामान्य हित राज्य का सर्वोच्च कानून होता है।

आधुनिक काल में सामान्य हित के विचार को व्यक्तिवादियों (individualists), उपयोगितावादियों (utilitarians), आदर्शवादियों (idealists) तथा समाजवादियों (socialists)-(आदर्शवादी एवं वैज्ञानिक दोनों रूपों में) के समकालीन लेखन में देखा जा सकता है। जॉन लॉक और एडम स्मिथ जैसे व्यक्तिवादियों ने समाज के हित को व्यक्ति के हित से ही उभरते हुए देखा है। वहीं जेरेमी बेंथम जैसे उपयोगितावादियों ने सामान्य हित को ''अधिकतम लोगों का अधिकतम सुख'' (greatest happiness of the greatest number) में पाया। अपने अंतरराष्ट्रीय शांति एवं सहयोग के सिद्धांत के माध्यम से इमैनुएल कांट (Immanuel Kant, 1724-1804) सामान्य हित प्राप्ति के प्रयास का उदाहरण देते हैं। 1795 के निबंध *टुवर्ड पर्पेचुअल पीस* (Toward Perpetual Peace (1991)) में, कांट ने संप्रभु राज्यों के मध्य स्थायी शांति स्थापित करने की आवश्यकता के लिए तर्क

दिए जो अन्यथा एक-दूसरे के लिए निरंतर खतरा पैदा करते हैं। आदर्शवादी ग्रीन का विचार है कि 'सामान्य हित तभी प्राप्त हो सकता है जब राज्य सभी अवरोधों के समक्ष स्वयं एक अवरोध बन जाए।'

सामान्य हित के प्रासंगिक मुद्दे समकालीन राजनीतिक दर्शन में, 1980 के दशक से उदार-समुदायवादी (liberal–communitarian) विमर्श के दौरान उठाए गए हैं। जिन पर आगे इस अध्याय में विस्तृत चर्चा की जाएगी।

मार्क्सवादी परंपरा : वर्ग के साधन के रूप में राजनीति (Marxist Tradition : Politics as Class Instrument)

राजनीति संबंधी वर्ग दृष्टिकोण (class perspective) का विकास कार्ल मार्क्स (Karl Marx, 1818–83) एवं फ्रेड्रिक एंजेल्स (Friedrich Engels, 1820–95) द्वारा उन्नीसवीं सदी के मध्य के दौरान किया गया। इस सिद्धांत के अनुसार, आर्थिक शक्ति राजनीतिक शक्ति का आधार है। मार्क्सवादी सिद्धांत के अनुसार, संघर्ष एवं राजनीति समाज में इसलिए उत्पन्न होते हैं क्योंकि समाज में उत्पादन व्यवस्था किसी तर्कसंगत आधार पर व्यवस्थित नहीं है। एक छोटी सी जनसंख्या उत्पादन के प्रमुख साधनों को नियंत्रित करने में सफल हो जाती है। परस्पर विरोधी वर्गों में समाज का विभाजन "वर्ग संघर्ष" (Class-Struggle) की स्थिति उत्पन्न करता है। वर्ग विरोधाभास की यह प्रकृति अपरिवर्तनीय है। जब तक समाज दो वर्गों में विभक्त रहेगा, तब तक राजनीति इन संघर्षों का समाधान नहीं कर सकती। सभ्यता के उदय से ही, सामाजिक उत्पादन के साधनों के स्वामित्व के आधार पर समाज दो विरोधी वर्गों –संपन्न और असंपन्न– में विभाजित रहा है। प्राचीन समाज में इन वर्गों का प्रतिनिधित्व स्वामियों तथा दास द्वारा किया जाता था; मध्ययुगीन समाज में ये सामंत तथा कृषक थे; और आधुनिक पूंजीवादी समाज में इनका प्रतिनिधित्व पूंजीवादियों तथा श्रमिकों द्वारा किया जाता है। इस सिद्धांत ने वर्ग (class) को समाज में शक्ति के प्रयोग के लिए संगठक श्रेणी के रूप में पहचाना है। राज्य आर्थिक रूप से शक्तिशाली वर्ग के हितों की रक्षा करता है, जो समाज में स्थित अन्य वर्गों के विरुद्ध स्वयं के हितों को अधिकतम करने का प्रयास करता है।

राजनीति तथा राज्य समाज के विभाजन का परिणाम हैं, तथा ये दोनों शक्तिशाली वर्ग के हितों को निरंतर संरक्षण देते हैं। समाज के विकास के क्रम में जो वर्ग सामाजिक उत्पादन के साधनों पर नियंत्रण हासिल कर पाते हैं, वे स्वयं को शक्तिशाली वर्ग के रूप में संगठित कर लेते हैं और शेष समाज को स्वयं द्वारा निर्धारित की गई शर्तों पर कठिन परिश्रम करने के लिए विवश कर देते हैं। समाज के ये तबके "आश्रित वर्गों" के रूप में परिवर्तित हो जाते हैं। अपनी

शक्ति तथा स्थिति को सशक्त बनाने के लिए शक्तिशाली वर्ग आश्रित वर्ग का अत्यधिक शोषण करते हैं। इस शोषण को समाप्त करने के लिए आश्रित वर्ग स्वयं को संगठित कर शक्तिशाली वर्ग के विरुद्ध संघर्ष प्रारंभ कर देते हैं। इससे वर्ग संघर्ष का उद्‌भव होता है। *कम्यूनिस्ट मेनिफेस्टो* (Communist Manifesto) (मार्क्स तथा एंगेल्स, 1848) का प्रारंभिक वाक्य है : "अब तक के सभी मौजूदा समाजों का इतिहास वर्ग संघर्षों का इतिहास है।"

वर्ग संघर्ष के सिद्धांत का वी.आई. लेनिन (V.I. Lenin, 1870-1924), रोजा लग्जेम्बर्ग (Rosa Luxemberg, 1871-1919), माओ ज़ेडांग (Mao Zedong, 1893-1976) व अन्य प्रमुख मार्क्सवादियों द्वारा दृढ़तापूर्वक समर्थन किया गया है। इनका मत है कि राज्य तथा राजनीति, शक्तिशाली वर्ग के उपकरण के रूप में आश्रित वर्ग के दमन के लिए कार्य करते हैं। पूंजीवादियों के विरुद्ध सर्वहारा (श्रमिक वर्ग) (working class) द्वारा सामाजिक क्रांति (social revolution) एक ऐसे वर्गरहित समाज को जन्म देगी, जिसमें वर्ग संघर्ष विलुप्त हो जाएगा और राज्य एवं राजनीति की कोई आवश्यकता नहीं रह जाएगी, व राज्य स्वत: नष्ट हो जाएगा। उन्नीसवीं सदी के प्रारंभ में ईतालवी मार्क्सवादी, एनोटोनियो ग्राम्शी (Anotonio Gramsci, 1891-1937) ने पूंजीवादी वर्चस्व के अतिसूक्ष्म स्त्रोतों को समझाने के लिए ''आधिपत्य'' (hegemony) की अवधारणा को प्रस्तुत किया। इसने समकालीन समाज में पूंजीवाद के विरुद्ध लड़ाई की रणनीति में एक नया आयाम जोड़ दिया है। (उपरोक्त मार्क्सवादी परंपरा की इस पुस्तक के चौथे अध्याय में विस्तारपूर्वक चर्चा की गई है।)

शक्ति के अनुसरण के रूप में राजनीति
(Politics as Pursuit of Power)

समकालीन समय में, राजनीति को शक्ति के अनुसरण के रूप में समझा गया है। एक अर्थ में किसी भी तरह से वांछित परिणाम प्राप्त करने की क्षमता को शक्ति कहा जा सकता है। राजनीति में शक्ति का महत्त्व मैकियावेली (1469-1527), थॉमस हॉब्स (Thomas Hobbes, 1588-1697) व नीत्शे ((Nietzche) 1844-1900) जैसे पारंपरिक विचारकों के साथ-साथ मैक्स वेबर (Max Webber), मेरियम (Merriam), एच. लासवेल, कपलन (A. Kaplan) तथा मोर्गेंथाऊ (Morgenthau) जैसे आधुनिक लेखकों के विचारों में उल्लेखित है। राजनीति के शक्ति दृष्टिकोण के प्रतिपादक ''शक्ति के अधिग्रहण, रखरखाव एवं हानि'' के अध्ययन पर ध्यान केंद्रित करते हैं। एच. लासवेल तथा ए. कपलन (*पावर एंड सोसाइटी* (*Power and Society*); 1950) ने राजनीति विज्ञान को ''शक्ति को आकार देने व उसे

साझा करने के अध्ययन'' के रूप में परिभाषित किया है। हेराल्ड लासवेल की पुस्तक *पॉलिटिक्स : हू गेट्स व्हाट, व्हेन, हाऊ (Politics: Who gets what, when, how)* में राजनीति के इस पक्ष का सारांश प्रस्तुत किया गया है। रॉबर्ट डाल के अनुसार, लोकतंत्र में राजनीति प्रभाव तलाश करने की समरचना पर आधारित होती है। बहुलवाद (pluralism) एक उदारवादी लोकतांत्रिक समाज में विभिन्न समूहों में शक्ति के विस्तृत प्रसार में विश्वास रखता है। अभिजनवादी (elitists) मार्क्सवादियों के समान मानते हैं कि लोगों का एक छोटा समूह बहुसंख्या पर शासन व नियंत्रण रखता है, परंतु इनके मत के अनुसार विशिष्ट वर्ग की शक्ति का स्रोत सिर्फ आर्थिक ही नहीं बल्कि मनोवैज्ञानिक, संगठनात्मक अथवा व्यावसायिक भी हो सकता है।

शक्तियां तीन प्रकार की होती हैं–राजनीतिक, आर्थिक तथा वैचारिक। राजनीति को आर्थिक, राजनीतिक तथा वैचारिक के परस्पर प्रभाव के अध्ययन के रूप में वर्णित किया जा सकता है।

राजनीतिक शक्ति (Political Power)

एलन बॉल (Alan Ball) के अनुसार, 'राजनीति के अध्ययन में ''राजनीतिक शक्ति'' की अवधारणा अत्यंत महत्त्वपूर्ण है, क्योंकि यदि ''राजनीति'' संघर्ष का समाधान है, तो किसी राजनीतिक समुदाय के भीतर शक्ति का वितरण निर्धारित करता है कि संघर्ष का समाधान किस प्रकार होना है और क्या सभी दलों द्वारा समाधान की प्रभावी रीति से समीक्षा की जानी है अथवा नहीं।' (*Modern Politics and Government* : 1988), विधायिका (legislature), कार्यकारिणी (executive) तथा न्यायपालिका (judiciary) पारंपरिक रूप से एक राज्य में शक्ति के मान्यता प्राप्त अंग हैं; यह औपचारिक अंगों का प्रतिनिधित्व करते हैं। राजनीतिक शक्ति के अनौपचारिक अंग न केवल सत्तारूढ़ एवं विपक्षी राजनीतिक दलों का रूप लेते हैं, अपितु बड़ी संख्या में दबाव समूह, लोक-मत, लोकप्रिय आंदोलन आदि के रूप में भी उपस्थित होते हैं। विभिन्न विचारधाराएं राजनीतिक शक्ति की प्रकृति एवं सीमा का अनुमान लगाती हैं। उदारवाद शक्ति को सीमित करने पर जोर देता है। इसके अनुसार शक्ति के दुरुपयोग को रोकने के लिए, ''संवैधानिक सुरक्षा उपायों'' को स्पष्ट व सटीक प्रकार से परिभाषित करना जरूरी है। मार्क्सवादी राजनीतिक शक्ति को प्रभावशाली आर्थिक वर्ग द्वारा उत्पन्न की गई शक्ति मानते हैं जो निजी संपत्ति के संस्थापन पर आधारित है।

आर्थिक शक्ति (Economical Power)

आर्थिक शक्ति वह शक्ति है जो भौतिक वस्तुओं, विशेष रूप से उत्पादन तथा वितरण के प्रमुख साधनों के आधिपत्य से निकलती है। उदाहरण के लिए, बड़े भूमिपति, शक्तिशाली उद्योगपति तथा व्यापारिक पूंजीपति एक उदार लोकतंत्र में आर्थिक विकास में प्राथमिकताओं के निर्धारण के संबंध में सार्वजनिक निर्णयों को प्रभावित करने में समर्थ होते हैं। उदार लोकतंत्र में आर्थिक शक्ति प्राप्त लोग राजनीति पर इसका अनेक प्रकार से प्रयोग करते हैं।

वैचारिक शक्ति (Ideological Power)

वैचारिक शक्ति, राजनीतिक शक्ति को अधिक सूक्ष्म आधार प्रदान करती है। किसी समाज में सरकार की श्रेष्ठ व्यवस्था के संबंध में शासक वर्ग द्वारा समर्थित व प्रोत्साहित किए गए विचार राजनीतिक विचारधारा का निर्माण करते हैं। राजनीतिक विचारधारा शासक वर्ग को वैधता प्रदान करती है और राजनीतिक सत्ता पर उनकी मजबूत पकड़ को बनाए रखने में सहायता करती है।

वैचारिक शक्ति, शासक वर्ग की कौशल युक्त शक्ति का प्रतिनिधित्व करती है जो लोगों के विचारों व उनकी भावनाओं पर प्रभुत्व रखती है। यह सहमति का भ्रम उत्पन्न करती है। किसी वैचारिक सम्मोहन के तहत, विशेष व्यक्तियों एवं नीतियों के शासन के प्रति लोग अपनी सहमति व्यक्त करते हैं। उनसे यह मनवाया जाता है कि वे उनकी ''सहमति'' से शासित किए जा रहे हैं जबकि वे वस्तुतः शक्तिशाली वर्गों की रूपरेखा के अनुरूप शासित होते रहते हैं। मार्क्स तथा एंगेल्स (द *जर्मन आइडियोलॉजी* (*The German Ideology*); 1846) ने पाया कि 'प्रत्येक युग में शासक वर्ग के विचार ही प्रधान विचार (ruling ideas) होते हैं।'

ईतालवी मार्क्सवादी, एंटोनियो ग्राम्शी (1891-1937) ने समकालीन समाज में वैचारिक प्रभुत्व के तथ्य, विशेष रूप से पूंजीवादी वर्ग, को समझाने के लिए ''आधिपत्य'' (hegemony) की अवधारणा दी है। आधिपत्य, एक ऐसे शासन का द्योतक है जहां शक्ति का प्रयोग प्रकट रूप से शासित होने वालों की सहमति से होता है। ग्राम्शी के अनुसार, पूंजीवादी राज्य में शासक वर्ग का आध्यात्मिक तथा सांस्कृतिक प्रभुत्व ''नागरिक समाज'' में हेरफेर के माध्यम से संपन्न होता है, विशेषकर समाजीकरण की प्रक्रिया के माध्यम से, जिसमें मीडिया, चर्च, विद्यालय तथा मास मीडिया (संपर्क साधन) आदि शामिल होते हैं।

शक्ति दृष्टिकोण का अवलोकन (Assesment of Power View)

शक्ति दृष्टिकोण की प्रमुख विशेषता राजनीति के पीछे संचालित होने वाले प्रेरक बल को पहचानने की उसकी योग्यता में निहित है। इसके अलावा, इसे घरेलू राजनीति के साथ-साथ अंतरराष्ट्रीय राजनीति के विश्लेषण के लिए भी लागू किया जा सकता है। परंतु यह दृष्टिकोण अनेक दोषों से ग्रसित है। एक तो इसमें सटीकता का अभाव है, जैसाकि वर्नन वॉन डाइक (Vernon Van Dyke) लिखते हैं : 'शक्ति उत्पन्न होने के स्रोत, मौन रूप से स्वीकृत शिष्टता के नियमों से लेकर, अंतरिक्षयानों के प्राधिकरण तक में देखे जा सकते हैं; तथा यह स्वयं को ऐसी स्थितियों में व्यक्त करती है जिनका संबंध खाने की मेज पर नमक देने की प्रार्थना से लेकर, राज्यों के मध्य पुरजोर थर्मोन्यूक्लियर आघातों के आदान-प्रदान तक में होता है।' (Dyke : 144)

दूसरा, यह दृष्टिकोण समस्त राजनीति को सत्ता (शक्ति) के संघर्ष तक ही सीमित रखता है और उन अन्य महत्त्वपूर्ण उद्देश्यों की अनदेखी करता है जिनके लिए लोगों के पास राजनीति का ही आश्रय होता है। सामाजिक जीवन के समस्त संघर्षों को हम राजनीति की विषय-वस्तु भी नहीं मान सकते। उदाहरणार्थ, लोकप्रियता और वाहवाही जीतने के लिए फिल्म अभिनेताओं के मध्य प्रतिस्पर्धा अथवा कपड़ा निर्माताओं के मध्य उपभोक्ताओं की पसंद को नियंत्रित करने की होड़ में "शक्ति के लिए संघर्ष" शामिल होता है, लेकिन यह बमुश्किल ही राजनीति की अभिव्यक्ति है। "राजनीति" में शक्ति का संबंध सिर्फ उस संघर्ष से है जिससे सार्वजनिक गतिविधियां नियंत्रित की जा सकें, अर्थात्, सार्वजनिक सेवाओं, अवसरों एवं सम्मानों के आवंटन के लिए निर्णय लेना ही पॉलिटिक्स का मूल आधार है। इस बिंदु से किसी भी प्रकार का विचरण राजनीति में शक्ति के दृष्टिकोण को एक निरर्थक अभ्यास बना देगा।

राजनीति सिद्धांत की प्रकृति तथा विषय-क्षेत्र राजनीतिक सिद्धांत को क्या समृद्ध बनाता है?
(Nature and Scope of Political Theory What Enriches Political Theory?)

राजनीति सिद्धांत, राजनीति विज्ञान का एक महत्त्वपूर्ण अंग है, जो स्वतंत्रता, समानता, न्याय, अधिकार, नागरिकता जैसे विचारों तथा अवधारणाओं और उनके मध्य संबंधों के समीक्षात्मक परीक्षण के माध्यम से समाज की एक बेहतर समझ को विकसित करने पर बल देता है। आम तौर पर राजनीति सिद्धांत को अमूर्त

विचारों (abstraction) पर केंद्रित प्रयोग माना जाता है, परंतु यह अमूर्त विचार मौजूदा सैद्धांतिक ज्ञान तथा सामाजिक वास्तविकता दोनों से निकल कर आता है।

किसी भी समाज के विचारों एवं अभिवेदनों का सूक्ष्म विश्लेषण, समाज की संरचना तथा सामाजिक प्रक्रियाओं की प्रकृति पर प्रकाश डाल सकता है। अत: राजनीति सिद्धांत के शैक्षिक अध्ययन को समाज एवं राजनीति के विषय में सिद्धांत बनाने की व्यापक प्रक्रिया के अभ्यास रूप में देखा जाना चाहिए, जिसमें शिक्षाविद, राजनीतिक कार्यकर्ता और यहां तक कि आम जनता भी भाग ले सके, यद्यपि इनकी भागीदारी अमूर्त व सैद्धांतिक कठिनाइयों के विभिन्न स्तरों पर होंगी।

राजनीति सिद्धांत को एक ऐतिहासिक उद्यम (historical enterprise) के रूप में भी समझा जा सकता है। इसका एक बड़ा हिस्सा अतीत से संदर्भ रखता है। ऐतिहासिक राजनीतिक सिद्धांत (historical political theory) के अंतर्गत, विगत राजनीतिक विचारकों की आदर्श परिकल्पनाएं तथा विवरणात्मक लेख, दोनों प्रकार के लेखन को अध्ययन में शामिल किया जाता है। प्लेटो से लेकर मार्क्स के विचारों तक ऐतिहासिक राजनीतिक सिद्धांत का स्वर्णिम काल माना गया है। इन विचारकों के लेखन के अलावा, ऐतिहासिक राजनीतिक सिद्धांत के अध्ययन में वे मूल्य भी शामिल हैं जिन पर कभी प्राचीन राजनीतिक संस्थाएं आधारित थीं, परंतु इनमें से बहुत से सिद्धांत/मूल्य जिनकी अपने काल में पहचान संभव नहीं हो सकी, वे आज ऐतिहासिक राजनीतिक सिद्धांत से ज्ञान के नए आधार में जीवंत हो पाए हैं। ऐतिहासिक राजनीतिक सिद्धांत का मुख्य उद्देश्य राज्य की उत्पत्ति एवं विकास को स्पष्ट करना, उन परिस्थितियों को बताना जिनके कारण इसका आविर्भाव हुआ, तथा इसके विकास के नियमों को समझाना है।

राजनीति सिद्धांत का एक अन्य पहलू सामाजिक आंदोलनों तथा राजनीतिक समूहों के सोच-विचार एवं व्यवहार में सम्मिलित हो सकता है। यहां हम ग्राम्शी अथवा गांधी (Gandhi) जैसे चिंतकों की अधिक व्यवस्थित रूप से संगठित सोच की ओर संकेत नहीं कर रहे, अपितु कम संगठित विचारों की बात कर रहे हैं जो राजनीतिक–सामाजिक समूहों के वक्तव्यों एवं कार्य–योजनाओं में पाए जा सकते हैं। इन्हें हम उस प्रतिक्रिया के रूप में समझ सकते हैं जो विभिन्न राजनीतिक मुद्दों पर उनके अनुभवों से उत्पन्न होती हैं जो सिद्धांत प्रस्तुतीकरण का ऐसा बिंदु प्रदान करती हैं जिससे "प्राप्त ज्ञान" पर सवाल उठाया जा सके। इस तरह का निवेश राजनीतिक सिद्धांत को अधिक गतिशील (dynamic) बनाने में सहायता प्रदान कर सकता है। उदाहरण के लिए, महिला आंदोलन के अनुभव ने राजनीतिक की पारंपरिक परिभाषा को विस्तृत करते हुए "सार्वजनिक एवं निजी

में भेद'' के विषय को राजनीति का एक महत्त्वपूर्ण सवाल बनाया। इसी प्रकार, पिछले कुछ वर्षों में ''अधीनस्थ (subaltern) समूहों'' द्वारा प्रस्तुत चुनौतियों ने अधिकारों के अर्थ व सीमा तथा मानवता की वह धारणा जो अधिकार (rights) पर आधारित है, के प्रगतिशील विस्तारण के लिए विवश किया है। (सारा जोसेफ (Sarah Joseph, 1992: 43-44))

उपरोक्त से यह स्पष्ट है कि राजनीति सिद्धांत की शाखा (discipline) को सैद्धांतिक (theoretical) तथा व्यावहारिक (practical) दोनों रूपों में समझा जा सकता है। अगर देखा जाए तो सिद्धांत के विषय को कभी व्यवहार सही सूचित करता है तो कभी व्यवहार रोचक प्रश्न खड़े कर सिद्धांत को उसकी सीमाओं से अवगत कराता है। उदाहरण के लिए, किमलिका, चार्ल्स टेलर (Kymlicka, Charles Taylor) व अन्यों के लेखन से ''बहुसंस्कृतिवाद'' के विमर्श का 1990 के दशक में पश्चिम में चलन हो गया। किंतु यह स्मरण किया जा सकता है कि मध्ययुग के दौरान भारतीय समाज की प्रथाओं में बहुलवाद का चलन था : जो मुख्य रूप से भक्ति (Devotion) तथा सूफी (Sufi) जैसी समन्वयात्मक (Syncretic) सांस्कृतिक परंपरा में प्रमुखता से प्रतिबिंबित होता है। परंतु उस समय ऐसा कोई सिद्धांत सामने नहीं आया जो बहुसंस्कृतिवाद के विषय का बोध कराता हो और इस प्रकार, बहुल समाज की चुनौतियों को समझने के लिए हमें किमलिका की ओर वापस जाना पड़ता है जो राजनीतिक सिद्धांत की ''संजातिकेंद्रित'' (ethnocentric) प्रकृति को भी सिद्ध करता है।

इसके अलावा, राजनीति सिद्धांत की चिंता न केवल वर्तमान समय से है बल्कि आने वाले विश्व को लेकर भी है जिसका उद्‌भव अभी बाकी है। विषयों को व्यापक संदर्भ में समझने के लिए, राजनीतिक सिद्धांत हमें तत्काल तथा वर्तमान से परे देखने में सहायता प्रदान करता है। इसलिए, सामाजिक रचना की वैकल्पिक योजनाओं का मूल्यांकन भी राजनीतिक सिद्धांत का ही एक कार्य है। कदाचित्, राजनीतिक सिद्धांत मानव जीवन की सभी कठिनाइयों का समाधान प्रदान नहीं कर सकता, परंतु यह राजनीतिक प्रक्रियाओं तथा सामाजिक जीवन से संबंध रखने वाले समालोचनात्मक एवं पेचीदा प्रश्न अवश्य उठा सकता है। न्याय, अधिकारों व समानता पर विभिन्न दृष्टिकोणों की समझ हमें जाति, लिंग, धर्म आदि से संबंधित विषयों पर समीक्षात्मक रूप से चिंतन करने का अवसर प्रदान कर सकती है।

उपरोक्त चर्चाओं से स्पष्ट है कि राजनीतिक सिद्धांत मात्र अमूर्त विचार में प्रकट किए गए शोध का विषय नहीं है। यह मानव क्रियाशीलता का एक

सुनियोजित अंग भी है। यह राजनीतिक विचारकों व विद्वानों का एक समाज है जो "उत्तम जीवन" की प्राप्ति हेतु संगठित और कार्यरत है। अंतर्विषयक सहकार्य के तदर्थ क्षेत्र के विपरीत, जहां विषय-उन्मुख अनुसंधानकर्ता, स्थायी तथा ठोस ढांचे के बिना भी समय-समय पर सम्मिलित हो सकते हैं, राजनीति सिद्धांत को हम एक "स्थापित अनुशासन" मान सकते हैं जो गतिशील है, जिसमें नित नए आयाम स्थापित होते रहे हैं। अध्याय के अगले भाग में "राजनीतिक सिद्धांत की समसामयिक प्रवृत्ति" के विषय पर चर्चा के माध्यम से इसे समझने का प्रयास किया गया है।

राजनीतिक सिद्धांत की समसामयिक प्रवृत्ति
(Contemporary Trend in Political Theory)

1950 व 1960 के दशकों में राजनीतिक सिद्धांत की स्थिति व्यापक चर्चा एवं विवाद का विषय रही। बहुत से विद्वानों व टीकाकारों ने राजनीतिक सिद्धांत के पतन (decline) (एल्फ्रेड कॉब्बन (Alfred Cobban), 1953) और यहां तक कि मृत्यु (death) (पीटर लासलेट (Peter Laslett), 1956) की घोषणा कर दी। एंग्लो-अमेरिकी विश्व (Anglo-American world) में प्रत्यक्षवाद (positivism) के प्रभाव ने चाहे वह व्यवहारवाद (behaviouralism) अथवा तर्कसंगत प्रत्यक्षवाद (logical positivism) व भाषाई दर्शन (linguistic Philosophy) के रूप में इस धारणा को सामने रखा कि राजनीतिक सिद्धांत के लिए अब कोई विशेष भूमिका नहीं रह गई है। तथ्य (fact) तथा मूल्य (value) के मध्य भेद के अनुरूप, व्यवहारवाद ने दो प्रकार के सिद्धांतों को पहचाना – आदर्शमूलक सिद्धांत (normative theory), जो मूल्यों (values) से संबंधित था एवं अनुभवजन्य सिद्धांत (empirical theory) जिसे न्यूनीकरणवादी (reductinist) रीति से परिभाषित किया गया था।

जहां शास्त्रीय राजनीतिक सिद्धांत (classical political theory) में दर्शन का प्रभाव रहा है और वह राजनीतिक तथ्य के निर्धारण एवं मूल्यांकन पर बल देता है; वहीं अनुभवजन्य राजनीतिक सिद्धांत (empirical political theory) विज्ञान होने का दावा करते हुए प्रमुख रूप से राजनीतिक वास्तविकता के विवरण एवं स्पष्टीकरण से संबंध रखता है। अनुभवजन्य राजनीतिक वैज्ञानिक "क्या होना चाहिए" (what ought to be) के बजाय "क्या है" (what is) पर विशेष बल देते हैं।

अनुभवजन्य सिद्धांत, का सरोकार "तथ्यों" के अध्ययन द्वारा ऐसे सामान्यीकरण (generalizations) को निर्मित करने से है जिससे एक वैज्ञानिक

जांच की रूपरेखा तैयार हो सके। तथ्य तथा मूल्य के मध्य इस विभाजन ने सिद्धांतों, अवधारणाओं तथा मूल्यों, जो राजनीतिक सिद्धांत का पारंपरिक क्षेत्र रहे थे, के समालोचनात्मक अध्ययन के लिए कोई स्थान नहीं छोड़ा। वहीं दूसरी ओर भाषाई दर्शन की परंपरा ने लॉक के इस दृष्टिकोण की पुष्टि की कि दर्शन की भूमिका विज्ञान के अधीन होकर, भाषा एवं परिभाषाओं को स्पष्ट कर निरर्थक को दूर करने की है।

इसने पुनः समालोचनात्मक राजनीतिक विश्लेषण के लिए बहुत कम स्थान छोड़ा और टी.डी. वेल्डन (T.D. Weldon) की सर्वाधिक-उद्धृत टिप्पणी को प्रेरित किया कि राजनीतिक सिद्धांत की मृत्यु हो गई है। हालांकि, 1960 के बाद प्रत्यक्षवादी (positivist) प्रवृत्तियों के विरुद्ध हुई प्रतिक्रियाओं से राजनीतिक सिद्धांत पुनः सामने आया। राजनीतिक सिद्धांत का पुनरुत्थान विभिन्न कारकों द्वारा अनुकूलित हुआ, जिसमें अंतरराष्ट्रीय राजनीति में हुए बौद्धिक व नूतन विकास सम्मिलित थे, जैसेकि वियतनाम युद्ध (Vietnam War), अमेरिका में नागरिक अधिकार आंदोलन (civil rights movement in America), अमेरिका में अफ्रीकी मूल के लोगों द्वारा विरोध तथा वैश्विक मानचित्र पर नए स्वतंत्र राष्ट्रों का आविर्भाव। आम तौर पर जॉन रॉल्स (John Rawls) को अपने उत्कृष्ट कार्य, *ए थीयरी ऑफ जस्टिस* के माध्यम से पश्चिम में राजनीतिक सिद्धांत को पुनर्जीवित करने का श्रेय दिया जाता है। (*A Theory of Justice,* 1971)

हाल के वर्षों में राजनीतिक सिद्धांत में उल्लेखनीय विकास हुए हैं। एक ऐसी अवस्था जिसमें एक समय इसे मृत घोषित कर दिया गया था, आज इसने राजनीति के अध्ययन में केंद्रीय स्थान ग्रहण कर लिया है। राजनीतिक विचार तथा व्यापक स्तर पर विमर्श, दोनों का सिद्धांत में अभ्युदय हुआ है और अब इन्हें और कठोर, विश्लेषणात्मक रीति में उपचारित किया जाता है। राजनीतिक सिद्धांत के विचारकों ने अर्थशास्त्र, समाजशास्त्र एवं विधि जैसे विविध विषय में अहम योगदान दिया है।

पिछले कुछ दशकों में राजनीतिक सिद्धांत में न केवल रुचि बरकरार रही है, अपितु सिद्धांत के अध्ययन का दायरा भी विस्तृत हुआ है। आज राजनीतिक सिद्धांत विभिन्न समालोचनात्मक विचारों एवं नई अवधारणाओं पर ध्यान केंद्रित करता है, जिनमें प्रमुख हैं : बहुसंस्कृतिवाद (multiculturalism), नागरिकता (citizenship), वैश्वीकरण, (globalization), रचनावाद (constructivism), जेंडर (gender), पहचान (identity), संजातीयता (ethnicity), उत्तर-उपनिवेशवाद (post-colonialism), उत्तर-आधुनिकतावाद (post-modernism), मानवाधिकार (human rights) व जलवायु परिवर्तन (climate change)। राजनीतिक सिद्धांत विविध सामाजिक एवं भौगोलिक संदर्भों में समीक्षात्मक विचारों की उत्पत्ति, प्रसार तथा प्रभाव पर विभिन्न प्रकार के प्रणालीतंत्रीय तथा ऐतिहासिक परिप्रेक्ष्यों का भी अन्वेषण करता है।

समकालीन विमर्श और चुनौतियां
(Contemporary Debates and Challenges)

वर्तमान समय में राजनीतिक सिद्धांत के अध्ययन में तीन प्रमुख स्रोत प्रतिबिंबित होते हैं–

1. **शास्त्रीय राजनीतिक सिद्धांत** (Classical Political Theory) पश्चिमी राजनीतिक विचार है जो ग्रीक, रोमन व मध्ययुगीन राजनीतिक विचार के अध्ययन से आरंभ हुआ और प्रारंभिक यूरोपीय ईसाई विचारकों एवं दार्शनिकों के माध्यम से आगे विकसित हुआ। शास्त्रीय राजनीतिक सिद्धांत की महान परंपरा प्लेटो, अरस्तू, रूसो, हीगल व कार्ल मार्क्स के माध्यम से विस्तृत होती गई। इस परंपरा में आने वाले सिद्धांत प्रमुखता से नैतिक तथा आदर्शमूलक विचारों की ओर उन्मुख हैं, हालांकि मैकियावेली व हॉब्स के कार्यों में एक वास्तविक व्यावहारिक रूपरेखा भी स्पष्ट रूप से झलकती है।

2. **आधुनिक राजनीतिक सिद्धांत** (Modern Political Theory) में सत्रहवीं सदी के प्रारंभ से लेकर उन्नीसवीं सदी के मध्य तक के राजनीतिक सिद्धांतों का ऐतिहासिक सर्वेक्षण तथा दार्शनिक विश्लेषण सम्मिलित है। उदारवाद (liberalism), प्रबोधन (enlightenment), रूमानी तथा रूढ़िवादी प्रतिक्रिया (romantic and conservative reaction) और उपयोगितावाद (utilitarian) के उदय के साथ शास्त्रीय परंपरा (classical) का प्रभुत्व समाप्त हो गया। इस नई दार्शनिक लहर का नेतृत्व हॉब्स, लॉक, थॉमस पायने (Thomas Paine), जेरेमी बेंथम, जे. एस. मिल, हर्बर्ट स्पेंसर (Herbert Spencer) जैसे विचारकों तथा अन्य लेखकों द्वारा किया गया।

3. **समकालीन राजनीतिक सिद्धांत** (Contemporary political theory) को तीन प्रमुख धाराओं में वर्गीकृत किया जा सकता है :

(i) *अनुभवजन्य सिद्धांत* (Empirical theories) जो 1970 के दशक तक प्रभावी थे,

(ii) *व्याख्यात्मक तथा ऐतिहासिक सिद्धांत* (Interpretative and historical)

जो भाषा (language) तथा अर्थ विषयक (hermeneutic) दर्शन का अनुसरण करते हैं; और

(iii) *आदर्शमूलक राजनीतिक सिद्धांत* (Normative political theories) जो रॉल्स, रॉबर्ट नॉजिक, मैकिंटायर, माइकल सांडेल, वाल्जर, चार्ल्स टेलर, ड्वॉर्किन व किमलिका की रचनाओं द्वारा पिछले तीस वर्षों में महत्त्वपूर्ण हो गए हैं।

वर्तमान में राजनीतिक सिद्धांत अनेक रूपों में सामने आता है। जहां एक तरफ आज माइकल ओकशॉट (Michael Oakshott), लियो स्ट्रॉस, हाना आरेंट, बर्ट्रेंड डी जॉवेनेल (Bertrand de Jouvenel) तथा एरिक वोएलिन (Eric Voegelin) जैसे शास्त्रीय राजनीतिक सिद्धांतकार (classical political theorists) हैं। वहीं कैम्ब्रिज विद्यालय (Cambridge School) से निकले विद्वान क्वेंटिन स्किनर, पीटर लासलेट, जॉन पोकॉक तथा जॉन डन जो राजनीतिक विचार के इतिहास के अध्ययन पर जोर देते हैं, विशेषकर शास्त्रीय मूलग्रंथों के विश्लेषण पर। यहां नव-कांटवादी (the Neo-Kantian) उदार राजनीतिक विचारक भी हैं जैसेकि जॉन रॉल्स व रोनाल्ड ड्वॉर्किन (Ronald Dworkin) जो उपयोगितावादी (utilitarian) आचारनीति की आलोचना और उदारवाद के क्षेत्रों में समतावादी (egalitarian) दृष्टिकोण के साथ नैतिक आधार को बल देते हैं। एफ.ए. हाएक (F.A. Hayek), मिल्टन फ्रीडमैन (Miltan Friedman), रॉबर्ट नॉजिक (Robert Nozick), ईसेया बर्लिन (Isaiah Berlin), जैसे व्यक्तिगत स्वतंत्रता (personal liberty), मुक्त बाज़ार व सीमित सरकार (free market and limited government) का समर्थन करने वाले इच्छास्वातंत्र्यवादी विचारक (libertarians) भी आज प्रचलन में हैं। वहीं दूसरी ओर, समुदायवादी (communitarian) राजनीतिक विचारक मौजूद हैं, जैसेकि माइकल सांडेल (Michael Sandel), माइकल वाल्जर (Michael Walzer), बेंजामिन बार्बर (Benjamin Barber) तथा मैकिंटायर (Macintyre) जो समुदाय को व्यक्ति का आधार मानकर समूह-अधिकार (Group rights) को महत्त्वपूर्ण मानते हैं। साथ ही, समकालीन विमर्श के महत्त्वपूर्ण मुद्दों से जुड़ी हुई, वैकल्पिक परंपराएं भी सामने आ रही हैं, जिनमें बहुसंस्कृतिवाद (Multiculturalism), विमर्शी लोकतंत्र (Deliberative Democracy) एवं नारीवाद (Feminism), पर्यावरणवाद (Environmentalism) व उत्तर-आधुनिकतावाद (Post-modernism) प्रमुख हैं, जिन पर आज लेखन और शोध हो रहे हैं। कदाचित्, इस अध्याय में उन सभी को सम्मिलित करना संभव नहीं है। इनमें से कुछ विमर्श जैसेकि नारीवाद, उदारवाद, उत्तर-आधुनिकतावाद तथा विमर्शी लोकतंत्र को इस पुस्तक में क्रमशः अध्याय

7, 8 व 12 में सम्मिलित किया गया है। दो प्रमुख विमर्श – उदार-समुदायवाद (Liberal–communitarian) तथा बहुसंस्कृतिवाद पर आगे सविस्तार चर्चा की गई।

उदार-समुदायवादी विमर्श
(Liberal-communitarian Debates)

लोकतंत्र में व्यक्ति तथा समुदाय के सापेक्ष, प्राथमिकता के विषय पर प्रश्न, उदार व्यक्तिवाद (Liberal Individualism) एवं समुदायवाद (Communitarianism) के मध्य वाद-विवादों के संदर्भ में उठते हैं। उदार-समुदायवादी विमर्श, जिसने अपना वर्तमान स्वरूप 1980 के दशक के प्रारंभ में ग्रहण किया, उसकी शुरुआत आधुनिक काल के आरंभ में उस समय हुई, जब उदारवाद एक राजनीतिक एवं दार्शनिक आंदोलन बन कर उभरा था। जॉन लॉक ने 17वीं सदी और इमैनुएल कांट ने 18वीं सदी में समाज तथा मानवीय प्रकृति के सैद्धांतिक विचारों को विकसित किया। इनमें समानता, व्यक्तिगत स्वतंत्रता, व्यक्तिगत अधिकार तथा सार्वभौमिक नैतिक सिद्धांत प्रमुख हैं। शास्त्रीय उदारवाद मानता है कि–मनुष्य परमाण्विक है, विवेकशील अभिकर्त्ता हैं जिनका अस्तित्व, आवश्यकताएं एवं इच्छाएं दार्शनिक रूप से समाज से पहले हैं। वरीयता मुक्त निर्वाचक के रूप में व्यक्ति को अन्यों द्वारा किसी भी हस्तक्षेप से मुक्त होना चाहिए और उसकी स्वतंत्रता तब तक संरक्षित की जानी चाहिए जब तक कि वह अन्यों के लिए समान स्वतंत्रता के अनुरूप हो।

समकालीन उदार-समुदायवादी साधारणतया 1971 में जॉन रॉल्स की प्रकाशित पुस्तक *ए थीयरी ऑफ जस्टिस* (*A Theory of Justice*) को समकालीन चर्चा के प्रारंभ बिंदु के रूप में लेते हैं। इस पुस्तक में रॉल्स ने उदारवादी व्यवस्थाओं के लिए तत्कालीन उपयोगितावादी तर्काधारों को अधिक अभिज्ञेय कांटियन सिद्धांतों–जैसेकि निष्पक्षता, सार्वभौमिकता तथा व्यक्तियों के सम्मान–से प्रतिस्थापित करने का प्रयास किया था। "मूल स्थिति" (original position) का प्रयोग करते हुए जिसमें सर्वथा विवेकपूर्ण व्यक्ति विवेचन करते हैं और ''भारों तथा लाभों'' को वितरित करने के लिए सर्वाधिक योग्य (अर्थात् सर्वाधिक न्यायसंगत) संस्थाओं का चुनाव करते हैं, रॉल्स ने प्रभावी रीति से एक न्याययुक्त समाज की अपनी परिकल्पना को व्यक्त किया है। 1981 में सांडेल ने रॉल्स की *ए थीयरी ऑफ जस्टिस* की प्रत्यालोचना के रूप में *लिबरलिज़्म एंड द लिमिट्स ऑफ जस्टिस* (*Liberalism and the Limits of Justice*) को प्रकाशित किया। इस पुस्तक में सांडेल ने एक साधारण सा प्रश्न रखा कि वह व्यक्ति कौन है,

जो रॉल्स द्वारा प्रतिपादित की गई मूल स्थिति में बिना इस जानकारी के, कि वह कौन है और कल्याण (हित) के पूर्व विचार के बिना ही, राजनीतिक व्यवस्थाएं निर्धारित करने की ओर अग्रसर हो जाता है? "भारमुक्त-आत्म (unencumbered self)" के स्थान पर एक ''सन्निहित आत्म'' (embedded self) की संकल्पना द्वारा सांडेल अपनी पुस्तक *लिबरलिज़्म एंड द लिमिट्स ऑफ जस्टिस* (1981) में नैतिक प्रतिनिधि की एक नई तस्वीर प्रस्तुत करते हैं।

समुदायवाद (Communitarianism), उदार व्यक्तिवाद के लगभग प्रत्येक केंद्रीय तथा निर्धारक विषयों से असहमत है। यह उदारवाद की ज्ञानमीमांसीय धारणाओं, आदर्शमूलक मूल्यों तथा राजनीतिक मानदंडों को चुनौती देता है। समुदायवादी तर्क देते हैं कि "आत्म सन्निहित है" और परंपराओं के एक संजाल तथा ऐतिहासिक रूप से गठित अर्थों के एक समुच्च्य द्वारा संगठित है। इस आत्म के अंगभूत संलग्नकों को पहचानने व सम्मानित किए जाने की आवश्यकता है। यह मान्यता महत्त्वपूर्ण है, क्योंकि यह हमें एक सहानुभूति रखने वाले समुदाय के निर्माण की अनुमति प्रदान करती है; एक ऐसा समुदाय जो नैतिक गुणों को समर्पित हो। समुदायवादी तर्क देते हैं कि अमूर्त कारण पर तथा भंगित आत्म (self) पर उदार आग्रह ने समुदाय की भावना को समाप्त कर दिया है और शब्दावलियों को विघटित कर दिया है जिनमें अन्यथा एक साझा नैतिक विश्व का गठन करने का सामर्थ्य हो सकता है। समुदायवादी मानते हैं कि मनुष्य अपने हित की ठोस अवधारणाएं समुदाय से ग्रहण करते हैं। यही अवधारणाएं सदस्यों के विश्वास, कृत्यों एवं प्रतिबद्धताओं को आकार देते हुए व व्याप्त करते हुए, अनुभवातीत सार्वभौमिक कारण के अनुरोध के विपरीत एक नैतिक दृष्टिकोण की स्वीकृति देती हैं।

पिछले तीन दशकों में समुदायवादी चिंतन के अनेक महत्त्वपूर्ण योगदानकर्ता उभर कर सामने आए हैं, विशेषकर चार्ल्स टेलर (1989a, 1989b) तथा माइकल वाल्जर (1983, 1987)। टेलर और वाल्जर यह दावा करते हैं कि 'व्यक्तिगत अधिकारों तथा तदनुरूपी संविदात्मक दायित्वों पर उदारवादी जोर न तो नागरिकता की यथोचित समझ देता है और न ही लोकतंत्र के सामर्थ्य का पूर्ण अर्थ प्रदान करता है।' इस सुझाव के स्थान पर कि अधिकार हित के विचार से पहले होते हैं, 'समुदायवादी ''हित की राजनीति'' की वकालत करते हैं।' इस चिंतन ने रॉल्स (1993) व उदारवाद के अन्य पक्षधरों, जैसे रोनाल्ड ड्वॉर्किन (1985), हेबरमास (1994), विल किमलिका (1989) तथा आइरिस यंग (Iris Young, 1990) को प्रत्युत्तर देने के लिए बाध्य किया। 1990 के दशक में भी यह विमर्श जारी रहा। बहुसंस्कृतिवाद पर विमर्श ने निश्चित रूप से, 1980 के दशक एवं

प्रारंभिक 1990 के दशक के उदारवादियों तथा समुदायवादियों के मध्य दलीलों को विकसित करने का एक ठोस, साथ ही साथ सैद्धांतिक रूप से फलदायी तरीका प्रदान किया है। इसने किमलिका के (सांस्कृतिक अधिकारों का उदार औचित्य) (liberal justification of cultural rights) तथा आइरिस यंग के (विभेदित नागरिकता) (differentiated citizenship) के सूत्रीकरण में सर्वाधिक भावनापूर्ण अभिव्यक्ति पाई है, जिसकी चर्चा करना आवश्यक है।

बहुसंस्कृतिवाद-विल किमलिका एवं आइरिस यंग के विचार
(Multiculturalism—Views of Will Kymlicka and Iris Young)

समकालीन राजनीतिक विमर्श में बहुसंस्कृतिवाद की धारणा सांस्कृतिक व धार्मिक विविधता से संबद्ध चुनौतियों को समझने तथा उन पर प्रतिक्रिया देने के विषय से जुड़ी है। बहुसंस्कृतिवाद शब्द प्राय: किसी समाज में विविधता के तथ्य की विशेषता बताने के लिए वर्णनात्मक शब्द के रूप में प्रयुक्त किया जाता है, परंतु पश्चिमी उदार लोकतांत्रिक समाजों के संदर्भ में इसे एक निदेशात्मक (prescriptive) आधार के रूप में भी प्रयोग में लाया गया है। बहुसंस्कृतिवाद के प्रस्तावक "मेल्टिंग पॉट" (melting pot) के विचार को अस्वीकार करते हैं जिसमें अल्पसंख्यक समूहों के सदस्यों को आदर्श के पक्ष में प्रधान संस्कृति में आत्मसात किया जाता है। वहीं बहुसंस्कृतिवाद अल्पसंख्यक समूहों के सदस्यों की अपनी विशिष्ट सामूहिक पहचान व प्रथाओं को बरकरार रखने के विचार पर विशेष बल देता है।

किमलिका का सांस्कृतिक अधिकारों का उदारवादी औचित्य प्रतिपादन
(Kymlicka's Liberal Justification of Cultural Rights)

अपनी पुस्तकों *लिबरलिज़्म, कम्यूनिटी एंड कल्चर* तथा *मल्टीकल्चरल सिटीजनशिप : ए लिबरल थीयरी ऑफ माइनॉरिटी राइट्स* (*Liberalism, Community and Culture;* 1989, and *Multicultural Citizenship: a liberal theory of Minority Rights,* 1995) में किमलिका ने दो प्रमुख सिद्धांत दिए हैं। उन्होंने दर्शाया है कि किस प्रकार उदारवाद का मूल सिद्धांत समुदाय की पूर्व आवश्यकता को संस्थागत किए बिना पूर्ण नहीं किया जा सकता। उन्होंने यह भी सिद्ध किया कि कैसे स्वतंत्रता और समानता के उदार मूल्यों के प्रति प्रतिबद्धता के साथ समुदाय पर ध्यान केंद्रित करना संभव है। किमलिका यह

इंगित करते हैं कि ''व्यक्तिवादियों'' तथा ''समुदायवादियों'' दोनों के आधार बहुसांस्कृतिक समाजों पर लागू नहीं किए जा सकते। उदार व्यक्तिवादी इस धारणा के साथ अग्रसर होते हैं कि राजनीतिक तथा सांस्कृतिक समुदाय समव्यापी हैं। इसी प्रकार, समुदायवादी यह मानते हैं कि सांस्कृतिक समुदाय की साझा प्रतिबद्धताएं हैं जिनका राजनीतिक मानदंडों के रूप में सुदृढ़ीकरण किया जाना चाहिए। लेकिन, अधिकांश राज्य-व्यवस्थाओं में विभिन्न प्रकार के सांस्कृतिक समूह निहित होते हैं; जिनमें से कुछ अल्पसंख्यक सांस्कृतिक समुदाय भी हैं जिन्हें अक्सर विशेष सुरक्षा एवं अधिकार की आवश्यकता होती है।

समुदाय के मूल्य के साथ-साथ उदार व्यादेशों (injunction) के मूल्यों को पहचानते हुए, किमलिका ने बहुसांस्कृतिक समाजों के लिए इन सबका निहितार्थ निकाला कि 'सभी राजनीतिक सिद्धांतों को समूहों की भिन्नताओं के कुछ स्वरूपों को मान्यता प्रदान करनी चाहिए तथा कुछ सांस्कृतिक समुदायों का समर्थन करना चाहिए।' यह रूढ़िवादियों, समुदायवादियों के रूप में उदार व्यक्तिवादियों तथा सामाजिक अंतरराष्ट्रीयतावादियों के लिए सत्य है। परिणाम यह है कि किमलिका ने उदारवादी सिद्धांत के अंतर्गत समुदाय एवं अल्पसंख्यक अधिकारों के मूल्य की पहचान के लिए एक महत्त्वपूर्ण स्थान बनाया है। अल्पसंख्यक नागरिकों के हित को सुनिश्चित करने के लिए, किमलिका दूरगामी उपाय सुझाते हैं जिनका उद्देश्य सामाजिक, राजनीतिक व आर्थिक समानता प्राप्त करना है।

वे तीन प्रकार के ''बाह्य संरक्षणों'' की पहचान करते हैं जिन्हें बहुल-लोकतांत्रिक राज्यों में लागू किया जा सकता है :

अ) "विशेष समूह प्रतिनिधित्व अधिकार" (special group representation rights) उदाहरणार्थ, मुख्यधारा की राजनीतिक संस्थाओं के अंतर्गत;

ब) "स्वशासन अधिकार" (self-governance rights), भाषा तथा संस्कृति जैसे विषयों पर स्थानीय इकाइयों को सत्ता हस्तांतरित करना, तथा

स) धार्मिक एवं सांस्कृतिक प्रथाओं, विशेषकर प्रवासियों के संरक्षण के लिए बहुसंजातीय अधिकार (polyethnic rights), जो स्वशासन अधिकारों को महत्त्व नहीं देते।

इस प्रकार, किमलिका यह दर्शाने का प्रयास करते हैं कि उदारवादी राष्ट्रीय अल्पसंख्यकों तथा संजातीय समूहों के लिए, व्यक्तिगत स्वतंत्रता तथा सामाजिक समानता के प्रति उनकी प्रतिबद्धता का त्याग किए बिना, समूह विभेदित अधिकारों की एक विस्तृत श्रेणी स्वीकार कर सकते हैं जो व्यवहारिक रूप से संभव है।

यंग की विभेदित नागरिकता की अवधारणा
(Young's Idea of Differentiated Citizenship)

यंग का दृष्टिकोण, परमाण्विक व्यक्तिवाद (atomistic individualism) तथा सामूहिक समुदायवाद (collective communitarianism) के विकल्प के मध्य एवं उससे परे, ''संजातीय तथा सांस्कृतिक समूहों'' और उनकी ''विभिन्नता'' के अस्तित्व के सवाल को अधिक गंभीरता से उठाता है। यंग ने ''विभिन्नता'' (difference) को नकारने के लिए, उदार व्यक्तिवाद और समुदायवाद (liberal Individualism and Communitarianism), दोनों की निंदा की।

विभेदित नागरिकता (differentiated citizenship) की यंग की अवधारणा पूर्ण रूप से व्यक्तिगत अधिकार को समाप्त करने की चेष्टा नहीं करती, बल्कि इन्हें (व्यक्तिगत अधिकारों को) ''वंचित समूहों'' के सामूहिक अधिकारों के साथ संतुलन में लाने का प्रयास करती है, राजनीति में इनके "आत्म-प्रतिनिधित्व" के लिए व्यवस्था बनाना भी यंग की प्राथमिकता में शामिल है। उनके लोकतांत्रिक सांस्कृतिक बहुलवाद के दृष्टिकोण में, अधिकारों की ''दोहरी व्यवस्था'' की आवश्यकता है–अधिकारों की एक सामान्य व्यवस्था जो सबके लिए समान हो तथा समूह-प्रबुद्ध राजनीतिक अधिकारों की एक अधिक विशिष्ट व्यवस्था।

यंग के अनुसार, एक लोकतांत्रिक शासन व्यवस्था में उन अंगभूत समूहों के भिन्न मतों एवं दृष्टिकोणों की प्रभावी मान्यता व प्रतिनिधित्व के लिए तंत्र प्रदान करना आवश्यक है जो ''शोषित'' अथवा ''वंचित'' हैं। ऐसा समूह प्रतिनिधित्व (group representation) उन संस्थागत तंत्र तथा लोक संसाधनों के समर्थन की ओर संकेत करता है जिसमें सम्मिलित हैं :

1. ''समूह के सदस्यों का आत्म-संगठन'', जिससे कि वे सामूहिक सशक्तिकरण तथा अपने सामूहिक अनुभव द्वारा समाज के संदर्भ में हितों की चिंतनशील समझ प्राप्त कर सकें;
2. संस्थापित संदर्भों में नीति प्रस्तावों का समूह विश्लेषण तथा समूह निर्माण, जहां निर्णय निर्माता यह प्रकट करने के लिए बाध्य हों कि उनके विवेचनों ने समूह दृष्टिकोण को ध्यान में रखा है; और
3. एक समूह को सीधे प्रभावित करने वाली विशिष्ट नीतियों के संबंध में समूह वीटो शक्ति (Group Veto Power) का अनुपात, जैसे–महिलाओं के लिए प्रजनन अधिकार नीति या श्रमिकों के लिए भूमि उपयोग नीति।

यंग स्पष्ट करती हैं कि यह सिद्धांत हित समूहों या वैचारिक समूहों के नहीं अपितु सामाजिक समूहों के विशिष्ट प्रतिनिधित्व की मांग करता है। यंग दृढ़तापूर्वक कहती हैं कि ''विशिष्ट प्रतिनिधित्व'' केवल ''शोषित अथवा वंचित समूहों'' के लिए है। अपनी चर्चा में, वे दमन (उत्पीड़न) के पांच पहलुओं की पहचान करती हैं, नामत:–शोषण (exploitation), प्रभावहीनता (marginalization), शक्तिहीनता (powerlessness), सांस्कृतिक साम्राज्यवाद (cultural imperialism) तथा हिंसा (violence), जिन्हें वे समूह के दावों की वैधता को सुनिश्चित करने के लिए ''उद्देश्य मानदंड'' मानती हैं। किसी समूह के दावे को न्यायसंगत (वैध) तभी माना जा सकता है जब ये दावे उत्पीड़न के इन्हीं पांच पहलुओं में से एक या अधिक से संबंधित हों। जिस सिद्धांत के लिए यंग तर्क देती हैं, वह इस प्रकार उनके (किसी समूह के) स्वयं के अधिकारों के मामलों पर दृढ़ रहते हुए अन्य समूहों के प्रसार की रोकथाम करेगा।

निष्कर्ष (Conclusion)

जब से मनुष्य ने सामाजिक जीवन में प्रवेश किया व समुदायों का निर्माण हुआ है, राजनीति की अवधारणा विवादों से ग्रसित रही है। राजनीति की एक दीर्घकालिक समस्या रही है कि किस प्रकार व्यक्ति, समूह/संगठन, संस्थाएं विशेषकर राज्य एवं सरकारें आम सहमति पर पहुंचें और निर्णय लें जो संपूर्ण मानवीय संगठन पर बाध्यकारी हों। इसने उत्तम जीवन (good life) से संबंधित राजनीतिक सिद्धांत के विमर्श में विभिन्न अवधारणाओं व परंपराओं के आविर्भाव का मार्ग प्रशस्त किया है।

इस अध्याय में उपरोक्त चर्चाओं के माध्यम से सिद्धांत निर्माण तथा राजनीति की विभिन्न संभावनाओं को खोजने का एक विनम्र प्रयास किया गया है। राजनीतिक सिद्धांत का आशय आज बहुत ही विशेषीकृत तथा विविध हो चुका है। हालांकि समकालीन समय में सैद्धांतिक एवं व्यावहारिक पहलुओं के सम्मिश्रण का एक प्रयास किया गया है, तथापि हाल के वर्षों में राजनीति के आदर्शमूलक अध्ययन ने निश्चित रूप से राजनीतिक सिद्धांत के अनुशासन में वरीयता ग्रहण कर ली है। राजनीतिक सिद्धांत में आज राजनीतिक अवधारणाओं का समालोचनात्मक अध्ययन शामिल है, विशेषत: उनका जो नैतिक मुद्दों के बारे में हैं तथा/अथवा सामाजिक एवं राजनीतिक व्यवस्था के आधार हैं। राजनीतिक सिद्धांत,

विश्लेषणात्मक तथा ऐतिहासिक, दोनों प्रकार से इन अवधारणाओं का अन्वेषण करता है। स्वतंत्रता, समानता, न्याय, नागरिकता और अधिकारों जैसी अवधारणाओं की प्रतिस्पर्धी समझ का अन्वेषण उन्हें बहुसंस्कृतिवाद, जलवायु परिवर्तन, मृत्युदंड, अंतरराष्ट्रीय संगठनों तथा धन-संपत्ति एवं पूंजी के वैश्विक वितरण आदि जैसी ठोस राजनीतिक समस्याओं व मुद्दों पर लागू करके किया जाता है। राजनीतिक सिद्धांत के अध्ययन में इस तरह के प्रयास आज कैट्रीओना मैक्किनोन, (Mckinnon. 2008), कैथरीन स्मिट्स (Smits) (2016) एवं शॉर्टन (Shorten, 2015) के कार्यों में प्रतिबिंबित होता है जो राजनीति सिद्धांत के समकालीन विकास को दर्शाता है।

महत्त्वपूर्ण प्रश्न

1. राजनीति क्या है? हम राजनीतिक का सिद्धांतीकरण कैसे कर सकते हैं?
2. 'राजनीति एक विवादास्पद अवधारणा है'। राजनीति की विविध परंपराएं तथा विमर्श के आलेख में इसे स्पष्ट कीजिए?
3. राजनीतिक सिद्धांत की प्रकृति तथा महत्त्व पर एक निबंध लिखिए।
4. समसामयिक राजनीतिक सिद्धांत की प्रमुख विशेषताएं क्या हैं? विवेचना कीजिए।

संदर्भ (References)

Arendt, H., 1958, *The Human Condition* , Chicago : Chicago University Press.

Aristotle, 1996, *The Politics and the Constitution of Athens,* Cambridge, Cambridge University Press.

Ball, Terence, 1988, *Transforming Political Discourse: Political Theory and Critical Conceptual History*, Oxford, Oxford University Press.

Ball, Terence, 1995, *Reappraising Political Theory*, Oxford, Oxford University Press.

Barry, Norman, 1981, *An Introduction to Modern Political Theory*, London, Macmillan.

Bellamy, R, 1993, "Introduction: The Demise and Rise of Political Theory", in Bellamy, R, (ed.) *Theories and Concepts of Politics*, New York, Manchester University Press, pp. 1-14.

Bhargava, R and Acharya, A, (eds.), 2006, *Political Theory: An Introduction*, New Delhi, Pearson Longman, pp. 2-16.

Bhargava, R, 2010, *What is Political Theory and Why Do We Need It*?, Oxford, Oxford University Press.

Buckler, Steve, 1997, "Normative Theory", in Gerry Stoker and David Marsh (eds.), *Theory and Methods in Political Science*, New York: Macmillan, 172-194.

Cobban, Alfred, 1952, *Political Science Quarterly*, Vol. 68, No. 3, 321-337.

Crick, B, 1992, *In Defence of Politics,* London: Weidenfeld & Nicolson.

Dyke, Vernon Van, 1960, *Political Science - A Philosophical Analysis*, Stanford University Press.

Farrelly, Colin, 2004, *An Introduction to Contemporary Political Theory : A Reader*, London, SAGE.

Heywood, Andrew 2013, *Politics* (4th edition), Palgrave Macmillan.

Joseph, Sarah, 1992, "Social Scientist", Vol. 20, No. 12, pp. 42-52.

Kymlicka, Will, 1989, *Liberalism, Community and Culture*, Oxford, Clarendon Press.

Kymlicka, Will, 1995, *Multicultural Citizenship: A Liberal Theory of Minority Rights*, Oxford, Clarendon Press.

Leftwich, A, 1984, *What is Politics*? Oxford, Basil Blackwell.

Mackinnon, Catriona, 2008, *Issue in Political Theory*, New York, Oxford University Press.

Rawls, John, 1971, *A Theory of Justice*, Cambridge, MA: Harvard University Press.

Sabine, George H, 1939, "What is a Political Theory", *The Journal of Politics*, Vol I, no. 1, February.

Sandel, Michael, 1981, *Liberalism and the Limits of Justice*, Cambridge, Cambridge University Press.

Shorten, Andrew, 2015, *Contemporary Political Theory*, London, Palgrave.

Smits, Katherine, 2016, *Applying Political Theory* (2nd edition) : Issues and Debates, London, Palgrave Macmillan, New York.

Vincent, A, 2004, *The Nature of Political Theory*, New York, Oxford University Press, 2004, pp.19-80.

Walzer, Michael, 1983, *Spheres of Justice,* Oxford: Basil Blackwell.

Wolin S, 2004, *Politics & Vision*, United Kingdom, Princeton University Press.

Young, Iris Marion, 1989, "Polity and Group Difference: A Critique of the Ideal of Universal Citizenship", *Ethics* VA. 99. No. 2.

Young, Iris Marion, 1990, *Justice and the Politics of Difference*, Princeton, Princeton University Press.

अध्याय दो

राजनीति सिद्धांत के उपागम : ऐतिहासिक, आदर्शमूलक तथा अनुभवजन्य

(Approaches to Political Theory: Historical, Normative and Empirical)

ज्ञानरंजन स्वेन

* *ऐतिहासिक उपागम* * *आदर्शमूलक उपागम* * *अनुभवजन्य उपागम*
* *अनुभवजन्य अनुसंधान तथा आदर्शमूलक सिद्धांत के मध्य संबंध* * *निष्कर्ष*
* *महत्त्वपूर्ण प्रश्न* * *संदर्भ*

प्राचीन ग्रीक राजनीतिक दर्शन (ancient Greek political Philosophy) के समय से ही दार्शनिकों तथा राजनीतिक वैज्ञानिकों ने भिन्न-भिन्न परिप्रेक्ष्य एवं दृष्टिकोण से विभिन्न राजनीतिक मुद्दों एवं घटनाओं का विश्लेषण व अन्वेषण किया है। अपने अध्ययन के आधार पर नतीजों पर पहुंचते हुए विभिन्न दार्शनिकों ने कई सुझाव भी दिए हैं। यह प्रक्रिया लगातार जारी रही तथा इसने अपरिहार्य रूप से राजनीति विज्ञान के अध्ययन के कई उपागमों के उद्भव को प्रेरित किया है। यह अध्याय राजनीति सिद्धांत के अध्ययन के लिए तीन महत्त्वपूर्ण दृष्टिकोणों की चर्चा करता है : ऐतिहासिक दृष्टिकोण (historical approach), आदर्शमूलक दृष्टिकोण (normative approach), तथा अनुभवजन्य दृष्टिकोण (empirical approach)।

* ज्ञानरंजन स्वेन, असिस्टेंट प्रोफ़ेसर, राजनीति विज्ञान विभाग, रावेनशॉ विश्वविद्यालय, ओडीशा।

ऐतिहासिक उपागम (Historical Approach)

ऐतिहासिक उपागम राजनीति के अध्ययन के पारंपरिक उपागमों में से एक है। ऐतिहासिक दृष्टिकोण इतिहास, चाहे वह लिखित हो अथवा अलिखित, एक विषय के रूप में विगत घटनाओं पर ध्यान केंद्रित करता है। यहां यह ध्यान देना आवश्यक है कि घटनाओं का राजनीतिक अभिप्राय होना चाहिए अथवा वे राजनीतिक रूप से महत्त्वपूर्ण होनीं चाहिए। ये घटनाएं वह श्रेष्ठ आधार प्रदान करती हैं जिन पर राजनीतिक विज्ञान की परिकल्पनाओं एवं सिद्धांतों का निर्माण होता है। इतिहास हमें बताता है कि सरकार, राजनीतिक दल तथा अन्य अनेक संस्थाएं किस प्रकार कार्य करती हैं, यह हमें उनकी सफलताओं व असफलताओं के विषय में सूचित करता है और हम इससे सबक लेते हैं जो भविष्य की क्रियाविधियों को निर्धारित करने में हमारा मार्गदर्शन करता है। उदाहरण के लिए, जिनको असाधारण शक्तियां प्राप्त हैं परंतु उनकी सभी शक्तियां संविधान से नहीं ली गई हैं। यह जानने के लिए कि अमेरिकी राष्ट्रपति को अतीत में प्राप्त शक्तियों तथा वर्तमान में उपलब्ध शक्तियों के रूप में क्या अंतर है, इसके लिए एक ऐतिहासिक विश्लेषण आवश्यक है। स्वाभाविक रूप से इस संबंध में इतिहास हमारी बहुत सहायता करता है। ब्रिटिश संविधान का बहुत छोटा सा ही भाग लिखित रूप में है और प्रधानमंत्री की शक्तियां एवं कार्य, राजतंत्र तथा सरकार के विभिन्न अंग इतिहास से ही व्युत्पन्न हुए हैं। किसी तर्क अथवा निष्कर्ष का समर्थन अथवा खंडन करने के लिए इतिहास के पृष्ठों में दर्ज तथ्यों का उद्धरण दिया जा सकता है। राजनीति के सिद्धांत अथवा निष्कर्ष, बहुत से मामलों में ऐतिहासिक घटनाओं पर आधारित होते हैं। संक्षेप में कहें तो ऐतिहासिक दृष्टिकोण का अर्थ है, इतिहास से प्राप्त तथ्यों की सहायता से राजनीति का अध्ययन करना।

इतिहास मात्र विगत घटनाओं एवं उपलब्धियों का अभिलेख नहीं अपितु इतिहासकारों द्वारा की गई व्याख्याएं, टिप्पणियां तथा स्पष्टीकरण भी हैं। वे घटनाओं को कालानुक्रमिक रूप से भी व्यवस्थित करते हैं। इन सभी को राजनीतिक वैज्ञानिकों के लिए उचित सामग्री माना जाता है। हम कह सकते हैं कि इतिहासकारों ने आंशिक रूप से राजनीतिक वैज्ञानिकों का कार्य सरल कर दिया है। इतिहासकारों द्वारा की गई तुलनाएं तथा निष्कर्ष प्रायः राजनीति के सिद्धांतों पर पर्याप्त प्रकाश डालते हैं।

राजनीतिक दर्शन के दो महान व्यक्तित्त्व उल्लेखनीय रूप से इतिहास पर निर्भर थे– वे हैं, मार्क्स तथा हीगल। वस्तुतः, मार्क्स के वर्ग संघर्ष (class struggle) सिद्धांत तथा श्रमिक वर्ग की बढ़ती दरिद्रता को ऐतिहासिक आंकड़ों

द्वारा ही मजबूती मिली है। हीगल ने सभ्यता के दार्शनिक सिद्धांत तथा राष्ट्रीय राज्य में उसकी अभिव्यक्ति को प्रतिपादित करने की प्रेरणा, इतिहास के अध्ययन से ही ली थी। डाइक कहते हैं कि मार्क्स ने इतिहास को मूर्त (reified) रूप में साकार किया है। माइकल ओकशॉट स्पष्ट रूप से राजनीति के अध्ययन के ऐतिहासिक दृष्टिकोण पर जोर देते हैं। वे हमें निम्नलिखित निरूपण प्रदान करते हैं : 'राजनीति, व्यक्तियों के एक समूह, जो एकल समुदाय का निर्माण करते हैं, द्वारा सामान्य व्यवस्थाओं में भाग लेने की क्रिया है।' यहां उनका मुख्य जोर राजनीतिक समुदाय की परंपरा एवं प्रथा पर है।

ऐतिहासिक उपागम का मूल्यांकन (Evaluation of Historical Approach)

राजनीति अध्ययन के ऐतिहासिक उपागम ने कई चुनौतियों का सामना किया है। इतिहास के अंतर्गत इन चुनौतियों को हम जिन दो आधारों पर समझ सकते हैं, वे हैं–तथ्यों का प्रलेखन (documentation of facts) जो सुगम है और दूसरा है, तथ्यों एवं घटनाओं का विश्लेषण (interpretation of facts and phenomena)। पुनः, इन साक्ष्यों के एकत्रीकरण को एक उचित परिप्रेक्ष्य से तय किया जाना भी जरूरी होता है। इसका तात्पर्य है कि साक्ष्यों एवं तथ्यों का मूल्यांकन करते समय समुचित ध्यान रखा जाना चाहिए परंतु ऐसी सावधानी का सदा कठोरता से पालन नहीं किया जाता है। परिणामस्वरूप ऐतिहासिक तथ्य, इन्हें उपयोग में लेने वालों के उचित प्रयोजन की हमेशा पूर्ति नहीं करते। राजनीतिक अध्ययन के ऐतिहासिक दृष्टिकोण के विरुद्ध यही मुख्य आपत्ति है।

एलन बॉल ने ऐतिहासिक दृष्टिकोण के एक और अंधकारपूर्ण पक्ष की ओर हमारा ध्यान आकर्षित किया है। वे कहते हैं, 'विगत साक्ष्य चेताने वाले अंतर छोड़ते हैं, तथा राजनीतिक इतिहास समग्र राजनीतिक गतिविधि का विस्तृत लेखा-जोखा होने के बजाय, प्रायः मात्र महान व्यक्तियों तथा महान घटनाओं का अभिलेख होता है।' बहुत कम इतिहासकार ऐतिहासिक घटनाओं एवं साक्ष्यों का व्यापक रूप में तथा उदारता के साथ वर्णन करते हैं। अर्नेस्ट बार्कर (Earnest Barker) यह तर्क देते हैं कि 'रेखाएं बहुत सी हैं–कुछ ऐसी हैं जो यकायक ठहर जाती हैं, कुछ वापस मुड़ जाती हैं, कुछ एक-दूसरे को काट देती हैं।'

हालांकि, राजनीतिक संस्थाओं के उद्भव तथा विकास के अध्ययन में ऐतिहासिक उपागम का अपना महत्त्व है। जी.एच. सेबाइन (G.H. Sabine), आर.जी. गेटल (R.G. Gettell), डनिंग (Dunning) जैसे व्यक्तियों द्वारा राजनीति सिद्धांत पर किए गए कार्यों का अपना एक महत्त्व है। वर्तमान समय में प्लेटो

(Plato) व अरस्तू से लेकर लियो स्ट्रॉस तथा लासवेल जैसे महान सामाजिक तथा राजनीति सिद्धांतकारों के विचारों का अर्थ समझने में इस प्रकार के दृष्टिकोण की अपनी एक उपयोगिता है। यदि राजनीति सिद्धांत का एक सार्वभौमिक (universal) तथा सम्माननीय चरित्र है, तो यह ऐतिहासिक दृष्टिकोण में उसकी जड़ों के कारण ही है।

आदर्शमूलक उपागम (Normative Approach)

आदर्शमूलक राजनीति सिद्धांत (normative political theory) का उद्गम प्राचीन समय से ही रहा है। ग्रीक राजनीतिक एवं सामाजिक दर्शन आदर्शमूलक विमर्शों से परिपूर्ण है। ग्रीक विशेषत: इस विमर्श में तल्लीन थे कि आदर्श राजनीतिक व्यवस्था क्या होनी चाहिए? इसने दार्शनिकों की पीढ़ी को सामाजिक तथा राजनीतिक अनुसंधान के लिए प्रेरित करना जारी रखा। तर्कसंगत प्रत्यक्षवाद (logical positivism) तथा अनुभवजन्य सामाजिक विज्ञान (empirical social science) के उदय तक इसकी भूमिका पर कभी प्रश्न नहीं उठाए गए, परंतु प्रारंभिक बीसवीं सदी में इसके आगमन ने आदर्शमूलक राजनीति सिद्धांत के अध्ययन पर नए सवाल उठाए। प्रत्यक्षवाद (positivism) ने खुद वैज्ञानिक (scientific) अर्थात्, मूल्य-तटस्थ (value neutral) होने का दावा करते हुए राजनीति दर्शन को अप्रचलित तथा निरर्थक घोषित कर दिया। पीटर लासलेट (Peter Laslett) ने अपनी *फिलॉसॉफी, पॉलिटिक्स एंड सोसाइटी* (*Philosophy, Politics and Society* (1956)) की प्रस्तावना में सुविदित रूप से घोषणा की कि ''राजनीतिक दर्शन की मृत्यु हो गई है'' कम से कम ''अभी के लिए।'' इसकी मृत्यु मुख्य रूप से तर्कसंगत प्रत्यक्षवाद के उदय का परिणाम थी जिसने वैज्ञानिक समझ में प्रगाढ़ विश्वास दिखाया तथा यह सुझाया कि जो प्रस्ताव अनुभवत: सत्यापनीय (empirically verifiable) नहीं है, वह अर्थहीन (meaningless) है। तार्किक अनुभववादियों ने इस दृष्टिकोण का समर्थन किया कि राजनीतिक विज्ञान को, प्राकृतिक विज्ञान की भांति, भाव प्रवणता के साथ तथ्यों का अध्ययन करना चाहिए। अनेक राजनीतिक वैज्ञानिकों ने घोषणा की कि उनका कार्य राजनीति विज्ञान के अनुभवसिद्ध प्रस्तावों से संबंधित था, न कि ''राजनीति सिद्धांत के मूल्य निर्धारण'' से। (लासवेल, 1951)डेविड ह्यूम ने तर्क दिया कि विश्व का हमारा समस्त ज्ञान दरअसल विशिष्ट अनुभवजन्य ज्ञान से व्युत्पन्न हुआ है।

राजनीतिक दर्शन की इस संशोधित छवि का राजनीति विज्ञान के अध्ययन पर

महत्त्वपूर्ण प्रभाव पड़ा। राजनीति के अध्ययन का विषय राजनीतिक आचरण की प्राकृतिक वैज्ञानिक जांच तथा व्यावहारिक अन्वेषण से अधिक संबंधित हो गया। परिणामस्वरूप, राजनीति विज्ञान की अनुशासनात्मक सीमा व्यावहारिक सामाजिक विज्ञान की ओर स्थानांतरित हो गई। यह राजनीति विज्ञान में राजनीतिक दर्शन के प्रभाव को उत्तरोत्तर पतन की ओर ले गया। हालांकि, तब से अनेक विद्वान न केवल आदर्शमूलक सिद्धांत देने में व्यस्त रहे हैं (विशेषकर माइकल ओकशॉट, लियो स्ट्रॉस अथवा हाना आरेंट जैसे राजनीतिक दार्शनिक), बल्कि ''आदर्शमूलक तथा अनुभवजन्य दृष्टिकोणों के अनुभववादी पृथक्करण'' के साथ असंतोष भी व्यक्त किया। जॉन रॉल्स की *ए थीयरी ऑफ जस्टिस* के प्रकाशन के पश्चात्, राजनीतिक दर्शन तथा अधिक व्यापक रूप से आदर्शमूलक राजनीति सिद्धांत, राजनीति विज्ञान में अनुसंधान की मूल्यवान अथवा आवश्यक विधि के रूप में पहचाने जाने की ओर और अधिक प्रबल हो गया है। यह मान्यता इस समझौते के साथ आई कि मूल्यों को राजनीतिक व्यवस्थाओं तथा राजनीतिक संरचनाओं के पदार्थ के रूप में देखा जा सकता है क्योंकि वे, राजनीति के निदेशात्मक तथा वर्णनात्मक दोनों लेखों में मध्यस्थों की भूमिका अदा करते हैं।

प्लेटो तथा अरस्तू जैसे राजनीतिक दार्शनिकों ने आदर्शमूलक राजनीति सिद्धांत (normative political theory) की नींव रखी थी। उनके, राजनीति (अथवा व्यावहारिक दर्शन) के दार्शनिक चिंतन के कुछ पहलू हैं जो एक आदर्शमूलक सिद्धांत की रचना करते हैं : आचारनीति तथा राजनीति के मध्य कोई भिन्नता नहीं है (इस प्रकार ''होना चाहिए'' (ought) तथा ''है'' (is) के मध्य, यह परस्पर अवलंबित है), राजनीति सिद्धांतीकरण की प्रकृति वर्णनात्मक (descriptive) (उदाहरणार्थ अरस्तू की *कांस्टीट्यूशन ऑफ एथेंस* (*Constitution of Athens*) तथा निदेशात्मक (prescriptive) (प्लेटो की द *रिपब्लिका और* द *लॉज व* अरस्तू की *पॉलिटिक्स* (Plato's *The Republica* and *The Laws,* and Aristotle's *Politics*), दोनों हैं। शास्त्रीय राजनीति सिद्धांत राजनीति विज्ञान का पूर्ववर्ती था तथा अनेक सदियों तक राजनीति सिद्धांतीकरण का चरित्र मुख्य रूप से आदर्शमूलक था। हालांकि, यह प्राय: किसी निश्चित अनुभवजन्य संदर्भ की ओर प्रतिक्रिया होता था। उदाहरण के लिए, जीन बोडिन (Jean Bodin) की संप्रभुता की अवधारणा उसकी फ्रांसीसी राजतंत्र की सेवा के दौरान विकसित हुई थी और वह एक प्रकार से पूर्व से ही विकसित होती शासन व्यवस्था को उचित ठहराती है। इसे, हालांकि, अनुभवजन्य तथ्य के विवरण के रूप में प्रस्तुत नहीं किया गया था, अपितु एक आदर्शमूलक सिद्धांत के रूप में दर्शाया गया था। संप्रभुता की अवधारणा में बोडिन ने ऐसा सिद्धांत स्थापित

किया जिस पर एक राजनीति व्यवस्था आधारित होनी चाहिए। अतः, यह कहा जा सकता है कि 'राजनीति सिद्धांतों को अपने स्थान व समय की महत्त्वपूर्ण सांस्कृतिक, बौद्धिक, तथा राजनीतिक धाराओं द्वारा आकार दिया जाता है और एक अर्थ में, इन धाराओं को किसी राजनीति सिद्धांत की "नींव" मानना स्वाभाविक ही है'। (मून (Moon, 2015))

सामान्यतया, एक सकारात्मक सामाजिक सिद्धांत यह समझाने का प्रयास करता है कि किस प्रकार सामाजिक विश्व एक मूल्य-मुक्त (value-free) रीति से कार्य करता है, जबकि एक आदर्शमूलक सिद्धांत इस विषय में एक मूल्य-आधारित (value-based) मूल्य–युक्त दृष्टिकोण प्रदान करता है कि सामाजिक विश्व किस प्रकार का होना चाहिए अथवा इसे किस प्रकार कार्य करना चाहिए। पूर्ववर्ती, मौजूदा सामाजिक, राजनीतिक एवं आर्थिक ढांचों का विवरण देता है व उनकी जांच करता है, जबकि उत्तरवर्ती उन लक्ष्यों एवं मानदंडों को प्रस्तावित करता है जिन्हें प्राप्त किया जाना चाहिए, या कम से कम जो वांछनीय हों, भले ही उन्हें उसी समय प्राप्त न किया जा सके। राजनीति सिद्धांत अवधारणाओं अथवा प्रस्तावों का एक समुच्च्य प्रदान करते हैं जो एक ओर राजनीतिक तथ्यों पर प्रकाश डालते हैं, दूसरी ओर राजनीतिक समुदायों को व्यवस्थित करने के लिए आदर्शमूलक सिद्धांतों को स्पष्ट करते हैं। इन सिद्धांतों को प्रायः सार्वभौमिक वैधता के रूप में उपचारित किया जाता है। प्रत्येक राजनीतिक समुदाय उसके सदस्यों द्वारा साझा किए जाने वाले कुछ सामान्य मानदंडों के आधार पर कार्य कर सकता है। एक वर्णनात्मक (descriptive) सामाजिक अथवा राजनीति सिद्धांत केवल उन मानदंडों की ही पहचान करता है व जांच करता है, जबकि एक आदर्शमूलक सिद्धांत वक्तव्यों को सूत्रित करता है कि किसी राजनीतिक समुदाय को किन मानदंडों का अनुसरण करना चाहिए अथवा किन पर आधारित होना चाहिए।

आदर्शमूलक सामाजिक तथा राजनीति सिद्धांत 'तर्कसंगत रीति से मानव अस्तित्व के अधिक उचित स्वरूप को व्यक्त करने तथा उसकी प्राप्ति में उन्हें प्रबुद्ध करने के लिए व्यावहारिक दर्शन के उद्देश्यों का परिरक्षण करता है'। (बेनहबीब (Benhabib), 1986) ''आदर्शमूलक'' शब्द केवल उसकी ओर संकेत नहीं करता जो ''होना चाहिए'', बल्कि मानदंडों एवं राजनीतिक क्षेत्र में उनकी केंद्रीयता की ओर भी इशारा करता है। आदर्शमूलक सिद्धांत न केवल मौजूदा मानदंडों की एक ठोस प्रारंभिक शिक्षा तथा समझ को सक्षम बनाते हैं, अपितु प्रदत्त मानदंडों तथा उनके स्रोतों की प्रत्यालोचना भी करते हैं। आदर्शमूलक विश्लेषण राजनीतिक कार्यवाही की धारणाओं तथा दार्शनिक आधारों

का विवेचनात्मक मूल्यांकन प्रदान करता है और राजनीति तथा आचारनीति के मध्य पृथकत्त्व से उबारता है। राजनीति की परिवर्तित होती प्रकृति राजनीति पर तथा विशेष रूप से न्यायोचित युद्ध, पर्यावरण के लिए उत्तरदायित्व, लिंग समानता अथवा सर्वाधिक वंचितों के लिए अधिकार जैसे मुद्दों पर दार्शनिक मीमांसा के लिए अधिक अवसर प्रदान करती है।

आज के अंतरराष्ट्रीय संबंधों में प्रमुख संस्थानों में से एक, जो अधिकांश राज्यों के संविधानों में गूढ़ रूप से सम्मिलित है, वह है मानव अधिकारों तथा उनकी सुरक्षा की संस्था। इसके औचित्य को, बिना किसी आदर्शमूलक राजनीति सिद्धांत के बमुश्किल ही प्रस्तुत किया जा सकता है, जो ऐसे मूल्यों का निर्धारण करता है जिनका किसी भी सभ्य (रॉल्स का शब्द प्रयोग करें तो) राजनीतिक समाज को पालन करना आवश्यक होता है। यह न्यूनतम मानदंड अथवा लक्ष्य, द्वितीय विश्व युद्ध की समाप्ति के उपरांत से संयुक्त राष्ट्र संघ के मानवाधिकारों की सार्वभौमिक घोषणा (1948) (UN 1948 Universal Declaration of Human Rights) के प्रकाश में मूलभूत मानव अधिकारों के रूप में परिभाषित किए गए हैं। प्राकृतिक मानव अधिकारों की भाषा का उपयोग सर्वप्रथम सत्रहवीं तथा अठारहवीं सदी के राजनीतिक दार्शनिकों द्वारा किया गया था और इसने दो प्रथम दस्तावेजों को गहनता से प्रभावित किया था जो अधिकारों का मौलिक संवैधानिक सिद्धांतों के रूप में आह्वाहन करते हैं, स्वतंत्रता की अमेरिकी घोषणा तथा मनुष्य एवं नागरिकों के अधिकारों की फ्रांसीसी घोषणा। राजनीति का कोई भी वर्णनात्मक अथवा अनुभवजन्य सिद्धांत हमें केवल यही बता सकता है कि एक प्रदत्त राजनीतिक संदर्भ में मूलभूत मानव अधिकारों का कितनी भली-भांति सम्मान होता है, लेकिन हमें यह नहीं बता सकता कि अव्वल तो उन्हें संरक्षित ही क्यों किया जाना चाहिए।

आदर्शमूलक सिद्धांत की मुख्य विशेषताएं
(Salient Features of Normative Theory)

समकालीन आदर्शमूलक उपागम (contemporary normative approach) के चार मुख्य आधार कहे जा सकते हैं :

i) अरस्तू तथा अधिक व्यापक रूप से शास्त्रीय राजनीतिक दर्शन (classical political Philosophy) की ओर रुख करना (आरेंट (Arendt), पेंगल (Pangle), स्ट्रॉस, वोएलिन (Voegeli))

ii) राजनीतिक विचारों के इतिहास में अभिरुचि
iii) एक स्पष्ट सत्तामूलक (ontological) आधार जो विषयाश्रित (objective) सत्य के लिए स्वीकृति देता हो
iv) उस कार्यप्रणाली में, जहां अमूर्त तर्कसंगत प्रतिमानों तथा प्रणाली सिद्धांतों पर संशयवाद अभिभावी हो, वहां परिकल्पना निर्माण में अतर्कवाद (irrationalism) को न्यून करने के लिए आदर्शमूलक सिद्धांत आवश्यक है, यह राजनीतिक जांच के अंतिम चरण में भी आवश्यक है जिसमें राजनीतिक कार्यवाही पर निष्कर्ष सम्मिलित होते हैं।

आदर्शमूलक परिकल्पना, मानदंडों (मानकों) अथवा आदर्शमूलक सिद्धांतों से संबंधित है। एक आदर्शमूलक सिद्धांत को इस रूप में परिभाषित किया जा सकता है, 'एक सामान्य निदेश जो अभिकर्त्ताओं को यह बताता है कि उन्हें क्या करना चाहिए, अथवा क्या नहीं करना चाहिए'। (कोहेन (Cohen, 2003)) हमारी सभी अवधारणाएं न केवल वास्तविकता का "वर्णन" कर सकती हैं; अपितु वे तथ्यों, मूल्यों, आदर्शों, प्रतिमानों, मानदंडों के सामाजिक संसार को अर्थ भी प्रदान करती हैं। अतः, आनुभविक रूप से प्रवृत्त राजनीतिक वैज्ञानिकों द्वारा निरूपित वर्णनात्मक तर्कों के अलावा, मूल्यांकनात्मक अथवा निदेशात्मक तर्क भी हैं जिन्हें ऐसे सिद्धांतकारों द्वारा निरूपित किया गया है जो मानदंडों की न्यायसंगतता की दिशा में चिंताशील हैं। व्यापक रूप से विचार किए गए मानदंड किसी निश्चित तथ्य की नियमितताएं हैं। सामाजिक एवं राजनीतिक संदर्भ में, मानदंडों को वर्णनात्मक रूप से सामाजिक तथा राजनीतिक कार्यवाही के व्यवहार के मानकों के रूप में समझा जा सकता है, अथवा निदेशात्मक रूप से कारणों के रूप में, जो क्रिया के एक निश्चित चुनाव को निर्धारित करते हैं। आचारनीति में मानदंडों का अर्थ होता है, नैतिक मानक। एक आदर्शमूलक सिद्धांत यह निर्धारित करने का प्रयास करता है कि एक राजनीतिक समुदाय में (घरेलू अथवा अंतरराष्ट्रीय) किन मानदंडों का अनुसरण किया जाना चाहिए। आदर्शमूलक वक्तव्य एक आदर्श मानदंड अथवा प्रतिमान का उल्लेख करते हैं और इस उल्लेख में ऐसी निगमनात्मक अवधारणाएं सम्मिलित हो सकती हैं जो मानदंड स्थापित करती हों, जिनके द्वारा निर्णय लिए जा सकते हों। मानदंड सामाजिक तथ्य (घटना) का मूल्य निर्धारित करते हैं और सामाजिक तथ्य के मूल्यांकन की प्रक्रिया में वांछनीय अथवा अवांछनीय रूप से प्रमुख संदर्भ बिंदु होते हैं। आदर्शमूलकता, जिस संसार का हम अनुभव करते हैं, उस पर निर्णय देने के लिए हमें उससे प्रश्न करने की अनुमति प्रदान करती है, जिसके परिणामस्वरूप हम कह सकते

हैं कि किन मापदंडों की पूर्ति नहीं की जा रही है, किन मानदंडों की अनदेखी की जा रही है। यह "क्या है" से "क्या होना चाहिए" की स्पष्ट स्वायत्तता के कारण ही संभव है।

आदर्शमूलक सिद्धांत निदेशात्मक है, क्योंकि यह मूल्यांकन के कुछ मानदंड सामने रखता है जिससे हम किसी प्रणाली विशेष की त्रुटियों का निर्धारण कर सकते हैं और उसके सुधार के लिए उपाय भी सुझा सकते हैं। आदर्शमूलक सिद्धांत हमें विभिन्न तथा वैकल्पिक मानदंड अथवा निर्धारण प्रदान करता है। यह मूल्यों की ओर प्रतिबद्ध है। जब विविध मूल्य उपस्थित होते हैं, आदर्शमूलक सिद्धांत मूल्यों के समुच्च्यों के मध्य समन्वय स्थापित करने का प्रयास करता है। उदाहरण के लिए, जहां प्लेटो तथा अरस्तू अभिजातीय वर्ग की स्वतंत्रता की रक्षा करते हैं, वहीं लास्की एक नवीन लोकतांत्रिक व्यवस्था का निर्माण करने के लिए स्वतंत्रता को समानता के साथ समन्वित करने का प्रयास करता है।

आदर्शमूलक उपागम का समालोचनात्मक मूल्यांकन (Critical Evaluation of Normative Approach)

सामान्यतया, आदर्शमूलक राजनीति सिद्धांत की निगमनात्मक (deductive), चिंतनशील (speculative), परिकल्पित (hypothetical), अमूर्त (abstract), कल्पनाशील (imaginative) तथा आदर्शशील (utopian) होने के लिए आलोचना की जाती है। यह कुछ आदर्श धारणाओं पर आधारित है तथा एक उत्तम अथवा आदर्श रूपरेखा के अंतर्गत मौजूदा समस्याओं का समाधान चाहता है। अत: समालोचकों का दावा है कि यह वास्तविकता से दूर है। इसका आधार-वाक्य अनुभवमूलक जांच के अधीन नहीं है, जिसके परिणामस्वरूप इसे वैज्ञानिक नहीं कहा जा सकता।

हालांकि, राजनीति सिद्धांत के अध्ययन में आदर्शमूलक सिद्धांत का बहुत ही सकारात्मक योगदान है। आदर्शमूलक दृष्टिकोण मौजूदा राज्यों के कार्यों, सिद्धांतों एवं नीतियों की आलोचना पर बल देता है। प्लेटो ने अपनी प्रसिद्ध कृति द *रिपब्लिक* (*The Republic*) में आदर्शमूलक दृष्टिकोण का ही अनुसरण किया है। आदर्शमूलक दृष्टिकोण के समर्थकों द्वारा आलोचना सदैव ही राज्य अथवा प्राधिकार के गैर–आदर्शमूलक सिद्धांतों की प्रचलित क्रियाविधि को बदलने में सफल नहीं रही है। लेकिन यह राजनीतिक संगठन की गतिविधियों की स्थिति के विषय में जन साधारण को जागरुक करने में समर्थ रही है। यह दृष्टिकोण सुझाता है कि जो हो रहा है उसे बेहतर के लिए बदला जाना चाहिए। अभी

भी यह माना जाता है कि आदर्शमूलक दृष्टिकोण राज्य की दिन-प्रतिदिन की गतिविधियों के लिए सहायक हो सकता है।

यह आरोप लगाया जाता है कि राजनीति के अध्ययन के आदर्शमूलक दृष्टिकोण से मानदंडों, आदर्शों, मूल्यों एवं सिद्धांतों की गंध आती है जिनकी सामाजिक तथा राजनीतिक स्थिति की वास्तविकता से कोई सुसंगति नहीं है। परंतु यह आलोचना तर्कसंगत नहीं है। जैसे प्रत्येक व्यक्ति को उन सिद्धांतों का निश्चय करना चाहिए जिनका वह पालन करना चाहता है, वैसे ही एक राज्य को भी कुछ आदर्शों, मानदंडों एवं सिद्धांतों का निर्धारण अथवा स्थापना करनी चाहिए, जिन्हें, उसे नीतियां बनाते समय तथा निर्णय लेते समय लागू करना हो।

इन सभी की घोषणा विभिन्न रूपों में की जाती है जैसेकि, संविधान, विधियां तथा सामान्य नीति निर्णय। सिद्धांतों अथवा सामान्य उद्देश्यों के निर्धारण के पश्चात् राज्य उन्हें कार्यान्वित करने की ओर अग्रसर होता है। इसे भारतीय संविधान के उदाहरण द्वारा स्पष्ट किया जा सकता है। हमारे संविधान की प्रस्तावना में अनेक उच्च आदर्श निहित हैं तथा उनमें से बहुतों को अभी प्राप्त किया जाना शेष है। परंतु यह गैर-कार्यान्वयन आदर्शों को रद्द नहीं करता। कल्याणकारी राज्य के उदय तथा इसकी बढ़ती हुई लोकप्रियता ने इस दृष्टिकोण में नए पंख लगा दिए हैं। कल्याणकारी राज्य की अवधारणा घोषणा करती है कि राज्य का कार्य केवल कानून एवं व्यवस्था को बनाए रखने तक ही सीमित नहीं है, इसे ऐसे अन्य अनेक कार्य भी करने चाहिए जो समाज के लिए सामान्य हित को संपादित करें। एक ओर, कल्याण के उद्देश्य तथा दूसरी ओर, आदर्श, मानदंड सिद्धांत सदा ही सममूल्य होते हैं। कल्याण के उद्देश्य ''होना चाहिए'' पर अधिक महत्त्व देते हैं।

राज्य का कार्य स्थैतिक नहीं है। एक गतिशील समाज में, इसे भी गतिशील होना चाहिए। इसका अर्थ है कि राज्य को अपने कार्यों में सुधार के लिए निरंतर प्रयास करते रहना चाहिए तथा इसका, पुनः, अर्थ है कि उसके सामने कुछ आदर्श, सिद्धांत तथा मानदंड होने चाहिए, अन्यथा, उसे अज्ञात समुद्र में तैरना होगा। लेकिन राज्य का व्यवहारमूलक सिद्धांत यह सुझाव नहीं देता कि राज्य को कुछ आदर्श निश्चित करने चाहिए। यह आशंका व्यक्त की जाती है कि प्रथाओं तथा आदर्शों के अंतर्गत "है" अथवा "होना चाहिए" के मध्य संघर्ष उत्पन्न हो सकता है और यह संघर्ष राज्य की गतिविधियों को महत्त्वहीन कर सकता है। यह भी संभावना है कि मानदंडों को पूरा नहीं किया जा सकेगा, लेकिन पूरा नहीं किया जाना, इसके अस्वीकरण की मांग नहीं करता, आदर्श सदा ही आदर्श होते हैं तथा वे सदैव मार्गदर्शक के रूप में कार्य करते हैं।

प्लेटो का आदर्श राज्य (ideal state), दार्शनिक राजा (philosopher king), अरस्तू का राज्यतंत्र (polity), मार्क्स का वर्गरहित राज्य (classless state) अथवा समाज, उसका साम्यवाद (Communism), जन इच्छा (general will) की धारणा पर आधारित रूसो का नैतिक राज्य आदि अब भी हमारे मार्ग दर्शन का कार्य करते हैं। हम सब जानते हैं कि इन सभी को प्राप्त करना कठिन है किंतु यह आवश्यक है कि हम उन्हें प्राप्त करने का प्रयास करें क्योंकि वे हमारे आदर्श हैं।

अनुभवजन्य उपागम (Empirical Approach)

बीसवीं सदी के मध्य तक, राजनीतिक विज्ञान का अध्ययन मुख्यत: गुणात्मक (qualitative), दार्शनिक (philosophical), वर्णनात्मक (descriptive), विधि-सम्मत (legalistic) हुआ करता था। तब "विज्ञान" शब्द पूर्णतया संगत नहीं था। 1950 के दशक में, राजनीति विज्ञान के अध्ययन को ''व्यवहारात्मक क्रांति'' द्वारा पूर्णतया रूपांतरित कर दिया गया। इसका नेतृत्व अनुभवजन्य दृष्टिकोण के प्रतिपादकों द्वारा किया गया। यद्यपि, यह प्रयोग, ठोस विज्ञान तथा मनोविज्ञान में अनुसंधान की अनिवार्य शर्त था, राजनीतिक वैज्ञानिकों के मध्य यह पद्धति अब तक मात्र एक जिज्ञासा ही बनी रही थी। अनुभवजन्य दृष्टिकोण तथ्यों का वर्णन करना चाहता है तथा यह बोध अनुभव के माध्यम से अवलोकन पर निर्भर करता है। राजनीति विज्ञान में अनुभवजन्य दृष्टिकोण को सर्वोचित रूप से व्यवहारात्मक क्रांति (behavioural revolution) द्वारा स्पष्ट किया जाता है। यह मनुष्यों के प्रत्यक्ष व्यवहार पर बल देते हैं। इनके अनुसार, मानव व्यवहार का कोई भी स्पष्टीकरण प्रयोगाश्रित जांच के अधीन होना चाहिए। इसकी दार्शनिक उत्पत्ति उन्नीसवीं सदी में ऑगस्त कॉम्ट (Augste Compte) के लेखन तथा 1920 के दशक में वियना सर्कल (Vienna Circle in the 1920s) के तार्किक प्रत्यक्षवाद (logical positivism) में उद्धृत हैं। प्रत्यक्षवाद की मूल अभिपुष्टियां हैं (1) तथ्यों के संदर्भ में समस्त ज्ञान अनुभव के "प्रत्यक्ष" आंकड़ों पर आधारित है, तथा (2) तथ्य के क्षेत्र से परे विशुद्ध तर्क व विशुद्ध गणित है। नकारात्मक अथवा अप्रत्यक्ष तथा समालोचनात्मक पक्ष की ओर, प्रत्यक्षवादी उनके तत्त्वमीमांसा के खंडन के लिए विख्यात हो गए–अर्थात्, वास्तविकता की प्रकृति के संबंध में परिकल्पना के लिए, जो तार्किक रूप से किसी भी संभव साक्ष्य से परे जा सकती थी, जो या तो ऐसे "अतींद्रिय" ज्ञान के दावों का समर्थन करती अथवा उसका

खंडन करती। इस प्रकार अपनी आधारभूत वैचारिक दशा में, प्रत्यक्षवाद, सांसारिक, धर्मनिरपेक्ष, अध्यात्मविज्ञान विरोधी तथा तत्त्वमीमांसा विरोधी है। अवलोकन तथा अनुभव का कठोर अनुपालन ही प्रत्यक्षवाद की सबसे महत्त्वपूर्ण अनिवार्यता है।

प्रत्यक्षवाद पर अनेक विमर्श हैं, हालांकि, व्यवहारवाद (behaviouralism) प्रत्यक्षवादी सामाजिक सिद्धांत के दो सबसे बुनियादी पहलुओं को स्वीकार करता है। पहला, एक अनुभवजन्य सिद्धांत परस्पर-संबद्ध अमूर्त वक्तव्यों का एक समुच्चय है, जिसमें सम्मिलित हैं– धारणाएं, परिभाषाएं तथा आनुभविक रूप से परीक्षण योग्य परिकल्पनाएं जिनका प्रयोजन प्रदत्त घटना के घटित होने का विवरण देना तथा उसका स्पष्टीकरण देना है। दूसरा, एक स्पष्टीकरण, किसी घटना अथवा घटनाओं के समुच्चय के घटित होने का हेतुक विवरण है। एक अनुभवजन्य सिद्धांत के लिए, व्याख्यात्मक सिद्धांतों का मूल्यांकन तीन मुख्य प्रकारों से किया जा सकता है :

अ) एक अच्छा सिद्धांत आंतरिक रूप से सुसंगत होना चाहिए।

ब) घटना की किसी विशिष्ट श्रेणी से संबंधित एक अच्छे सिद्धांत को जहां तक संभव हो, उन अन्य सिद्धांतों के साथ भी सुसंगत होना चाहिए जो संबंधित घटना को स्पष्ट करने का प्रयास करते हों।

स) व्याख्यात्मक सिद्धांतों को अनुभवाश्रित पूर्वानुमान लगाने में सक्षम होना चाहिए जिनका अवलोकन परीक्षण के आधार पर किया जा सके।

अनुभवजन्य सिद्धांत की विशेषताओं का संक्षिप्त विवरण दिया जा सकता है। इन्हें डेविड ईस्टन ने व्यवहारवाद का बौद्धिक बुनियादी आधार माना है, जो निम्नलिखित हैं–

1) **नियमितता** (Regularities): राजनीतिक व्यवहार में ढूंढ़े जाने योग्य एकरूपताएं हैं जिन्हें वक्तव्यों की भांति सिद्धांत में अभिव्यक्त किया जा सकता है। यह राजनीतिक घटना (तथ्य) को स्पष्ट करने तथा उसका पूर्वानुमान लगाने में सहायता करेगी।
2) **प्रमाणन** (Verification): यह कहता है कि सिद्धांत कहे जाने वाले किसी वक्तव्य को परीक्षण योग्य होना चाहिए।
3) **प्रविधियां** (Techniques): इसका अर्थ है कि व्यवहार के अवलोकन, अभिलेखन तथा विश्लेषण के प्रयोजन के लिए आंकड़ों की आत्मचेतना के साथ जांच होनी चाहिए, उन्हें परिष्कृत किया जाना चाहिए तथा उन्हें मान्य किया जाना चाहिए।
4) **प्रमात्रीकरण** (Quantification): मात्रा निर्धारण के बिना, उचित विश्लेषण

नहीं किया जा सकता।

5) **मूल्य** (Values): अनुभवजन्य अनुसंधान को स्वयं को मूल्य विश्लेषण से दूर करना है। इसे मूल्य मुक्त होना है।

6) **व्यवस्थापन** (Systematisation): सिद्धांत तथा अनुसंधान के मध्य निकट संबंध होना चाहिए। कोई भी अनुसंधान निर्गत एक अच्छे सिद्धांत की ओर ले जा सकता है, यदि उसमें वैज्ञानिक पद्धतियों का पालन किया गया हो।

7) **विशुद्ध विज्ञान** (Pure Science): राजनीतिक व्यवहार को समझाने के लिए सिद्धांत को विज्ञान के अधिक समीप होना चाहिए। यह तभी संभव है जब किसी सिद्धांत को वैज्ञानिक शब्दों में स्पष्ट किया जाए।

8) **एकीकरण** (Integration): किसी सामान्य विधि के एक व्यापक दृष्टिकोण को विकसित करने के लिए, जिसे सार्वभौमिक रूप से लागू किया जा सके, राजनीति विज्ञान को अन्य सामाजिक विज्ञानों के साथ एकीकृत होना होगा।

ईस्टन के सिद्धांत के अलावा अन्य महत्त्वपूर्ण विचार, जिसने अनुभवजन्य सिद्धांत की विशेषता को चिन्हित किया, वह है–'वैज्ञानिक सिद्धांतों अथवा स्पष्टीकरणों को सैद्धांतिक रूप से "मिथ्या" सिद्ध होने में सक्षम होना चाहिए।' अपने मूल स्वरूप में, "मिथ्यापनीयता" (falsifiability) वह धारणा है कि किसी भी परिकल्पना को विश्वसनीय होने के लिए, एक वैज्ञानिक परिकल्पना अथवा सिद्धांत के रूप में स्वीकृत होने से पूर्व उसे स्वाभाविक रूप से खंडनीय होना चाहिए। विचार है कि कोई भी सिद्धांत पूर्ण रूप से सही नहीं होता, परंतु यदि इसे मिथ्या सिद्ध नहीं किया गया तो इसे एक सत्य के रूप में स्वीकृत किया जा सकता है। उदाहरणस्वरूप, न्यूटन के गुरुत्वाकर्षण के सिद्धांत (Theory of Gravity) को सदियों तक सत्य के रूप में स्वीकार किया गया, क्योंकि वस्तुएं यादृच्छिक ढंग से पृथ्वी से ऊपर नहीं उठतीं। यह, प्रयोग व अनुसंधान द्वारा प्राप्त आंकड़ों के अनुरूप प्रतीत होता है, परंतु यह सदा से ही परीक्षण के अधीन था। कार्ल पॉपर (Karl Popper) ने मिथ्यापनीयता को स्पष्ट रूप में देखा, कि यदि एक सिद्धांत मिथ्यापनीय है तो वह वैज्ञानिक है और यदि नहीं है तो वह अवैज्ञानिक है। एक ऐसा समय था जब मिथ्यापनीयता का मापदंड विज्ञान तथा छद्म-वैज्ञानिक जांच के मध्य एक सीमा-रेखा था।

अमेरिकी राजनीतिक वैज्ञानिक किर्क पैट्रिक (Kirk Patrick) ने व्यवहारात्मक दृष्टिकोण की चार विशेषताओं को उजागर किया है। वे हैं :

1. यह, मूलभूत वैचारिक इकाइयों के रूप में तथा व्यक्तिगत एवं सामूहिक

व्यवहार के प्रतिस्थापन के रूप में राजनीतिक संस्थाओं की अस्वीकृति है।

2. यह सामाजिक विज्ञान की एकात्मकता पर जोर देता है तथा इस कारण से, अंतर-आनुशासनिक विचारों को स्वीकार करने की इच्छा में वृद्धि होती है।
3. परिशुद्धता, मापन तथा मात्रात्मक प्रविधियों पर बड़ा ध्यान दिया जाता है।
4. यह व्यवस्थित अनुभवजन्य सिद्धांत के विकास की ओर लक्ष्य करता है।

अनुभवजन्य उपागम का समालोचनात्मक मूल्यांकन (Critical Evaluation of Empirical Approach)

व्यवहारात्मक दृष्टिकोण की उसकी योग्यता, जैसाकि ऊपर बताया गया, के लिए विभिन्न राजनीतिक विचारकों द्वारा सराहना की गई है। हालांकि, व्यवहारात्मक दृष्टिकोण विभिन्न आलोचनाओं के अधीन रहा है।

1. अस्पष्ट दावे : एक व्यापक परिप्रेक्ष्य हेतु समस्याओं से निपटने की बजाय छोटे-छोटे मुद्दों पर अपनी निर्भरता के लिए इसकी आलोचना हुई है। व्यवहारवादी सामान्यतया स्वयं को विशिष्ट परिस्थितियों में लिप्त करते हैं और इस प्रकार उनके अभ्यासों के परिणाम को व्यापक रूप से प्रयोग में नहीं लाया जा सकता, ऐसा होना इसकी उन प्रविधियों तथा पद्धतियों पर निर्भरता है जो विषय-वस्तु को अनदेखा करती हैं।
2. चूंकि मनुष्य परिवर्तनों के अधीन है, मानवीय व्यवहार का अध्ययन करना तथा एक निश्चित परिणाम प्राप्त करना एक कठिन कार्य है।
3. मूल्य तटस्थता सदैव संभव नहीं है क्योंकि मनुष्य स्वयं को मूल्यों से दूर नहीं कर सकते।

आलोचनाओं के बावजूद व्यवहारात्मक दृष्टिकोण ने राजनीति तथा सिद्धांत के अध्ययन में अनेक योगदान दिए हैं। सबसे महत्त्वपूर्ण योगदान एक ऐसे दृष्टिकोण का है जिसने सफलतापूर्वक बहुत से महत्त्वपूर्ण प्रयोगाश्रित अनुसंधान उपकरण विकसित किए हैं जैसेकि मामलों के अध्ययन की विधि, सर्वेक्षण विधि, सांख्यिकीय उपकरण, विषयवस्तु विश्लेषण आदि।

अनुभवजन्य अनुसंधान तथा आदर्शमूलक सिद्धांत के मध्य संबंध (The Relationship between Empirical Research and Normative Theory)

राजनीति विज्ञान में आम मान्यता है कि 'एक व्यक्ति या तो लोकतंत्र का अध्ययन करता है अथवा लोकतंत्र के अनुभवाश्रित दृष्टांतों का, परंतु दोनों का

नहीं।' लेकिन क्या इसका अर्थ यह है कि राजनीतिक दर्शन तथा राजनीतिक अनुसंधान के अस्तित्व को अलग-अलग करके देखा जाना चाहिए? अथवा कदाचित् दोनों के मध्य अन्योन्यक्रिया के लिए स्थान है? हाल के दशकों में, आदर्शमूलक राजनीति सिद्धांत तथा उसकी प्रणाली की व्यापकता एवं उसकी अभिमुखता से एक रुचिकर वाद-विवाद संबंधित रहा है। विशेष रूप से, इस वाद-विवाद में 'पेशेवर राजनीति सिद्धांत के अंतर्गत अनुभवाश्रित जांच के उचित स्थान' के प्रश्न पर ध्यान केंद्रित किया है, जो पूछता है कि एक राजनीति सिद्धांतकार को तथ्यों के प्रति कितना संवेदनशील होना चाहिए तथा प्रसंगों की ओर कितना सावधान रहना चाहिए तथा निदेशात्मक प्रतिमानों के संबंध में कार्यान्वयन की कितनी व्यवहार्यता होनी चाहिए। दोनों पक्षों के मध्य मुख्य प्रश्न यह है : क्या न्याय के सिद्धांत व्यावहारिक होने चाहिए? कुछ विद्वान तर्क देते हैं कि आदर्शमूलक सिद्धांत को अनुभवजन्य वास्तविकताओं के साथ निकट रूप से संबद्ध किया जाना चाहिए और उन गैर-आदर्श संरचनाओं पर ध्यान देना चाहिए जो वास्तविक संसार में आदर्शों के कार्यान्वयन में बाधा उत्पन्न करती हैं। (फॉरेली (Farrelly, 2007))

जॉन गेरिंग (John Gerring) तथा जोशुआ येस्नोविच (Joshua Yesnowitz) ने इस स्थिति का सारांश दिया है, यह कहते हुए कि 'सामाजिक विज्ञान में अनुभवाश्रित अध्ययन निरर्थक है, यदि इसका कोई आदर्शमूलक आयाम नहीं है'; जबकि 'एक आदर्शमूलक तर्क, अनुभवसिद्ध समर्थन के बिना आलंकारिक रूप से प्रत्ययकारी (idealism) अथवा तार्किक हो सकता है, लेकिन इसका कोई ठोस प्रभाव नहीं होगा'। (गेरिंग व येस्नोविच, 2006) एक अच्छे सामाजिक विज्ञान को दोनों तत्त्वों को एकीकृत करना चाहिए। आदर्शमूलक सिद्धांत की "व्यावहारिकता" पर दूसरे राजनीति सिद्धांतकारों ने कुछ संदेह व्यक्त किए हैं। वे तर्क करते हैं कि सिद्धांतों का समर्थन तथ्यों द्वारा किया जाना चाहिए अथवा उन्हें कम से कम तथ्यों पर आधारित होना चाहिए। वे रॉल्स का आह्वाहन करने का प्रयास करते हैं जो कहता है कि 'न्याय की अवधारणाओं को हमारे जीवन की परिस्थितियों द्वारा उचित सिद्ध किया जाना चाहिए, क्योंकि हम उन्हें जानते हैं अथवा बिल्कुल भी नहीं जानते हैं'। (रॉल्स, 1999) ऐसी स्थिति के विरुद्ध प्रमुख तर्क है : "तथ्य-असंवेदनशील आदर्शमूलक सिद्धांतों" का अस्तित्व; दूसरे शब्दों में, वे सिद्धांत जो तथ्यों पर आधारित नहीं हैं, जैसेकि मनुष्य, उनके विवेक आदि के विषय में वक्तव्य।

निष्कर्ष (Conclusion)

आदर्शमूलक राजनीति सिद्धांत तथा अनुभवजन्य राजनीतिक अध्ययन को अलग-अलग रखे जाने तथा प्रतिस्पर्धी दृष्टिकोणों के रूप में समझने की आवश्यकता नहीं है। जैसाकि बहुत से अध्ययन बताते हैं कि राजनीति विज्ञान में दोनों दृष्टिकोणों की आवश्यकता है और उनका संवाद राजनीति की हमारी समझ को बढ़ा सकता है। (मॉरेल (Morrell, 1999)) आदर्शमूलक सिद्धांत अनुभवाश्रित अनुसंधान का मार्गदर्शन कर सकता है जबकि अनुभवाश्रित अनुसंधान का आदर्शमूलक सिद्धांत पर सकारात्मक प्रभाव हो सकता है। (बॉबॉक (Bauböck, 2008)) 1960 तथा 1970 के दशक में यह दृष्टिकोण प्रचलित था कि राजनीति सिद्धांत को राजनीति विज्ञान से अलग समझा जाए। परंतु आज अधिक से अधिक राजनीति सिद्धांत अनुभवाश्रित अनुसंधान से लाभ उठा सकते हैं, जो वास्तविक संसार में राजनीति के कार्य करने की रीतियों का अन्वेषण करते हैं जबकि महत्त्वपूर्ण प्रश्नों, तथा न्यायसंगतता की बात आने पर अनुभवाश्रित अनुसंधान को थोड़े मार्गदर्शन की आवश्यकता होती है। अतः, उदाहरण के लिए, बहुसंस्कृतिवाद का अनुभवाश्रित अध्ययन प्रायः कुछ आदर्शमूलक मानदंडों के प्रकाश में किया जाता है–जैसेकि विभिन्न सांस्कृतिक समूहों के मध्य सह-अस्तित्व का कैसा वांछनीय प्रतिमान होना चाहिए; वे ऐसे प्रतिमानों की प्रयोज्यता का परीक्षण कर सकें तथा परिकल्पनाओं को इन आधारों पर सूत्रबद्ध कर सकें कि क्या अनुभवसिद्ध रीति से कार्य करता है और क्या नहीं करता व ऐसा क्यों होता है। बहुसंस्कृतिवाद के आदर्शमूलक दार्शनिक विवरण 1990 के दशक में काफी प्रभावशाली सिद्ध हुए, जिसने न केवल शिक्षा जगत में अपितु सार्वजनिक जीवन में भी तर्क-वितर्कों को आकार प्रदान किया। पिछले दो दशकों में किमलिका द्वारा इस विषय पर किए गए प्रमुख अध्ययन दोनों दृष्टिकोणों के मध्य संवाद के अच्छे उदाहरण हैं। बहुसंस्कृतिवाद पर आदर्शमूलक सिद्धांत कुछ तथ्यों को दर्शाते हैं तथा कुछ नीतियों के विषय में सूचित करते हैं। यह, अनुभवजन्य अनुसंधानकर्ताओं को, जो बहुसंस्कृतीय नीतियों से व्यवहार करते हैं, उन्हें उपयोग करने की अनुमति देता है। इन नीतियों को उन कुछ नैतिक मानदंडों से पूर्णतया विलग करके नहीं देखा जा सकता जिन्हें सर्वप्रथम परिभाषित किए जाने की आवश्यकता होती है।

महत्त्वपूर्ण प्रश्न

1. राजनीति सिद्धांत के अध्ययन के मुख्य उपागम क्या हैं? विश्लेषण कीजिए।
2. राजनीति सिद्धांत के आदर्शमूलक और अनुभवजन्य उपागमों के बीच क्या अंतर है? विवेचना कीजिए।
3. अनुभवजन्य सिद्धांत की मुख्य विशेषताएं क्या हैं? क्या ये राजनीति के अध्ययन का वैज्ञानिक आधार प्रदान करती हैं? स्पष्ट कीजिए।

संदर्भ (References)

Bauböck, R., 2008, "Normative Political Theory and Empirical Research". In: D. della Porta, M. Keating (eds.), *Approaches and Methodology in the Social Sciences: A Pluralist Perspective*, Cambridge : New York, Cambridge University Press.

Benhabib, S., 1986, *Critique, Norm, and Utopia: A Study of the Foundations of Critical Theory*, New York, Columbia University Press.

Bernard, J., 1950, "The Validation of Normative Social Theory", *The Journal of Philosophy*, 47(17), pp. 481–493.

Cohen, G.A., 2003, "Facts and Principles", *Philosophy and Public Affairs,* 31(3), pp. 211–245.

Dahl, R.A. 1961, "The Behavioral Approach in Political Science: Epitaph for a Monument to a Successful Protest", *American Political Science Review*, 55(4), pp. 763–772.

Earnest Barker, 1921, *Political Thought in England*, London, Macmillan.

Farrelly, C., 2007, "Justice in Ideal Theory: A Refutation", *Political Theory*, Canada, University of Waterloo, 55(4), pp. 844–864.

Gerring, J., Yesnowitz, J., 2006, "A Normative Turn in Political Science", *Polity*, Northeastern Science Association, 38(1), pp. 101–133.

Kukathas, Ch., Pettit, Ph. 1990, *Rawls: A Theory of Justice and Its Critics*, Cambridge, Polity Press.

Kymlicka, W., 2010, "Testing the Liberal Multiculturalist Hypothesis: Normative Theories and Social Science Evidence", *Canadian Journal of Political Science* 43(2), pp. 257–271.

Laslett, P., 1956, "Introduction", In: P. Laslett (ed.). *Philosophy, Politics and Society*. Oxford, Basil Blackwell.

Lasswell, H., 1951, *Political Writings : Psychopathology and Politics; Politics, Who Gets What, When, How : Concept of Democratic Character*, Glencoe, IL, Free Press.

Michael Oakshott, 1956, "Political Education" in Peter Laslett (ed.), *Philosophy, Politics and Society*, New York, Macmillan.

Moon, D.J., 2015, "Foundations of Political Thought", In: M. Gibbons (ed.), *The Encyclopedia of Political Thought* (pp. 1341–1351), Chichester, Wiley-Blackwell.

Morrell, M.E., 1999, "Citizens' Evaluations of Participatory Democratic Procedures: Normative Theory Meets Empirical Science", *Political Research Quarterly*, 52(2), pp. 293–322.

Rawls, J., 1999, *A Theory of Justice*, Cambridge, MA, Harvard University Press.

Rawls, J., 2001, *The Law of Peoples*, Cambridge, MA, Harvard University Press.

Ricci, D.M., 1984, *The Tragedy of Political Science: Politics, Scholarship and Democracy*, New Haven, Yale University Press.

Shapiro, M.J., 1981, *Language and Political Understanding: The Politics of Discursive Practices*, New Haven, Yale University Press.

Skinner, Q., 1978, *Foundations of Modern Political Thought*, Cambridge, MA, Cambridge University Press.

Skinner, Q., 2006, "Surveying the Foundations: A Retrospect and Reassessment", In: A. Brett, J. Tully (eds.), *Rethinking the Foundations of Modern Political Thought*, Cambridge, MA, Cambridge University Press.

अध्याय तीन

उदारवादी परंपरा

(Liberal Tradition)

कुंदन कुमार

• उदारवाद के उदय की परिस्थितियां • उदारवाद क्या है? • उदारवादी परंपरा के विविध चरण • निष्कर्ष • महत्त्वपूर्ण प्रश्न • संदर्भ

उदारवाद राजनीतिक सिद्धांत की एक प्रबल विचारधारा है। वस्तुतः आधुनिक राजनीतिक विचारधाराओं में से उदारवाद की परंपरा सर्वाधिक प्राचीन है। इसके अंतर्गत मनुष्य को विवेकशील प्राणी मानते हुए सामाजिक संस्थाओं को मनुष्यों की सूझबूझ और सामूहिक प्रयास का परिणाम समझा जाता है। उदारवादी दर्शन का उदय तथा विकास यूरोप में पुनर्जागरण तथा धर्मसुधार आंदोलनों से जुड़ा है। उदारवादी आंदोलनों को यूरोप में 16वीं एवं 17वीं सदी में सामंतवादी व्यवस्था के पतन एवं उभरते हुए मध्य वर्ग की तात्कालिक परिस्थितियों की उपज भी माना जाता है। उदारवाद एक प्रगतिशील राजनीतिक विचारधारा है। उदारवाद अपने स्वरूप में मूलतः एक ऐतिहासिक प्रवृत्ति है जिसमें अनेक और कभी-कभी परस्पर

* कुंदन कुमार, असिस्टेंट प्रोफ़ेसर, राजनीति विज्ञान विभाग, शहीद भगत सिंह कॉलेज (सांध्य), दिल्ली विश्वविद्यालय।

विरोधी विचार सम्मिलित हैं, जो विभिन्न अवसरों पर देश-काल की परिस्थितियों के अनुसार प्रस्तुत किए जाते रहे हैं। लास्की के अनुसार 'उदारवाद का संबंध किसी संप्रदाय से कम और "मानव स्वभाव" से अधिक रहा है। यह स्वतंत्रता के लिए उत्कट अभिलाषा का द्योतक है, इस प्रकार की प्रबल भावना के लिए दूसरे व्यक्तियों के विचारों के प्रति, (चाहे वे कितने ही खतरनाक मालूम हों), सहनशीलता और जिज्ञासा के भाव की आवश्यकता दर्शाता है और यह एक दुर्लभ मानवीय गुण है।'

हॉब्स, लॉक एवं रूसो जैसे विचारकों ने "सामाजिक समझौता" (social contract) सिद्धांत के माध्यम से यह स्थापित किया कि राज्य एक समझौते की उपज है। अपने स्वरूप में यह एक साधन है जिसे व्यक्ति ने अपनी सुविधा के लिए बनाया है। एडम स्मिथ, रिकार्डो, स्पेंसर इत्यादि विद्वानों ने यह मान्यता स्थापित की है कि 'वही सरकार सर्वोत्तम है जो सबसे कम शासन करती है'। उदारवाद के इस चिरसम्मत स्वरूप में "अहस्तक्षेप की नीति" (laissez faire) एवं "व्यक्तिवाद" (individualism) को प्राथमिकता देने की वजह से प्रायः इसे "नकारात्मक उदारवाद" भी कहा जाता है। जॉन स्टुअर्ट मिल ने सर्वप्रथम राज्य की नकारात्मक भूमिका को सकारात्मक भूमिका में बदलने का प्रयत्न किया। इस क्रम को टी.एच. ग्रीन, एल.टी. हॉबहाउस, एच.जे. लास्की, आर.एम. मैकाइवर इत्यादि विद्वानों ने आगे बढ़ाया। इनके प्रयासों से "आधुनिक उदारवाद" की उत्पत्ति हुई। उदारवाद के इस रूप में "कल्याणकारी राज्य" (welfare state) के लक्ष्य पर जोर दिया गया, अतः इसे प्रायः "सकारात्मक उदारवाद" भी कहा जाने लगा और फिर बीसवीं सदी में व्यक्ति की स्वतंत्रता एवं राज्य की भूमिका के संबंध में उदारवादी विद्वत परंपरा में गंभीर विमर्श बना रहा और वर्तमान युग में भी इसको लेकर अनेक मत हैं।

इस अध्याय का मुख्य उद्देश्य राजनीतिक सिद्धांत के उदारवादी दृष्टिकोण का विस्तृत विश्लेषण करना है। इस अध्याय को मुख्य रूप से तीन भागों में विभाजित किया गया है। अध्याय के पहले भाग में उदारवादी परंपरा के विकास की तात्कालिक परिस्थितियों का वर्णन किया गया है। दूसरे भाग में उदारवादी दृष्टिकोण की मूलभूत समझ विकसित करने के उद्देश्य से, इस अवधारणा से संबंधित विभिन्न विमर्शों का अध्ययन किया गया है। इसमें यह दिखाने का प्रयास किया गया है कि उदारवाद को हम कैसे समझ सकते हैं। इसके अंतर्गत किन संकल्पनाओं पर सहमति-असहमति है। इस अध्याय के अगले भाग में इस परंपरा के विविध चरणों के बारे में विस्तारपूर्वक चर्चा की गई है।

उदारवाद के उदय की परिस्थितियां
(Conditions of the Rise of Liberalism)

वस्तुतः उदारवादी परंपरा के लिए उपयुक्त मानसिक वातावरण के निर्माण में दार्शनिकों के प्रयास के अलावा यूरोप के इतिहास की कुछ तात्कालिक परिस्थितियों का योगदान व्यापक रूप से रहा है, जिनकी चर्चा करना यहां प्रासंगिक होगा।

1. पुनर्जागरण (Renaissance)

चौदहवीं सदी यूरोप में पुनर्जागरण की सदी मानी जाती है। इस काल में न केवल कला एवं साहित्य का पुनरुत्थान हुआ बल्कि मानव जीवन के दार्शनिक, आर्थिक, सामाजिक, राजनीतिक, तकनीकी एवं वैज्ञानिक पहलुओं में आमूलचूल परिवर्तन आए। अब मानव जीवन का केंद्रबिंदु परलोक के सुखों की कामना की बजाय इहलोक का वैभव बन गया। राजनीतिक एवं सामाजिक मामलों में व्यक्ति की गरिमा तथा आर्थिक मामलों में व्यक्तिवाद को बढ़ावा, पुनर्जागरण की महत्त्वपूर्ण विशेषताएं थीं।

2. धर्म–सुधार (Protestant Reformation)

चर्च की श्रेष्ठता के मध्ययुगीन सिद्धांत को पुनर्जागरण ने ध्वस्त कर दिया। राजनीतिक मामलों में राज्य की श्रेष्ठता स्थापित हुई तथा धर्मनिरपेक्ष राज्य की स्थापना का मार्ग प्रशस्त हुआ, जो उदारवादी विचारधारा की अहम् विशेषता है। जर्मनी में मार्टिन लूथर द्वारा चलाया आंदोलन लोगों में यह विश्वास स्थापित करने में सफल रहा कि व्यक्ति को ईश्वर का सानिध्य प्राप्त करने के लिए कैथोलिक चर्च या पुरोहित वर्ग की आवश्यकता नहीं, वह धर्म ग्रंथों की सहायता से ईश्वर के साथ सीधा संबंध स्थापित कर सकता है।

3. वैज्ञानिक एवं तकनीकी क्रांति (Scientific and Technical Revolution)

उदारवाद के उदय एवं विकास का एक बड़ा कारक सोलहवीं और सत्रहवीं सदी में आई वैज्ञानिक एवं तकनीकी क्रांति भी रही। छापेखाने का आविष्कार, भाप के इंजन का निर्माण, यातायात के साधनों का विकास इत्यादि ने विश्व के विभिन्न भागों के लोगों के मध्य संपर्क को सुगम किया। लोगों ने यह अनुभव किया कि संपूर्ण विश्व कुछ निश्चित वैज्ञानिक नियमों से संचालित होता है। इस प्रकार वैज्ञानिक एवं तकनीकी क्रांति ने एक वैज्ञानिक दृष्टिकोण का मार्ग प्रशस्त किया।

4. औद्योगिक क्रांति (Industrial Revolution)

नवीन वैज्ञानिक आविष्कारों के फलस्वरूप तकनीकी प्रोन्नति हुई जिसने अंततः औद्योगिक क्रांति को जन्म दिया। औद्योगिक क्रांति ने कृषि प्रधान अर्थव्यवस्था को उद्योग प्रधान अर्थव्यवस्था में बदल दिया। औद्योगिक इकाइयों की स्थापना ने नए-नए शहरों को जन्म दिया तो व्यापार व वाणिज्य के प्रसार हेतु नए-नए बाजारों की तलाश प्रारंभ हुई। उद्यम की स्वतंत्रता तथा इसमें राज्य का न्यूनतम हस्तक्षेप इस हेतु अनिवार्य शर्त थी। रिकार्डो एवं एडम स्मिथ जैसे विद्वानों ने उदारवादी अर्थतंत्र के सिद्धांत प्रस्तुत किए और उदारवाद का मार्ग प्रशस्त किया।

अठारहवीं एवं उन्नीसवीं सदी में तकनीकी प्रोन्नति के परिणामस्वरूप उत्पादन की प्रक्रिया के मशीनीकरण एवं आधुनिकीकरण को औद्योगिक क्रांति कहा जाता है। 1760-1840 का काल औद्योगिक क्रांति का काल माना जाता है। इसकी शुरुआत इंग्लैंड से हुई तथा शीघ्र ही इसका विस्तार पश्चिमी यूरोप तथा अमेरिका तक हो गया। जेम्स वाट के द्वारा बनाए गए भाप के इंजन ने औद्योगिक क्रांति में महत्त्वपूर्ण भूमिका अदा की।

5. उभरता हुआ मध्यम वर्ग (Emerging Middle Class)

सोलहवीं एवं सत्रहवीं सदी के क्रांतिकारी परिवर्तनों ने यूरोप की परंपरागत सामाजिक व्यवस्था को ध्वस्त कर दिया। सामंतवादी विशेषाधिकारों को उभरते हुए मध्यम वर्ग ने कड़ी चुनौती दी तथा मानव मात्र के अधिकारों, स्वतंत्रता और समानता का नारा बुलंद किया। इस प्रकार "परंपरावाद" का स्थान "विवेकवाद" ने ले लिया। इस तर्क को स्वीकार्यता मिली कि व्यक्ति स्वयं विवेक संपन्न है और उसे अपने हित के सर्वोत्तम मार्ग की पहचान होती है।

6) ज्ञानोदय (Enlightenment)

सत्रहवीं एवं अठाहरवीं सदी को यूरोप में ज्ञानोदय का काल माना जाता है जिसमें विद्वानों के मध्य विमर्श की एक लंबी परंपरा चली। इसके परिणामस्वरूप यूरोप में एक बौद्धिक क्रांति का प्रसार हुआ। लोगों की सोच एवं दृष्टिकोण में व्यापक बदलाव आए। वॉल्टेयर, रूसो, मांटेस्क्यू, लॉक, ह्यूम, एडम स्मिथ, गेटे, कांट, जैफरसन, टॉमस पेन इत्यादि विद्वानों ने अपनी कृतियों के माध्यम से उदारवादी विचारधारा के उस आदर्श को प्रतिस्थापित किया, जिसके अनुसार मानव जीवन को नियमित करने का सर्वोत्तम साधन मानव की स्वयं की तर्क बुद्धि या विवेक है।

उदारवाद क्या है? (What is Liberalism?)

उदारवाद को एक विचार, एक अभिवृति, एक दर्शन, एक प्रवृत्ति यहां तक कि एक विचारधारा माना जा सकता है, जिसकी आत्मा व्यक्ति की स्वतंत्रता, उसकी मर्यादा तथा प्रतिष्ठा को मान्यता प्रदान करने में निहित है। उदारवाद के अंतर्गत व्यक्ति की स्वतंत्रता को सबसे ऊंचा स्थान दिया जाता है। इसमें व्यक्तियों के स्वार्थ और सामान्य हित में किसी बुनियादी टकराव को स्वीकार नहीं किया जाता। उदारवाद में राजनीति को व्यक्तियों के परस्पर विरोधी हितों में सामंजस्य स्थापित करने की प्रक्रिया के रूप में देखा जाता है। यह सिद्धांत राज्य को व्यक्तियों की सूझबूझ और सहमति का परिणाम मानता है। सामान्यत: यह लोकतंत्र के विचार के साथ निकटता से जुड़ा है। नैतिक जीवन में यह सिद्धांत व्यक्तिवाद का समर्थन करता है जिसमें व्यक्ति की गरिमा, उसके स्वाधीन अस्तित्व और निर्णय क्षमता को मान्यता देते हुए ऐसी सामाजिक और कानूनी व्यवस्था का समर्थन किया जाता है जो व्यक्तियों के स्वैच्छिक लेन-देन पर आधारित हो। आर्थिक जीवन में यह सिद्धांत राज्य के न्यूनतम हस्तक्षेप का समर्थन करता है।

उदारवादी परंपरा में व्यक्ति के राज्य के साथ संबंध के स्वरूप को समझने के लिए ''सामाजिक समझौते'' की अवधारणा का अध्ययन जरूरी है। राज्य की उत्पत्ति के सामाजिक समझौते के सिद्धांत में हॉब्स, लॉक, रूसो, रॉल्स आदि विचारकों का योगदान उल्लेखनीय है। सामाजिक समझौते के सिद्धांत का उद्‌भव मानव समानता के विचार के प्रसार के साथ होता है। मानव समानता के विचार के अनुसार, समानता का अभिप्राय यह है कि न्यायपूर्ण व्यवस्था का निर्माण उन शासितों द्वारा होता है जो स्वतंत्र एवं समान हैं। इन विचारकों ने जन्मजात, दैवीय अधिकार और करिश्मा का विरोध किया। थॉमस हॉब्स ने इस व्यवस्था पर सर्वाधिक बल दिया और इसी आधार पर सर्वशक्तिशाली राज्य का समर्थन किया। दूसरी तरफ जॉन लॉक ने सहमति (consent) पर बल दिया तथा इसी आधार पर न्यूनतम संवैधानिक राज्य पर बल दिया। रूसो ने स्वतंत्रता पर सर्वाधिक बल दिया, जो केवल एक ऐसे समुदाय में संभव है जो ''सामान्य इच्छा'' (general will) पर आधारित है। इसी आधार पर उसने एक नैतिक राज्य का समर्थन किया। इन तीनों विचारकों के सिद्धांतों में एक बात समान थी - राजनीतिक व्यवस्था का निर्माण व्यक्तियों के बीच एक समझौते के द्वारा होता है।

थॉमस हॉब्स स्व-रक्षा को एक प्राकृतिक अधिकार मानते हैं। प्राकृतिक अवस्था के रूप में, हॉब्स उस अवस्था का चित्रण करते हैं जिसमें समझौते से

पहले मनुष्य रहता था। यह अवस्था एक अराजकतापूर्ण अवस्था थी जो मनुष्यों के शांतिपूर्ण जीवन को बार-बार बाधित करती थी। यह एक ऐसी अवस्था थी जिसमें कोई नियामक संस्था नहीं थी, जिस वजह से व्यक्तियों में अनुशासन तथा नियमों एवं कानूनों का अभाव था, जिससे जीवन अनुशासनहीन हो जाता था। हॉब्स के शब्दों में, प्राकृतिक अवस्था एक ''युद्ध की अवस्था'' होती है। इस अवस्था में हर एक व्यक्ति दूसरे का दुश्मन होता है। व्यक्तियों के बीच समझौता उन्हें इस प्राकृतिक अवस्था से बाहर निकलने में मदद करता है। हॉब्स एक ऐसे समझौते की कल्पना करते हैं जिसके द्वारा सभ्य समाज तथा एक शक्तिशाली राजनीतिक प्रभुसत्ता की स्थापना होती है। इससे एक ऐसी सत्ता की स्थापना होती है जो संप्रभु होती है। इस समझौते की प्रकृति स्थायी होती है तथा किसी को इसका उल्लंघन करने की स्वीकृति नहीं होती। समझौते का अनुपालन संप्रभु का मुख्य उत्तरदायित्व होता है।

लॉक के अनुसार ''सहमति'' ही राज्य की उत्पत्ति का आधार है। हॉब्स की तरह लॉक भी प्राकृतिक अवस्था से ही शुरुआत करते हैं। लॉक ने प्राकृतिक अवस्था को ईश्वर निर्मित नैतिक कानूनों द्वारा संचालित माना। लॉक ने समझौते को एक साधन (tool) के रूप में प्रयोग किया, जिससे एक तरफ तो राजनीतिक व्यवस्था की स्थापना होती है। परंतु दूसरी तरफ इसका प्रयोग इस व्यवस्था को ईश्वर के साम्राज्य के अधीन रखने के प्रयास में भी किया जाता है। यह विचार हॉब्स के विचारों से एकदम अलग है। हॉब्स ने अपने सिद्धांत में नैतिक कानूनों तथा ईश्वर को कोई स्थान नहीं दिया। हॉब्स एक पूर्णरूपेण धर्मनिरपेक्ष राज्य की कल्पना करते हैं।

लॉक दो प्रकार के समझौतों की कल्पना करते हैं। पहले समझौते द्वारा एक सभ्य समाज की स्थापना होती है जिसमें सभी व्यक्ति सहमति जताते हैं तथा बहुमत द्वारा निर्णय-निर्माण के सिद्धांत को स्वीकार करते हैं। दूसरे समझौते द्वारा राजनीतिक सत्ता की स्थापना होती है तथा उससे संबंधित संस्थाओं जैसे-कार्यपालिका, न्यायालय तथा समाज द्वारा स्वीकृत संपत्ति संबंधी कानूनों की स्थापना की जाती है, तथापि यह सहमति पूर्णरूपेण नहीं होती, आने वाली पीढ़ियों को इसे मानने अथवा वापस लेने का अधिकार होता है।

हॉब्स और लॉक में एक प्रमुख अंतर यह है कि लॉक अंत तक समझौतावाद को स्वीकार करते हैं। परंतु हॉब्स शुरुआत तो समझौते से कराते हैं पर अंततः दैवीय अधिकारों के सिद्धांत की तरह एक पूर्ण प्रभुसत्ताधारी (Leviathan) राज्य की स्थापना कर डालते हैं। इस प्रकार, हॉब्स अपने आरंभिक तर्क से

विचलित हो जाते हैं। लॉक ने पूरी तरह दैवीय सिद्धांत एवं सर्वसत्तावाद का खंडन किया है।

जीन-जैकस रूसो का सिद्धांत दोनों से कुछ अलग है। रूसो समझौते का मनुष्य की स्थिति को समझाने हेतु एक परिकल्पना के रूप में प्रयोग करते हैं। एक तरफ वे समझौते की प्रशंसा करते हैं परंतु दूसरी ओर आलोचना भी। वे हॉब्स तथा लॉक के सिद्धांतों की आलोचना करते हैं। असमानता को वर्तमान समाज की एक बुराई मानते हुए रूसो अपनी पुस्तक *सोशल कॉन्ट्रैक्ट* (*The Social Contract* (1762)) में एक ऐसी राजनीतिक व्यवस्था जो स्वहित से प्रेरित है, को एक बेहतर समाज में बदलने का प्रयास करते हैं। समझौते के माध्यम से व्यक्ति विशेष समुदाय के अन्य सदस्यों के प्रति अपनी वचनबद्धता को दर्शाता है, साथ ही राज्य का सदस्य होने के नाते ऐसी प्रभुसत्ता को स्वीकार करता है जिसका चरित्र नैतिक है। समझौता एक समूह के रूप में भी होता है तथा हर व्यक्ति द्वारा एक व्यक्ति विशेष के रूप में भी।

रूसो, हॉब्स की भांति यह भी मानते हैं कि समझौते के दोनों पक्ष समझौते की शर्तों को बनाए रखने के लिए उत्तरदायी होते हैं। हॉब्स की ही तरह रूसो के अनुसार भी एक ही समझौते से समाज की स्थापना होती है। परंतु हॉब्स के अनुसार, जहां अंतिम उद्देश्य शांति एवं व्यवस्था था, वहीं रूसो के अनुसार व्यक्ति बिना अपनी स्वतंत्रता तथा सभ्य समाज के प्रति अपनी कटिबद्धता को छोड़े, समझौते का हिस्सा बनते हैं। रूसो के मत में समझौते के द्वारा 'व्यक्ति प्राकृतिक स्वच्छंदता खोता है-जिसमें उसे अपनी इच्छा के अनुसार कुछ भी करने का अधिकार प्राप्त है, दूसरी तरफ वे स्वतंत्रता तथा कानूनन संपत्ति अधिग्रहण का अधिकार' पाते हैं–समझौते के माध्यम से अलग-अलग व्यक्तिगत भावनाओं द्वारा संचालित व्यक्ति एक ऐसे समुदाय में परिवर्तित हो जाते हैं जिसका आधार सामान्य इच्छा अथवा समुदाय की भावना है। अतः रूसो के अनुसार, सहमति ही समाज का आधार है, परंतु वह समुदाय तथा व्यक्तिगत स्वतंत्रता की रक्षा पर भी बल देते हैं।

अतः कुल मिलाकर यह स्पष्ट रूप से कहा जा सकता है कि, उदारवादी "स्वतंत्रता" में विश्वास करते हैं। सैद्धांतिक तौर पर उदारवाद में दो प्रकार का अंतर किया जा सकता है, पहला, लॉक द्वारा सुझाए गए तरीके से और दूसरा, रूसो के द्वारा। (हैंपटन (Hampton, 1998:70)) लॉकवादी (Lockean) विचारक राज्य की शक्ति से आ रही स्वतंत्रता के ऊपर खतरे पर ध्यान देते हैं और इस प्रकार से न्यूनतम सरकार और जनता की निश्चित

स्वतंत्रता (या अधिकार) की वकालत करते हैं। लॉकवादी विचारकों में बैरोन डी. मोंटेस्क्यू, बेंजामिन कॉन्स्टेंट, विल्हेम वॉन हंबोल्ट और कई अमेरिकी विद्वान मुख्य रूप से शामिल हैं। समकालीन आधुनिक दार्शनिक जैसे जोएल फेनबर्ग (Joel Feinberg) भी इस परंपरा को आगे बढ़ाते हैं और कहते हैं कि एक उदार समाज केवल "हानि सिद्धांत" (principle of harm) द्वारा मंजूर आपराधिक कानूनों को अनुमति दे सकता है, जिसके लिए यह आवश्यक है कि राज्य केवल ऐसे व्यवहार पर हस्तक्षेप कर सकता है जब एक व्यक्ति ही अन्य लोगों को परेशान करता हो। इस दृष्टिकोण के आधार पर राज्य की कोई भी व्यापक भूमिका, लोगों की स्वतंत्रता को सीमित करती है। (Feinberg, 1984 : pp, 14-15)

उन्नीसवीं सदी में और खासकर इंग्लैंड में, लॉकवादी उदारवाद ने "अहस्तक्षेप की नीति" के आर्थिक सिद्धांत का समर्थन करने का प्रयास किया। आज भी लॉक के समर्थक, बाजार की आर्थिक क्षमता के कारण बाजार-आधारित समाधानों के लिए प्रतिबद्ध हैं, क्योंकि इनका मानना है कि "बाजार" में आजादी को सबसे अच्छे तरीके से अनुभव किया जा सकता है। उदारवाद की इस शैली ने उदारवाद और अन्य दक्षिणपंथी राजनीतिक दलों और आंदोलनों को प्रेरित किया है।

लेकिन, रॉल्स और ड्वॉर्किन जैसे समतावादी सिद्धांतकार स्वतंत्रता के ऊपर खतरे पर ध्यान केंद्रित करते हैं, जो एक ऐसे समाज से आता है, जोकि संसाधनों के वितरण के आधार पर अन्यायपूर्ण और असमान हैं। इनका मानना है कि जो समाज विभिन्न मूल्यों के बीच में कुछ खास मूल्यों को वरीयता देता है उस समाज में गरीबी से पीड़ित लोगों को इस दृष्टि से मुक्त (free) नहीं कहा जा सकता है, और न ही उस सामाजिक प्रणाली को मुक्त कहा जा सकता है जो प्राथमिकताओं के संतोष को अधिकतम करने की कोशिश (maximize the satisfaction of preferences) करती है। इनके अनुसार वरीयता सामाजिक संरचनाओं से प्रभावित होती है और यह व्यक्तिगत स्वायत्तता प्राप्ति के लिए हानिकारक हो सकती है। इन उदारवादियों के अनुसार, यह सीमित राज्य नहीं है, बल्कि एक सक्रिय राज्य है, जोकि लोगों की इच्छा को दर्शाता है और उसको लागू करता है, जो गरीबी समाप्त करने और सभी के लिए समान अवसरों को सुरक्षित करने का प्रयास करता है। (हैंपटन, 1998:171)

इस तरह से लॉकवादी विवेक और उसकी आजादी जैसे विचारों पर बल देते हैं और व्यक्तिपरक शब्दों में सोचते हैं। वहीं रूसोवादी (Rousseauian) उदारवादी समानता पर जोर देते हैं। कभी-कभी वे अपने दृष्टिकोण में अधिक

समुदायवादी भी प्रतीत होते हैं। हालांकि, रूसोवादी नागरिकों को राजनीतिक औचित्य की बुनियादी इकाई के रूप में मानने के लिए प्रतिबद्ध हैं। दरअसल, रूसो खुद अपने राजनीतिक समाज में प्रत्येक व्यक्ति की स्वैच्छिक भागीदारी को सुनिश्चित करने के महत्त्व के बारे में चिंतित थे। इसी कारण से रूसो ने प्रतिनिधि सरकार के खिलाफ तर्क दिया था।

कुछ उदारवादी, इन दोनों तरीकों को एकजुट करना चाहते हैं। उदाहरण के लिए, उपयोगितावाद (Utilitarianism) में मिल ने समुदाय की भलाई और उसको हासिल करने में राज्य की भूमिका पर जोर दिया है, जबकि *ऑन लिबर्टी* (*On Liberty*) में वे व्यक्ति की स्वतंत्रता पर बल देते हैं। मिल का मानना है कि इसके लिए आवश्यक है राज्य को निजी चिंताओं से बाहर रहना चाहिए क्योंकि व्यक्तिगत स्वतंत्रता समाज के लिए लाभप्रद है। लेकिन दार्शनिकों को इस बात ने लगातार परेशान किया, कि क्या मिल की ये दो पुस्तकें परस्पर सुसंगत हैं? यह असंगतता इस तथ्य को दर्शाती है कि लॉक और रूसो के विचार एक स्थान पर एक साथ उपयुक्त नहीं हो सकते हैं।

ए थीयरी ऑफ जस्टिस (*A Theory of Justice*) में, रॉल्स ने मिलवादी उपयोगितावाद को अस्वीकार कर दो सिद्धांत प्रस्तुत किए जो निम्नलिखित हैं– पहला, प्रत्येक व्यक्ति को सबसे विस्तृत स्वतंत्रताओं का ऐसा समान अधिकार प्राप्त होना चाहिए, जो दूसरों की वैसे ही स्वतंत्रता के साथ बना रह सकता हो, दूसरा, सामाजिक और आर्थिक विषमताएं इस ढंग से व्यवस्थित की जाएं कि–

क) इससे हीनतम स्थिति वाले लोगों को अधिकतम लाभ हो; और

ख) ये विषमताएं उन पदों–परिस्थितियों के साथ जुड़ें जो अवसर की उचित समानता की शर्तों पर सबके लिए सुलभ हो। (रॉल्स, 1971 : 302)

स्वतंत्रता और समानता के अर्थ पर उदारवादियों के बीच असहमति का आधार वे दार्शनिक तर्क हैं, जो उन्होंने अपने विचारों का बचाव करने के लिए उपयोग किए हैं। जहां कुछ उदारवादी, उपयोगितावादी हैं और कुछ समझौतावादी हैं तो वहीं कुछ व्यक्तिगत अधिकारों की धारणा की केंद्रीयता और उसकी प्राथमिकता के लिए प्रतिबद्ध हैं। बेंथम मानते हैं कि प्राकृतिक नकारात्मक अधिकार (negative right) बकवास है (Bentham's characterization of rights as "nonsense on stilts")। यह अंतर उनके उदार विचारों के लिए एक अलग नैतिक आधार की आवश्यकता को दर्शाता है। (Ibid; 173)

उदारवादी सिद्धांतों का एक सामान्य क्षेत्र यह है कि सरकार को जनता के विचारों और संस्कृतियों को समझने के लिए प्रतिबद्ध होना चाहिए। साथ ही

सामान्य तौर पर, अपने जीवन जीने के सबसे अच्छे तरीके से जुड़े नागरिकों के निर्णय से निरपेक्ष रहने के लिए प्रतिबद्ध होना चाहिए। रॉल्स ने आगे चलकर अपनी पुस्तक में ''राजनीतिक उदारवाद'' (Political Liberalism) का बचाव किया है जो सहिष्णुता के लिए पूरी तरह से प्रतिबद्ध है। वस्तुत: यह बुनियादी उदारवादी सिद्धांतों के लिए किसी भी तरह के आध्यात्मिक, नैतिक या धार्मिक आधार को छोड़ देता है। (रॉल्स, 1993)

रॉल्स स्वीकार करते हैं कि एक उदार राजनीतिक व्यवस्था में दो सत्तारूढ़ अवधारणाएं हैं–स्वतंत्रता और समानता। रॉल्स मानते हैं कि वे अब केवल ''राजनीतिक'' मूल्यों (political values) के रूप में उनकी पुष्टि करना चाहते हैं और उन्हें किसी प्रकार के आध्यात्मिक, नैतिक या धार्मिक सिद्धांत के रूप में समर्थन नहीं देते हैं। सबसे महत्त्वपूर्ण बात रॉल्स यह कहते हैं कि इन मूल्यों के लिए एक उदार समाज की प्रतिबद्धता, इस समाज के विश्वास का एक कृत्य (function) ही नहीं होना चाहिए बल्कि उसके पास एक नैतिक तर्क भी होना चाहिए जो उन्हें सत्य के रूप में स्थापित कर रहा हो।

हालांकि रॉल्स के अनुसार उदार समाज में इन नैतिक मूल्यों का समर्थन ''लोक तर्क'' (public reason) के द्वारा किया जाता है। इस कारण को सार्वभौमिक नैतिक सत्य के रूप में नहीं समझा जाता है, जिसके माध्यम से एक उदार समाज के नागरिक नैतिक मूल्यों तक पहुंच प्राप्त करना चाहते हैं। इसके बजाय, सार्वजनिक तर्क समाज के सभी सदस्यों के लिए कुछ सीमा तक समान है क्योंकि यह आमतौर पर स्वीकार किए गए मूल्यों से बना है। रॉल्स की चर्चा का निहितार्थ यह है कि–ऐसे तर्कों को सामान्यत: स्वीकार किया जाता है क्योंकि यह ज्यादा महत्त्वपूर्ण नहीं है कि वे किस प्रकार भिन्न हैं बल्कि महत्त्वपूर्ण यह है कि राज्य के सभी सदस्यों ने इन्हें स्वीकार किया है, या इन तर्कों पर उनके समाज में भरोसा है या इसे रॉल्स के शब्दों में, राज्य के सदस्यों ने उन पर ''अति व्यापी सहमति'' (an overlapping consensus) का निर्माण किया है। (1993: 213)

हालांकि, उदारवाद के अन्य रूप भी हैं जो रॉल्स के राजनीतिक उदारवाद के रूप में ही चलने के लिए प्रतिबद्ध हैं, लेकिन जिसका आधार जानबूझकर तटस्थ नहीं होने का इरादा रखता है। उदाहरण के लिए, कांट सबसे पारंपरिक उदारवादियों की तरह पहले एक नैतिक सिद्धांत को आगे बढ़ाना उचित मानते हैं, जो सभी मनुष्यों के समान मूल्य और नैतिक स्वायत्तता पर जोर देता है और फिर इस सिद्धांत का उपयोग एक राजनीतिक समाज को उचित ठहराने के लिए करते हैं जो स्वायत्तता और समानता के अधिकारों को पहचानते हैं। इस

तरह के उदारवादी सिद्धांत को "अधिकार-आधारित उदारवाद" (rights-based liberalism) कहते हैं।

उदारवाद का यह रूप अपने आधार में नैतिक विचारों को शामिल करने के लिए आश्वस्त नहीं है और वास्तव में यह इस विचार का स्वागत करता है कि उदार राज्य की समुदाय की गतिविधियों में एक निश्चित तरह की नैतिक भूमिका है (खासकर व्यक्तिगत अधिकार की सुरक्षा में)। लेकिन विवादास्पद नैतिक आधारों के लिए इस विशेष अपील के बावजूद, इस तरह का उदारवाद आमतौर पर सहिष्णुता को बढ़ावा देने के लिए प्रतिबद्ध है, जबकि रॉल्स के उदार राज्य ने साझा राजनीतिक धारणाओं और तर्क के सार्वजनिक तरीकों के माध्यम से अलग-अलग विचारों के लोगों को एक साथ बांधने का प्रयास किया है।

उदारवाद का एक और रूप जो नैतिक सिद्धांत पर निर्भर करता है, वो रेज (Joseph Raz, 1986) के "पूर्णतावादी उदारवाद" (Perfectionist Liberalism) में परिलक्षित होता है। अधिकार आधारित उदारवाद की तरह, पूर्णतावादी उदारवाद उदार राज्य को एक नैतिक आधार और एक नैतिक भूमिका निभाने के आधार पर समझता है, लेकिन यह इस विचार से शुरू नहीं होता कि उदार राज्य को अधिकारों को लागू करना ही चाहिए। इस दृष्टिकोण पर, उदार राज्य का एक कर्तव्य है कि वह अपने नागरिकों के जीवन की नैतिक गुणवत्ता में सुधार करने के तरीकों में संलग्न रहे। इस अर्थ में पूर्णतावादी उदारवादी राज्य की भूमिका के बारे में प्लेटो से सहमत हैं लेकिन प्लेटो के विपरीत, इस तरह के उदारवाद का मानना है कि मानव पूर्ण स्वायत्तता के साथ मूल रूप से संबंधित है इसलिए यह एक ऐसी स्थिति है जो कांटियन और प्लेटोनिक विचारों को मिलाती है।

उपरोक्त चर्चा से स्पष्ट है "उदारवादी" परंपरा निम्नलिखित मौलिक प्रतिबद्धताओं को साझा करती है (हैंपटन, 1998; 179-81) :

1. इस विचार के प्रति वचनबद्धता है कि एक राजनीतिक समाज में लोगों को स्वतंत्र/मुक्त होना चाहिए। स्वतंत्रता की अवधारणा को विभिन्न तरीकों से समझा जा सकता है, कुछ अति व्यक्तिपरक, तो दूसरे इसे अधिक सामूहिकतावाद के रूप में समझते हैं।
2. राजनीतिक समाज के लोगों के मध्य, समानता के प्रति प्रतिबद्धता। यद्यपि इसमें भी समानता की अवधारणा को कई तरीकों से समझा जा सकता है।
3. इस विचार के प्रति वचनबद्धता कि राज्य की भूमिका इस तरह से परिभाषित की जानी चाहिए ताकि वह स्वतंत्रता और समानता को बढ़ावा दे पाए। जैसाकि हमने देखा, विभिन्न उदारवादी इस बात पर असहमत हैं कि राज्य

स्वतंत्रता और समानता को कैसे बेहतर कर सकता है। कुछ लोग मानते हैं कि राज्य समाज में बहुत ही कम भूमिका निभाकर ऐसा कर सकता है, वहीं दूसरों का यह मानना है कि राज्य को बहुत व्यापक भूमिका निभानी चाहिए। यह असहमति एक अलग समझ पैदा करती है कि स्वतंत्रता और समानता क्या है? इस असहमति के बावजूद, सभी उदारवादी राज्य की भूमिका और संरचना के बारे में निम्नलिखित तीन समान बिंदुओं पर सहमत हैं।

3.(क) जब राज्य को लोकतंत्र के रूप में संगठित किया जाता है तो राज्य को अपने नागरिकों के लिए स्वतंत्रता और समानता हासिल करने का सबसे अच्छा मौका मिलता है। लोकतंत्र एक उदार राजव्यवस्था के निर्माण के लिए केंद्रीय तत्त्व है, यह विचार अधिकतर सर्वमान्य रहा है। यद्यपि लोकतंत्र के प्रति यह प्रतिबद्धता कुछ प्रक्रियाओं के प्रति प्रतिबद्धता के साथ चलती है, जिनका एक उदार राज्य को अपने विधायी और न्यायिक प्रक्रियाओं के निर्माण के दौरान पालन करना चाहिए, जिससे कि लोकतांत्रिक आदर्श को स्थापित किया जा सके।

3.(ख) राज्य केवल उन नीतियों को लागू करके स्वतंत्रता सुनिश्चित कर सकता है जो सभी नागरिकों के लिए विवेक की स्वतंत्रता और सहिष्णुता को सुनिश्चित करता है।

3.(ग) राज्य को लोगों के जीवन से संबंधित योजनाओं के निर्माण से बाहर रहना चाहिए। यह उसकी "अच्छाई की अवधारणा" (conception of good) है। हालांकि यह विचार उदारवादी परंपरा में भी काफी विवादास्पद है।

4. व्यक्ति उदारवादी राजनीतिक विश्लेषण की अंतिम इकाई है; एक राजनीतिक समाज की वैधता व्यक्तिगत सहमति के महत्त्व पर केंद्रित है। किसी भी राजनीतिक समाज को उस व्यक्ति के द्वारा उचित ठहराना चाहिए जो उसके भीतर रहता हो। इसलिए राजनीतिक नीतियों, संस्थाओं और न्याय को हमेशा इस आधार पर वैधता दी जाए कि उस समाज में प्रत्येक व्यक्ति उन धारणाओं से किस प्रकार प्रभावित होगा।

5. तर्क (reason) वह उपकरण है जिसके द्वारा उदार राज्य शासन करता है। लोगों के धार्मिक, नैतिक या आध्यात्मिक विचार जो भी हों, वे तर्कसंगत और उचित व्यवहार के माध्यम से राजनीतिक क्षेत्र में समस्या से निपटने

की उम्मीद रखते हैं और उनकी सहमति हासिल करने के लिए व्यक्तियों पर निर्देशित वैधताएं तर्क के आधार पर होंगी। इसमें यह विचार भी सम्मिलित है कि सभी इंसानों में तर्क आम बात है, लेकिन उदारवादी तर्क की प्रकृति (nature of reason) पर अलग-अलग मत रखते हैं : कुछ में कांटीयन अवधारणा है तो कुछ उपयोगितावादी अवधारणा वाले हैं, वहीं कुछ अन्य तर्कसंगत विकल्प संकल्पना (rational choice conception) में विश्वास रखते हैं।

उदारवादी परंपरा के विविध चरण
(Various Phases of Liberal Tradition)

उदारवादी परंपरा को सामान्य तौर पर तीन चरणों में बांटा जाता है–क्लासिकल (शास्त्रीय), आधुनिक और समकालीन उदारवाद।

क्लासिकल उदारवाद (Classical Liberalism)

शास्त्रीय उदारवाद सबसे प्रारंभिक उदारवादी परंपरा थी। शास्त्रीय उदारवादी विचारों का विकास सामंतवाद से पूंजीवाद के लिए संक्रमण, के शुरुआती समय से हुआ और उन्नीसवीं सदी के औद्योगीकरण के परिणामस्वरूप यह अपने उच्च बिंदु पर पहुंच गया। इसलिए, शास्त्रीय उदारवाद को कभी-कभी "उन्नीसवीं सदी के उदारवाद" के रूप में भी जाना जाता है। हालांकि, शास्त्रीय उदारवाद केवल उन्नीसवीं सदी के उदारवाद का रूप नहीं है। शास्त्रीय उदारवादी विचार भी कई रूपों में हैं, लेकिन उनके पास कई सामान्य विशेषताएं हैं। (हेवुड, 2007)

पहला, शास्त्रीय उदारवादी अहंकारपूर्ण व्यक्तिवाद (Egoistical Individualism) को स्वीकार करते हैं। वे मानव को तर्कसंगत स्वप्रेरित जीवों/प्राणियों के रूप में देखते हैं, जिनमें आत्मनिर्भरता की स्पष्ट क्षमता है।

दूसरा, शास्त्रीय उदारवादी नकारात्मक स्वतंत्रता में विश्वास करते हैं। व्यक्ति स्वतंत्र है इसलिए उसे अकेला छोड़ दिया जाता है, अन्य लोगों द्वारा हस्तक्षेप नहीं किया जाता है या मजबूर नहीं किया जाता है। इस अर्थ में स्वतंत्रता व्यक्ति पर बाहरी बाधाओं का अभाव है।

तीसरा, टॉमस पेन के शब्दों में, राज्य को "आवश्यक बुराई" के रूप में माना जाता है। यह आवश्यक है क्योंकि यह कम से कम, व्यक्ति के व्यवस्थित अस्तित्व की शर्तों को पूरा करता है; और उसमें बुराई है क्योंकि यह समाज पर सामूहिक इच्छा को लागू करता है। इस प्रकार यह व्यक्ति की स्वतंत्रता और

जिम्मेदारियों को सीमित करता है। शास्त्रीय उदारवादी इस प्रकार एक न्यूनतम राज्य में विश्वास करते हैं, जो लॉक के रूपक (metaphor) का अगर प्रयोग करे तो राज्य किसी प्रहरी के रूप में होगा। इस दृष्टिकोण में, राज्य की उचित भूमिका केवल इसके देखरेख तक सीमित है; जिसमें शामिल है–घरेलू आदेश, अनुबंधों को लागू करने और बाहरी आक्रमण के खिलाफ समाज की सुरक्षा।

चौथा, शास्त्रीय उदारवादी नागरिक समाज के बारे में एक व्यापक सकारात्मक दृष्टिकोण रखते हैं। नागरिक समाज को राज्य की तुलना में न केवल "स्वतंत्रता का दायरा" माना जाता है, (राज्य "का दायरा उत्पीड़न/दबाव (coercion) का है")–बल्कि यह इन दोनों दायरों में संतुलन या संतुलन के सिद्धांत को भी प्रतिबिंबित करता है।

इस परंपरा से जुड़े मुख्य विचार हैं; सीमित सरकार, कानून का शासन, निजी संपत्ति की अनुल्लंघनीयता, समझौता करने और समझौते को कायम रखने की आजादी, नियति या किस्मत की जिम्मेदारी स्वयं लेना।

आमतौर पर, इस परंपरा को एडम स्मिथ, जॉन लॉक आदि के लेखन से जोड़ा जाता है। द *वेल्थ ऑफ नेशंस (An Inquiry into the Nature and Causes of the Wealth of Nations)* स्कॉटलैंड के प्रसिद्ध अर्थशास्त्री एडम स्मिथ की प्रसिद्ध कृति है। इस ग्रंथ में कार्य विभाजन, उत्पादकता तथा मुक्त बाजार आदि विषयों पर विचार किया गया है। एडम स्मिथ के अनुसार, कम से कम सरकारी हस्तक्षेप होने पर ही पूंजी का व्यक्तिगत व देश की समृद्धि के लिए सर्वश्रेष्ठ उपयोग किया जा सकता है। उनका मानना था कि मुक्त बाजार में प्रतिस्पर्धा से व्यावसायिक गतिविधियां बढ़ती हैं, जो किसी भी देश और उसके नागरिकों के लिए हर मायने में फायदेमंद होती हैं। नैतिक भावनाओं के सिद्धांत (1759) में स्मिथ ने प्रेरणा के सिद्धांत को विकसित किया है, जिसमें अनियमित सामाजिक आदेश के साथ मानव ने स्व-रुचि में सामंजस्य बैठाने की कोशिश की। स्मिथ ने बाजार के रूप में अर्थव्यवस्था के बारे में सोचा। स्मिथ का मानना था कि बाजार स्वतंत्र व्यक्तियों की इच्छाओं और निर्णयों के अनुसार संचालित होता है।

जॉन लॉक को उदारवाद का सबसे प्रभावशाली विचारक माना जाता है। लॉक का मानना था कि सरकार का उद्देश्य और औचित्य यह है कि वह अपने नागरिकों के जीवन, संपत्ति और स्वतंत्रता की सुरक्षा करे। ये प्राकृतिक अधिकार हैं, जिसका निर्माण और सुरक्षा प्राकृतिक कानून (natural law) द्वारा की जाती है। प्राकृतिक कानून राजनीतिक समाज के पूर्ववर्ती होते हैं। राजनीतिक समाज

की स्थापना के बाद भी व्यक्ति की निजी गतिविधियों और भावनाओं का अपना व्यक्तिगत क्षेत्र होता है। राज्य और समाज के बीच यह अंतर लॉक के सिद्धांत का केंद्र था (वॉलिन (Volin, 1960))। स्ट्रॉस (1953) के शब्दों में, लॉक ने सामाजिक समझौते के माध्यम से वैध राजनीतिक सत्ता जनता की सहमति से जनित होने के रूप में व्याख्या की। इसे व्यक्ति की आजादी का उल्लंघन होने पर वापस लिया जा सकता है। लॉक ने राजनीतिक सत्ता को सामान्य समुदाय और उसके उद्देश्यों में आस्था के रूप में देखा और उन्होंने निरंकुशता और पितृसत्तात्मक सत्ता के फिल्मर के दावों से इनकार किया। व्यक्ति जिस तरह से प्राकृतिक अवस्था में स्वाभाविक रूप से मुक्त था, उसी तरह से राजनीतिक समाज की स्थापना के बाद भी व्यक्ति का अपनी गतिविधियों और भावनाओं के लिए एक निजी क्षेत्र होता है। राज्य और समाज तथा निजी और सार्वजनिक के बीच का यह अंतर लॉक के सिद्धांत का केंद्र था। (वॉलिन, 1960)

शास्त्रीय उदारवाद की विशेषताओं में गरीबी और सामाजिक समानता के प्रति दृष्टिकोण प्रमुख है। इस दृष्टिकोण के अनुसार एक "व्यक्तिपरक" राजनीतिक संप्रदाय प्रत्येक व्यक्ति की प्रतिभा और कड़ी मेहनत के मामले में सामाजिक परिस्थितियों को समझने में सक्षम होगा। इस संप्रदाय का मानना है कि जिन व्यक्तियों में क्षमता और काम करने की इच्छा है, वे अपनी क्षमता और कार्य करने की इच्छा की वजह से समृद्ध होंगे, जबकि अक्षम या आलसी अपनी अक्षमता और कार्य करने की अनिच्छा की वजह से समृद्धि से विमुक्त रह जाएंगे। यह विचार यादगार ढंग से सैमूएल स्माइल्स (Semuel Smiles) की किताब *सेल्फ-हेल्प* (*Self-Help*) ([1859] 1986) के शीर्षक में व्यक्त किया गया था, कि 'स्वर्ग उन लोगों की मदद करता है जो स्वयं सहायता करते हैं'। व्यक्तिगत जिम्मेदारी के ऐसे विचार व्यापक रूप से थे, जिसे उन्नीसवीं सदी में अहस्तक्षेप के समर्थकों द्वारा व्यक्त किया गया। उदाहरण के लिए, ब्रिटेन के अर्थशास्त्री और राजनेता रिचर्ड कोबडेन (Richard Cobden, 1804-65), मजदूर वर्गों की परिस्थितियों में सुधार की वकालत करते थे, लेकिन तर्क दिया था कि इसे कानून के बजाय "अपने स्वयं के प्रयासों और आत्मसम्मान" के माध्यम से आना चाहिए। व्यक्तिगत आत्मनिर्भरता के विचार हर्बर्ट स्पेंसर की द *मैन वर्सेज द स्टेट* (*The Man Versus the State* ([1884] 1940)) में अपनी सबसे मुखर अभिव्यक्ति पर पहुंच गए थे। हर्बर्ट स्पेन्सर ने "अहस्तक्षेप की नीति" की जोरदार वकालत की।

आधुनिक उदारवाद (Modern Liberalism)

उन्नीसवीं सदी के उत्तरार्ध में चिरसम्मत उदारवाद की विचारधारा के समक्ष व्यापक चुनौतियां खड़ी हुईं। अहस्तक्षेप की नीति का दुष्परिणाम यह हुआ कि समाज में व्यापक आर्थिक असमानता छा गई, आर्थिक संसाधनों पर कुछ प्रभुत्वशील तबकों का एकाधिकार स्थापित हो गया तथा वे अपने लाभ के लिए मजदूर वर्ग का क्रूरतम ढंग से शोषण करने लगे। 1929-33 के दौरान वैश्विक मंदी ने संपूर्ण विश्व को झकझोर कर रख दिया। आलोचकों ने तर्क दिया कि राज्य सामाजिक-आर्थिक मामलों में आंख मूंदकर नहीं बैठ सकता। उदारवादी सिद्धांत को तत्कालीन परिस्थितियों के अनुरूप संशोधित करने हेतु विद्वानों ने राज्य के स्वरूप एवं उसके कार्यों, स्वतंत्रता की प्रकृति एवं स्वतंत्रता तथा सत्ता के मध्य संबंधों का पुनः परीक्षण प्रारंभ किया। इस प्रकार उदारवाद के नए स्वरूप, जिसे प्रायः ''सकारात्मक उदारवाद'' (Positive Liberalism) कहा जाता है, की उत्पत्ति हुई। आधुनिक उदारवादी विचारों की प्रेरणा सर्वप्रथम जे.एस. मिल, टी.एच. ग्रीन एवं डी.जी. रिची की रचनाओं से मिलती है। बीसवीं सदी में हॉब्सन, लिंडसे, जी.डी.एच. कोल, बार्कर, लास्की, कींस, मैकाइवर तथा गैलब्रेथ जैसे विद्वानों ने इस परंपरा को समृद्ध किया तथा ''कल्याणकारी राज्य'' की अवधारणा का मार्ग प्रशस्त किया।

आधुनिक उदारवाद को कभी-कभी ''बीसवीं सदी के उदारवाद'' के रूप में भी वर्णित किया गया है, जैसेकि शास्त्रीय उदारवाद का विकास उन्नीसवीं सदी में औद्योगिक पूंजीवाद के उभरने से जुड़ा था, उसी तरह आधुनिक उदारवादी विचार औद्योगीकरण के विकास से संबंधित थे। आधुनिक उदारवाद के विशिष्ट विचारों में निम्नलिखित शामिल हैं : वैयक्तिकता, सकारात्मक स्वतंत्रता, सामाजिक उदारवाद और आर्थिक प्रबंधन। आधुनिक उदारवाद जॉन स्टुअर्ट मिल के विचारों में सबसे अच्छी तरह सामने आता है। मिल के विचारों को *उदारवाद के दिल* के रूप में वर्णित किया गया है। इसका कारण यह है कि उनके विचारों ने शास्त्रीय और आधुनिक उदारवाद के बीच एक ''सेतु'' प्रदान किया है। इसके अलावा कांट, ग्रीन और हॉबहाउस के विचारों में भी आधुनिक उदारवाद की अभिव्यक्ति होती है।

आधुनिक उदारवाद बहुत विशिष्ट तरीके से स्वतंत्रता, खासतौर पर सकारात्मक स्वतंत्रता और मानवीय प्रगति के बीच सकारात्मक संबंध स्थापित करता है। आधुनिक उदारवादी मानते हैं कि मनुष्य एक प्रगतिशील प्राणी है जिसमें अपना विकास करने की अंतहीन संभावनाएं हैं लेकिन यह दूसरे लोगों के इसी तरह का

विकास करने की संभावना को दांव पर नहीं लगाता है। वह इस बात को स्वीकार करता है कि कुछ ऐसी निश्चित सामाजिक और आर्थिक बुराइयां हैं जिन्हें राज्य द्वारा ही दूर किया जा सकता है। इसलिए यह क्लासिकल उदारवाद की तुलना में राज्य को ज्यादा काम करने की इजाजत देता है। यह दृष्टिकोण वितरणात्मक न्याय के मूल्य (value of distributive justice) को स्वीकार करता है और कल्याणकारी राज्य द्वारा चलाए जा रहे कार्यक्रम को सही मानता है।

जॉन स्टुअर्ट मिल ने यह तर्क देते हुए उदारवाद को आगे बढ़ाया कि यदि किसी व्यक्ति के कार्यों से किसी और को नुकसान न हो रहा हो तो नैतिक रूप से उसके कार्यों में किसी तरह के हस्तक्षेप की अनुमति नहीं दी जा सकती। मिल मानते हैं कि यह कहते हुए भी उस व्यक्ति के कार्यों में हस्तक्षेप नहीं किया जा सकता है कि उसका कार्य अतार्किक या भावनात्मक कारणों से प्रेरित है। मिल का यह तर्क है कि उदारवाद उस समय तक गैर-स्वायत्त कार्यों के दमन के भी खिलाफ है, जब तक यह कार्य दूसरे लोगों के स्वायत्त कार्यों से सुसंगत हो (मिल, 1976; 75)। मिल ने सुझाव दिया कि स्वयं के ऊपर, अपने शरीर और दिमाग पर, व्यक्ति संप्रभु है। मिल ने बेंथम के उपयोगितावाद पर असहमति जताई, व्यक्तियों के फायदे के नाम पर राज्य द्वारा किए जाने वाले किसी भी हस्तक्षेप का विरोध किया। मिल का मानना है कि हर व्यक्ति अपने बारे में सबसे अच्छी तरह यह जानता है कि उसके लिए अच्छा क्या है। यदि इस बारे में व्यक्ति की सोच गलत हो तो भी उस पर किसी बाहरी सोच को थोपने से बेहतर यह है कि उसे गलती करने दी जाए। सरकार को यह सुनिश्चित करना चाहिए कि वह अपने नागरिकों पर कुछ भी न थोपे चाहे वह उनके हित में ही क्यों न हो। (Ibid; 76)

शुरुआती उदारवादी सोच पर स्पष्ट विराम ब्रिटेन के दार्शनिक टी.एच. ग्रीन (1836-82) के लेखन कार्य के साथ उन्नीसवीं सदी के उत्तरार्ध में आया, जिनके लेख ने तथाकथित "नए उदारवादी" विचारकों की एक पीढ़ी को प्रभावित किया था जैसे एल.टी. हॉबहाउस (1864-1929) और जे.एच. बसन (1854-1940)। ग्रीन का मानना था कि शास्त्रीय उदारवाद के सिद्धांत ने गरीबी और अन्याय के नए रूपों को जन्म दिया था। कुछ लोगों की आर्थिक स्वतंत्रता ने कई लोगों के जीवन की संभावनाओं को नुकसान पहुंचाया था। जे.एस. मिल के बाद, उन्होंने शुरुआती उदारवादी अवधारणा को खारिज कर दिया। ग्रीन के अनुसार, व्यक्ति के पास एक-दूसरे के लिए सहानुभूति है; वे परोपकारिता के लिए सक्षम हैं। व्यक्ति के पास सामाजिक जिम्मेदारियां भी हैं, न कि केवल

व्यक्तिगत जिम्मेदारियां और इसलिए व्यक्ति देखभाल और सहानुभूति के संबंधों के माध्यम से अन्य व्यक्तियों से जुड़ा हुआ है। (हेवुड, 2007)

मानव स्वभाव की इस तरह की धारणा समाजवादी विचारों से स्पष्ट रूप से प्रभावित थी, जो मानव जाति की मिलनसार और सहकारी प्रकृति पर जोर देती थी। नतीजतन, ग्रीन के विचारों को "समाजवादी उदारवाद" के रूप में वर्णित किया गया है।

समकालीन उदारवाद (Contemporary Liberalism)

उदारवादी परंपरा के बीसवीं सदी के उत्तरार्ध में नवीन पीढ़ी के विद्वानों के मध्य विमर्श का एक लंबा दौर देखने को मिलता है। यद्यपि ये विद्वान अपने सिद्धांतों में बहुत कुछ अपने पूर्ववर्तियों लॉक, मिल, ग्रीन, लास्की, मैकाइवर इत्यादि से ग्रहण करते हैं, फिर भी मौजूदा परिस्थितियों के परिप्रेक्ष्य में उदारवादी विचारों को तर्क-संगत बनाने के क्रम में व्यापक योगदान देते हैं। समकालीन उदारवादियों के अध्ययन के प्रधान विषय प्रायः व्यक्ति की स्वतंत्रता की रक्षा और राज्य की भूमिका रहे हैं। समकालीन उदारवाद या नवउदारवाद समकालीन विश्व में अहस्तक्षेप की नीति को फिर से लागू करने का समर्थन करता है। यह कल्याणकारी राज्य को आर्थिक विकास में बाधक मानता है, क्योंकि उसमें समाज के प्रतिभाशाली और कर्मठ वर्गों पर भारी कर लगाकर अयोग्य और अकर्मण्य लोगों का पोषण किया जाता है। उदारवाद के इस चरण के पक्षधर राज्य के विस्तृत कार्य-क्षेत्र को पुनः सीमित करने का समर्थन करते हैं, मुख्य रूप से 1980 के दशक में संयुक्त राज्य अमेरिका और ब्रिटेन में यह विचारधारा विशेष रूप से लोकप्रिय हुई। इस दशक के अंतिम वर्षों में पूर्वी यूरोप की समाजवादी अर्थव्यवस्थाओं में जो संकट पैदा हुआ उसके अनुभव से इस दृष्टिकोण को और भी बल मिला। फिर तीसरी दुनिया के देशों के अनुभव से स्पष्ट हो गया कि आर्थिक गतिविधियों पर राज्य का नियंत्रण प्रशासनिक अकुशलता और भ्रष्टाचार को बढ़ावा देता है और वह जनसाधारण की बुनियादी आवश्यकताओं की पूर्ति नहीं कर पाता। नवउदारवाद का दार्शनिक आधार हेयक, बर्लिन, मिल्टन फ्रीडमैन, रॉबर्ट नॉजिक के चिंतन में मिलता है। समकालीन विश्व में उदारीकरण ने निजीकरण और भूमंडलीकरण की प्रवृत्तियों को बढ़ावा दिया है।

कार्ल पॉपर ने अपनी प्रसिद्ध कृति *ओपेन सोसाइटीज एंड इट्स एनेमीज* (*The Open Society and Its Enemies*) में जहां एक ओर राजनीतिक सिद्धांत पर

छाए ''इतिहासवाद'' पर तीव्र प्रहार किया है एवं वैज्ञानिक ज्ञान के प्रति आस्था प्रकट की है; वहीं दूसरी ओर मानव समाज को सर्वाधिकारवाद के खतरों के प्रति आगाह किया है। ईसेया बर्लिन ने अपनी पुस्तक *फोर एसेज ऑन लिबर्टी* में नकारात्मक स्वतंत्रता एवं सकारात्मक स्वतंत्रता में भेद किया है। बर्लिन के अनुसार, सकारात्मक स्वतंत्रता का दृष्टिकोण वस्तुतः राज्य के सर्वाधिकारवादी स्वरूप को बढ़ावा देता है। बर्लिन राजनीतिक स्वतंत्रता को नकारात्मक स्वतंत्रता मानते हैं और तर्क देते हैं कि राज्य के कार्यक्षेत्र को ''नकारात्मक स्वतंत्रता'' की रक्षा तक ही सीमित रखना चाहिए।

ए.एफ. हेयक, मिल्टन फ्रीडमैन और रॉबर्ट नॉजिक जैसे विचारक चिरसम्मत उदारवादियों की भांति ''अहस्तक्षेप की नीति'' को उचित ठहराने की वकालत करते हैं। इन विद्वानों के अनुसार सामाजिक जीवन की अपरिहार्य शर्त ''स्वतंत्रता'' है और यदि कहीं भी ''स्वतंत्रता'' एवं ''समानता'' के मध्य संघर्ष की स्थिति पैदा हो तो निश्चित तौर पर स्वतंत्रता को ही प्राथमिकता मिलनी चाहिए। हेयक के अनुसार, स्वतंत्रता समाज की भौतिक और सांस्कृतिक प्रगति के लिए आवश्यक है, न्याय के नाम पर स्वतंत्रता पर प्रहार न केवल प्रगति में रोड़े अटकाएगा बल्कि समाज में बेवजह के तनावों को भी जन्म देगा। मिल्टन फ्रीडमैन का तर्क है कि जो राज्य कल्याणकारी व्यवस्था के नाम पर अर्थव्यवस्था का नियमन करना प्रारंभ कर देते हैं वह वस्तुतः ''राजनीतिक स्वतंत्रता'' को नष्ट कर देते हैं।

इसी प्रकार रॉबर्ट नॉजिक अपनी कृति *एनार्की, स्टेट एंड यूटोपिया* (*Anarchy, State, and Utopia*) में ''कल्याणकारी राज्य'' को औचित्यहीन मानते हैं। लॉक की समझौतावादी तर्क प्रणाली के अनुरूप नॉजिक कुछ प्राकृतिक अधिकारों की कल्पना करते हैं जिनके संरक्षण के लिए राज्य अस्तित्व में आया। नॉजिक के अनुसार राज्य की प्रकृति मूलतः एक सेवार्थी की है जिसका दायित्व है कि वह नागरिकों की धन-संपत्ति का संरक्षण करे। इनके पुनर्वितरण या हस्तांतरण के प्रयास राज्य की मौलिक प्रवृत्ति के विरोधी हैं।

नवउदारवाद बाजार कट्टरवाद (fundamentalism) के एक रूप के समान है। बाजार को नैतिक और व्यावहारिक रूप से सरकार और किसी भी प्रकार के राजनीतिक नियंत्रण से बेहतर माना जाता है। इस अर्थ में, नव-उदारवाद शास्त्रीय आर्थिक सिद्धांत से भिन्न है। नवउदारवादी परिप्रेक्ष्य से, सरकार के दोष कई और विभिन्न हैं। फ्रेडरिक हेयक और अमेरिकी अर्थशास्त्री मिल्टन फ्रीडमैन (1962) जैसी फ्री-मार्केट अर्थशास्त्री ने सरकार की आर्थिक भूमिका पर हमला किया। हेयक

(1944) ने विशेष रूप से केंद्रीय नियोजन की आर्थिक और राजनीतिक आलोचना की। उनके विचार में, आर्थिक हस्तक्षेप व्यक्तिगत स्वतंत्रता के लिए एकमात्र गंभीर खतरा है क्योंकि आर्थिक जीवन को नियंत्रित करने का कोई भी प्रयास अनिवार्य रूप से राज्य को अस्तित्व के अन्य क्षेत्रों में खींचता है। फ्रीडमैन का भी मानना है कि मनुष्य तर्कसंगत रूप से आत्म-केंद्रित प्राणी है, सरकारी अधिकारी अनिवार्य रूप से सामान्य लोगों की बजाय अपनी स्थिति को बेहतर बनाने के लिए अपने पद का उपयोग करने के प्रयास करेंगे।

निष्कर्ष (Conclusion)

उदारवाद विभिन्न राजनीतिक समस्याओं को नए ढंग से देखने व हल करने का एक महत्त्वपूर्ण दृष्टिकोण है। इसकी कोई स्पष्ट विचारधारा नहीं है। उदारवादियों के विचार भी आपस में एक नहीं हैं। प्राचीन उदारवादी जहां व्यक्तिगत स्वतंत्रता का प्रबल समर्थन करते हैं, वहीं आधुनिक उदारवादी राज्य के आवश्यक हस्तक्षेप तथा स्वतंत्रता (विशेषकर आर्थिक स्वतंत्रता) पर नियंत्रण का समर्थन करते हैं। ये जनकल्याण के लिए राज्य के द्वारा अन्य कार्यों के किए जाने का भी समर्थन करते हैं। उदारवाद की तमाम कमियों और आलोचनाओं के बावजूद हमें यह नहीं भूलना चाहिए कि प्रारंभ में उदारवाद ने ही व्यक्ति की गरिमा को पहचाना, व्यक्ति को साध्य माना तथा उसे मध्ययुग के रूढ़िवाद से बाहर निकालने का प्रयास किया। उदारवाद के सिद्धांतों के प्रसार के कारण ही आज प्रजातंत्र, उत्तरदायी शासन, नागरिक स्वतंत्रता, धर्म-निरपेक्षता एवं विश्वशांति को सभी राष्ट्र-राज्य महत्त्वपूर्ण मानते हैं। शीत युद्ध की समाप्ति और विभिन्न देशों में समाजवादी व्यवस्था के पतन के पश्चात् उदारवाद का प्रभाव निरंतर बढ़ा है। इसके कारण इसके समर्थक तो "इतिहास का अंत", "विचारधारा का अंत" यहां तक कि इसके लिए उदारवाद की जीत आदि का दावा करने लगे। हालांकि हाल की आर्थिक मंदी (subprime crisis- 2007-10) ने इसकी सफलता व दावों पर निश्चित रूप से एक बार फिर प्रश्न उठाया। लेकिन जैसाकि एलन रेयान (1993 : 309) ने लिखा है कि "जिस तरह उदारवाद ने अपने अंदर ही आत्म-आलोचना की एक व्यवस्था कायम कर ली है, यह इसकी प्रगति की गारंटी देता है।" दूसरे शब्दों में, एक बार फिर विश्व इस संकट से उबरने लगा है; यह इसकी सफलता को बताता है।

महत्त्वपूर्ण प्रश्न

1. उदारवाद के ऐतिहासिक उद्भव एवं विकास का विवेचन करें।
2. चिरसम्मत उदारवाद की विशेषताओं एवं मौलिक मान्यताओं का आलोचनात्मक परीक्षण करें।
3. क्लासिकल उदारवाद और समकालीन उदारवाद के बीच क्या समानताएं और अंतर हैं? चर्चा करें।
4. व्यक्तिवाद उदारवाद की केंद्रीय अवधारणा है? क्या आप इस दावे से सहमत हैं?

संदर्भ (References)

Cranston, Maurice, 1967, "Liberalism", In Paul Edwards, (ed.), *Encyclopedia of Philosophy*. New York, Macmillan and London: Collier.

Dworkin, Ronald, 1977, *Taking Rights Seriously*. Cambridge, Harvard University Press.

_____, 1981, "What Is Equality? Part I: Equality of Welfare." *Philosophy and Public Affairs,* 10, 3, 185-246.

_____, 1981, "What Is Equality? Part II: Equality of Resources", *Philosophy and Public Affairs,* 10, 4, 283-345.

Feinberg, Joel, 1984 "Harm to Others. Vol. 1" of *The Moral Limits of the Criminal Law*, New York, Oxford University Press, .

Galston, William, 1991, "Liberal Purposes: Goods, Virtues and Diversity" in *the Liberal State*. Cambridge, Cambridge University Press.

Gray, John, 1993, *Post-liberalism: Studies in Political Thought*. London: Routledge.

Hampton, Jean, 1995, "The Common Faith of Liberalism", *Pacific Philosophical Quarterly,* 75, 3 and 4, 186-216.

_____, 1980, "Contracts and Choices: Does Rawls Have a Social Contract Theory?" *Journal of Philosophy,* 77, 315-338.

_____, 1998, *Political Philosophy*. Oxford University Press.

Heywood, Andrew, 2004, *Political Ideologies*: *An Introduction*, 3rd edition, Palgrave.

Kymlicka, Will, 1990, *Contemporary Political Philosophy: An Introduction*. Oxford, Clarendon Press.

_____, 1991, *Liberalism, Community and Culture*, Oxford, Clarendon Press.

Locke, John, 1988, *Two Treatises of Government*. (ed.), Peter Laslett, Cambridge: Cambridge University Press.

Mill, John Stuart, 1972, "Utilitarianism", In *Utilitarianism, Liberty and Representative Government*. (ed.), H. B. Acton. New York: E. P. Dutton.

Nozick, Robert, 1974, *Anarchy, State and Utopia*, New York, Basic Books.

Rawls, John, 1993, *Political Liberalism*. New York, Columbia University Press.

_____, 1971, *A Theory of Justice,* Cambridge, Harvard University Press.

Raz, Joseph, 1979, *The Authority of Law,* Oxford, Clarendon Press.

_____, 1986, *The Morality of Freedom*. Oxford, Clarendon Press.

Rousseau, Jean-Jacques, 1979, *Emile*, (ed.), Allan Bloom, New York, Basic Books.

_____, 1968, *The Social Contract*. Trans. G.D.H. Cole. London, Dent.

Sandel, Michael J., 1982, *Liberalism and the Limits of Justice*, Cambridge, Cambridge University Press.

Waldron, Jeremy, 1987, "Theoretical Foundations of Liberalism", *Philosophical Quarterly* 37,147, 127-150.

अध्याय चार

मार्क्सवादी परंपरा

(Marxist Tradition)

अंकित तोमर

राजनीतिक सिद्धांत के अध्ययन का मार्क्सवादी दृष्टिकोण • राजनीतिक सिद्धांत के अध्ययन से संबंधित प्रमुख मार्क्सवादी सिद्धांत • मार्क्सवादी परंपरा : लेनिन तथा माओ • राजनीतिक सिद्धांत के अध्ययन का नव-मार्क्सवादी दृष्टिकोण • समसामयिक मार्क्सवाद में तनाव • निष्कर्ष • महत्त्वपूर्ण प्रश्न • संदर्भ

राजनीतिक सिद्धांत हमें राजनीतिक प्रश्नों के बारे में तर्कसंगत ढंग से सोचने और समझने व एक उत्तम जीवन जीने के लिए प्रेरित करते हैं परंतु यदि व्यावहारिक दृष्टि से देखा जाए तो हमें ज्ञात होगा कि एक न्यायपूर्ण तथा समतामूलक समाज के लिए क्या-क्या उचित एवं वांछनीय (desirable) है और क्या नहीं, इस बारे में कोई एक राय अथवा मत संभव नहीं है। व्यक्ति के राजनीतिक व सामाजिक जीवन के बारे में सिद्धांतकारों के भिन्न-भिन्न मत ही राजनीतिक सिद्धांत के अध्ययन के अलग-अलग दृष्टिकोणों के रूप में उभरकर हमारे सामने आते हैं।

यद्यपि इस अध्याय में मुख्य रूप से हम राजनीतिक सिद्धांत के अध्ययन से जुड़े मार्क्सवादी दृष्टिकोण को ही समझने का प्रयास करेंगे, परंतु इसके साथ

* अंकित तोमर, असिस्टेंट प्रोफ़ेसर, राजनीति विज्ञान विभाग, कमला नेहरू कॉलेज, दिल्ली विश्वविद्यालय।

ही हम यह भी जानने की कोशिश करेंगे कि राजनीतिक सिद्धांत के अध्ययन से जुड़े मार्क्सवादी दृष्टिकोण की वर्तमान समय में क्या प्रासंगिकता है।

राजनीतिक सिद्धांत के अध्ययन का मार्क्सवादी दृष्टिकोण
(Marxist Perspective of the Study of Political Theory)

राजनीतिक सिद्धांत एक ऐसी जटिल अवधारणा है जिसके अर्थ को लेकर राजनीतिक सिद्धांतकार कभी भी एकमत नहीं हुए हैं। इस शब्द की जटिलता का मुख्य कारण इसका बहु-आयामी (multi-dimensional) एवं बहु-स्तरीय चरित्र है जो व्यक्ति के जीवन से जुड़े लगभग सभी पक्षों पर अपना ध्यान केंद्रित करता है। अतः इस शब्द को परिभाषित करना उतना सरल नहीं है जितना सरल यह प्रतीत होता है। राजनीतिक सिद्धांत के अर्थ से जुड़ी एक विशेष बात यह भी है कि इस शब्द को भिन्न-भिन्न राजनीतिक परंपराओं से संबंधित विचारकों व सिद्धांतकारों ने अपने-अपने दृष्टिकोणों से समझाने का प्रयास किया है और उन्हीं में से एक दृष्टिकोण मार्क्सवादी दृष्टिकोण है जो "राजनीतिक" शब्द को मुख्य रूप से "शक्ति और वर्ग-संघर्ष" (class-struggle) के साथ जोड़कर देखता है।

राजनीतिक सिद्धांत के अध्ययन का मार्क्सवादी दृष्टिकोण उन्नीसवीं सदी के उत्तरार्ध में मार्क्स, एंगेल्स तथा उनके अनुयायियों द्वारा प्रस्तुत इतिहास की उस भौतिकतावादी व्याख्या और चुनौती का परिणाम है जो उन्होंने अपने लेखों व "वैज्ञानिक समाजवाद" (scientific socialism) नामक विचार के माध्यम से राजनीतिक सिद्धांत के उदारवादी-व्यक्तिवादी दृष्टिकोण के समक्ष प्रस्तुत की। मार्क्सवादी चिंतन ने अपने दर्शन से न केवल बुद्धिजीवी और शासक वर्ग को बल्कि आम जन-समुदाय को भी झकझोर दिया। उनके विचारों ने दुनिया को जितना आलोकित किया, उतना संभवतः और किसी राजनीतिक दर्शन ने नहीं किया। इतिहास की भौतिकतावादी व्याख्या (historical materialism) के माध्यम से मार्क्स ने सामाजिक विकास का एक ऐसा वैज्ञानिक तथा क्रमिक अध्ययन (scientific and systematic study) प्रस्तुत किया जो आगे चलकर साम्यवाद (communism) का आधार बना।

मार्क्स ने पूंजीवादी समाजों का गहन अध्ययन किया और यह पाया कि समाज का आर्थिक ढांचा (economic structure) जिसमें मुख्यतः उत्पादन की शक्तियां (forces of production) तथा उत्पादन के संबंध (relations of production) शामिल होते हैं, वही समाज के राजनीतिक, धार्मिक, सांस्कृतिक तथा कानूनी ढांचे को निर्धारित करते हैं। मार्क्स के अनुसार उत्पादन के संबंधों के आधार पर ही समाज का वर्ग-संघर्ष स्पष्ट होता है और इसी वर्ग-संघर्ष को

मार्क्स ने सामाजिक-परिवर्तन का आधार बताया था। दूसरे शब्दों में, मार्क्स का यह मानना था कि समाज का विकास वर्गों के आपसी तालमेल, सहयोग तथा शांतिपूर्ण सह-अस्तित्व (peaceful co-existence) के आधार पर नहीं, बल्कि वर्गों के आपसी संघर्ष के परिणामस्वरूप होता है। मार्क्स मानते थे कि समाज में सदैव ही दो परस्पर विरोधी आर्थिक हितों वाले वर्गों का अस्तित्व रहा है। इनमें से एक वर्ग आर्थिक सत्ता प्राप्त वर्ग है जिसके पास उत्पादन के साधनों का स्वामित्व (ownership) है और दूसरा वर्ग जो आर्थिक सत्ता से विहीन है, उसे अपना जीवन निर्वाह केवल अपने शारीरिक श्रम को बेचकर ही करना पड़ता है। मार्क्स का कथन था कि समाज में प्रभुत्वशाली वर्ग (dominant class) सदैव ही किसी न किसी रूप में आर्थिक रूप से कमजोर वर्ग का शोषण करता है।

मार्क्स के अनुसार, उदारवादी राजनीतिक सिद्धांत यद्यपि उदारवादी राजनीतिक मूल्यों जैसे स्वतंत्रता, समानता, अधिकार और लोकतंत्र इत्यादि का समर्थन तो करते हैं, परंतु वास्तव में एक वर्ग-विभाजित समाज में इन सबका उपभोग समाज के केवल वे वर्ग ही करते हैं जो सामाजिक और आर्थिक रूप से समृद्ध तथा धनवान होते हैं क्योंकि राज्य व राज्य से संबंधित सभी दूसरी संस्थाओं (न्यायालय, सेना, पुलिस इत्यादि) पर इन्हीं उच्च वर्गों का नियंत्रण होता है।

इसके साथ ही, एक ओर जहां राजनीतिक सिद्धांत का उदारवादी दृष्टिकोण यह मानकर चलता है कि समाज में सुलह-समझौतों तथा वैध शक्ति-प्रयोग (legitimate use of power) के माध्यम से किसी भी तरह के मतभेद, संघर्ष और विवाद को शांतिपूर्ण तरीके से सुलझाया जा सकता है तो वहीं दूसरी तरफ मार्क्सवादी विचारक उदारवादियों की इस बात का खंडन करते हुए यह तर्क देते हैं कि समाज में मतभेद अथवा झगड़ा कोई समस्या नहीं है जिसे सुलझाना है बल्कि यह आधिपत्य (dominance) तथा अधीनता (subordination) की ऐसी अवस्था है जिसे केवल उन परिस्थितियों में पूरी तरह से बदलाव लाकर ही समाप्त किया जा सकता है जिन्होंने इसे जन्म दिया है। मार्क्स के अनुसार समाज केवल व्यक्तियों का संगठन नहीं होता बल्कि यह संपूर्ण अर्थ-संबंधों (economic relationship) की अभिव्यक्ति है और जब तक समाज परस्पर-विरोधी वर्गों में विभाजित रहेगा, तब तक राज्य और राजनीति समाज के प्रभुत्वशाली वर्ग के हाथ की कठपुतली ही रहेंगे और इनका प्रयोग शोषित व उत्पीड़ित वर्गों के दमन के साधन के रूप में ही होता रहेगा। अत: मार्क्सवाद के अनुसार सच्ची स्वतंत्रता और समानता केवल वर्ग-विहीन (class-less) व राज्य-विहीन (state-less)

समाज में ही संभव है और इसके लिए समाज का क्रांतिकारी तरीके से पुनर्गठन करना एक ऐतिहासिक आवश्यकता है। दूसरे शब्दों में, मार्क्सवादी दर्शन इस मान्यता पर आधारित है कि ज्ञान का मुख्य उद्देश्य केवल इस विश्व को समझना ही नहीं बल्कि मानव-जाति के सामाजिक जीवन को वांछित दिशा में बदलना भी है और इसके लिए मार्क्स ने क्रांति का एक व्यावहारिक मार्ग सुझाया। मार्क्स का यह भी मानना था कि अपनी मुक्ति तथा प्रचलित उत्पादन प्रणाली (mode of production) में परिवर्तन लाने के लिए सर्वहारा वर्ग (proletariat class) को स्वयं संगठित रूप से बुर्जुआ वर्ग (bourgeoisie class) एवं पूंजीवादी राज्य के विरुद्ध क्रांति करनी होगी। इसी संदर्भ में मार्क्स ने मजदूर वर्ग को ''दुनिया के मजदूरों, एक हो'' का नारा दिया था।

उत्पादन प्रणाली (Mode of Production)

उत्पादन की शक्तियां : उत्पादन के साधन (भूमि, श्रम, पूंजी, तकनीक इत्यादि)

\+

उत्पादन के संबंध : सर्वहारा और बुर्जुआ वर्ग के बीच का संबंध

मार्क्सवादी राजनीतिक सिद्धांत की एक अन्य विशेषता यह है कि यह सामाजिक और आर्थिक विकास की प्रक्रिया को क्रमबद्ध एवं वैज्ञानिक दृष्टिकोण से समझाने का प्रयास करता है। इस संदर्भ में मार्क्सवादी राजनीतिक सिद्धांत तीन अंतर्संबंधित तत्त्वों पर ध्यान केंद्रित करता है : 1) वर्तमान और अतीत के समाजों का समालोचनात्मक (critical) परीक्षण, 2) सामाजिक परिवर्तन के लिए वर्ग-विभाजित समाज का अंत और एक नए समाज का विकल्प प्रस्तुत करना, 3) साम्यवादी समाज की स्थापना के लिए सर्वहारा वर्ग के माध्यम से विश्वव्यापी क्रांति करने की विचारधारा में विश्वास।

राजनीतिक सिद्धांत के अध्ययन के मार्क्सवादी दृष्टिकोण की मुख्य विशेषताएं
(Salient Features of Marxist Perspective of the Study of Political Theory)

1) राजनीतिक सिद्धांत के अध्ययन का मार्क्सवादी दृष्टिकोण इतिहास की भौतिकतावादी व्याख्या करने का समर्थन करता है। मार्क्स के अनुसार विश्व एक भौतिक जगत है, इसमें घटनाएं और वस्तुएं एक-दूसरे से संबद्ध हैं। मार्क्स के अनुसार चूंकि भौतिक जगत में निरंतर परिवर्तन होते रहते हैं

अत: सामाजिक जीवन में भी परिवर्तन होते रहते हैं और इन परिवर्तनों का कारण भौतिक परिस्थितियां अर्थात् आर्थिक संबंध हैं।

2) सभी मार्क्सवादी चिंतक मानते हैं कि पूरे सामाजिक विश्व की समीक्षा उसकी संपूर्णता (totality) के संदर्भ में करनी चाहिए।

3) मार्क्सवादी राजनीतिक दर्शन में आधार (base) और अधिसंरचना (super-structure) का बहुत महत्त्व है। आर्थिक तत्त्व आधार हैं और अन्य तत्त्व जिनमें राजनीति, संस्कृति, शिक्षा, धर्म इत्यादि शामिल हैं, वह अधिसंरचना है।

4) मार्क्सवादी राजनीतिक सिद्धांत के अनुसार उत्पादन के संबंधों (relations of production) के आधार पर ही समाज का वर्ग-विभाजन स्पष्ट होता है।

5) मार्क्स के सामाजिक विश्लेषण में वर्ग (class) और वर्ग-संघर्ष (class-struggle) का प्रमुख स्थान है। मार्क्स के अनुसार, वर्ग-संघर्ष सामाजिक परिवर्तन का माध्यम है। उदारवादी विचारक जो सामाजिक समूहों की सद्भावना और सहयोग में विश्वास रखते हैं, उनके विपरीत मार्क्सवादी विचारक सामाजिक संबंधों को परस्पर संघर्ष पर आधारित मानते हैं।

6) मार्क्सवादी दृष्टिकोण के अनुसार पूंजीवादी विश्व व्यवस्था शोषक और शोषित, संपन्न और वंचित वर्गों में विभाजित है तथा इनके हितों और स्वार्थों का टकराव अनिवार्य है।

7) मार्क्सवादी दर्शन में सर्वहारा वर्ग को एक समाजशास्त्रीय इकाई की अपेक्षा एक ऐतिहासिक इकाई के रूप में चित्रित किया गया है अर्थात् समय और परिस्थितियों में परिवर्तन होने के साथ इसमें भी परिवर्तन आ जाता है।

8) मार्क्सवादी सिद्धांत के अनुसार प्रभुत्वशाली वर्गों द्वारा शोषित और उत्पीड़ित वर्ग के दमन को समाप्त करने का सिर्फ एक ही विकल्प है और वह सर्वहारा वर्ग की विश्वव्यापी क्रांति पर आधारित है। अत: मार्क्सवादी दर्शन इस मत पर आधारित है कि साम्राज्यवाद और पूंजीवाद को अपदस्थ करने के लिए क्रांति का विश्वव्यापी प्रसार होना परमावश्यक है।

9) मार्क्स ने इस बात पर जोर दिया था कि साम्यवाद की मंजिल तक पहुंचने के पहले पूंजीवाद को साम्राज्यवादी अवस्था से गुजरना होगा। इस अवस्था में ''सामाजिक शांति'' शोषण तथा असमानता के कारण निरंतर तनावग्रस्त और संकटग्रस्त रहती है।

10) राजनीतिक सिद्धांत के अध्ययन से संबंधित मार्क्सवादी दृष्टिकोण का

तात्कालिक उद्देश्य पूंजीवाद का अंत करना और अंतिम उद्देश्य अंतरराष्ट्रीय स्तर पर एक साम्यवादी विश्व का निर्माण करना है।

राजनीतिक सिद्धांत के अध्ययन से संबंधित प्रमुख मार्क्सवादी सिद्धांत

(Main Marxist Theories Related to the Study of Political Theory)

राजनीतिक सिद्धांत के इतिहास में कार्ल मार्क्स को ''वैज्ञानिक समाजवाद'' का जनक माना जाता है। उनका दर्शन इतना विराट एवं सुसंबद्ध है कि उनके विचारों ने इतिहास एवं समाज से संबंधित अध्ययन को एक नए रूप में पेश किया। इतिहास के प्रति उनकी नई एवं समन्वित दृष्टि ही उनके राजनीतिक दर्शन (Philosophy) का प्रमुख आधार बनी। वे ऐसे पहले विचारक थे जिन्होंने सामाजिक विकास का एक वैज्ञानिक एवं क्रमबद्ध अध्ययन प्रस्तुत किया। मार्क्स द्वारा समाज के आर्थिक एवं भौतिक विश्लेषण में अपनाई गई दृष्टि को ही सामूहिक रूप से ''मार्क्सवाद'' (Marxism) की संज्ञा दी जाती है जिनमें मुख्य रूप से शामिल सिद्धांत हैं : 1) द्वंद्वात्मक भौतिकवाद, 2) ऐतिहासिक भौतिकवाद, 3) अतिरिक्त मूल्य का सिद्धांत, 4) राज्य का सिद्धांत, 5) वर्ग-संघर्ष और सामाजिक परिवर्तन का सिद्धांत, 6) क्रांति तथा सर्वहारा वर्ग का अधिनायकवाद, 7) राज्य-विहीन और वर्ग-विहीन समाज का विचार। अब हम इन्हीं सिद्धांतों की सहायता से राजनीतिक सिद्धांत के मार्क्सवादी दृष्टिकोण को समझने का प्रयास करेंगे।

1. द्वंद्वात्मक भौतिकवाद (Dialectical Materialism) : द्वंद्वात्मक भौतिकवाद का सिद्धांत मार्क्स के संपूर्ण चिंतन का आधार है। इस सिद्धांत के प्रतिपादन में मार्क्स ने ''द्वंद्ववाद'' (Dialectics) का विचार हीगल (Hegel) की द्वंद्वात्मक पद्धति और ''भौतिकवाद'' (Materialism) का दृष्टिकोण फायरबाख (Ludwig Andreas Feuerbach) से ग्रहण किया। इस प्रकार उनका द्वंद्वात्मक भौतिकवाद का सिद्धांत हीगल की द्वंद्वात्मक पद्धति एवं फायरबाख के भौतिकवाद का समन्वय है। मार्क्स के द्वंद्वात्मक भौतिकवाद के सिद्धांत में दो शब्द हैं – ''द्वंद्वात्मक'' और ''भौतिकवाद''। इसमें पहला शब्द ''द्वंद्वात्मक'' उस प्रक्रिया को स्पष्ट करता है जिसके अनुसार इस समाज का विकास हो रहा है और दूसरा शब्द ''भौतिकवाद'' सृष्टि के उस मूल तत्त्व को स्पष्ट करता है जो समाज में हो रहे विकास का प्रमुख निर्धारक है। दूसरे शब्दों में, द्वंद्वात्मक भौतिकवाद का सिद्धांत समाज में हो रहे विकास (परिवर्तन) का तर्कपूर्ण अन्वेषण

(logical investigation) करता है। यद्यपि मार्क्स का द्वंद्वात्मक भौतिकवाद का सिद्धांत हीगल की द्वंद्वात्मक पद्धति पर आधारित है परंतु फिर भी यह सिद्धांत हीगल से भिन्न ही नहीं अपितु उसके विपरीत भी है। हीगल और मार्क्स के द्वंद्ववाद में प्रमुख अंतर यह है कि हीगल एक आदर्शवादी थे और उनके द्वंद्ववाद का आधार "विचार" था लेकिन मार्क्स जोकि एक भौतिकवादी थे, उनके लिए "भौतिक पदार्थ" (सामाजिक-आर्थिक परिस्थितियां) ही इस जगत का आधार है। मार्क्स के अनुसार द्वंद्वात्मक भौतिकवाद प्रगतिशील है एवं इसकी प्रकृति आत्मिक नहीं अपितु भौतिक है।

इसके अतिरिक्त, यद्यपि मार्क्स, हीगल के इस विचार से सहमत थे कि विश्व इतिहास एक प्रक्रिया है, परंतु इस प्रक्रिया की प्रकृति के संबंध में वह हीगल से सहमत नहीं थे। हीगल ने एक ओर जहां मानव इतिहास की व्याख्या के संदर्भ में विचारों (ideas) व चेतना (consciousness) को प्राथमिकता दी तो वहीं दूसरी ओर मार्क्स ने भौतिक शक्तियों को मानव इतिहास की व्याख्या का आधार बनाया। मार्क्स के अनुसार विश्व इतिहास की प्रक्रिया निरंतर गतिमय एवं परिवर्तनशील है और पर्यावरण विकास की इस प्रक्रिया में हो रहे बदलाव में सहायता एवं बाधा तो पहुंचा सकता है परंतु उसे रोक नहीं सकता। इसके साथ ही मार्क्स का यह भी मानना था कि समाज में हो रही विकास की प्रक्रिया में एक आंतरिक क्षमता होती है जो समय-समय पर भिन्न-भिन्न रूप धारण करती है और इसका अंतिम लक्ष्य वर्ग-विहीन और राज्य-विहीन समाज की स्थापना करना होता है। इस प्रकार मार्क्स ने आदर्श के बजाय वास्तविक, मानसिक के बजाय सामाजिक और विचार के बजाय पदार्थ (matter) पर जोर दिया।

मार्क्स के द्वंद्वात्मक भौतिकवाद के सिद्धांत की एक खास बात यह भी है कि इसमें वाद, प्रतिवाद एवं संवाद का संश्लेषण होता है। मार्क्स के अनुसार "पूंजीवाद" वाद (thesis) है, "सर्वहारा वर्ग की तानाशाही/अधिनायकवाद" प्रतिवाद (anti-thesis) है एवं "साम्यवाद" संवाद (synthesis) है। मार्क्सवादी द्वंद्वात्मक भौतिकवाद के सिद्धांत में वाद, प्रतिवाद एवं संवाद की यह प्रक्रिया तब तक चलती रहती है जब तक कि वर्ग-विहीन समाज अस्तित्व में नहीं आ जाता है।

2. ऐतिहासिक भौतिकवाद (Historical Materialism): सामाजिक संदर्भ में ऐतिहासिक भौतिकवाद मार्क्स के द्वंद्वात्मक भौतिकवाद का क्रियात्मक रूप है जिसे मार्क्स ने सामाजिक विकास को समझने के उद्देश्य से आर्थिक उत्पादन (economic production) एवं विनिमय (exchange) वाले सामाजिक तथा भौतिक विश्व पर लागू किया। मार्क्स के इस सिद्धांत को "आर्थिक नियतिवाद"

(economic determinism) के सिद्धांत के नाम से भी जाना जाता है। इस सिद्धांत की मुख्य मान्यता यह है कि मानव इतिहास भौतिक उत्पादन का इतिहास है जो समाज में उत्पादनकारी शक्तियों तथा उत्पादन संबंधों के अंतर्विरोधों को प्रकट करता है। मार्क्स के अनुसार उत्पादनकारी शक्तियां एवं आर्थिक गतिविधियां ही समाज की अन्य समस्त ऐतिहासिक घटनाओं व गतिविधियों को निर्धारित करती हैं।

मार्क्स का यह मानना था कि आर्थिक तत्त्व ही समाज का वास्तविक आधार (base) हैं और बाकी सभी तत्त्व जिनमें राज्य, कानून, कला, संस्कृति और दर्शन इत्यादि शामिल हैं, वे उस अधिसंरचना (super-structure) के हिस्से हैं जिनके स्वरूप को आर्थिक कारक निर्धारित करते हैं। इसके साथ ही मार्क्स का यह मत था कि जैसे ही उत्पादन के तरीकों या संबंधों में कोई परिवर्तन आ जाता है, वैसे ही सारा सामाजिक ढांचा भी अपने आप बदल जाता है। दूसरे शब्दों में, यह कहा जा सकता है कि सामाजिक विकास उस द्वंद्व का परिणाम है जिसके निर्धारण में आर्थिक तत्त्व महत्त्वपूर्ण भूमिका का निर्वहन करते हैं।

मार्क्स के अनुसार उत्पादन के साधनों के आधार पर बदलने वाले समाजों के स्वरूप को पांच युगों में वर्गीकृत किया जा सकता है जो इस प्रकार हैं :

अ. *आदिम साम्यवादी युग* (Primitive Communism): इस युग में उत्पादन के साधन बहुत अविकसित थे और मनुष्य कंद-मूल, फल खाकर व जंगली जानवरों का शिकार करके अपने जीवन का निर्वाह करता था। इस अवस्था में उत्पादन के साधनों पर सामूहिक स्वामित्व (social ownership) की व्यवस्था थी इसलिए निजी संपत्ति का कोई अस्तित्व नहीं था। मार्क्स के अनुसार प्रारंभिक साम्यवादी युग में न तो कोई वर्ग-विभेद था और न ही किसी प्रकार का वर्ग-संघर्ष था।

ब. *दास युग* (Slave Society): इस युग में निजी संपत्ति के आविर्भाव और श्रम विभाजन के परिणामस्वरूप समाज दो वर्गों–मालिक (स्वामी) और दास में बंट गया। वर्गों के अस्तित्व में आने और श्रम विभाजन से एक वर्ग न केवल उत्पादन के साधनों का स्वामी बन बैठा बल्कि कुछ लोगों को जबरदस्ती दास बनाकर उनसे शारीरिक श्रम के काम भी करवाने लगा। इस व्यवस्था में दासों द्वारा विभिन्न उत्पादन संबंधी कार्य किए जाते थे जबकि स्वामी वर्ग द्वारा दासों के परिश्रम से अर्जित की गई संपत्ति का उपभोग किया जाता था। यहीं से समाज में शोषण और वर्ग-संघर्ष का आरंभ हुआ।

स. *सामंती युग* (Feudal Society): इस अवस्था में उत्पादन का मुख्य

साधन भूमि थी जिस पर राजा और उसके सैनिक सामंतों का नियंत्रण व स्वामित्व हुआ करता था, परंतु उत्पादन का कार्य सामंतों की बजाय कृषकों द्वारा ही किया जाता था। इस प्रकार सामंती समाज दो वर्गों–सामंत और कृषकों के बीच विभाजित था। यद्यपि इस युग में कृषकों को गुलामों की तरह खरीदा और बेचा नहीं जाता था परंतु उन्हें सामंतों की भूमि पर कृषि करनी होती थी और बदले में लगान भी देना होता था। अतः सामंतवादी समाज में कृषकों की स्थिति बहुत दयनीय थी।

द. *पूंजीवादी युग* (Capitalist Society): औद्योगीकरण और उत्पादन के नए-नए साधनों के विकास के परिणामस्वरूप एक नए युग का आरंभ होता है तथा सामंतवाद का स्थान पूंजीवाद ले लेता है। यह युग मार्क्स का समकालीन था। इस युग में उत्पादन के साधनों पर स्वामित्व के आधार पर समाज दो वर्गों–पूंजीपति और मजदूर वर्ग में बंट जाता है तथा पूंजीपति वर्ग जोकि उत्पादन के साधनों का स्वामी होता है, वह मजदूरों को बहुत कम पारिश्रमिक पर अपना श्रम बेचने के लिए विवश करके उनका भरपूर शोषण करता है। मार्क्स ने संपत्तिवान पूंजीपति वर्ग को "बुर्जुआ" तथा संपत्तिहीन मजदूर वर्ग को "सर्वहारा" के नाम से संबोधित किया था। इस युग में मजदूरों का शोषण अपनी चरम सीमा पर पहुंच जाता है। इसके साथ ही मार्क्स के अनुसार यह पूंजीवादी व्यवस्था न केवल अमानवीय होती है बल्कि अलगाव (alienation) के विचार पर भी आधारित होती है। मार्क्स ने पूंजीवादी समाज के अंतर्गत अलगाव के चार स्तरों की पहचान की थी : 1) उत्पादन तथा उत्पादन-प्रक्रिया से अलगाव, 2) प्रकृति (nature) से अलगाव, 3) समाज व अपने सहचरों से अलगाव तथा 4) अपने आप से अलगाव। अतः इस अलगाव के अंत के लिए पूंजीवाद का अंत जरूरी है।

य. *साम्यवादी युग* (Communist Society): यह युग एक ऐसे समाज की ओर संकेत करता है जो पूंजीवाद के विरुद्ध सर्वहारा वर्ग द्वारा संगठित रूप से की गई उस क्रांति के पश्चात् अस्तित्व में आता है जब पूंजीवाद के अंदर मजदूरों का शोषण अपने चरम पर पहुंच जाएगा। इस युग की मुख्य विशेषता यह होगी कि इसमें उत्पादन के साधनों पर सामाजिक स्वामित्व (social ownership) स्थापित हो जाएगा और इस प्रकार समाज में निजी संपत्ति के उन्मूलन से न केवल वर्ग-विभेद मिट जाएगा बल्कि इसके साथ ही सभी तरह का शोषण व अन्याय भी समाप्त

हो जाएगा। मार्क्स का मानना था कि राज्य की उत्पत्ति मुख्यत: वर्ग विशेष के हितों की सुरक्षा के लिए की गई थी परंतु साम्यवादी समाज में वर्गों के अभाव में राज्य जैसी कृत्रिम (artificial or man-made) संस्था की कोई आवश्यकता नहीं रह जाएगी। अत: मार्क्स के अनुसार साम्यवादी समाज एक वर्ग-विहीन एवं राज्य-विहीन समाज होगा।

संक्षेप में, मार्क्स का यह मानना था कि केवल साम्यवादी युग को छोड़कर प्रत्येक युग में अंतर्विरोधी शक्तियां होती हैं जो सामाजिक क्रांतियों को जन्म देती हैं। उनके अनुसार इन सामाजिक क्रांतियों का मुख्य उद्देश्य एक ऐसे समाज की स्थापना करना होता है जिसमें किसी भी प्रकार का वर्ग-विभेद तथा वर्ग-संघर्ष न हो।

3. अतिरिक्त मूल्य का सिद्धांत (Theory of Surplus-Value): अतिरिक्त मूल्य का सिद्धांत मार्क्सवाद का आर्थिक आधार प्रस्तुत करता है। इस सिद्धांत के अनुसार वस्तुओं का सामान्य सामाजिक सार-तत्त्व केवल श्रम है। परंपरागत अर्थशास्त्र के अंतर्गत उत्पादन के चार तत्त्व माने गए हैं–भूमि, श्रम, पूंजी और संगठन। इसी संदर्भ में मार्क्स ने यह तर्क दिया था कि इनमें से तीन तत्त्व–भूमि, पूंजी और संगठन वास्तविक उत्पादन की कोई क्षमता नहीं रखते हैं, क्योंकि इनमें जो कुछ लगाया जाता है, ये उसी का पुनरुत्पादन मात्र करते हैं। अत: वास्तविक अर्थ में ये तत्त्व किसी भी वस्तु के लिए कोई मूल्य पैदा नहीं करते हैं। मार्क्स के अनुसार केवल श्रम ही ऐसा तत्त्व है जो समाज में वस्तुओं के लिए मूल्य का सृजन करता है। अत: श्रम ही किसी वस्तु के मूल्य का यथार्थ स्रोत है।

इसके साथ ही मार्क्स ने आगे यह भी बताया कि समाज में किसी वस्तु का सापेक्षिक मूल्य (relative value) कितना होगा, यह इस बात पर निर्भर करता है कि उसके उत्पादन की प्रक्रिया में कितने श्रम का प्रयोग हुआ है। मार्क्स का यह मानना था कि किसी वस्तु की कीमत (price) और उसके मूल्य (value) में अंतर होता है। मार्क्स के अनुसार जब हम किसी वस्तु के मूल्य को मुद्रा के रूप में व्यक्त करते हैं तो हमें वस्तु की कीमत का पता चलता है और इसे मार्क्स ने दो रूपों में वर्गीकृत किया था–1) प्राकृतिक कीमत (natural price) और 2) बाज़ार कीमत (market price)। प्राकृतिक कीमत से मार्क्स का अभिप्राय मुद्रा की उस राशि से था जो वस्तु की कीमत को वस्तु के मूल्य के रूप में ही सही-सही व्यक्त करती है। इसके विपरीत वस्तु की बाज़ार कीमत उसकी मांग और पूर्ति के उतार-चढ़ाव पर निर्भर करती है।

मुक्त बाज़ार और प्रतिस्पर्धा के सिद्धांतों पर आधारित पूंजीवादी समाजों का

गहन विश्लेषण करते हुए मार्क्स ने इस बात की भी चर्चा की थी कि पूंजीवादी समाजों में अन्य वस्तुओं की तरह श्रम-शक्ति का भी अपना एक मूल्य होता है क्योंकि उसे भी बाज़ार में बेचा और खरीदा जाता है परंतु मजदूरों के श्रम का मूल्य इस बात पर निर्भर करता है कि किसी वस्तु के उत्पादन के लिए प्रयोग होने वाले श्रम के रख-रखाव और उसके निरंतर प्रवाह को बनाए रखने के लिए उस पर कितना खर्च किया जाता है। मार्क्स के अनुसार पूंजीवादी व्यवस्था के अंतर्गत मजदूर से उसकी पूरी क्षमता के अनुसार काम लिया जाता है लेकिन उसे केवल अपने और अपने परिवार के भरण-पोषण के लिए आवश्यक निर्वाह-मजदूरी ही दी जाती है जिसके परिणामस्वरूप मजदूर को अपने रहन-सहन के बहुत नीचे स्तर पर अपना जीवन-यापन करना पड़ता है और यही मजदूर वर्ग के शोषण का मूल कारण है।

पूंजीपतियों द्वारा मजदूरों के शोषण को मार्क्स ने अपने ''अतिरिक्त मूल्य'' के सिद्धांत के माध्यम से समझाने का प्रयास किया और इसकी चर्चा उन्होंने अपनी प्रसिद्ध पुस्तक *दास कैपिटल* (*Das Kapital* (1867)) में भी की है। इस सिद्धांत के अनुसार, पूंजीपति अपना लाभ किसी वस्तु को बेचकर नहीं बल्कि उत्पादन में मजदूर को उसके काम के अनुपात में कम मजदूरी देकर अर्जित करता है। दूसरे शब्दों में, ''अतिरिक्त मूल्य'' उन दो मूल्यों का अंतर है जिसे मजदूर वास्तव में पैदा करता है और जिसे वह वास्तव में मजदूरी के रूप में पाता है (Surplus value is a difference between the value of the wages which a labourer produces and which he actually receives)। उदाहरण के लिए, एक मजदूर को अपनी और अपने परिवार की मूलभूत दैनिक आवश्यकता की वस्तुएं जुटाने के लिए औसतन छह घंटे प्रतिदिन श्रम करना चाहिए। अब यदि मजदूर से छह घंटे ही काम कराया जाता है और उसे उसके इस श्रम का पूरा मूल्य मजदूरी के रूप में दे दिया जाता है तो उसके शोषण का कोई सवाल ही पैदा नहीं होता है। परंतु चूंकि मजदूर को अपना श्रम बाज़ार में पूंजीपति को बेचना पड़ता है इसलिए उसके श्रम की कीमत भी अन्य वस्तुओं की तरह लगाई जाती है, अर्थात् मांग और पूर्ति में उतार-चढ़ाव के साथ-साथ श्रम की कीमत भी घटती-बढ़ती है। इस प्रकार जैसे-जैसे बाज़ार में काम की तलाश करने वाले मजदूरों की संख्या बढ़ने लगती है, वैसे-वैसे श्रम की बाज़ार कीमत गिरने लगती है। इसके परिणामस्वरूप, मजदूरों को कुछ अतिरिक्त घंटे भी श्रम करना पड़ता है और उन अतिरिक्त घंटों अथवा श्रम से जो अतिरिक्त उत्पादन पैदा होता है, उससे प्राप्त होने वाले अतिरिक्त मूल्य को पूंजीपति मुनाफे के रूप में अपने पास रख लेते

हैं। जिससे श्रमिकों को उनके अतिरिक्त श्रम का मूल्य (मजदूरी) प्राप्त नहीं हो पाता है। इसे ही मार्क्स ने ''बेईमानी की कमाई'' और मजदूरों के शोषण का प्रमाण माना है।

4. राज्य का सिद्धांत (Theory of State): अपने राजनीतिक दर्शन के माध्यम से मार्क्सवादी राजनीतिक सिद्धांत ने राज्य की प्रकृति के संबंध में सभी समकालीन सिद्धांतों (परंपरावादी, मध्ययुगीन तथा उदारवादी) को अस्वीकार करके एक नए दृष्टिकोण का विकास किया। मार्क्स ने उदारवादियों के इस तर्क को चुनौती दी कि राज्य आपस में टकराने वाले हितों के बीच तटस्थ मध्यस्थ (neutral arbiter) की भूमिका निभाता है। मार्क्स के अनुसार राज्य एक वर्गीय संस्था है जिसकी उत्पत्ति समाज के विकास के दौरान उस समय हुई जब समाज उत्पादन के स्वामित्व के आधार पर दो वर्गों–संपत्तिवान (haves) और संपत्तिहीन (have-nots) में बंट गया। इस प्रकार मार्क्सवादियों के अनुसार राज्य बुनियादी रूप से एक ऐसा यंत्र (instrument) या साधन है जिसके द्वारा आर्थिक रूप से प्रभुत्वशाली शोषणकारी वर्ग दूसरे वर्गों अर्थात् शोषित वर्गों पर अपना प्रभुत्व कायम करके उनका दमन करते हैं और उन्हें अपने अधीन रखते हैं। राज्य के बारे में मार्क्स का यह दृष्टिकोण राज्य को एक विशिष्ट वर्ग (शासक वर्ग) का यंत्र मानता है और इसका उल्लेख मार्क्स ने रचना *The Communist Manifesto* (1848) में भी किया है। इस रचना में मार्क्स ने राज्य को 'बुर्जुआ वर्ग के सामान्य मामलों का प्रबंधन करने वाली समिति' (Committee for managing the common affairs of the whole bourgeoisie) के रूप में चित्रित किया था।

इसके साथ ही राज्य के बारे में मार्क्स ने एक दूसरा दृष्टिकोण भी पेश किया जिसका उल्लेख उन्होंने अपनी पुस्तक *The Eighteenth Brumaire of Louis Bonaparte* (1852) में किया था। इस पुस्तक में मार्क्स ने राज्य को ''तुलनात्मक रूप से एक स्वायत्त संस्था'' (Relative Autonomy of State) के रूप में पेश किया। यहां मार्क्स ने राज्य को प्रभुत्वशाली वर्ग के यंत्र के रूप में नहीं बल्कि एक ऐसी संस्था के रूप में दिखाया जो समाज पर अपनी इच्छाओं को थोपने में समर्थ होती है। दूसरे शब्दों में, मार्क्स का यह मानना था कि यदि समाज में वर्ग-शक्तियों के बीच स्पष्ट संतुलन हो तो ऐसी परिस्थिति में राज्य अपनी स्वायत्तता (autonomy) हासिल कर सकता है और इस स्थिति में राज्य का मुख्य लक्ष्य शासन के लिए वैधता (legitimacy) हासिल करना होता है। यद्यपि राज्य के बारे में मार्क्स का यह दृष्टिकोण उनके पहले दृष्टिकोण से भिन्न है परंतु फिर भी हमें यह बात याद रखनी चाहिए कि राज्य को कभी भी

असीम (absolute) स्वायत्तता प्राप्त नहीं होती अर्थात् राज्य को सिर्फ़ आंशिक स्वायत्तता ही मिली होती है। इस प्रकार राज्य एक-दूसरे से होड़ करने वाले वर्ग-हितों के बीच मध्यस्थता तो करता है लेकिन यह समाज में वर्ग-संरचना (class-structure) को अखंड रखने के लिए भी काम करता है। इससे यह भी स्पष्ट होता है कि राज्य न तो एक तटस्थ मध्यस्थ होता है और न ही स्वार्थी हितों से स्वतंत्र होता है। इसलिए मार्क्स ने न केवल राज्य की ज़रूरत बल्कि उसके स्थायित्व को भी चुनौती दी और यह माना कि वर्ग-व्यवस्था को ख़त्म करने से राज्य भी धीरे-धीरे शिथिल व प्रभावहीन हो जाएगा। मार्क्स के राज्य के विलुप्त होने संबंधी इन विचारों को व्यक्त करते हुए एंगेल्स ने यह कहा था कि 'वह युग आने वाला है जब राज्य संग्रहालयों में रखी जाने योग्य प्राचीन वस्तुओं जैसेकि हंसिया एवं हथोड़े की भांति अतीतकाल की वस्तु बन जाएगा'।

5. वर्ग-संघर्ष और सामाजिक परिवर्तन का सिद्धांत (Theory of Class-Struggle and Social Change): मार्क्स के चिंतन में वर्ग-संघर्ष की धारणा का विशिष्ट महत्त्व है। यह सिद्धांत इतिहास की भौतिकतावादी व्याख्या और अतिरिक्त मूल्य के सिद्धांत पर आधारित है। मार्क्स ने पूंजीवादी समाजों का गहन विश्लेषण किया और यह पाया कि उत्पादन के संबंधों के आधार पर समाज सदैव ही दो विरोधी आर्थिक वर्गों में विभाजित रहा है। इनमें से एक वर्ग आर्थिक सत्ता प्राप्त वर्ग है जिसका उत्पादन के साधनों पर स्वामित्व होता है और दूसरा वर्ग आर्थिक सत्ता से विहीन वर्ग है जिसे केवल शारीरिक श्रम करके अपने जीवन का निर्वाह करना पड़ता है। मार्क्स के अनुसार इन दोनों वर्गों का हर युग में किसी न किसी रूप में अस्तित्व रहा है तथा इनके हित सदा एक-दूसरे के प्रतिकूल रहे हैं जिसके परिणामस्वरूप उनमें सदा संघर्ष होता रहता है। प्राचीनकाल में यह संघर्ष मालिकों और दासों के बीच में था, मध्यकाल में सामंतों तथा कृषक-दासों के बीच और आधुनिक पूंजीवादी समाजों में यह संघर्ष पूंजीपतियों (बुर्जुआ) और मजदूरों (सर्वहारा) के बीच होता है।

मार्क्स का यह मानना था कि यद्यपि इतिहास के विभिन्न चरणों में इन दोनों वर्गों को अलग-अलग नामों से जाना जाता है परंतु फिर भी एक चीज जो हर युग में निरंतर समान रही है, वह यह है कि पहला वर्ग सदा दूसरे वर्ग का शोषण करता आया है और यही शोषण और प्रभुत्व पर आधारित संबंध वर्ग-संघर्ष को जन्म देते हैं। इसी संदर्भ में मार्क्स ने *दी कम्युनिस्ट मेनीफेस्टो* (1848)) में यह कहा था कि 'अब तक के समस्त समाजों का इतिहास वर्ग-संघर्षों का इतिहास रहा है' (The history of all hitherto existing society is the history of class struggles) अर्थात् जब से समाज अस्तित्व में आया है, तब से वह निजी संपत्ति के आधार पर दो वर्गों–संपन्न और विपन्न–में बंटा रहा है और इन दोनों वर्गों का परस्पर संघर्ष ही सारे इतिहास का मूल विषय रहा है।

वर्ग-संघर्ष के बारे में यह बात भी विशेष रूप से ध्यान रखी जानी चाहिए कि वर्ग-संघर्ष से मार्क्स का अभिप्राय समाज में निरंतर युद्ध जैसी स्थिति के बने रहने से नहीं अपितु उस असंतोष और रोष से था जिसे समाज का शोषित वर्ग अपनी आवश्यकताएं पूरी न होने पर व्यक्त करता है और यही असंतोष वर्ग-संघर्ष का मूल कारण है। मार्क्स के अनुसार वर्ग-संघर्ष समाज का स्थाई पहलू नहीं है बल्कि उत्पादन के ऐतिहासिक विकास का नतीजा है और पूंजीवाद के विनाश के साथ यह वर्ग-संघर्ष समाप्त हो जाएगा, क्योंकि साम्यवाद पर आधारित समाज वर्ग-विहीन समाज होगा। वर्ग-संघर्ष क़े बारे में चर्चा करते हुए मार्क्स ने यह भी बताया कि समाज का विकास वर्गों के आपसी तालमेल, सहयोग और शांतिपूर्ण सह-अस्तित्व से नहीं बल्कि उत्पादन-प्रणाली के आधार पर संगठित समाज के दो मुख्य वर्गों के आपसी संघर्षों के परिणामस्वरूप होता है। इसके साथ ही मार्क्स का यह भी मानना था कि समाज में सभी परिवर्तन वर्ग-संघर्ष के आधार पर होते हैं और इसी से समाज का विकास होता है।

6. क्रांति तथा सर्वहारा वर्ग का अधिनायकवाद (Revolution and the Dictatorship of the Proletariat Class): मार्क्स एक महानतम क्रांतिकारी थे और उनका यह मानना था कि सामाजिक क्रांतियों के माध्यम से ही समाज का विकास होता है। मार्क्स ने सामाजिक परिवर्तन के लिए क्रांति को अपरिहार्य माना और यह बताया कि पूंजीवादी समाजों का साम्यवादी समाजों में रूपांतरण शांतिमय तरीकों से संभव नहीं है क्योंकि पूंजीपति वर्ग कभी भी स्वेच्छा से उत्पादन के साधनों पर से अपना स्वामित्व (ownership) नहीं छोड़ेगा। इसलिए पुरानी सामाजिक-आर्थिक व्यवस्थाओं का उन्मूलन (abolition) क्रांति के हिंसापूर्ण साधनों के प्रयोग से ही संभव हो सकता है।

मार्क्स के अनुसार समाजवादी क्रांति के द्वारा ही राजनीतिक-आर्थिक सत्ता सर्वहारा वर्ग के हाथों में आ सकती है और तभी बुर्जुआ लोकतंत्र के स्थान पर सर्वहारा वर्ग का अधिनायकवाद स्थापित हो पाएगा। मार्क्स के विचार में सर्वहारा वर्ग का अधिनायकवाद पूंजीवादी समाज के विनाश और साम्यवादी समाज के प्रारंभ के बीच की एक ऐसी संक्रमणकालीन अवस्था (transitional stage) है जो एक ऐसे राज्य-विहीन व वर्ग-विहीन समाज की स्थापना का मार्ग प्रशस्त करेगी जिसमें न तो कोई शोषक होगा और न ही कोई शोषित। ऐसे समाज में राज्य की

भी कोई आवश्यकता नहीं होगी। दूसरे शब्दों में, सर्वहारा वर्ग का अधिनायकवाद एक ऐसी अवस्था (पूंजीवाद तथा पूर्ण साम्यवाद के बीच की अवस्था) की ओर संकेत करता है जिसमें सर्वहारा वर्ग न केवल पूंजीवादी समाजों को मिटाने के लिए क्रांतिकारी साधनों का सहारा लेता है बल्कि उत्पादन के सभी साधनों पर अपना स्वामित्व भी स्थापित कर लेता है।

7. राज्य-विहीन और वर्ग-विहीन समाज का विचार (Idea of State-Less and Class-Less Society): सर्वहारा वर्ग के अधिनायकवाद के उपरांत मार्क्स ने जिस प्रकार के समाज की स्थापना का विचार प्रस्तुत किया, वह एक ऐसे वर्ग-विहीन और राज्य-विहीन समाज की ओर संकेत करता है जिसमें न केवल राज्य एवं वर्ग विलुप्त हो जाएंगे बल्कि सभी प्रकार का श्रम विभाजन भी समाप्त हो जाएगा। इसके अतिरिक्त, यह एक ऐसा समाज होगा जो पूंजीवादी समाजों के आंतरिक तनावों से विकसित होगा। मार्क्स के अनुसार साम्यवादी समाजों की एक प्रमुख विशेषता यह होगी कि इसमें प्रत्येक व्यक्ति अपनी क्षमता/योग्यता के अनुसार कार्य करेगा तथा उसे अपनी आवश्यकतानुसार काम व वस्तुएं प्राप्त होंगी (from each according to his ability, to each according to his need)।

मार्क्सवादी परंपरा : लेनिन तथा माओ
(Marxist Tradition : Lenin and Mao)

लेनिन तथा माओ ज़ेडांग दो ऐसे मार्क्सवादी सिद्धांतकार रहे हैं जिन्होंने मार्क्सवादी परंपरा में विशेष तथा उल्लेखनीय योगदान दिया। इन दोनों सिद्धांतकारों ने 20वीं सदी के विश्व को एक नया आकार प्रदान किया। लेनिन ने एक ओर जहां भूतपूर्व सोवियत संघ पर तो वहीं दूसरी ओर माओ ने जनवादी चीनी समाज पर अपने सिद्धांतों तथा मान्यताओं को लागू करने का प्रयास किया। लेनिन ने अपनी पुस्तक *डेवलपमेंट ऑफ कैपिटलिज़्म इन रशिया* (*Development of Capitalism in Russia* (1899)) में ज़ारशाही रूसी समाज पर चर्चा करते हुए यह बताया कि रूस में मजदूर वर्ग तो बहुत अधिक संख्या में है परंतु यह वर्ग अपने शोषण के प्रति सचेत नहीं है। अतः लेनिन ने एक ऐसे संगठन की आवश्यकता पर बल दिया जो मजदूरों में चेतना उजागर करके उन्हें एक सफल क्रांति करने के योग्य बना सके। अपने इस उद्देश्य की प्राप्ति के लिए लेनिन ने साम्यवादी दल को एक ऐसे अग्रणी के रूप में प्रस्तुत किया जो क्रांति लाने में मजदूरों का नेतृत्व करे। स्टालिन ने लेनिन के इस विचार का महत्त्व बताते हुए यह कहा था कि 'मजदूरों के लिए साम्यवादी दल का न होना बिना सेनापति के सेना का होना

है'। दूसरे शब्दों में, लेनिन का यह मानना था कि बिना सशक्त नेतृत्व के क्रांति के कार्यक्रम निर्धारित नहीं किए जा सकते हैं इसलिए लेनिन ने सर्वहारा वर्ग के अग्रणी के रूप में क्रांति का दायित्व साम्यवादी दल को सौंपा। लेनिन का ऐसा करना प्रारंभिक मार्क्सवादी धारणा से अलग होना दर्शाता है क्योंकि मार्क्स को जहां मजदूरों की क्रांतिकारिता पर विश्वास था तो वहीं लेनिन ने क्रांति का यह दायित्व साम्यवादी दल को हस्तांतरित कर दिया। साम्यवादी दल को मजदूरों के अग्रणी के रूप में स्वीकार करते हुए लेनिन ने यह दलील दी थी कि यह संगठन अपनी संरचना में लोकतांत्रिक होने के साथ-साथ केंद्रीकृत भी होगा अर्थात् दल के उच्चतर स्तर का चुनाव दल के निम्नतर स्तर के माध्यम से होगा तथा उच्चतर स्तर द्वारा लिए गए निर्णयों को मानने के लिए सभी बाध्य होंगे।

अपने सिद्धांतों के माध्यम से लेनिन ने इस बात की व्याख्या करने का प्रयास भी किया कि समाजवादी क्रांति मार्क्स की भविष्यवाणी के विपरीत रूस जैसे एक अल्पविकसित देश में क्यों हुई। इस प्रश्न का उत्तर देते हुए लेनिन ने "ज़ंजीर की दुर्बलतम कड़ी" (weakest link in the chain) का तर्क दिया जिसके अनुसार रूसी ज़ारशाही व्यवस्था में पूंजीवाद पूरी तरह से विकसित नहीं हुआ था और इस कारण रूस साम्राज्यवादी ज़ंजीर की सबसे कमजोर कड़ी था। लेनिन का यह मानना था कि पूंजीवादी दृष्टि से यूरोप के विकसित देश साम्राज्यवादी ज़ंजीर की सशक्त कड़ी हैं, जबकि रूस एक दुर्बलतम कड़ी है और सामरिक रूप से ज़ंजीर को उसके सशक्त बिंदु की अपेक्षा उसके दुर्बलतम बिंदु पर तोड़ना अधिक उपयुक्त होता है। इसके अतिरिक्त, लेनिन ने अपनी पुस्तक *इम्पीरियलिज़्म : दी हाइएस्ट स्टेज ऑफ कैपिटलिज़्म* (*Imperialism : The Highest Stage of Capitalism* (1916)) में यह तर्क भी दिया कि पूंजीवादी देशों में पूंजीवाद इतना अधिक विकसित हो गया कि उनके लिए कच्चे माल तथा अपने निर्मित माल को बेचने के लिए अपनी घरेलू अर्थव्यवस्था से बाहर निकलना ज़रूरी हो गया। अतः इन पूंजीवादी देशों ने कच्चे माल की प्राप्ति तथा निर्मित माल को बेचने के लिए बाज़ारों की खोज शुरू कर दी और इसी उद्देश्य से ये देश एशिया, अफ्रीका और लैटिन अमेरिका के महाद्वीपों की ओर बढ़ने लगे। इस प्रकार पूंजीवाद ने एकाधिकारी रूप धारण कर लिया और अपने उच्चतम स्तर अर्थात् साम्राज्यवाद तक पहुंच गया। लेनिन के अनुसार इसमें कोई संदेह नहीं है कि साम्राज्यवाद का उदय पूंजीवाद के निरंतर विकास के परिणामस्वरूप हुआ परंतु साम्राज्यवाद पूंजीवाद का चरम रूप (अंतिम अवस्था) है।

लेनिन की भांति माओ ज़ेडांग एक ऐसे मार्क्सवादी क्रांतिकारी थे जिन्होंने

चीन जैसे पिछड़े देश में क्रांति लाने का सफल प्रयास किया। परंतु लेनिन ने सोवियत रूस में क्रांति लाने के लिए एक ओर जहां श्रमिक वर्ग पर विश्वास किया तो वहीं दूसरी ओर माओ ने चीन में क्रांति लाने का श्रेय कृषकों को दिया। मार्क्स की तरह लेनिन को भी कृषकों की क्रांतिकारी शक्ति पर विश्वास नहीं था परंतु माओ ने कृषकों की सहायता से चीन में क्रांति को व्यावहारिक रूप प्रदान किया। यहां यह बात विशेष रूप से उल्लेखनीय है कि माओ इस बात से भलीभांति परिचित थे कि चीन में साम्राज्यवाद तथा सामंतवाद के विरुद्ध क्रांतिकारी संघर्ष में कृषक इतने सशक्त नहीं हैं कि वे अकेले ही साम्राज्यवाद के विरुद्ध क्रांति में जीत सकें। इसलिए माओ ने "संयुक्त मोर्चे" की अवधारणा पर बल देते हुए इस क्रांतिकारी संघर्ष में चीनी समाज के उन वर्गों की सहायता लेना भी अनिवार्य माना जो साम्राज्यवाद के विरुद्ध थे।

इसके साथ ही 1940 के दशक में माओ ने अपनी पुस्तक *न्यू डेमोक्रेसी* (*New Democracy* (1945)) में भावी चीन की रूपरेखा भी प्रस्तुत की। इस पुस्तक में माओ ने एक ऐसी राज्य व्यवस्था का सुझाव दिया जिसे उन्होंने "लोगों के लोकतांत्रिक अधिनायकवाद" का नाम दिया। माओ की लोकतांत्रिक अधिनायकवाद की अवधारणा मार्क्स की "सर्वहारा वर्ग के अधिनायकवाद" की अवधारणा के विपरीत थी क्योंकि माओ की यह अवधारणा एक ऐसे राज्य की ओर संकेत करती है जिसमें लोगों के लिए लोकतंत्र तथा लोगों के शत्रुओं (साम्राज्यवादियों व सामंतवादियों) के लिए अधिनायकवाद की व्यवस्था होती है। इस प्रकार माओ ने अपनी लोकतांत्रिक अधिनायकवाद की अवधारणा के माध्यम से मार्क्सवाद तथा राष्ट्रवाद को एक साथ लाने का प्रयास किया। इसके अलावा, माओ ने बुनियादी औद्योगीकरण व सामूहिकीकरण द्वारा कृषि पैदावार में वृद्धि और निजी संपत्ति के उन्मूलन के प्रयास भी किए।

राजनीतिक सिद्धांत के अध्ययन का नव-मार्क्सवादी दृष्टिकोण
(Neo-Marxist Perspective of the Study of Political Theory)

राजनीतिक सिद्धांत के नव-मार्क्सवादी दृष्टिकोण से अभिप्राय विचारों के उन समूहों से है जो न केवल मार्क्सवादी परंपरा के साथ उभरे बल्कि मार्क्सवाद की पुरानी मान्यताओं से हटकर मार्क्सवादी चिंतन में एक नया मोड़ भी लाते हैं। ये मार्क्स के उन विचारों को तर्कसंगत ठहराने का प्रयास भी करते हैं जिन्हें कुछ पीढ़ियों ने नजरअंदाज किया व उनकी गलत तरीके से व्याख्या की। एक चिंतन शैली के रूप में नव-मार्क्सवादी दृष्टिकोण की शुरुआत बीसवीं सदी के पूर्वार्द्ध

में जन्मे उस सिद्धांत से होती है जिसे ''ग्राम्शीवाद'' (वर्चस्व का सिद्धांत) (hegemony) के नाम से जाना जाता है। यद्यपि यह सिद्धांत मार्क्सवादी परंपरा के साथ ही उभरा परंतु फिर भी यह पारंपरिक मार्क्सवादियों से कई अर्थों में भिन्न है। उदाहरण के लिए, यह सिद्धांत पारंपरिक मार्क्सवादियों की तरह न सिर्फ समाज के आर्थिक तत्त्वों से सरोकार रखता है बल्कि संस्कृति, नौकरशाही, अधिसत्तावाद की प्रकृति तथा परिवार की संरचना इत्यादि से जुड़े प्रश्नों को भी अपने विश्लेषण का केंद्र बनाता है अर्थात् पारंपरिक मार्क्सवादियों के विपरीत नव-मार्क्सवादी दृष्टिकोण अपने चिंतन में आधार के साथ-साथ अधिसंरचना को भी विशेष महत्त्व देता है। इसके अलावा, नव-मार्क्सवादी दृष्टिकोण समकालीन समाज में बदलाव अथवा सुधार लाने के लिए विमुक्तिकारी (emancipatory) प्रयासों पर भी ध्यान देता है परंतु यह समाज में विमुक्तिदायक बदलावों के लिए सर्वहारा वर्ग की उस क्षमतापूर्ण अभिव्यक्ति पर संदेह प्रकट करता है जिस पर कभी मार्क्स ने बहुत अधिक विश्वास किया था।

ग्राम्शीवाद अर्थात् ''वर्चस्व का सिद्धांत'' बीसवीं सदी के इटली के विचारक एंटोनियो ग्राम्शी के नाम के साथ जुड़ा हुआ है जिन्होंने मार्क्सवाद की कुछ मान्यताओं को पुनर्निरूपित करने के प्रयत्न किए। अपने वर्चस्व के सिद्धांत के द्वारा ग्राम्शी ने इस प्रश्न का उत्तर देने का प्रयास किया कि मार्क्स द्वारा पश्चिमी यूरोप के विकसित व पूंजीवादी राज्यों में समाजवादी संक्रमण (transition) के लिए क्रांति के सबसे पहले होने वाले प्रयासों के बारे में जो भविष्यवाणी की गई थी, वह मिथ्या क्यों साबित हुई। दूसरे शब्दों में, मार्क्स ने यह भविष्यवाणी की थी कि समाजवाद को स्थापित करने के लिए क्रांति सबसे पहले अत्याधुनिक पूंजीवादी राज्यों में होगी परंतु पश्चिम एवं केंद्रीय यूरोप में क्रांति के लिए किए गए प्रयास विफल हो गए और पश्चिमी पूंजीवादी राज्यों के बजाय सोवियत रूस जैसे एक पिछड़े हुए राष्ट्र में सबसे पहले क्रांति सफल हुई।

ग्राम्शी ने पूंजीवादी राज्यों में क्रांति के लिए किए गए प्रयासों के असफल होने के कारणों को अपने ''वर्चस्व के सिद्धांत'' के माध्यम से स्पष्ट करने की कोशिश की थी। यहां ध्यान देने वाली महत्त्वपूर्ण बात यह है कि ग्राम्शी ने अपने चिंतन में वर्चस्व की अवधारणा का प्रयोग शक्ति के संबंध में किया था और उन्होंने शक्ति का जो दृष्टिकोण अपनाया था, उसमें बल-प्रयोग/जबरदस्ती (coercion) और सहमति (consent), दोनों का सम्मिश्रण था। ग्राम्शी के अनुसार वर्चस्व का अर्थ एक प्रभुत्वशाली वर्ग के उस सामर्थ्य से है जिसके द्वारा वह शक्ति का प्रयोग उन वर्गों (अधीनस्थ/शोषित वर्गों) की स्वीकृति से करता है

जिन्हें वह अपने अधीन रखता है। दूसरे शब्दों में, शक्ति का ऐसा प्रयोग दमन/बल-प्रयोग के विकल्प के रूप में किया जाता है।

ग्राम्शी का वर्चस्व का सिद्धांत	
वर्चस्व (Hegemony)	प्रभुत्व (Domination)
सहमति (Consent)	बल-प्रयोग (Coercion)
नागरिक समाज (Civil Society)	राज्य (State)

ग्राम्शी ने पूंजीवादी राज्यों में क्रांति के लिए किए गए प्रयासों के असफल होने के पीछे तर्क देते हुए यह कहा था कि जहां एक ओर पारंपरिक मार्क्सवादियों ने क्रांति के लिए केवल बल-प्रयोग तथा राज्य की क्षमताओं पर ही अधिक ध्यान केंद्रित किया था, वहीं दूसरी ओर पश्चिम एवं केंद्रीय यूरोप के राष्ट्रों ने अपने वर्चस्व को बनाए रखने के लिए सहमति और बल दोनों के प्रयोग का सहारा लिया। ग्राम्शी के अनुसार, इन राज्यों में सत्ताधारी वर्ग ने सहमति (विचारधारात्मक साधन) के माध्यम से अपने वर्चस्व का प्रयोग करते हुए अपने नैतिक, राजनीतिक और सांस्कृतिक मूल्यों, विचारों तथा आदर्शों को पूरे समाज में प्रचारित एवं प्रसारित किया और उन विचारों एवं मूल्यों को अधीनस्थ (शोषित) वर्ग (subordinate class) ने भी अपना लिया। दूसरे शब्दों में, ग्राम्शी का मानना था कि सत्ताधारी वर्ग द्वारा पूंजीवादी विचारधारा को इस प्रकार गहराई से अधीनस्थ तथा शोषित वर्गों के मध्य बैठा दिया जाता है कि वे उसे बिना किसी प्रश्न के "सामान्य इच्छा" मान लेते हैं। ग्राम्शी के अनुसार, यह सब नागरिक समाज (civil society) की उन विभिन्न संस्थाओं के माध्यम से होता है, जिनमें धर्म (गिरिजाघर), शैक्षणिक संस्थान, मीडिया, प्रकाशन समूह तथा अन्य स्वयंसेवी संगठन शामिल रहते हैं। अतः ग्राम्शी के अनुसार विभिन्न पूंजीवादी राज्य एवं समाज सांस्कृतिक क्षेत्र में अपने विचारों व मूल्यों के माध्यम से समाज के अधीनस्थ वर्गों की मानसिकताओं को प्रभावित व नियंत्रित करके भी अपनी शासन व्यवस्था के लिए स्वीकृति एवं सहमति प्राप्त कर लेते हैं।

ग्राम्शी के वैचारिक राज्य-संयंत्र (ideological state apparatus) के विचार को फ्रांसीसी मार्क्सवादी विचारक लुई अल्थूजर (Louis Althusser) ने आगे और भी विकसित किया। अल्थूजर के अनुसार पूंजीवादी राज्य अपने स्थायित्व को नियमित रूप से हासिल करने के लिए दमनकारी एवं वैचारिक–दोनों ही संयंत्रों का प्रयोग करता है। यद्यपि ये दोनों तरीके एक-दूसरे से अलग हैं परंतु फिर भी आपस में जुड़े हुए हैं। अल्थूजर का यह मानना था कि दमनकारी

राज्य संयंत्र (repressive state apparatus) जिसमें न्यायालय, पुलिस, सेना और राज्य की दूसरी संस्थाएं शामिल हैं, वे हिंसा पर आधारित होती हैं जबकि वैचारिक राज्य-संयंत्र, जिसमें मुख्य रूप से ट्रेड-यूनियन, मीडिया और चर्च सम्मिलित होते हैं, वे ताकत के बजाय विचारधारा के माध्यम से काम करता है।

ग्राम्शी एवं अल्थूजर की भांति जॉर्ज लुकाक्स (Georg Lukacs) भी एक ऐसे मार्क्सवादी चिंतक रहे हैं जिन्होंने अपनी सुप्रसिद्ध *रचना हिस्ट्री एंड क्लास कान्शियसनेस* (*History and Class Consciousness,* 1923) के माध्यम से प्रारंभिक मार्क्सवादी अभिधारणाओं में कुछ नए आयाम जोड़कर न केवल उनकी पुनर्व्याख्या की बल्कि मार्क्सवादी सिद्धांतों में भी अभिवृद्धि की है। लुकाक्स ने अपने विचारों से प्रारंभिक मार्क्सवाद के अनेक मुख्य पहलुओं पर प्रश्नचिह्न लगाए और उनका दार्शनिक संशोधन किया। उन्होंने मार्क्स की इस धारणा पर प्रश्न उठाए कि आर्थिक आधार ही वैचारिक-राजनीतिक अधिसंरचना को निर्धारित करता है। मार्क्स का यह मानना था कि समाज की भौतिक परिस्थितियां इतिहास को परिवर्तित कर सकती हैं, परंतु लुकाक्स ने मार्क्स के इस तर्क का खंडन करते हुए यह दावा किया कि भौतिक परिस्थितियां अपने आप में इतिहास को नहीं बदल सकती हैं। लुकाक्स के अनुसार सचेतन (consciousness) ही एक ऐसा माध्यम है जिसके द्वारा इतिहास को बदला जा सकता है। इसके अतिरिक्त, लुकाक्स ने यह भी बताया कि पूंजीवाद को जड़ से उखाड़ फेंकने के लिए मात्र सर्वहारा वर्ग का अस्तित्व में होना ही पर्याप्त नहीं है बल्कि इसके साथ उसमें क्रांतिकारी चेतना (पूंजीवाद को उखाड़ फेंकने की सजगता) का होना भी आवश्यक है। दूसरे शब्दों में, लुकाक्स का यह मत था कि सामाजिक क्रांति पूंजीवाद में विरोधाभास की तीव्रता का परिणाम नहीं होती बल्कि यह तो तब होती है जब सर्वहारा रूपी मानवीय पात्र इन विरोधाभासों के प्रति सचेत हो जाता है। इस प्रकार सचेतन सर्वहारा वर्ग की स्व-मुक्ति का एक महत्त्वपूर्ण निर्णायक कारक है।

प्रारंभिक मार्क्सवाद के साथ-साथ लुकाक्स ने लेनिनवाद पर भी अनेक प्रहार किए। यद्यपि लुकाक्स लेनिन के इस विचार से सहमत थे कि पूंजीवाद को जड़ से उखाड़ फेंकने के लिए सर्वहारा वर्ग में क्रांतिकारी सचेतन का होना आवश्यक है परंतु वे लेनिन के इस तर्क से असहमत थे कि सर्वहारा वर्ग में यह सचेतन बाहरी तत्त्वों के माध्यम से आता है। लेनिन का यह मानना था कि बिना सशक्त नेतृत्व के सर्वहारा वर्ग द्वारा की जाने वाली क्रांति के सभी प्रयास विफल हो जाएंगे। इसलिए उन्होंने साम्यवादी दल को सर्वहारा वर्ग के लिए एक ऐसे अग्रणी के रूप में प्रस्तुत किया जो उनका प्रतिनिधित्व

एवं नेतृत्व कर सके, परंतु लुकाक्स ने लेनिन द्वारा प्रतिपादित साम्यवादी दल की भूमिका से संबंधित धारणा को अस्वीकार करते हुए यह कहा कि क्रांति के लिए सर्वहारा वर्ग में चेतना किसी बिचौलिए (दलीय संगठन) के माध्यम से नहीं अपितु उस शोषण व अलगाव से आती है जो सर्वहारा वर्ग स्वयं अनुभव करता है। इस प्रकार लुकाक्स ने रूढ़िवादी मार्क्सवादियों के विचारों में संशोधन करके यह तर्क दिया कि सर्वहारा वर्ग की चेतना उसके अस्तित्व की परिस्थितियों को बदल सकती है।

समसामयिक मार्क्सवाद में तनाव (Tension in Contemporary Marxism)

मार्क्सवाद एक प्रगतिशील एवं वैज्ञानिक सामाजिक दर्शन है जिसके अनुसार समाज में सभी प्रकार के अन्याय व उत्पीड़न की जड़ें सामाजिक व्यवस्था में ही निहित होती हैं और उनका प्रतिकार उस सामाजिक व्यवस्था को बदलकर ही किया जा सकता है। इसके साथ ही, मार्क्सवाद ने न केवल आर्थिक एवं राजनीतिक प्रश्नों पर चिंतन की एक नई पद्धति विकसित की बल्कि राजनीतिक मुक्ति से अलग मानव मुक्ति का विचार भी पेश किया। इस प्रकार मार्क्सवाद का एक मुख्य उद्देश्य मानवीय जीवन का सामूहिक चरित्र उजागर करना रहा है। परंतु समय एवं परिस्थितियों में परिवर्तन के साथ-साथ अब मार्क्सवादी सिद्धांत की बहुत-सी खामियां सामने आने लगी हैं जो उन तनावों को प्रकट करती हैं जिनकी झलक समसामयिक मार्क्सवाद में दिखाई देती है।

इसमें कोई संदेह नहीं है कि पारंपरिक मार्क्सवादियों ने विश्व को बदलने के लिए वर्तमान सामाजिक परिस्थितियों को बदलने के साथ-साथ उन्हें समझने की आवश्यकता पर भी बल दिया, लेकिन उन्होंने विश्व की व्याख्या व सामाजिक परिवर्तन का आधार केवल भौतिक पदार्थों को ही माना। इस प्रकार पारंपरिक मार्क्सवादियों ने सामाजिक परिवर्तन की दिशा में न केवल विचारधारा, संस्कृति और धर्म इत्यादि तत्त्वों की अनदेखी की बल्कि मानवीय स्वायत्ता (autonomy) को भी पूरी तरह से नकार दिया था। दूसरे शब्दों में, मार्क्स ने ''विचार'' को इतिहास और सामाजिक परिवर्तन की एक प्रेरक शक्ति के रूप में अस्वीकार करते हुए अपनी पुस्तक *दी जर्मन आइडियोलॉजी* (*The German Ideology,* 1846) में यह लिखा था कि मनुष्य की चेतना उसका अस्तित्व तय नहीं करती है बल्कि उसका सामाजिक अस्तित्व ही उसकी चेतना को निर्मित करता है। इसके अतिरिक्त, पारंपरिक मार्क्सवादियों ने एक सामाजिक समस्या के रूप में सिर्फ

वर्ग आधारित असमानताओं व शोषण पर ही ध्यान केंद्रित किया और इस प्रकार धर्म, जाति, नस्ल व लैंगिक आधार पर होने वाले शोषण और असमानताओं को कोई विशेष महत्त्व नहीं दिया।

मार्क्स के राज्य और क्रांति संबंधी विचारों का भी यदि गहराई से अध्ययन किया जाए तो यह पता चलता कि मार्क्स के द्वारा प्रतिपादित राज्य और क्रांति संबंधी विचार वास्तविकता के धरातल पर पूर्णतः लागू नहीं हो सके। मार्क्स का यह मानना था कि राज्य सदैव एक वर्ग-विशेष के हितों का ही पोषण करता है परंतु मार्क्स के इन विचारों पर उस समय प्रश्न उठने लगे जब 1864 व 1867 में इंग्लैंड में चुनाव सुधारों के लागू होने के पश्चात् राज्य का कल्याणकारी चरित्र उभरकर सामने आया। इसके अतिरिक्त, मार्क्स ने यह भविष्यवाणी की थी कि सर्वहारा वर्ग द्वारा क्रांति सबसे पहले उन्नत पूंजीवादी देशों में होगी और उस क्रांति के बाद समाजवादी व्यवस्था पर आधारित एक वर्ग-विहीन समाज का उदय होगा, परंतु मार्क्स की भविष्यवाणी के विपरीत यह क्रांति वास्तव में सबसे पहले सोवियत संघ जैसे एक अल्प-विकसित देश में हुई।

इसके साथ ही मार्क्स ने यह दावा किया था कि सर्वहारा वर्ग द्वारा की गई क्रांति के पश्चात् साम्यवादी देशों में समाजवादी लोकतंत्र स्थापित होगा, परंतु इन देशों में विचाराभिव्यक्ति की सीमित स्वतंत्रता और एक दल की प्रधानता के कारण लोकतांत्रिक मूल्यों की बहुत क्षति हुई जिसके चलते न केवल इन सब देशों की अर्थव्यवस्था जर्जर होने लगी बल्कि इसके साथ ही इन देशों में उपभोक्ता वस्तुओं की कीमतें भी बहुत अधिक बढ़ गईं तथा इसके फलस्वरूप 90 प्रतिशत लोगों को गरीबी रेखा के नीचे धकेल दिया गया। इसके अलावा, पूर्ववर्ती समाजों की भांति इन देशों में अब एक नई वर्ग संरचना का निर्माण भी होने लगा और नौकरशाही तथा एक दलीय व्यवस्था ने पूरे समाज पर अपना नियंत्रण स्थापित करना शुरू कर दिया। इन सब खामियों व शक्ति के दुरुपयोग के कारण 1991 में भूतपूर्व सोवियत संघ का विघटन हो गया और साथ ही साथ यूरोप सहित पूरे विश्व में समाजवादी व्यवस्था एक के बाद एक टूटती चली गई जिससे साम्यवादी आंदोलन भी पतन की ओर जाने लगा। अब यदि चीन तथा क्यूबा जैसे देशों पर गौर किया जाए तो यह पता चलता है कि इन देशों में पूंजीवादी व्यवस्था के स्थापित होने से अर्थव्यवस्था में खुलेपन, निजीकरण और बाज़ारवाद की प्रवृत्तियां पनपने लगी हैं। इन सब घटनाओं के कारण एक वैकल्पिक विचारधारा के रूप में मार्क्सवाद अब प्रश्नों के घेरे में है।

निष्कर्ष (Conclusion)

राजनीतिक सिद्धांत के इतिहास में मार्क्सवादी चिंतन का अपना ही महत्त्व है। मार्क्स पहले ऐसे राजनीतिक चिंतक थे जिन्होंने इतिहास की वर्ग हितों के आधार पर व्याख्या की थी। मार्क्स के अनुसार पूंजीवाद के अंतर्गत मजदूर वर्ग का शोषण मात्र कोरी कल्पना नहीं है बल्कि यह एक ऐसी सच्चाई है जिसे वैज्ञानिक ढंग से प्रमाणित किया जा सकता है। चूंकि यह शोषण पूंजीवाद का स्वाभाविक लक्षण है, इसलिए इसके निराकरण के लिए पूंजीवाद का अंत ज़रूरी है। यद्यपि पूंजीवाद के संबंध में मार्क्स की कई भविष्यवाणियां गलत सिद्ध हुई हैं परंतु फिर भी पूंजीवाद के विकास की धारा लगभग वही है जैसीकि मार्क्स व एंगेल्स ने बताई थी। मार्क्स का वर्ग-संघर्ष का सिद्धांत आज भी श्रमजीवी (मजदूर) वर्ग के लिए एक महान प्रेरणा का स्रोत है क्योंकि इसके द्वारा मार्क्स ने श्रमजीवी वर्ग की विजय अवश्यंभावी बताई थी। पूंजीवादी देशों में भी श्रमिकों की दशा सुधारने और उन्हें सामाजिक सुरक्षा प्रदान करने में मार्क्सवादी राजनीतिक सिद्धांत ने प्रत्यक्ष व अप्रत्यक्ष रूप से महत्त्वपूर्ण भूमिका निभाई है जिसके परिणामस्वरूप विश्व उन लक्ष्यों (शांति, स्वतंत्रता, समानता इत्यादि) को प्राप्त करने की दिशा में आगे बढ़ रहा है जो समग्र रूप से संपूर्ण मानवता के लक्ष्य हैं।

महत्त्वपूर्ण प्रश्न

1. मार्क्सवादी राजनीतिक सिद्धांत से आप क्या समझते हैं? क्या आप मानते हैं कि मार्क्सवादी राजनीतिक सिद्धांत वर्तमान समय में भी प्रासंगिक है? अपने उत्तर की पुष्टि में तर्क दीजिए।
2. मार्क्सवाद के मुख्य सिद्धांत क्या हैं? विवेचना कीजिए।
3. राजनीतिक सिद्धांत के अध्ययन में मार्क्स द्वारा प्रतिपादित द्वंद्वात्मक भौतिकवाद के सिद्धांत की प्रमुख विशेषताओं व उसके महत्त्व का मूल्यांकन कीजिए।
4. ''अलगाव'' की मार्क्सवादी अवधारणा का आलोचनात्मक परीक्षण कीजिए। क्या आप मानते हैं कि यह आज भी प्रासंगिक है?
5. ग्राम्शी द्वारा प्रतिपादित ''वर्चस्व के सिद्धांत'' से आप क्या समझते हैं और यह सिद्धांत राजनीतिक सिद्धांत के मार्क्सवादी दृष्टिकोण की व्याख्या करने में किस हद तक हमारी सहायता करता है?

संदर्भ (References)

Bellamy, R. (ed.), 1993, *Theories and Concepts of Politics*. New York: Manchester University Press.

Bellamy, Richard and Mason, Andrew (eds.), 2003, *Political Concepts*. Manchester : Manchester University Press.

Bhargava, R and Acharya, A. (eds.), 2008. *Political Theory: An Introduction*. New Delhi: Pearson: Longman.

Hampton, Jean, 1998, *Political Philosophy: An Introduction*. Delhi: Oxford University Press.

Heywood, Andrew, 2000, *Key Concepts in Politics*. New York: Palgrave McMillan.

Goodin, Robert E. and Philip Pettit, 1993, (ed.), *A Companion to Contemporary Political Philosophy*. Oxford: Oxford University Press.

Knowles, Dudley, 2001, *Political Philosophy*. London: Routledge.

Marsh, D. and Stoker, G. (eds.), 1995, *Theory and Methods in Political Science*. London: Macmillan.

McKinnon, Catriona (ed.), 2008, *Issues in Political Theory*. New York: Oxford University Press.

Miller, David and Larry Siedentop, 1983, (ed.) *The Nature of Political Theory*. Oxford: Clarendon Press.

Strauss, Leo, 1959, *What is Political Philosophy and Other Studies*? The Free Press: Glencoe.

Vincent, A., 2004, *The Nature of Political Theory*. New York: Oxford University Press.

अध्याय पांच

अराजकतावादी परंपरा

(Anarchist Tradition)

अमित कुमार

• अराजकतावाद का ऐतिहासिक विकास • अराजकतावादियों का केंद्रीय विश्वास • राज्य के केंद्रीय विषयों के खिलाफ अराजकतावादी विरोध • आर्थिक स्वतंत्रता और अराजकतावाद • सामूहिकतावादी अराजकतावाद • पारस्परिक आश्रय (अन्योन्याश्रयवाद) का सिद्धांत • अराजक-श्रमिक संघवाद/संगठन • अराजक-साम्यवाद • व्यक्तिवादी अराजकतावाद • अराजक-पूंजीवाद • अराजकतावाद और क्रांतिकारी हिंसा • अराजकतावाद और आतंकवाद • अहिंसा और अराजकतावाद • इक्कीसवीं सदी में अराजकतावाद • नोम चोमस्की • निष्कर्ष • महत्त्वपूर्ण प्रश्न • संदर्भ

आरंभ से ही अराजकतावाद (anarchism) राजनीतिक सिद्धांत के क्षेत्र में अन्य वैचारिक सिद्धांतों से अलग एक सैद्धांतिक समझ के रूप में विद्यमान रहा है। आधुनिक विद्वानों ने अराजकतावाद को मार्क्सवाद, उदारवाद, व्यक्तिवाद, आतंकवाद (हिंसा), तो कभी अहिंसा के साथ जोड़कर समझने-समझाने की कोशिश की है। यह समय-समय पर अराजकतावाद को इन सभी सिद्धांतों के नजदीक लाता है और साथ ही इसके लगातार बदलते स्वरूप को भी परिभाषित करता है। लेकिन अराजकतावादियों ने अपने मौलिक सैद्धांतिक आधार पर इन सभी सिद्धांतों से भिन्नताएं बनाए रखीं और अपनी एक सैद्धांतिक पहचान को कायम रखा। सामान्य भाषा में अराजकता (Anarchy) को अस्तव्यस्तता (chaos) और

* अमित कुमार, असिस्टेंट प्रोफ़ेसर, राजनीति विज्ञान विभाग, मोतीलाल नेहरू कॉलेज (सांध्य), दिल्ली विश्वविद्यालय।

अव्यवस्था (disorder) के साथ जोड़कर देखा जाता है। अराजकता का आदर्श एक ऐसा समाज है, जिसमें सभी व्यक्ति जो कुछ भी करना चाहते हैं उसको करने के लिए वे स्वतंत्र हों। साथ ही यह अन्य व्यक्तियों की कुछ करने की क्षमता में हस्तक्षेप को भी स्वीकार करता है। इस आदर्श को अराजकता कहा जाता है। अराजकता जिसे अंग्रेज़ी भाषा में अनार्किज्म (Anarchism) कहते हैं, वह यूनानी शब्द *अनार्किया* (anarchia) से बना है, जिसका अर्थ ''शासन की अनुपस्थिति'' से है। अराजकतावादी सभी व्यक्तियों को परोपकारी, बुद्धिमान, अच्छा आदि किसी भी तरह की रोमांटिक (romantic) निरर्थकता को नहीं मानते हैं। अराजकतावादी मानते हैं कि एक ''समाज'' प्राकृतिक अवस्था में बिना किसी बाध्यकारी संस्था के भी व्यावहारिक हो सकता है। अराजकता का अर्थ ''पूर्ण स्वतंत्रता'' भी नहीं है, इसे हम केवल सरकार की अनुपस्थिति और बलपूर्वक स्थापित की गई व्यवस्था के विरोध में रखकर देखते हैं।

सामान्यतया यह माना जाता है कि अराजकतावादी किसी भी तरह की व्यवस्था (order) में विश्वास नहीं करते हैं। लेकिन यह नहीं कहा जा सकता है कि समाज में अराजकतावादी किसी भी तरह की व्यवस्था को नहीं स्वीकार करते हैं। अराजकतावादी मानते हैं कि लोगों द्वारा किए जाने वाले सहयोगी व्यवहार से ऐसी व्यवस्था उभरकर आएगी जो किसी अन्य व्यवस्था से बहुत अच्छी होगी। यह व्यवस्था मानवीय आवश्यकताओं के अनुरूप ज्यादा ठीक होगी बजाय किसी के द्वारा थोपी हुई व्यवस्था के, क्योंकि यह व्यवस्था स्वैच्छिक (voluntary), कार्यात्मक (functional), अस्थायी (temporary), लघु (small) होगी। इसके अंतर्गत अनिवार्यत: शामिल हैं–प्रथम, किसी भी संगठन (association) के लिए सभी अराजकतावादियों की स्वैच्छिक (voluntary) स्वीकृति का होना। द्वितीय, एक संघ केवल एक विशिष्ट जरूरत को पूरा करने के लिए विकसित होगा और इस तरह उसे अकेले ही आवश्यकता को पूरा करने के लिए तैयार किया जाएगा। तृतीय, आवश्यकता पूरी होने के बाद यह विलुप्त हो जाएगा। चतुर्थ, यह काफी छोटा हो सकता है ताकि लोग इसके द्वारा नियंत्रित होने की बजाय इसे नियंत्रित कर सकें। यहां पर यदि यह प्रश्न उठाया जाए कि "क्या अराजकता व्यवहारिक है?" इस प्रश्न का उत्तर देना अराजकतावादियों के लिए थोड़ा कठिन हो सकता है। लेकिन "क्या अराजकता के लिए प्रयास करना चाहिए?" यह एक नैतिक प्रश्न होगा और सभी अराजकतावादी इसका जवाब अपनी स्वीकृति में देंगे (डोनाल्ड रूम (Donald Rooum), 1992: 8)। राजनीतिक सिद्धांत के क्षेत्र में अराजक परंपरा को एक सैद्धांतिक विचारधारा के रूप में समझने के लिए हमें

अराजकता को विभिन्न सिद्धांतों के साथ रखकर इसे एक अलग मूल सिद्धांत के रूप में समझने का प्रयास करना चाहिए।

अराजकतावाद का ऐतिहासिक विकास
(Historical Development of Anarchism)

अराजकतावाद ऐतिहासिक रूप में विभिन्न विचारों और आंदोलनों के बहुत से केंद्रीय विषयों को साथ लेकर चलता है, ये सभी विषय केंद्रीयकृत राज्य का विरोध करते हैं। उदार-लोकतांत्रिक शासन में भी केंद्रीयकृत राज्य के दमन व बल को स्वाभाविक तौर पर देखा गया है। अराजकतावाद को आमूलचूल परिवर्तन (radical change) के अभिकर्त्ता के रूप में भी परिभाषित किया जाता है। मिखाइल बाकूनिन (Mikhail Bakunin) जैसे अराजकतावादी यह परिभाषित करते हैं कि 'भविष्य के सामाजिक संगठनों का निर्माण मुक्त श्रमिकों के संघ और संगठनों द्वारा, केवल नीचे से ऊपर की ओर होना चाहिए (बाकूनिन, 1973: 206)। फ्रांस के अराजकतावादी पिअरे जोसेफ प्रूधों के पारस्परिक (mutualist) दृष्टिकोण से प्रभावित होकर बाकूनिन विकेंद्रीकृत स्व-संगठित संगठनों की एक श्रेणी के आधार पर भावी समाज की परिकल्पना करते हैं। इस समाज में श्रमिकों के संगठन पारस्परिक तौर पर सहयोगी होंगे और आंतरिक संरचनात्मक तौर पर बिना किसी पद सोपान के स्वतंत्रतापूर्वक एक-दूसरे से मेल मिलाप कर पाएंगे। उन्होंने लिखा, "समाजवाद सरकारवाद के विपरीत है" (Socialism is the opposite of governmentalism), जिसका अर्थ है कि भविष्य का समाज समानता पर आधारित होना चाहिए जिसमें श्रमिक संघ के द्वारा केंद्रीकृत राज्य को अनावश्यक बना दिया जाएगा (Proudhon 1967: 120)। इस तरह के विचारों को मजदूर सहकारी समितियों के विकास के प्रयास द्वारा स्पेन के मोंड्रागन (Mondragon) में अधिक आधुनिक परिस्थितियों में लागू किया गया। वे लोग जो "बाजार समाजवाद" (Market Socialism) के विचारों को विकसित करने की मांग करते थे, वे मानते थे कि उसे पूर्ण करने के लिए श्रमिक सहकारी समितियों को एक बड़ी भूमिका निभानी होगी। यद्यपि इसके लिए केंद्र सरकार का लुप्त होना जरूरी नहीं है (जॉन शेवाजमेंटल (Jhon Schwarzmantel), 2008 : 150-51)।

सामान्यतया लोकप्रिय अभिकल्पना में, अराजकतावादियों को आतंकवादियों के रूप में नहीं देखा जाता है। यह कहने की आवश्यकता नहीं है कि अराजकतावादी स्वयं इस तरह के संगठनों से घृणा करते हैं। राजनीतिक विचारों में "मैं एक अराजकतावादी हूं", जैसी अभिव्यक्ति स्पष्ट रूप से एक सकारात्मक और

व्यवस्थित क्रम से जुड़ी हुई थी। अराजकतावादी मुख्यत: कानूनों और सरकार के उन्मूलन की वकालत करते हैं। उनका विश्वास है कि इससे एक अधिक प्राकृतिक और सरल सामाजिक व्यवस्था का विकास होगा। जैसाकि प्रूधों ने सुझाव दिया, 'अराजकता में समाज व्यवस्था चाहता है'। कभी-कभी अराजकतावाद को हिंसा के साथ जोड़कर देखना भी भ्रामक होता है। अधिकांश अराजकतावादी हिंसा को गलत मानते हैं। अराजकतावाद के कई अनुयायी हिंसा को नैतिक तौर पर किसी भी रूप में अस्वीकार करते हैं। अराजकतावादी विचारों को कभी-कभी ताओवादी या बौद्ध विचारों, स्टेओक्स और प्राचीन ग्रीस के निंदक (cynics), या अंग्रेजी गृह युद्ध के लोगों (रेड इंडियन लोगों की एक जाति डिग्गेर्स (Diggers)) से जोड़कर समझा गया है। विलियम गॉडविन (William Godwin) को उनके ''राजनीतिक न्याय संबंधी'' ([1793] 1971) लेख के आधार पर प्रथम अराजकतावादी सिद्धांत के जनक के तौर पर जाना जाता है। हालांकि गॉडविन ने कभी भी अपने को अराजकतावादी स्वीकार नहीं किया। उन्नीसवीं सदी में अराजकतावाद बहुत बड़े पैमाने पर उभरा था, जिसमें समाजवादी आंदोलनों के विकास को देखा जा सकता है। बाकूनिन, प्रूधों के विचारों से अधिक प्रभावित होने के कारण सिर्फ ''एक विचारक'' न होकर ''एक क्रांतिकारी'' अधिक थे। 1860 के दशक तक समाजवाद और अराजकतावाद दोनों में किसी तरह का कोई विभाजन देखने को नहीं मिलता, क्योंकि बाकूनिन ने 1864 में स्वयं ही कार्ल मार्क्स की अंतरराष्ट्रीय व्यक्तियों की मजदूर सभा में सहभागिता की थी। लेकिन उन्नीसवीं सदी के उत्तरार्ध में, अराजकतावादियों को औद्योगिक मजदूर वर्गों के बीच अराजक-श्रमिक संगठन (anarchy-syndicalism) के माध्यम से रूस और दक्षिणी यूरोप के भूमिहीन किसानों के लिए सामूहिक मांग करने पर उन्हें बहुत अधिक समर्थन मिला। (हेवुड, 2003 : 151-152)

राजनीतिक विचारधाराओं में अराजकतावाद एक प्रचलित सिद्धांत नहीं रहा है, क्योंकि यह किसी भी क्षेत्र में राष्ट्रीय स्तर पर सत्ता को प्राप्त नहीं कर सका। जिसके परिणामस्वरूप कोई भी समाज और राष्ट्र अराजकतावादी सिद्धांतों के आधार पर निर्मित नहीं हो सका है। इसलिए अराजकतावाद अपने आप में किसी समाज और देश पर अपना प्रभाव बनाए रखने में उदारवाद, मार्क्सवाद, रूढ़िवाद, फासीवाद और नाजीवाद से कमतर रहा है। कुछ अराजकतावादी स्पेनिश गृहयुद्ध के दौरान सत्ता में आए, जब उन्होंने पूर्वी स्पेन के कुछ हिस्सों को नियंत्रित किया और कटालोनिया में मजदूरों और किसानों के समूह को आगे बढ़ाया (हेवुड, 2003)। यहां अराजकता को विचारधारा की राजनीति

के रूप में परिभाषित करने वाला तर्क दिया जा सकता है, जिसे सभी प्रकार के केंद्रीकृत राज्य के विरोध में देखा गया है। अराजकतावादियों ने राज्य को एक प्रभुत्वशाली संस्था के रूप में देखा है, यह समाज व राज्य में मानवीय संगठनों के शांतिपूर्ण सहयोग को रोकता है। अराजकतावादी यह मानते हैं कि एक आदर्श समाज की कल्पना वह होगी जिसमें निचले/छोटे स्तर के अधिकतर संगठनों को मान्यता दी जाएगी, चाहे यह संगठन अर्थव्यवस्था से संबंधित रहे हों या फिर राजनीति से। अराजकतावाद एक ऐसा सिद्धांत है जो समाज को राज्य से अधिक प्राथमिकता देता है। यह समाज में शांतिप्रिय सहयोगी गतिविधि करने वाली क्षमता को देखता है जो राज्य के भ्रष्ट और अनैतिक नियंत्रक बल को खत्म करने में महत्त्वपूर्ण होगी। (जॉन शेवाजमेंटल, 2008 : 151)

अराजकतावादियों की मूल मान्यताएं
(Central Beliefs of Anarchists)

सामाजिक संदर्भ में अराजकतावाद का विश्वास व्यक्तियों की मुक्त इच्छाओं से रहा है। यह ''मुक्त इच्छा'' स्वयं-निर्धारित होनी चाहिए। यदि आप अलगाववादी होते हैं तब आपके पास यह क्षमता होनी चाहिए कि आप निर्णय ले सकें। लेकिन सामाजिक वातावरण में स्वयं से लिए गए निर्णयों को अधिकतर प्रतिबंधित कर दिया जाता है। अराजकतावादी मानते हैं कि समाज का गठन चाहे कैसे भी हुआ हो लेकिन यह समाज व्यक्तियों को अधिक सुअवसर देने के लिए ही बना है। वे समाज के उद्भव को सिर्फ सामाजिक समझौते तक ही सीमित नहीं मानते हैं, बल्कि वे यह मानते हैं कि नैसर्गिक समाज की प्रकृति में व्यक्तिगत इच्छाएं मुक्त रही हैं। सामान्यतया वे यह मानते हैं कि समाज की विशेष भूमिका लोगों को व्यक्तिगत ''मुक्त इच्छाओं'' की स्वतंत्रता के सुअवसर मुहैया कराना है। समाज में किसी भी तरह के संस्थानिक, दबावपूर्ण व भय द्वारा बने सामाजिक संबंधों का कोई महत्त्व नहीं रह जाता है। यह बंधन एक सामाजिक बुराई है जिसे प्रत्येक व्यक्ति द्वारा अस्वीकार किया जाता है। अराजकतावादी राज्यों, सेनाओं, गुलामी, मजदूरी व्यवस्था, जमींदारी व्यवस्था, जेलों, एकाधिकार पूंजीवाद, अल्पसंख्यक पूंजीवाद, राज्य पूंजीवाद, नौकरशाही, योग्यता, लोकतंत्र, क्रांतिकारी सरकारों, पितृसत्ता, मातृशाही, राजशाही, कुलीनतंत्र, अपराधी द्वारा धमकी और हर अन्य प्रकार की शक्ति आधारित संस्था आदि का विरोध करते हैं। दूसरे शब्दों में, अराजकता अपने सभी रूपों में सरकार का विरोध करती है। (डोनाल्ड रूम, 1992 : 8)

राज्य की मूल मान्यताओं की अराजकतावादी आलोचना
(Anarchist Criticism of Central Issues of State)

अराजकता को परिभाषित करने वाले तत्त्व इसे राज्य और सरकार के कानूनों का पालन करने वाले संस्थानों का विरोध बताते हैं। अराजकतावादी एक राज्यविहीन सामाजिक व्यवस्था को महत्त्व देते हैं जिसमें प्रत्येक व्यक्ति बिना किसी दवाब के स्वेच्छा से अपने कार्यों को करता है। अराजकता अपने आप में विश्लेषण और स्पष्टीकरण की तुलना में तर्कसंगत और नैतिक अधिक है। पहला, अराजकता की धारणा नैतिक तौर पर मानव की स्वतंत्रता और स्वायत्तता पर आधारित है। अक्सर यह अपनी ऊर्जा को इन नैतिक प्रवृत्तियों के प्रति जागरूक करने के लिए निर्देशित करती है कि कैसे राज्य के उत्पीड़न की प्रणाली को चुनौती दी जानी चाहिए। दूसरा, अराजकता एक अर्थ में एक कम एकीकृत और सुसंगत विचारधारा है जो दो प्रतिद्वंद्वी विचारधाराओं–उदारवाद और समाजवाद–के बीच परस्पर-व्याप्तता के एक अन्य बिंदु को बताती है, जिस बिंदु पर दोनों विचारधाराएं अलग-अलग निष्कर्ष तक पहुंचती हैं। इस प्रकार अराजकतावाद में द्वैधता के मत को भी देखा जा सकता है, जो एक तरफ "अति-उदारवाद" की बात "उदार-व्यक्तिवाद" को लाने के लिए करता है। वहीं दूसरी तरफ "अति-समाजवाद" की बात "समूहवाद" को लाने के लिए करता है। इस प्रकार यदि हम अराजकतावाद का अध्ययन करें तो इसे हम विभिन्न तरह के मतों में जाकर समझ सकते हैं। (हेवुड, 2003 : 153)

राज्य के विरोध में अराजकतावाद (Anarchism against the State)

अराजकतावाद को सत्ता के सिद्धांतों और नियमों की अवज्ञा करने वाला माना जाता है। स्वतंत्रता और समानता के सिद्धांत में सत्ता एक दोष के समान है। मूलतः अराजकतावाद स्वतंत्रता और राजनीतिक समानता के अप्रतिबंधित सिद्धांतों का पक्षधर रहा है। इस अर्थ में प्राधिकरण (authority) एक व्यक्ति के व्यवहार को प्रभावित करने का कथित अधिकार/हथियार है, क्योंकि यह राजनीतिक असमानता, गुलामी, उत्पीड़न और मानव जीवन को सीमित करता है। इसलिए यह दोनों के लिए हानिकारक है, उनके लिए भी जो सत्ता में होते हैं और उनके लिए भी जो सत्ता के निर्देशों का पालन करते हैं। मनुष्य "प्रकृति" की स्वतंत्र और स्वायत्त रचना है उसका किसी सत्ता के अधीन होना अपने आप में उसका कमजोर होना है, जो उसकी दुर्लभता पर विजय को दर्शाता है। सत्ता में रहने के लिए बहुत से डॉक्टर, शिक्षक और विशेषज्ञ समाज में ज्ञान के असमान वितरण

के बाद भी प्रतिष्ठा, नियंत्रण और अंततः वर्चस्व की भूख रखते हैं।

इसलिए सत्ता एक "शक्ति के मनोविज्ञान" को जन्म देती है जिसमें एक सामाजिक ढांचे के आधार पर "प्रभुत्व और आज्ञानुपालन" को देखा जाता है। अमेरिका के अराजकतावादी और सामाजिक आलोचक पॉल गुडमैन (Paul Goodman) (1911-72) के अनुसार 'बहुत से लोग क्रूर हैं और अधिकतर भय में रहते हैं'। (हेवुड, 2003 : 153) व्यावहारिक तौर पर अराजकतावादियों द्वारा की गई आलोचना का केंद्र राजनीतिक सत्ता की तरफ है, विशेष रूप से जब आधुनिक राज्य की मशीनरी द्वारा इसका समर्थन किया जाता है। अन्य राजनीतिक विचारधाराएं यह विश्वास करती हैं कि समाज में योग्य व सार्थक लक्ष्यों को राज्य पूर्ण कर सकता है। उदाहरण के लिए, उदारवादी राज्य (state) को व्यक्तिगत अधिकारों के रक्षक के तौर पर देखते हैं और रूढ़िवादी आज्ञानुपालन और सामाजिक सामंजस्य के प्रतीक के रूप में राज्य का सम्मान करते हैं। समाजवादी इसे सुधार के यंत्र और सामाजिक न्याय के साधन के रूप में देखते हैं। इन मतभेदों में अराजकतावादी यह विश्वास करते हैं कि राज्य और सत्ता की प्रकृति को गलत तरह से समझा गया है, जोकि सरकार और संस्थानों के कानूनों में मिलने वाले नकारात्मक और विनाशकारी तत्त्वों को समझने में असफल हुआ है। इस अराजकतावादी आलोचना को प्रूधों की मशहूर विधियों में से एक के द्वारा व्यक्त किया गया है : '...नियंत्रित करने के लिए, निरीक्षण, मुआयना और जांच की जाती है। निर्देशित अनियमितता को बंद किया जाता है। सभी लोगों के निर्देश, नियंत्रण, मूल्यांकन, सेंसर पर यकीन दिलाना न तो सही है, न ही ज्ञान है, न ही सद्गुण' है। (हेवुड, 2003 : 153)

राज्य एक सर्वोच्च सत्ता है जो एक भौगोलिक क्षेत्र में रहने वाले लोगों पर अपना अधिकार मनवा सकता है। अराजकतावादी इस तरह के विचारों का विरोध करते हैं। वह मानते हैं कि राज्य का अधिकार क्षेत्र व्यक्ति की आर्थिक, सामाजिक स्वतत्रंता और व्यक्तिगत नैतिकता को सीमित करता है। उदारवादी राज्य को प्रतिस्पर्धी हितों और समाज में समूहों के बीच सामाजिक व्यवस्था को एक तटस्थ मध्यस्थता की गारंटी के रूप में देखते हैं, जबकि शास्त्रीय उदारवादी राज्य को एक आवश्यक बुराई और एक न्यूनतम या चौकीदार की भूमिका निभाने वाले राज्य (nightwatchman state) के रूप में स्वीकार करते हैं। वहीं आधुनिक उदारवादी स्वतंत्रता को विस्तृत करने और समान अवसरों को बढ़ावा देने में राज्य की सकारात्मक भूमिका को स्वीकार करते हैं। रूढ़िवादियों ने राज्य को अधिकार और अनुशासन प्रदान करने वाले तथा अराजकता और विकार से समाज की रक्षा करने की आवश्यकता से जोड़कर देखा है, इसलिए एक मजबूत

राज्य के लिए उनकी पारंपरिक वरीयता है। हालांकि पारंपरिक रूढ़िवादियों को राज्य और नागरिक समाज के बीच एक व्यावहारिक संतुलन का समर्थन करते हुए देखा जा सकता है। लेकिन नव-उदारवादियों ने अनिवार्य रूप में राज्य को नौकरशाही स्वार्थों से प्रेरित पाया है तथा आर्थिक समृद्धि के लिए खतरा मानते हुए इसके ''वापस जाने'' या ''विलुप्तता'' की बात करते हैं। समाजवादियों ने राज्य के संबंध में मत भिन्नता पर प्रकाश डाला है। मार्क्सवादी राज्य को वर्ग व्यवस्था से जोड़कर देखते हैं। एक तरफ तो वे राज्य को ''एक वर्ग के शासन'' के तौर पर देखते हैं और दूसरी तरफ वे राज्य को वर्ग मतभेदों में सुधार के साधक के तौर पर देखते हैं। अन्य समाजवादी राज्य को एक अच्छे अवतार के रूप में मानते हैं और इसे सामाजिक-लोकतांत्रिक या सामूहिक राज्य के रूप में हस्तक्षेप करने की स्वीकृति देते हैं। (हेवुड, 2003 : 154)

अराजकतावादी राज्य को पूरी तरह से खारिज करते हैं और राज्य को एक अनावश्यक बुराई मानते हैं। मूलत: राज्य को सार्वभौम, अनिवार्य और शक्तिशाली, दबंग अधिकारियों, पूंजीपति और विशेषाधिकार प्राप्त लोगों के हित में वैध उत्पीड़न कराने वाला माना जाता है। जैसाकि सभी राज्यों का एक ही आवश्यक चरित्र है; राज्य स्वाभाविक बुराई है और यह दमनकारी है। फासिस्टों ने विशेष रूप से इटली की परंपरा में राज्य को एक सर्वोच्च नैतिक आदर्श के रूप में स्वीकार किया जो राष्ट्रीय समुदाय के अल्पसंख्यक हितों (minority interests) को दर्शाता है, इसलिए सर्वाधिकारवाद में उनका विश्वास था। हालांकि नाजियों ने राज्य को एक ऐसे जहाज के रूप में देखा, जो उसमें शामिल है वह राष्ट्र की सेवा करता है। नारीवादियों ने राज्य को पुरुष प्रधानता का यंत्र माना है। पितृसत्तात्मक राज्य (patriarchal state) महिलाओं को शोषित करता है तथा राजनीतिक और निजी जीवन में उनको दबाकर रखता है। उदार नारीवादियों ने फिर भी राज्य को सुधार के एक साधन के रूप में स्वीकारा है। कट्टरपथिंयों ने राज्य के प्रति एक व्यापक सकारात्मक दृष्टिकोण अपनाया है जिसे उन्होंने सामाजिक, नैतिक और सांस्कृतिक नवीकरण के साधन के रूप में देखा है। इसलिए कट्टरपंथी राज्य को धार्मिक अधिकार और ज्ञान की राजनीतिक अभिव्यक्ति के रूप में स्वीकार करते हैं। (हेवुड, 2003 : 154)

अराजकतावादियों ने राज्य की उदार अवधारणा को नकारा है, जो यह मत देती है कि राजनीतिक सत्ता का निर्माण स्वैच्छिक समझौतों से हुआ है। जहां किसी राज्य में मात्र जन्म लेने भर से कोई व्यक्ति उस राज्य की सत्ता के अधीनस्थ हो जाता है। जहां राज्य एक बलशाली संस्था है जिसमें लोगों को उसके

कानूनों का पालन इसलिए करना पड़ता है क्योंकि उन्हें इसको न मानने पर दंड दिया जाता है। रूस में जन्मे अमेरिकी अराजकतावादी एम्मा गोल्डमन (Emma Goldman, 1869–1940) ने सरकार की पहचान लाठी, बंदूक, हथकड़ी या जेल से की है। राज्य मृत्युदंड के माध्यम से व्यक्ति को स्वयं की संपत्ति, स्वतंत्रता और जीवन से वंचित कर सकता है। अराजकतावादियों का अक्सर तर्क होता है कि राज्य अमीर और विशेषाधिकार रखने वालों के लिए कार्य करता है और इसलिए गरीबों और कमजोरों पर अत्याचार करता है, अतः राज्य विनाशकारी है। अमेरिका के अराजकतावादी रैंडोल्फ बोर्न (Randolph Bourne, 1886–1918) बताते हैं कि ''युद्ध'' "राज्य का स्वास्थ्य है"। राज्य को क्षेत्रीय विस्तार, लूट या राष्ट्रीय महिमा के लिए युद्धों में लड़ने, मारने और मरने के लिए लोगों की जरूरत होती है, जोकि अन्य लोगों की जान की कीमत पर लगातार चलता रहता है। राज्य की इस आलोचना का आधार मानव स्वभाव के अराजकतावादी दृष्टिकोण में है। यद्यपि अराजकतावादी मानव क्षमता के आदर्श विचारों को नहीं मानते हैं, वे राजनीतिक अधिकार और आर्थिक असमानता के भ्रष्ट प्रभाव के बारे में भी निराशावादी हैं। राजनीतिक और सामाजिक परिस्थितियों के आधार पर मनुष्य या तो ''अच्छा'' या ''बुरा'' हो सकता है, जो लोग अन्यथा सहयोगी, सहानुभूतिपूर्ण और मिलनसार होते हैं वे राज्य के दमनकारी रूप से भी बदलते नहीं हैं। राज्य के अराजकतावादी सिद्धांत ने फिर भी आलोचना को आकर्षित किया है, जोकि मानव स्वभाव की सैद्धांतिक सोच से काफी अलग है। राज्य इस धारणा पर आधारित है कि ''राज्य का उत्पीड़न'' अपने राजनीतिक और सामाजिक परिस्थितियों में ''व्यक्तियों के भ्रष्टाचार'' से पैदा होता है, क्योंकि वह यह समझाता है कि पहली बार में कैसे राजनीतिक सत्ता उत्पन्न हुई। (हेवुड, 2003 : 155)

कुछ तर्क (Some Argument)

मध्ययुगीन यूरोप में अनीश्वरवाद चर्चा का महत्त्वपूर्ण विषय रहा है। मध्ययुग में लोगों ने इस विषय में नहीं सोचा था कि ईश्वर का अस्तित्व है अथवा नहीं, बल्कि वे सब बिना सोचे यह मानते थे कि ईश्वर स्वयं में ही अस्तित्वमान था। आज के समय में भी लोग स्वयं से यह कभी नहीं पूछते हैं कि क्या सरकार आवश्यक है? वे सिर्फ यह मानते हैं कि आवश्यकता स्वयं स्पष्ट है। अराजकतावादियों ने जब भी सरकार के अस्तित्व पर प्रश्न उठाया तब उनका प्रश्न अधिकतर लोगों की समझ में नहीं आ पाया। अराजकतावादियों का इस

तरह का विचार यहां पर एक प्रश्न रखता है कि "यदि सब लोग यह चुन सकते हैं कि उन्हें क्या करना है, तो कोई भी सेना में नहीं जाएगा जिससे देश को बचाना मुश्किल होगा"। डोनाल्ड रूम का मानना है कि मेरी कल्पना इस तरह नहीं सोच सकती जिसमें विदेशियों के खिलाफ देश की रक्षा के लिए सेना की आवश्यकता न हो। बहुत से लोग संगठन के साथ सरकार को भ्रमित करते हैं जिससे उन्हें लगता है कि अराजकतावादी दल (band) नेताओं और निर्माताओं के खिलाफ है। लेकिन आयोजक और नेता मालिकों के समान नहीं हैं। निर्देशों का पालन करने वाले लोगों से अराजकतावादियों को कोई आपत्ति नहीं है बशर्ते वे ऐसा स्वेच्छा से करें। सरकार के लिए एक अन्य कठोर तर्क यह है कि लोग बुद्धिमान या परोपकारी नहीं हैं जिससे वे स्वयं के लिए निर्णय कर सकें। इस कारण उनके लिए निर्णय लेने हेतु सरकार की आवश्यकता होती है। इस विवाद के पीछे यह अवधारणा रही है कि लोग इतने बुद्धिमान या परोपकारी नहीं हैं जिससे वे अपने और अन्यों के लिए निर्णय ले सकें। लेकिन हर कोई यह देख सकता है कि सत्ता में आने के लिए न ज्ञान की और न परोपकारिता की आवश्यकता है, बल्कि लोगों को सत्ता में आने के लिए बस प्रोत्साहन की आवश्यकता है। (डोनाल्ड रूम, 1992 : 10–11)

प्राकृतिक अवस्था और अराजकतावाद (Natural State and Anarchism)

अराजकतावादी न सिर्फ राज्य को दुष्ट मानते हैं बल्कि वे इसे अनावश्यक भी मानते हैं। विलियम गॉडविन (1756–1836) ने अपने राजनीतिक न्याय संबंधी विमर्श (*inquiry concerning political justice* [1773]1971) में सत्तावाद की आलोचना का वैचारिक आधार स्थापित किया। वह अपने मत को मनुष्यों में सामाजिक स्थिति और शैक्षणिकता के आधार पर उदारवादी तर्कवाद के परम समर्थक के रूप में प्रतिस्थापित करते हैं। उनका मानना था कि मनुष्य वास्तव में उदार प्राणी है। हॉब्स का ''सामाजिक अनुबंध'' (social contract) संबंधी तर्क और लॉक का सुझाव है कि ''प्राकृतिक अवस्था'' एक राज्यविहीन समाज है, जो सभी के खिलाफ प्रत्येक के लिए गृहयुद्ध के समान है। इस तरह के झगड़े का स्रोत मानव प्रकृति में है। इसमें सुव्यवस्थित और स्थिर जीवन असंभव होता है। हॉब्स और लॉक के अनुसार, मानव प्रकृति अनिवार्य रूप से स्वार्थी, लालची और स्वभावतया आक्रामक है। केवल एक संप्रभु राज्य ऐसे आवेगों को रोक सकता है और सामाजिक व्यवस्था की गारंटी देता है। गॉडविन इसके विपरीत सुझाव देते हैं कि मनुष्य अनिवार्य रूप से तर्कसंगत प्राणी है जो शिक्षा

और प्रबुद्ध निर्णयों से सच्चाई और सार्वभौमिक नैतिक कानूनों के अनुसार रहने के लिए इच्छुक है। उन्होंने इस प्रकार विश्वास किया कि लोगों को सुसंगत और शांतिपूर्ण ढंग से अपने जीवन को व्यवस्थित करने के लिए एक प्राकृतिक प्रवृत्ति की आवश्यकता है। दरअसल, उनके विचार में यह मनुष्य में किसी भी ''मूल दोष'' की बजाय सरकार और अप्राकृतिक कानूनों का भ्रष्ट प्रभाव है, जो अन्याय, लोभ और आक्रामकता पैदा करता है। दूसरे शब्दों में, सरकार, व्यवस्था की समस्या का समाधान नहीं है, बल्कि समस्या का कारण है।

अराजकतावादी अक्सर रूसो के प्रसिद्ध सामाजिक अनुबंध (social contract) ([1762] 1913) के शब्दों के साथ सहानुभूति रखते हैं। इसमें 'मनुष्य का जन्म स्वतंत्र होता है, फिर भी वह हर जगह जंजीरों में जकड़ा होता है'। इस परिप्रेक्ष्य से ''सामाजिक व्यवस्था'' प्राकृतिक और सहज रूप से उत्पन्न होती है जिसमें ''कानून और व्यवस्था'' की मशीनरी की आवश्यकता नहीं होती। यही कारण है कि अराजकतावादी निष्कर्ष केवल राजनीतिक विचारकों द्वारा दिया गया है। इसमें वे मानव स्वभाव के विचार प्राकृतिक निर्देश और स्वेच्छा की धारणा को बनाए रखने के लिए पर्याप्त रूप से आशावादी रहे हैं। इस प्रकार अराजकतावादियों को कभी-कभी बौद्ध धर्म और ताओवाद जैसे गैर-पश्चिमी धर्मों के विचारों में भी देखा गया है जो एक-दूसरे पर निर्भरता और एकता पर जोर देते हैं। हालांकि अराजकता सिर्फ मानव ''भलाई'' में विश्वास पर आधारित नहीं है। मानव प्रकृति के अराजकतावादी सिद्धांत अक्सर जटिल होते हैं और स्वीकार करते हैं कि प्रतिद्वंद्वी क्षमताएं मानवीय आत्मा के भीतर होती हैं। प्रूधों, बाकूनिन और क्रोपोत्किन (Kropotkin) ने स्वीकार किया कि मनुष्य-स्वार्थी और प्रतिस्पर्धी और साथ ही मिलनसार सहयोगी हो सकते हैं। (मोरलैंड (Morland), 1997) अराजकतावादी जिस तरह से मानव स्वभाव पर ध्यान देते हैं उसी प्रकार उन्होंने सामाजिक संस्थाओं पर भी ज्यादा ध्यान दिया है। उन्होंने मानवीय प्रकृति को ''कृत्रिम/लचीला'' माना है। इसका अर्थ यह है कि जहां लोग रहते हैं वहां अपनी प्रकृति को सामाजिक, राजनीतिक और आर्थिक परिस्थितियों से पाते हैं। सिर्फ कानून के रूप में ही सरकार और राज्य को एक वर्चस्व और अधीनस्थ वाली स्थिति में पाया गया है, जबकि अन्य ''सामाजिक संस्थान'' सम्मान, सहयोग और सहज सामंजस्यता को उत्पन्न करते हैं। सामूहिकतावादी अराजकतावादी (Collectivist Anarchism) इस प्रकार आम स्वामित्व या पारस्परिक संस्थाओं का समर्थन करते हैं जबकि व्यक्तिवादी अराजकतावादियों (Individualist Anarchism) ने बाजार का समर्थन करते हैं। (हेवुड, 2003 : 155-57)

अराजकतावाद और चर्च का विरोध (Anarchism and Anti-clericalism)

हालांकि राज्य अराजकतावादी शत्रुता का मुख्य लक्ष्य रहा है, यही आलोचना अनिवार्य तौर पर प्राधिकारियों के अन्य रूप पर लागू होती है। विशेषकर उन्नीसवीं सदी में अराजकतावादियों ने राज्य की तरह कभी-कभी चर्च की भी आलोचना की है। यह संभवतया बताता है कि कथित धार्मिक परंपराओं जैसेकि कैथोलिक स्पेन, फ्रांस, इटली और लैटिन अमेरिका जैसे देशों में अराजकता क्यों बढ़ी है? यहां पर इसने चर्च विरोधी (Anti-clericalism) भावनाओं को स्पष्ट करने में मदद की है। ईश्वर का विचार ''सर्वोच्च अस्तित्व'' की धारणा का प्रतिनिधित्व करता है जोकि अंतिम और निर्विवाद सत्ता को आत्मसात करता है। अराजकतावादियों जैसेकि प्रूधों और बाकूनिन मानते हैं कि एक अराजकतावादी राजनीतिक दर्शन को ईसाई धर्म की अस्वीकृति पर आधारित होना चाहिए क्योंकि केवल तब ही मनुष्य को स्वतंत्र और मुक्त माना जा सकता है। बाकूनिन बताते हैं कि 'चर्च और राज्य का उन्मूलन समाज की वास्तविक मुक्ति की पहली और अनिवार्य शर्त होनी चाहिए।' अराजकतावादी धर्म को राज्य के एक स्तंभ के रूप में देखते हैं। यह आज्ञाकारिता व अनुपालन की अवधारणा का प्रचार-प्रसार करती है जोकि आध्यात्मिक नेताओं और सांसारिक शासकों के अधीन होती है। ''धर्म'' व्यक्ति पर नैतिक सिद्धांतों के एक संग्रह को लागू करना चाहता है और स्वीकृत व्यवहार की एक संहिता को स्थापित करना चाहता है। धार्मिक विश्वास ''अच्छाई'' और ''बुराई'' के मानकों के अनुरूप होने चाहिए जोकि धार्मिक सत्ता (पुजारी, बिशप या पोप) से परिभाषित होते हैं। इस प्रकार व्यक्ति की नैतिक स्वायत्तता और नैतिक निर्णय करने की क्षमता को छीन लिया जाता है। फिर भी, अराजकतावादी धार्मिक मनोवृति को पूरी तरह से अस्वीकार नहीं करते। अराजकता के भीतर एक स्पष्ट रहस्यवादी तनाव भी देखा गया है। प्रारंभ में अराजकतावादी कभी-कभी सदियों तक धर्म से प्रभावित थे, ईसा मसीह की वापसी में उनका एक विश्वास और ''एक हजार साल'' के बाद ईश्वरीय राज्य (State of God) की स्थापना आदि विचार इस संदर्भ में देखे जा सकते हैं। (हेवुड, 2003 : 157-8)

आर्थिक स्वतंत्रता और अराजकतावाद
(Economic Freedom and Anarchism)

अराजकतावादियों ने न केवल राज्य के अंत की ही बात पर बल दिया है, बल्कि उन्होंने सामाजिक और आर्थिक व्यवस्था को भी चुनौती दी है। अराजकतावादियों

ने उन्नीसवीं सदी में मजदूर-वर्ग आंदोलन को स्वीकार किया और पूर्ण रूप से समाजवादी सामाजिक दर्शन को स्वीकार्यता दी थी। बाकूनिन के अनुसार 'राजनीतिक सत्ता और संपत्ति दोनों अविभाज्य हैं'। इस समय में पूंजीवाद को वर्ग के रूप में समझा जाता था : एक ''सत्तारूढ़ वर्ग'' जोकि ''जनता'' का शोषण और उत्पीड़न करता है। हालांकि यह ''शासक वर्ग'' मार्क्सवाद के अनुरूप नहीं था जिसकी उन्होंने संकीर्ण शब्दों में आर्थिक व्याख्या की थी। लेकिन इसमें उन सभी लोगों को शामिल किया गया जो धन, शक्ति या समाज में विशेषाधिकारों का प्रयोग करते थे। इसलिए इसमें राजाओं और राजकुमारों, राजनेताओं और राज्य के अधिकारियों, न्यायाधीशों और पुलिस अधिकारी, बिशप और पुजारी, साथ ही उद्योगपति और बैंकर शामिल हैं। इस प्रकार बाकूनिन ने तर्क दिया कि हर विकसित समाज में तीन तरह के सामाजिक समूहों की पहचान की जा सकती है– पहला, एक विशाल बहुमत जिसका शोषण किया जाता है; दूसरा, एक अल्पसंख्यक जिसका शोषण किया जाता है लेकिन यह समान अर्थों में दूसरों को भी शोषित करते हैं; और तीसरा, ''सर्वोच्च संपत्तिवान शासन'' उत्पीड़न और शोषण करने वाले थोड़े से अल्पसंख्यक। इसलिए उन्नीसवीं सदी के अराजकतावादियों ने खुद को गरीबों और पिछड़े वर्गों के साथ जोड़कर दिखाया तथा ''शोषित जनता'' के नाम पर एक सामाजिक क्रांति करने की मांग की, जिसमें पूंजीवाद और राज्य दोनों का अंत हो जाएगा। जब कभी भी प्रतिस्पर्धी पूंजीवाद पर बात की जाती है तब दो प्रमुख अराजकतावादी परंपराओं के बीच अंतर पर प्रकाश डाला जाता है, जिनमें एक तरफ सामूहिकतावादी अराजकतावादी (Collectivist Anarchism) हैं और दूसरी तरफ व्यक्तिवादी अराजकतावादी (Individualistic Anarchism) हैं। सामूहिकतावादी अराजकतावादी सहयोग और सामूहिक स्वामित्व पर आधारित अर्थव्यवस्था की वकालत करते हैं, जबकि व्यक्तिवादी अराजकतावादी बाजार और निजी संपत्ति का समर्थन करते हैं। (हेवुड, 2003:158-59)

सामूहिकतावादी अराजकतावाद (Collectivist Anarchism)

सामूहिकतावादी अराजकता की दार्शनिक जड़ उदारवाद की बजाय समाजवाद में पाई जाती है। सामूहिकतावादियों का मानना है कि मनुष्य एक सामाजिक प्राणी है यह व्यक्तिगत स्वार्थ के लिए प्रयास करने की तुलना में, सार्वजनिक हित के लिए एक साथ काम करने के अधिक अनुकूल है। सामूहिकतावादी अराजकता को कभी-कभी सामाजिक अराजकतावाद भी कहा जाता है, यह

सामाजिक एकता के लिए मानव क्षमता पर जोर देती है। पीटर क्रोपोत्किन (Kropotkin) ने इसे "पारस्परिक सहायता" (mutual aid) कहा है। जब लोगों को एकसमान मानवता की मान्यता से जोड़ा जाता है तब उन्हें सरकार द्वारा विनियमित या नियंत्रित करने की कोई आवश्यकता नहीं होती है। जैसाकि बाकूनिन ने कहा है, 'सामाजिक एकता पहला मानवीय नियम है; और स्वतंत्रता दूसरा नियम है'। यहां पर न केवल सरकार ही अनावश्यक है, बल्कि उत्पीड़न के साथ स्वतंत्रता में बदलाव सामाजिक एकता को भी असंभव बनाता है।

अराजकता और समाजवाद के मध्य दार्शनिक और वैचारिक अतिव्याप्ति (overlap) है, यह विशेषकर मार्क्सवादी समाजवाद के साथ देखने को मिलता है। इस तथ्य से स्पष्ट है कि अराजकतावादियों ने अक्सर एक व्यापक क्रांतिकारी समाजवादी आंदोलन के भीतर काम किया है। अराजकता और समाजवाद वर्ग शोषण और संरचनात्मक अन्याय की एक प्रणाली के मूल रूप में पूंजीवाद को अस्वीकार करते हैं। ये दोनों सिद्धांत ही राजनीतिक परिवर्तन लाने के पसंदीदा साधनों के रूप में "क्रांति" का समर्थन करते हैं। ये दोनों सिद्धांत संपत्ति के सामूहिक स्वामित्व और सामाजिक जीवन के सांप्रदायिक संगठन के लिए एक जैसी प्राथमिकता रखते हैं। इन दोनों सिद्धांतों का मानना है कि कम्युनिस्ट समाज पूर्ण रूप से अराजक हो जाएगा, जिसे मार्क्स ने राज्य के "क्रमिक अवसान" के (withering away) सिद्धांत में व्यक्त किया। इसलिए ये दोनों सिद्धांत मानते हैं कि राजनीतिक सत्ता की आवश्यकता के बिना मनुष्य के पास अपने कार्यों की व्यवस्था करने की मौलिक क्षमता है।

इस प्रकार समाजवाद और अराजकतावाद दोनों में विभेद की रेखा खींचना उस समय में मुश्किल था। लेकिन आगे चलकर जब मार्क्सवादी ने राज्य को सुधार के लिए सकारात्मक रूप में देखने लगे और समाजवाद को चुनावों के द्वारा लाने की बात करने लगे, तब वहीं दूसरी तरफ अराजकतावादियों ने राज्य सत्ता के संसदीय समाजवादी पक्ष को अस्वीकार किया। सामूहिकतावादी अराजकतावादी और मार्क्सवादियों के बीच कट्टरपंथी मतभेद पूंजीवाद से साम्यवाद की ओर संक्रमण की प्रतिद्वंद्वी धारणाओं पर केंद्रित है। मार्क्सवादियों ने "सर्वहारा वर्ग की तानाशाही', "सर्वहारा क्रांति" और "पूर्ण साम्यवाद" की उपलब्धि के बीच एक संक्रमणकालीन समयावधि को बताया है, जिसमें सर्वहारा वर्ग को क्रांति के खतरे के खिलाफ और अधिक व्यवस्थित करना होगा। अराजकतावादी बुर्जुआ राज्यों और श्रमजीवी राज्यों के बीच कोई अंतर नहीं करते हैं। अराजकतावादी "वास्तविक क्रांति" को न केवल पूंजीवाद को उखाड़ फेंकने के लिए बल्कि

राज्य की शक्ति को तत्काल और अंतिम रूप से समाप्त करने के लिए आवश्यक मानते हैं। (हेवुड, 2003:159-61)

पारस्परिक आश्रय (अन्योन्याश्रयवाद) का सिद्धांत
(Principle of Mutualism)

प्रूधों का "स्वतंत्रतावादी समाजवाद" अराजकतावाद की व्यक्तिगत और सामूहिक परंपराओं के बीच खड़ा है। प्रूधों के विचारों को अमेरिकी व्यक्तिवादियों जैसेकि जोशिय्याह वॉरेन (Josiah Warren, 1798–1874) के साथ बहुत अधिक साझा किया गया। प्रूधों संपत्ति क्या है? को "संपत्ति चोरी है" जैसे व्यक्तव्य के साथ बताते हैं, जिसमें वह पूंजी के संचय के आधार पर आर्थिक शोषण की एक प्रणाली की निंदा करते हैं। मार्क्स के विपरीत, प्रूधों निजी संपत्ति के सभी प्रकार, जिसे वह भेद करते हुए संपत्ति व जायदाद कहते हैं, के खिलाफ नहीं थे, विशेष रूप से, उन्होंने छोटे-छोटे किसानों, कारीगरों की स्वतंत्रता की प्रशंसा की। प्रूधों ने संपत्ति के स्वामित्व की एक ऐसी प्रणाली स्थापित करने की मांग की जो शोषण से बचाव और सामाजिक सामंजस्य को बढ़ावा देगी। अन्योन्याश्रयवाद (mutualism) का सिद्धांत उचित और न्यायसंगत विनिमय की एक प्रणाली है। इसमें व्यक्ति या व्यक्तियों का समूह मुनाफाखोरी या शोषण के बिना समान व्यापार और सेवाओं के साथ एक-दूसरे के साथ सौदा कर सकते हैं। इसलिए वह मानते हैं कि सामाजिक संपर्क स्वैच्छिक होते हैं, जिसमें यह पारस्परिक रूप से लाभकारी और सामंजस्यपूर्ण होंगे तथा जहां सरकार द्वारा कोई विनियमन या हस्तक्षेप की आवश्यकता नहीं है। प्रूधों के अनुयायियों ने फ्रांस और स्विटजरलैंड में आपसी क्रेडिट बैंक स्थापित करके इन विचारों को व्यवहार में लाने की कोशिश की। जिन्होंने निवेशकों को सस्ता ऋण प्रदान किया और बैंक चलाने की लागत को कवर करने के लिए पर्याप्त ब्याज दर को लगाया। यहां लाभ प्राप्ति के लिए उच्च ब्याज नहीं लगाया। प्रूधों का सबसे प्रसिद्ध विचार, "संपत्ति क्या है?" जहां पर वह पारंपरिक संपत्ति के अधिकारों और साम्यवाद दोनों पर हमला करने के बजाय अन्योन्याश्रयवाद के लिए तर्क देते हैं, जिसमें एक सहयोगी उत्पादक प्रणाली स्व-प्रशासनिक समुदायों के मुनाफे और संगठित होने की बजाय जरूरत के लिए तैयार थी। (हेवुड, 2003 : 161)

अराजक-श्रमिकसंघवाद (Anarcho–Syndicalism)

श्रमिकसंघवाद (syndicalism) क्रांतिकारी व्यापार संघवाद का एक रूप है

जिसका नाम फ्रांसीसी शब्द *सिंडिकेट* (syndicat) से बना है, इसका अर्थ है यूनियन या समूह। सर्वप्रथम फ्रांस में श्रमिकसंघवाद (syndicalism) उभरा। इसे 1914 से पहले शक्तिशाली सीजीटी (CGT) यूनियन द्वारा अपनाया गया। श्रमिक संघवाद का यह विचार इटली, लैटिन अमेरिका, संयुक्त राज्य अमेरिका में भी फैल गया। स्पेन जैसे देश के सबसे बड़े संघ सीएनटी (CNT) ने उन्हें समर्थन भी दिया। श्रमिक संघवाद के सिद्धांत ने सोशलिस्ट विचारों को अपनी तरफ आकर्षित किया और वर्ग युद्ध के एक अपरिष्कृत विचार को विकसित किया, जिसमें मजदूरों और किसानों को एक उत्पीड़ित वर्ग के रूप में देखा गया और उद्योगपतियों, जमींदार, राजनेता, न्यायाधीश और पुलिस को शोषक के रूप में चित्रित किया गया। विशेष तौर पर शिल्प, उद्योगों या व्यवसायों के आधार पर, श्रमिक स्वयं श्रमिकसंघ या यूनियनों का गठन करके बचाव कर सकते हैं। श्रमिकसंघवादी क्रांतिकारी भी थे, जिन्होंने पूंजीवाद को उखाड़ कर मजदूरों द्वारा सत्ता पर कब्जा करने की उम्मीद की थी। प्रभावी फ्रांसीसी श्रमिक संघवादी जॉर्जेस सोरेल (Georges Sorel, 1847–1922) का मानना था कि आम हड़ताल एक ''मिथक'' थी, जोकि मजदूर-वर्ग की शक्ति का प्रतीक थी और जन विद्रोह को प्रेरित करने में सक्षम थी। अराजकतावादी श्रमिकसंघ आंदोलन में सक्रिय हुए और उन्होंने अराजक-श्रमिकसंघवाद के विशिष्ट विचारों को विकसित किया। श्रमिकसंघवाद की दो विशेषताओं ने अराजकतावादी उत्साह को प्रेरित किया। सबसे पहले, श्रमिकसंघ ने पारंपरिक राजनीति को भ्रष्ट और व्यर्थ कहकर खारिज कर दिया। उन्होंने श्रमिक-वर्ग की सत्ता पर विश्वास किया, जिसे सीधी कार्रवाई, बहिष्कार, तोड़फोड़ और हमलों के माध्यम और अंत में एक सामान्य हड़ताल से किया जाना चाहिए। दूसरा, अराजकतावादियों ने भविष्य के विकेंद्रीकृत, गैर-पदानुक्रमित समाज के लिए एक मॉडल के रूप में श्रमिकसंघ को देखा। श्रमिकसंघ आमतौर पर उच्च स्तर के जमीनी लोकतंत्र का प्रदर्शन करते हैं और एक ही क्षेत्र में या एक ही उद्योग में अन्य श्रमिकसंघों के साथ संघों का गठन करते हैं। यद्यपि अराजक-श्रमिकसंघवाद का मजबूत आधार कम से कम स्पेनिश गृहयुद्ध तक था। पर यह अपने क्रांतिकारी उद्देश्यों को प्राप्त करने में विफल रहा। अराजक-श्रमिकसंघवाद ने अस्पष्ट विचार से परे सामान्य हड़ताल के बजाय, स्पष्ट राजनीतिक रणनीति या क्रांति के सिद्धांत का विकास नहीं किया, जोकि शोषित और दमनकारी लोगों के स्वत: प्रवर्तित विद्रोह की आशा पर निर्भर करता था। (हेवुड, 2003: 161-62)

अराजक-साम्यवाद (Anarcho-Communism)

अपने सबसे कट्टरपंथी रूप में, ''सामाजिक एकता में विश्वास'' सामूहिकता और पूर्ण साम्यवाद की दिशा में होता है। इन मिलनसार और संगठित मनुष्यों को साझा और सांप्रदायिक अस्तित्व का नेतृत्व करना चाहिए। ''सहयोग'' के विषय पर अराजक-साम्यवाद मानव क्षमता के बारे में अत्यधिक आशावादी है जिसे क्रोपोत्किन के ''परस्पर सहायता'' के सिद्धांत द्वारा बहुत अच्छे से व्यक्त किया गया। क्रोपोत्किन ने डार्विन के विकास के सिद्धांत की फिर से जांच कर सामाजिक एकता के लिए जैविक आधार प्रदान करने का प्रयास किया, जबकि हर्बर्ट स्पेंसर (1820-1903) जैसे सामाजिक विचारक ने मानवता को स्वाभाविक रूप से प्रतिस्पर्धात्मक और आक्रामक बताने के लिए डार्विनवाद का इस्तेमाल किया था। क्रोपोत्किन ने तर्क दिया कि सहयोग के द्वारा ''सामूहिक ऊर्जा'' को उपयोग में लाने में प्रजातियां काफी सफल हुईं हैं। इस प्रकार विकास की प्रक्रिया सामाजिकता को मजबूत करती है और वह प्रतिस्पर्धा के बजाय सहयोग के पक्ष में होती है। क्रोपोत्किन निष्कर्ष देते हैं कि सफल प्रजातियों जैसे– मानव प्रजाति में परस्पर सहायता के लिए एक मजबूत प्रवृत्ति रही है। जहां प्रूधों चेतावनी देते थे कि साम्यवाद केवल एक सत्तावादी राज्य में लाया जा सकता है, वहीं क्रोपोत्किन और मलातेस्ता (Malatesta, 1853-1932) जैसे अराजक-साम्यवादियों ने तर्क दिया कि सच्चे साम्यवाद के लिए राज्य के उन्मूलन की आवश्यकता है। अराजक-साम्यवादी मध्यकाल के नगर-राज्य के किसान कम्यून की तर्ज पर छोटे आत्मनिर्भर समुदायों की प्रशंसा करते हैं। (हेवुड, 2003 : 162)

सामाजिक और आर्थिक जीवन के सांप्रदायिक संगठन में अराजक-साम्यवादी दृष्टिकोण के तीन प्रमुख लाभ हैं। सबसे पहला, कम्यून्स साझा करने और सामूहिक प्रयासों के सिद्धांतों पर आधारित होते हैं। वह करुणा और एकता के बंधन को मजबूत करते हैं तथा लालच और स्वार्थ को बनाए रखने में मदद करते हैं। दूसरा, कम्यूंस के भीतर फैसले भागीदारी या प्रत्यक्ष लोकतंत्र की प्रक्रिया के माध्यम से किया जाता है, जोकि उच्च स्तर की लोकप्रिय भागीदारी और राजनीतिक समानता की गारंटी देता है। लोकप्रिय सरकार का एकमात्र रूप स्वयं-शासन है जोकि अराजकतावादियों को स्वीकार्य होगा। तीसरा, कम्यूंस छोटे पैमाने पर या ''मानव-स्तरीय'' समुदाय होते हैं, जिनमें लोग आमने-सामने बातचीत के जरिए अपने स्वयं के मामलों का प्रबंधन करने की अनुमति देते हैं। अराजकतावादी विचार में केंद्रीकरण हमेशा अवैयक्तिक (depersonalized) और नौकरशाही सामाजिक प्रक्रियाओं के साथ जुड़ा हुआ है। (हेवुड, 2003 : 162-63)

व्यक्तिवादी अराजकतावाद (Individual Anarchism)

व्यक्तिवादी अराजकता का दार्शनिक आधार संप्रभु (sovereign) के उदार विचार में निहित है। अराजकतावादी उदारवादी व्यक्तिवाद को प्रेरित करते हुए अपनी चरम तार्किकता के निष्कर्ष तक पहुंचते हैं। उदाहरण के लिए, विलियम गॉडविन की चरम अराजकता पारंपरिक उदारवाद का एक रूप है। उदारवाद व्यक्ति की प्राथमिकता और व्यक्तिगत स्वतंत्रता के केंद्रीय महत्त्व में विश्वास करता है। परंपरागत उदारवादी विचारों में स्वतंत्रता नकारात्मक है, इसे व्यक्ति पर बाहरी बाधाओं के अभाव में देखा जाता है। जब व्यक्तिवाद अपने चरम पर जाता है, तब अलग-अलग संप्रभुता का विचार निरपेक्ष और असीमित प्राधिकरण के रूप में प्रत्येक व्यक्ति के अंदर रहता है। इस परिप्रेक्ष्य से व्यक्ति पर किसी भी बाधा का होना एक बुराई है, लेकिन जब इस बाध्यता को राज्य द्वारा परिभाषित किया जाता है, तब परिभाषा के द्वारा एक सार्वभौम, अनिवार्य और अनिच्छुक संस्था पर यह एक पूर्ण बुराई के समान होता है। व्यक्तिवादी अराजकतावादी अपने अहम (ego) से ऊपर किसी को नहीं समझते और सभी मानवीय, दैवीय और सत्ता का प्रतिरोध करते हैं। जब वह प्रेम, दोस्ती और सामाजिकता के मनोवेगों में होता है तब वह किसी तरह की नैतिकता को नहीं स्वीकारता है। वह ऐसा इसलिए करता है क्योंकि यह उसकी निजी आवश्यकताओं और अहंकार को संतुष्टि देता है। मैक्स स्टिर्नेर (Max Stirner) को पारंपरिक तौर पर व्यक्तिवादी अराजकतावाद के साथ जोड़कर देखा जाता है। जिसमें व्यक्ति अपनी इच्छाओं और जरूरतों से बाहर रहकर स्वयं को निर्धारित कर सकता है कि उसके लिए क्या उचित है। व्यक्तिवादी अराजकतावादी पूर्ण रूप से सहयोग के अभिमत को अस्वीकार नहीं करते हैं, लेकिन उनका मानना है कि यह दूसरों की कुछ आंशिक आवश्यकताओं की पूर्ति करता है। वह मानते हैं कि सिर्फ व्यक्तिवाद ही वास्तविक अर्थ में अन्यों के साथ एक स्वैच्छिक संघ बनाने में सक्षम होगा। वह इस संघ को किसी तरह का साध्य नहीं मानते हैं, लेकिन यह समकालीन उद्देश्यों के लिए उपयोगी हो सकता है।

वास्तव में समाज को एक आवश्यकता के बजाय एक सुविधा (luxury) के रूप में माना जाना चाहिए, जो कभी भी इससे अधिक नहीं हो सकता है। अनिवार्य बंधन निजी तौर पर निर्धारित खुशी की प्राप्ति में बाधा डालती है और यह कहा जाता है कि जहां पर गॉडविन समाप्त होता है वहां से हॉब्स शुरू होता है। यद्यपि गॉडविन ने राज्य को शातिर (vicious), दैत्य और अत्याचारी बताया है, उनके सिद्धांत का आधार (premises) उग्रवादी

व्यक्तिवाद है। यदि हॉब्स का व्यक्ति इस परमाणुवादी और अमूर्त दृष्टिकोण से रैडिकल असुरक्षा और मनमानापन की अगुवाई करता है, तब गॉडविन एक ऐसी दुनिया के अनगिनत सुंदर दृश्य उत्पन्न करते हैं जिनमें व्यक्ति स्वतंत्र रूप से अपने निजी फैसले का प्रयोग करते हैं। (हॉफमैन (Hoffman), 1995: 114)। गॉडविन का विश्वास एक-दूसरे से परिचित होने वाले छोटे-छोटे समुदायों की तरफ था जिनसे राज्य को हटाया जा सकता है। लेकिन उन्हें सही अर्थों में व्यवहार के बजाय सैद्धांतिक तौर पर "अराजकतावादी दार्शनिक" कहा गया। मैक्स स्टिर्नेर भी गॉडविन के विचारों के साथ आगे बढ़ते हैं, लेकिन गॉडविन के विपरीत, स्टिर्नेर व्यक्तियों को उदार और तर्कसंगत नहीं मानते हैं। वह उत्साहपूर्वक इस तर्क को अपनाते हैं कि चेतना हमारे उत्पीड़न का स्रोत है। स्टिर्नेर के अनुसार, व्यक्तिवाद, साम्यवाद और उदारवाद आंतरिक तौर पर दमनकारी हैं क्योंकि ये संप्रभु व्यक्ति पर अपने को थोपते हैं। स्टिर्नेर के मत में अच्छाई और बुराई से परे राज्य के दमनकारी रूप में किसी भी तरह से विचारधाराओं और सामाजिक संबंधों में विभिन्नता नहीं रही है। वह देखते हैं कि प्राकृतिक संसार सभी लोगों में सभी लोगों के विरुद्ध "युद्ध" है, लेकिन इसके विपरीत हॉब्स हैं जोकि एक शक्तिशाली राज्य को इन सब समस्याओं को नियंत्रित करने वाला बताते हैं। स्टिर्नेर संप्रभु व्यक्तियों के संघ के गठन को बढ़ावा देते हैं–एक सचेत अहंवादी संघ–जोकि आत्मिक और स्वैच्छिक तौर पर पारस्परिक लाभ से बाहर होंगे। धार्मिक श्रेणी, लक्ष्य, उद्देश्य और साध्य सभी दमनकारी हैं, जब व्यक्ति पर इन्हें उनके अपनों द्वारा थोपा जाता है।

उदारवाद और अराजकतावाद में अपने-अपने मतों को लेकर विभेद देखे जा सकते हैं। पहला, परंपरागत उदारवादी जहां राज्य व उसके नियमों को एक व्यक्ति को अन्य बुरे व्यक्तियों से सुरक्षा दिलाने के लिए आवश्यक मानते हैं, वहीं आधुनिक उदारवादी राज्य के अस्तित्व की परिकल्पना व्यक्ति की सकारात्मक स्वतंत्रता के लिए आवश्यक मानते हैं। अराजकतावादियों का मानना है कि व्यक्ति बिना किसी राज्य व उसकी पुलिस के समाज में अपने साथियों के साथ किसी को नुकसान पहुंचाए बिना शांतिपूर्ण तरीके से रह सकता है। दूसरा, उदारवादी मानते हैं कि संवैधानिक और प्रतिनिधि संस्थानों के विकास के जरिये सरकार की शक्ति को सीमित या नियंत्रित किया जा सकता है। संविधानों ने सरकार की शक्ति को सीमित करके और इसके विभिन्न संस्थानों के बीच संतुलन बनाकर व्यक्ति की सुरक्षा का दावा किया है। वहीं अराजकतावादी, संवैधानिक या प्रतिनिधि सरकार के विचार को खारिज करते हैं। इन्होंने संवैधानिकता और लोकतंत्र को

केवल एक मुखौटा माना है जिसके पीछे नग्न राजनीतिक दमन संचालित होता है। (हेवुड, 2003 : 163-64)

अराजक-पूंजीवाद (Anarcho–Capitalism)

बीसवीं सदी के उत्तरार्ध में "मुक्त-बाजार" व्यवस्था को अर्थव्यवस्था में लाभ के पुनरुद्धार के लिए एक क्रांतिकारी राजनीतिक निष्कर्ष के रूप में देखा जाता है। इस समय में नव-दक्षिण रूढ़िवादी, शास्त्रीय अर्थव्यवस्था की तरफ आकर्षित हुए जो "व्यवसाय के समर्थन में सरकार के होने" की कामना करते थे और एक हस्तक्षेपवादी राज्य द्वारा प्रबंधित किए जाने की बजाय अर्थव्यवस्था को बाजार की शक्तियों द्वारा अनुशासित करने की अनुमति देते थे रॉबर्ट नॉजिक ने अपनी कृति *अनार्की स्टेट एंड यूटोपिया* (*Anarchy, State and Utopia,* 1974) में शासन के कम से कम हस्तक्षेप को स्वीकारा है। नॉजिक राज्य के बारे में बताते हैं कि हमारा मुख्य निष्कर्ष यह है कि एक न्यूनतम राज्य, बल, सुरक्षा, धोखाधड़ी, अनुबंधों के प्रवर्तन और इसी तरह के कृत्यों के खिलाफ सुरक्षा के संकीर्ण कार्यों तक सीमित है; कोई भी अधिक व्यापक राज्य व्यक्ति के अधिकारों का उल्लंघन करके कुछ कार्यों को करने के लिए मजबूर नहीं करेगा, इसलिए न्यूनतम राज्य एक प्रेरणादायक और साथ ही उचित भी है। (नॉजिक, 1974) नॉजिक जैसे स्वतंत्रतावादी ने न्यूनतम राज्य के विचार को पुनर्जीवित किया, जिसका मुख्य कार्य व्यक्तिगत अधिकारों की रक्षा करना है। इनकी आदर्श व्यवस्था में छोटे समुदायों का ऐसा गठबंधन होगा जो एकसमान जीवन के लिए तैयार होंगे। इसमें विभिन्न समुदायों का बहुत बड़े स्तर पर जीवन जीना संभव होगा, लेकिन नॉजिक सन् 1989 में अपनी उदार स्थिति (libertarian position) से वापिस लौटते हैं। नॉजिक बताते हैं कि 'उदार स्थिति, जिसे मैंने एक बार प्रस्तुत किया था, वह अब मुझे गंभीरता से अपर्याप्त लगती है, क्योंकि इसका मानवीय विचारों और संयुक्त सहयोगी गतिविधियों से पूर्ण रूप से सामंजस्य नहीं था।'

मुक्त बाजार अराजकतावादी (Free Market Anarchism) जैसेकि मुर्रे रोथबार्ड (Murray Rothbard, 1926-95) विचार देते हैं कि राज्य का कल्याणकारी रूप घातक होता है। (हॉफमैन, 1995: 117) इनके लिए निजीकरण का होना राज्य के लिए एक सकारात्मक कार्य है। आधुनिक समय में मुक्त बाजार के अराजकतावादी चिंतित हैं कि बाजार को राज्य की नकारात्मक भूमिका के रूप में लेना चाहिए। इस संदर्भ में रोथबार्ड का तर्क है कि लोग शारीरिक हमले के खिलाफ खुद का उसी प्रकार बीमा कर सकते हैं जिस तरह वह वर्तमान में

चोरी के खिलाफ अपनी संपत्ति का बीमा करते हैं। पीड़ित पक्ष स्वतंत्र ट्रिब्यूनल के जरिए मुआवजा और क्षतिपूर्ति की मांग कर सकते हैं और मुक्त बाजार से यह सुनिश्चित कर सकते हैं कि विवाद निपटाने में सबसे अच्छे रिकॉर्ड वाले मध्यस्थों या न्यायाधीशों को काम पर रखा जाए। जो लोग फैसले का पालन करने से इनकार करते हैं उन्हें निजी जेलों में रखा जा सकता है। यह निर्णय कैसे लागू किया जाएगा कि पीड़ित व्यक्ति बदला लेने का फैसला स्वयं कर सके? रोथबार्ड ने ''राज्य'' को सामाजिक अपराध के महान कानूनी तरीके और सामाजिक रूप से वैध चैनल के रूप में वर्णित किया है। यहां राज्य से छुटकारा पाने से मानव स्वभाव में सदगुण को प्रबल और बुरे लोगों को हतोत्साहित किया जाएगा। (हॉफमैन, 1995: 118)

अन्य विचारकों, उदाहरण के लिए, ऐन रांड (Ayn Rand, 1905-82)और डेविड फ्रीडमैन (David Friedman) ने मुक्त-बाजार के विचारों को अपनाया और अराजक-पूंजीवाद का एक रूप विकसित किया। उनका तर्क है कि सरकार को समाप्त किया जा सकता है तथा इसे अनियमित बाजार प्रतियोगिता (unconditional market competition) से बदला जा सकता है और संपत्ति का स्वामित्व सार्वभौम व्यक्तियों द्वारा किया जाना चाहिए। जिसमें वह यह चुन सकते हों कि क्या वे आत्म-हित की तलाश में दूसरों के साथ स्वैच्छिक अनुबंध में प्रवेश करना चाहते हैं। अराजक-पूंजीपति, उदारवाद के विचारों से परे मुक्त बाजार के विचार के साथ चलते हैं। उदारवाद का मानना है कि बाजार ज्यादातर संसाधनों को वितरित करने के लिए एक प्रभावी और कुशल तंत्र है लेकिन वह साथ ही तर्क देते हैं कि इसकी सीमा भी है- कुछ सेवाएं जैसे घरेलू व्यवस्था के रखरखाव, बाहरी आक्रमणों से संरक्षण के रूप में, ''सार्वजनिक संसाधन'', राज्य द्वारा प्रदान किया जाना चाहिए, क्योंकि इनकी बाजार प्रतिस्पर्धा के जरिये आपूर्ति नहीं की जा सकती है। हालांकि अराजक-पूंजीपति मानते हैं कि बाजार सभी मानव इच्छाओं को संतुष्ट कर सकता है। (हेवुड, 2003 : 166)

अराजकतावाद और क्रांतिकारी हिंसा (Anarchism and Revolutionary Violence)

उन्नीसवीं सदी में अराजकतावादी नेताओं ने ''उत्पीड़ित जनता'' द्वारा विद्रोह और क्रांति को उकसाने की कोशिश की। उदाहरण के लिए, मिखाइल बाकूनिन ने फ्रांस में सामाजिक लोकतंत्र (Social Democracy) की स्थापना के लिए एक गठबंधन का नेतृत्व किया और इटली में अराजकतावादी विकास में भूमिका निभाई। इटली में मालटेस्टा (Malatesta), रूसी पॉपुलिस्ट और मेक्सिको में जापाता (Zapata) के क्रांतिकारियों ने एक किसान क्रांति के लिए काम किया। हालांकि

अराजकतावादी विकास अंतत: असफल रहा है क्योंकि वह आंशिक रूप से सतर्क संगठन के बजाय स्वभाव से विद्रोह पर आधारित थे। उन्नीसवीं सदी के अंत तक कई अराजकतावादियों ने श्रमिक-संघवादी आंदोलन की क्रांतिकारी क्षमता पर अपना ध्यान केंद्रित कर दिया था। और बीसवीं सदी के दौरान अराजकतावादियों ने बेहतर रूप से संगठित होने के बजाय और अधिक कठोर अनुशासित कम्युनिस्ट आंदोलन के लिए समर्थन खो दिया। फिर भी कुछ अराजकतावादी आतंकवाद और हिंसा की क्रांतिकारी क्षमता पर विशेष जोर देते रहे। उन्नीसवीं सदी के उत्तरार्ध में, विशेषकर दो दशक में अराजकतावादी हिंसा प्रमुख रही। 1890 और फिर 1970 के दशक में यह अपनी चरम सीमा तक पहुंच गई। अराजकतावादियों ने ''गुप्त हिंसा'' को अपनाया जिसमें अक्सर बमबारी या हत्याओं को शामिल किया जाता है। इसे आतंक या आशंका का माहौल बनाने के लिए संकल्पित किया गया। राजनीतिक साध्यों को प्राप्त करने के लिए हिंसा का इस्तेमाल राजनीतिक समूहों और विभिन्न प्रकार के आंदोलनों द्वारा स्वीकृत किया गया है। फिर भी अराजकतावादी हिंसा उन हत्याओं और बम-विस्फोट में विशिष्ट है जिसे स्वयं में उचित माना जाता है न कि यह केवल राजनीतिक प्रभाव डालने का एक तरीका है। अराजकतावादी विचार में, हिंसा बदला या प्रतिशोध का एक रूप है। हिंसा कार्यरत जनता के खिलाफ राजनीतिज्ञों, उद्योगपतियों, न्यायाधीशों और पुलिस द्वारा उत्पीड़न और शोषण से उत्पन्न होती है। अराजकतावादी हिंसा समाज में प्रतिदिन की हिंसा को प्रतिबिंबित करती है और यह उन लोगों के प्रति निर्देश करती है जो वास्तव में दोषी हैं। इसलिए यह ''क्रांतिकारी न्याय'' (revolutionary justice) का एक रूप है। (हेवुड, 2003 : 167-68)

अराजकतावाद और आतंकवाद (Terrorism and Anarchism)

''आतंकवाद'' शब्द का अर्थ बिना किसी कानूनी प्राधिकार के लोगों की हत्या करने के लिए गोलियों व बम का इस्तेमाल करना है। प्राय: युद्धों में बहुत बड़े-बड़े हथियारों का इस्तेमाल होता है, जिससे जानमाल की भारी हानि होती है, जो एक बड़े स्तर के आतंक का कारण होता है। परंतु युद्धों को आतंकवाद के रूप में नहीं माना जाता, क्योंकि वे कानूनी प्राधिकार के साथ किया जाने वाला नरसंहार होता है। अराजकतावादियों द्वारा आतंकवाद का इस्तेमाल किया गया है। इसे कैथोलिक ईसाई, प्रोटेस्टेंट ईसाई, मुसलमान, हिंदू, सिख, मार्क्सवादियों, फासीवादी, राष्ट्रवादी, देशभक्त, शाही और रिपब्लिकन आदि द्वारा भी इस्तेमाल किया गया है। अराजकतावादियों ने एक बड़े स्तर पर आतंकवाद का विरोध किया है, वहीं दूसरी तरफ बहुत सारे

ईसाइयों के मामलों में यह नहीं कहा जा सकता। यहां अराजकतावाद के मामले में उन पर जोर दिया जाना चाहिए कि वह आतंकवाद से घृणा करते हैं। इसमें कोई दो राय नहीं है कि दुर्भावनापूर्ण व्यक्तियों ने कभी-कभी अराजकतावादी लोगों को आक्रामक रूप में चित्रित किया। (डोनाल्ड रूम, 1992 : 9-10)

अहिंसा और अराजकतावाद (Non-violence and Anarchism)

व्यवहारिक तौर पर अधिकांश अराजकतावादी हिंसा को कुटिल तरीके से गुमराह करते हैं, जबकि गॉडविन और प्रूधों इसे सिद्धांत रूप में घृणित मानते हैं। इनके बाद के अराजकतावादियों ने अक्सर अहिंसा और शांतिवाद के सिद्धांतों को आकर्षित किया है, जिसे लियो टॉल्स्टॉय (1828-1910) और महात्मा गांधी (1869-1948) ने विकसित किया था। हालांकि उनमें से किसी को ठीक तरह से अराजकतावादी के रूप में वर्गीकृत नहीं किया जा सकता है। इन दोनों ने अलग-अलग तरीकों से उन विचारों को व्यक्त किया है, जो अराजकता के प्रति सहानुभूतिपूर्ण थे। अपने राजनीतिक लेखन में, रूसी उपन्यासकार टॉल्स्टॉय ने एक भ्रष्ट और झूठी आधुनिक सभ्यता की छवि विकसित की। उन्होंने सुझाव दिया कि धार्मिक सिद्धांतों के अनुसार रहने और रूसी किसानों के पारंपरिक जीवन-शैली के आधार पर एक साधारण, ग्रामीण परिवेश में लौटने से उद्धार प्राप्त किया जा सकता है। टॉल्स्टॉय की शिक्षाओं को प्रसारित करने के लिए कम्यून स्थापित की गईं, जिनमें केंद्रीय विषय अहिंसा का सिद्धांत था। टॉल्स्टॉय के विचारों में जीवन के लिए ईसाई सम्मान की आवश्यकता थी, जिसमें 'कोई भी व्यक्ति किसी के विरुद्ध हिंसा नहीं करेगा और कोई वैमनस्य नहीं करेगा'। (हेवुड, 2003 : 168)

गांधी ने नस्लीय भेदभाव के खिलाफ अभियान चलाया और ब्रिटेन से भारत की स्वतंत्रता के लिए आंदोलन का नेतृत्व किया, जिसे 1947 में अंजाम दिया गया। उनकी राजनीतिक कार्यशैली सत्याग्रह या अहिंसात्मक प्रतिरोध के विचार पर आधारित थी जो टॉल्स्टॉय और हिंदू धार्मिक सिद्धांतों की शिक्षाओं से प्रभावित थी। गांधी का मानना था कि सरकार "केंद्रित रूप में हिंसा" का प्रतिनिधित्व करती है क्योंकि यह बाध्यता और बल प्रयोग पर आधारित है। गांधी की आपत्ति किसी भी तरह से जमीनी स्तर पर आधारित नहीं है; वह केवल संसदीय सरकार का ही नहीं बल्कि व्यावहारिक रूप से किसी भी सरकार के खिलाफ है। सिद्धांत यह है कि सरकारों को हमारी खुशी के साथ बहुत कुछ करना है। जो आत्म-नियंत्रण या "आत्म बल" पर निर्भर करता है, जिसके बहुत से मानने वाले है। इस प्रकार गांधी ने रेलवे, वकील, अदालत, डॉक्टर, पश्चिमी

पद्धतियों वाली शिक्षा, हर तरह की मशीनरी या विनिर्माण उद्योगों की मशीनरी, संसदीय सरकार आदि को नकारा है। अराजकतावाद उन सभी सवालों के बारे में विलक्षण रूप से मौन है जिन पर उन्होंने चर्चा की है। अकेले ''आत्म बल'' पर भरोसा होना चाहिए। (C, Sankaran Nair, 1922: 16-17) उन्होंने प्रेम के सिद्धांत पर आधारित जीवन के लिए काम किया, जिसे उन्होंने ''हमारे होने का कानून'' (Law of Ours) माना। उनका आदर्श समुदाय पारंपरिक भारतीय गांव था, जो स्वशासन और काफी हद तक आत्मनिर्भर समाज था। इसका प्रतीक, सूत कातने वाला चरखा, जो अपनी आजीविका का स्रोत और अपनी आजादी का एक चिह्न था। अहिंसा का सिद्धांत गांधी के दर्शन के लिए दो कारणों से महत्त्वपूर्ण था। पहला, वास्तव में यह सभी जीवित प्राणियों के जीवन की पवित्रता से परिलक्षित होता है। गांधी के लिए, प्रेम के द्वारा विनियमित एक समाज, करुणा और सम्मान के आधार पर होना चाहिए। दूसरा, अहिंसा बल के उपयोग से बचने के लिए एक राजनीतिक रणनीति थी, विशेषकर जब वह धमकाने और उकसाने के अधीन होती है तब आस्था की ताकत नैतिक शुद्धता को दर्शाती है। हालांकि, अराजकतावादी जो शांतिवाद और अहिंसा के सिद्धांतों के प्रति आकर्षित हुए हैं, वे सामूहिक राजनीतिक सक्रियता से दूरी बनाए रखते हैं जोकि समुदायों को बनाने के लिए ऐसे मॉडल को पसंद करते हैं जिसमें सहयोग और आपसी सम्मान के सिद्धांत प्रतिबिंबित होते हैं। (हेवुड, 2003 : 169)

इक्कीसवीं सदी में अराजकतावाद
(Anarchism in Twenty-First Century)

इक्कीसवीं सदी में केवल एक कल्पना के रूप में अराजकता के पूरे विचार को खारिज करना आसान होगा। आखिरकार, अराजकतावाद को बीसवीं सदी के प्रारंभ से ही एक महत्त्वपूर्ण राजनीतिक आंदोलन के रूप में अस्तित्ववान नहीं माना जा सकता है। यह किसी भी बड़े समाज में राजनीतिक पुनर्निर्माण को आधार प्रदान करने में विफल रहा है। सामान्यत: यहां पर हम मुर्रे बूकचिन (Murrary Bookchin) के अराजकतावाद पर विचारों को भी देख सकते हैं, जिसमें वह सामाजिक अराजकतावाद (Social Anarchism) और जीवन शैली अराजकतावाद (Lifestyle Anarchism) (1995) के संबंध में कहते हैं कि अराजकतावाद अपने मूल्यों को खोने की खतरनाक स्थिति में हैं, क्योंकि बहुत से अराजकतावादी "जीवन शैली अराजकतावादी" है, जो बिना किसी लगन के

सामाजिक नीतियों में परिवर्तन लाने में लगे हों। वह बताते हैं कि ये जीवन शैली अराजकतावादी व्यक्तिगत स्वतंत्रता की तरफ ज्यादा ध्यान देते हैं न कि सभी के लिए सामाजिक स्वतंत्रता की ओर। बूकचिन अपने तर्कपूर्ण दृष्टिकोण से एक बहुत ही महत्त्वपूर्ण प्रश्न को उठाते हैं कि बहुत से अराजकतावादी यह नहीं सोचते हैं कि पूर्ण रूप से एक अराजक समाज का निर्माण/गठन संभव है। इसके परिणामस्वरूप यदि संभव हो सके तो वह थोड़ा सा और बिना किसी अन्य से वार्तालाप किए अपना ध्यान स्वतंत्रता की तरफ लगाते हैं। फिर भी अराजकतावाद को समकालीन सामाजिक और राजनीतिक नीतियों की आलोचना के तौर पर याद किया जाता है। यह अपने सभी प्रत्यारोपों को खो देगा यदि वह अपने कार्यों में तल्लीन नहीं रहेगा। बूकचिन समकालीन तकनीकों का विरोध करते हैं तथा वह सामाजिक परिस्थितिविज्ञान को प्रस्तुत करते हैं। बूकचिन सामाजिक परिस्थितिविज्ञान ''रेडिकलाईज'' (radicalize) प्रकृति और अधिक मूल्यात्मक तौर पर प्राकृतिक परिघटना पर हमारी समझ को दर्शाते हैं। उनके अनुसार, प्रकृति सभी मनुष्यों के सहयोगी रूप को बताती है जिसमें सभी नैतिक तौर पर सहभागी होते हैं न कि प्रभुत्व वाले। वह कहते हैं कि समाज में किसी भी तरह की श्रेणीबद्धता मानवीय सारतत्त्व के परे है, क्योंकि मानवीय सारतत्त्व स्वतंत्रता केंद्रित है, जोकि प्रकृति का मूल केंद्र है। अर्थात् मानवीय समाज में श्रेणीबद्धता दमन को इंगित करती है और यही श्रेणीबद्धता प्रत्यक्ष रूप में प्रकृति में भी दमन को इंगित करेगी। इसलिए वह अपने विचारों में नैतिक तौर पर सहयोग को बढ़ावा देते हैं जो बिना किसी दवाब और दमन के स्वतंत्रतापूर्वक होगा।

वास्तव में आधुनिक राजनीतिक विचारों पर अराजकतावाद का बहुत प्रभाव पड़ा है। उदाहरण के लिए, नव-वामपथियों और नव-दक्षिणपथियों दोनों ने स्वतंत्रता की प्रवृत्तियों का प्रदर्शन किया है जोकि अराजकतावादी विचारों के व्यवहार को चिह्नित करते हैं। यहां 1960 और 1970 के दशक के शुरुआती दौर में आंदोलन की एक विस्तृत श्रृंखला को शामिल किया गया, जिसमें छात्र सक्रियता, उपनिवेश-विरोध, नारीवाद और पर्यावरणवाद शामिल थे। नव-वामपंथ के अंदर एकीकरण का विषय ''मुक्ति'' का लक्ष्य था जिसे व्यक्तिगत पूर्ति के तौर पर समझ लिया गया, जिसने राजनीति की एक सक्रिय शैली का समर्थन किया। यह जन विरोध और प्रत्यक्ष कार्रवाई पर आधारित था, जोकि स्पष्ट रूप से अराजकता से प्रभावित थी। नव-दक्षिणपंथ भी व्यक्तिगत स्वतंत्रता के महत्त्व पर बल देता है, लेकिन इनका मानना है कि इसकी केवल बाजार प्रतिस्पर्धा

द्वारा गारंटी दी जा सकती है। अराजक-पूंजीपतियों ने राज्य के हस्तक्षेप की बुराइयों को देखते हुए उनको उजागर करने की मांग की है और वह मुक्त बाजार अर्थव्यवस्था की पुनः खोज में भी प्रमुख है। (हेवुड, 2003: 170)

नोम चोमस्की (Noam Chomsky)

अमेरिकी भाषाई सिद्धांतवादी और बौद्धिक क्रांतिकारी नोम चोमस्की के वाक्य-रचना संबंधी नियमों की संरचना (syntactic structures, 1957) ने परिवर्तनकारी व्याकरण के सिद्धांत के माध्यम से भाषाविज्ञान के अध्ययन में क्रांतिकारी बदलाव किया था, जिसमें यह माना गया है कि मनुष्य के पास भाषा के अधिग्रहण की क्षमता है। चोमस्की का "राजनीतिक क्रांतिवाद" अराजकतावादी विश्वासों में, खासकर निजी नागरिकों की नैतिक संवेदनाओं में विश्वास और सभी मानवीय संस्थानों में अविश्वास पर आधारित है। स्पष्ट रूप से उनकी आलोचना एकपक्षीय सत्ता के विरुद्ध नव-उपनिवेशवादी और सैन्यवादी रूप में अमेरिका की विदेश नीति की आलोचना से है। अमेरिकी लोकतंत्र पर उनका हमला आम नागरिकों के सामने मीडिया की क्षमता पर काफी जोर देता है, जैसेकि सहमति के निर्माण में तर्क दिया गया है। वैचारिक ताकतों के एक व्यापक गठबंधन ने अराजकतावादी सुविधाओं को चिन्हित किया है। उदाहरण के लिए, भूमंडलीकरण विरोधी आंदोलन पर सबसे महत्त्वपूर्ण सैद्धांतिक प्रभाव नोम चोमस्की के विचारों का पड़ता है जोकि अराजकतावादी मान्यताओं के आधार को विकसित करता है। तर्क करने के लिए शायद इस बात को याद करना संभव है कि अराजकता अप्रासंगिक है, क्योंकि यह लंबे समय से जन आंदोलन नहीं रह गया है। (हेवुड, 2003: 170)

निष्कर्ष (Conclusion)

इस अध्याय में राजनीतिक सिद्धांत की अराजक परंपरा पर एक सटीक समझ बनाने के लिए इसके विविध पक्षों पर विचार-विमर्श किया गया। अराजकतावादी पूर्ण रूप से किसी भी तरह के दवाबों से मुक्ति के पक्षधर रहे हैं। हालांकि अराजकतावाद के विचारकों में बहुत अंतर भी देखने को मिलता है। मनुष्य की बाह्य मुक्ति (external-freedom) के साथ-साथ आंतरिक मुक्ति (internal-freedom) के लिए भी विचारक प्रयासरत रहे हैं। अपने विचारों को व्यवहारिकता में लाने के लिए उन्होंने न सिर्फ राज्य

का ही विरोध किया, बल्कि धर्म के बंधनों की भी आलोचना की। उन्होंने व्यक्ति को सामूहिक और व्यक्तिगत दोनों ही स्तर पर एक स्वतंत्र अभिकर्त्ता के रूप में स्वीकारा तथा उदारवादियों और मार्क्सवादियों का विरोध करते हुए उन्होंने अपने अराजकतावादी विचारों में मानवीय मुक्ति के केंद्रीय विषय को मूल माना है। जहां कुछ अराजकतावादी हिंसात्मक (violence) मार्ग को अपनाने में पीछे नहीं रहते, वहीं दूसरी तरफ कुछ अहिंसावादी (non-violence) अराजकतावादी भी सक्रिय हैं जो मानवीय मुक्ति के लिए हिंसा की जगह अहिंसा के सिद्धांत का पालन करते हैं। सामान्यतया अराजकतावाद अपने आप को वैश्विक स्तर पर एक प्रभावशाली विचारधारा के तौर पर प्रतिस्थापित कर पाने में कमजोर रहा है। लेकिन यह मानना गलत होगा कि राजनीतिक सिद्धांत के तौर पर अराजकतावाद को स्वीकार नहीं किया जा सकता है। हालांकि अपने ऐतिहासिक दौर में अराजकतावाद का सिद्धांत अन्य राजनीतिक सिद्धांतों की तुलना में राजनीतिक विज्ञान के क्षेत्र में एक हाशिए के सिद्धांत के तौर पर देखा गया है। लेकिन राजनीतिक विज्ञान के क्षेत्र में इसको दरकिनार करके नहीं देखा जा सकता है। वैश्वीकरण के दौर में अराजकतावाद का सिद्धांत एक उभरते हुए सिद्धांत के तौर पर नजर आता है जिसमें सभी व्यक्ति अपने को किसी भी तरह के बंधनों से मुक्त होकर वैश्विक परिक्षेत्र में एक स्वतंत्र अभिकर्त्ता के रूप में पाना चाहते हैं।

महत्त्वपूर्ण प्रश्न

1. अराजकतावाद के मुख्य तत्त्व क्या हैं? क्या यह 21वीं सदीं में प्रासंगिक है? व्याख्या कीजिए।
2. राजनीतिक सिद्धांत में क्या अराजकतावाद को एक व्यवस्थित और प्रभावी सिद्धांत के तौर पर स्वीकारा जा सकता है? व्याख्या कीजिए।
3. राजनीतिक सिद्धांत में कहां तक अराजकतावाद को राज्य व्यवस्था विरोधी माना गया है? आलोचनात्मक विश्लेषण करें।
4. 'चर्च और राज्य का उन्मूलन समाज की वास्तविक मुक्ति की पहली और अनिवार्य शर्त होनी चाहिए।' बाकूनिन की यह घोषणा कहां तक अराजकतावादी सिद्धांत की पूर्ति करती है, विवेचना करें?

संदर्भ (References)

Carter, April, 1971, *The Political Theory of Anarchism*, London: Routledge & Kegan Paul.

Purkis, Jon, and James, Bowen, 1997, *Twenty-First Century Anarchism: Unorthodox Ideas for a New Millennium*, London: Cassell.

Heywood, Andrew, 2003, *Political Ideologies: An Introduction*, (3, Edition), New York, U.S.A, Palgrave Macmillan.

Joll, James, 1979, *The Anarchists*, Harvard University Press.

Soon, Richard David, 1989, *Anarchism and Cultural Politics in Fin de Siecle France*, University of Nebraska Press, Lincoln and London.

Schwarzmantel, Jhon, 2008, *Ideology and Politics*, New Delhi, SAGE.

Rooum, Donald, 1992, *What is Anarchism? An Introduction*, Freedom Press, London.

Ritter, Alan, 1980, *Anarchism: A Theoretical Analysis*, London, Cambridge University Press.

Nair, C, Sankaran, 1922, *Gandhi and Anarchy*, Tagor & Co., Madras,

Dolgoff, Sam, 1972, *Bakunin on Anarchy*, New York, Vintage Books.

अध्याय छह

रूढ़िवादी परंपरा
(Conservative Tradition)

शबाना आज़मी

◈ रूढ़िवाद की ऐतिहासिक समीक्षा ◈ रूढ़िवाद का बौद्धिक विकास ◈ रूढ़िवाद के मुख्य तत्त्व ◈ समकालीन समय में रूढ़िवाद ◈ रूढ़िवाद का आलोचनात्मक मूल्यांकन ◈ रूढ़िवाद : एक विश्लेषण ◈ निष्कर्ष ◈ महत्त्वपूर्ण प्रश्न ◈ संदर्भ

सामान्यत: रूढ़िवाद को एक अस्पष्ट विचारधारा समझा जाता है। यद्यपि राजनीतिक दल और आंदोलनों में रूढ़िवादी विचारधाराओं को देखा जाता है, जिसके चलते उन्हें ''रूढ़िवादी'' कहा जाता है, लेकिन इन आंदोलनों की मुख्य पृष्ठभूमि उदारवाद और राष्ट्रवाद के संयोजन को माना जाता है। अस्पष्ट होने के कारण रूढ़िवादी अवधारणा को बौद्धिक संवाद में वह स्थान प्राप्त नहीं हो पाया, जोकि अन्य विचारधाराओं को प्राप्त है। लेकिन हाशिए पर होने के बावजूद भी रूढ़िवाद एक अलग विचारधारा के रूप में विद्यमान है, जिसकी वर्तमान प्रासंगिकता को रूढ़िवादी विचारकों ने बताया है। आम बोलचाल की भाषा में रूढ़िवाद को एक ऐसी जीवन शैली के रूप में देखा जाता है, जोकि परंपराओं

* शबाना आज़मी, असिस्टेंट प्रोफ़ेसर, राजनीति विज्ञान विभाग, ज़ाकिर हुसैन दिल्ली कॉलेज, दिल्ली विश्वविद्यालय।

को इंगित करती है। रूढ़िवादी अवधारणा अपने आप में किसी भी तरह के उग्र परिवर्तन को अस्वीकार करती है, विशेष रूप से पारंपरिक मूल्यों को संरक्षित रखने की प्रवृत्ति को रूढ़िवादिता से जोड़ कर देखा जाता है। राजनीति शास्त्र में रूढ़िवाद को एक ऐसे सिद्धांत के रूप में समझा गया है, जो पारंपरिक संस्थानों और प्रथाओं के मूल्य पर बल देता है। रूढ़िवाद में तार्किक आदर्श के बजाय ऐतिहासिक विरासत को प्राथमिकता दी जाती है। यह सिद्धांत परंपरागत रूप से समाज की जैविक अवधारणा (Organicism) पर आधारित है। समाज की जैविक अवधारणा के अनुसार, समाज केवल व्यक्तियों का एक समूह नहीं होता बल्कि इसके अंतर्गत समाज को एक सशक्त जीवित जीव माना जाता है। इसमें समाज के सभी सदस्य एक–दूसरे से घनिष्ठ रूप से जुड़े होते हैं तथा एक–दूसरे पर निर्भर भी होते हैं। रूढ़िवाद में ऐसी संस्थाओं और प्रथाओं का समर्थन किया जाता है, जोकि धीरे–धीरे विकसित हुईं हैं, और निरंतरता और स्थिरता की अभिव्यक्तियां मानी जाती हैं। रूढ़िवाद उत्तर–प्रबुद्ध काल (Post-Enlightenment period) के प्रमुख राजनीतिक दर्शन और विचारधाराओं में से एक है। रूढ़िवादी अपने प्रतिद्वंद्वियों की मानवीय योग्यता और तर्कीय सैद्धांतिकता (Rational Theorization) की अतिशयोक्तिपूर्ण और काल्पनिक आधार पर सिद्धांतों की संरचना, करने के प्रयास की आलोचना करते हैं। रूढ़िवाद में अनुभव आधारित विधि को महत्त्वपूर्ण माना गया है तथा व्यवहार और आदर्श में किसी तरह का विभेद नहीं समझा जाता है।

सार्वजनिक क्षेत्र में राजनीतिज्ञ, दार्शनिक और राजनीतिक सिद्धांतकार इन प्रश्नों के जवाब पर एकमत नहीं हैं कि रूढ़िवाद वास्तविकता में क्या है? यह क्या हो सकता है? और यह क्या होना चाहिए? सामान्यतः रूढ़िवाद को दक्षिणपंथी दृष्टिकोण (Rightist approach) के साथ जोड़ कर देखा जाता है, जोकि उदारीकरण से लेकर फासीवाद तक राजनीतिक स्पेक्ट्रम (political spectrum) पर कब्जा किए हुए है। कई दार्शनिक टिप्पणीकार इसका वर्णन एक विचारधारा के रूप में न करके एक विशिष्ट लक्षण के रूप में करते हैं।

कई राजनीतिक विचारक रूढ़िवाद को न तो विचारधारा की श्रेणी में रखते हैं और न ही राजनीतिक दर्शन मानते हैं। वे रूढ़िवाद को स्वाभाविक तौर पर सैद्धांतिक अभिव्यक्ति (theoretical expression) का विरोध करने वाली एक ''गैर–विचारधारा'' (non ideology) मानते हैं, जो विचारधाराओं में त्रुटियों से बचने का प्रयास करती है। ऐसे कुछ प्रश्न हैं जोकि रूढ़िवाद के संदर्भ में उठते हैं, जैसे क्या रूढ़िवाद एक प्राचीन प्रवृत्ति है, या फिर वह जो केवल ज्ञान

प्रबुद्धता (enlightenment rationality) और उसके राजनीतिक परिणामों (political products)–उदारवाद और समाजवाद–के जवाब में विकसित हुआ है? कैसे यह समकालीन "नवरूढ़िवाद" (Neoconservatism) से संबंधित है? क्या यह एक सुसंगत स्थिति उत्पन्न करता है? या फिर एक उलझा देने वाली परिस्थिति उत्पन्न करता है, इसमें कौन-सा मूल्य संरक्षित किया जा सकता है और कौन-सा नहीं, में अंतर करने में यह विफल रहा है?

जॉन ग्रे (John Gray) ने रूढ़िवाद को आधुनिक राजनीतिक दर्शन का एक रूप माना है, चाहे यह स्वतंत्रता के बजाय पैतृकत्ता (Paternalism) या सत्ता (Authority) के दृष्टिकोण को ही प्रदर्शित करता है।

रूढ़िवाद की ऐतिहासिक समीक्षा
(Historical Assessment of Conservatism)

रूढ़िवाद 18वीं सदी के अंत तक, फ्रांसीसी क्रांति (1798) के कारण हुई उथल-पुथल के प्रति प्रतिक्रिया और एक अलग राजनीतिक दृष्टिकोण और आंदोलन के रूप में विकसित हुआ था। रूढ़िवादी शब्द, 1815 के बाद फ्रांस में बहाल हुई नई बोरबोन (Bourbon) राजशाही के समर्थकों, जिसमें लेखक और राजनयिक फ्रैनोस-अगस्टे-रेने (Francois-Auguste-Rene), विकोम्टे डे शाटूब्रिआंदे (Vicomte de Chateaubriande) शामिल थे, की देन है। 1830 में ब्रिटिश राजनीतिज्ञ और लेखक जॉन विल्सन क्रॉकर ने (John Wilson Croker) ब्रिटिश टोरी पार्टी (British Tory Party) का वर्णन करने के लिए इस शब्द का प्रयोग किया और संयुक्त राज्य अमेरिका में राज्यों के अधिकारों के प्रबल रक्षक, जॉन सी. कल्हौं (John C. Calhoun) ने इसे बाद में अपनाया। ब्रिटिश सांसद और राजनीतिक लेखक एडमंड बर्क (Edmund Burke) को आधुनिक, रूढ़िवाद का जनक माना जाता है। बर्क द्वारा लिखी गई पुस्तक *रिफ्लेक्शंस ऑन द रेवोल्युशन इन फ्रांस* (*Reflections on the Revolution in France*) (1790) फ्रांसीसी क्रांति के प्रति रूढ़िवादियों की अस्वीकृति की एक सशक्त अभिव्यक्ति और 19वीं सदी में क्रांति विरोधी सिद्धांतकारों के लिए एक बड़ी प्रेरणा के स्रोत के रूप में उभरी। बर्क और अन्य संसद समर्थक परंपरावादियों ने क्रांतिकारियों के हिंसक तरीकों की आलोचना की और यह माना कि क्रांति के कारण समाज में असंतुलन उत्पन्न होता है और स्वतंत्रता के आदर्शों पर नकारात्मक प्रभाव पड़ता है, और इन आदर्शों को विकृत कर दिया जाता है। क्रांति में प्रयोग होने वाले हिंसात्मक तरीकों के विरोध के कारण परंपरावादियों

को क्रांति से पहले की प्रचलित परंपराओं को बहाल करने का अवसर मिला और इसी के साथ रूढ़िवादी दर्शन को एक नई दिशा मिली, और इसकी अनेक किस्में विकसित हो गईं जैसेकि–फ्रांसीसी और ब्रिटिश रूढ़िवाद। फ्रांसीसी रूढ़िवाद की तुलना यदि ब्रिटिश रूढ़िवाद से की जाए तो वह एक स्पष्ट और सैद्धांतिक अतिवाद था, क्योंकि ब्रिटेन की राजनीतिक और सामाजिक परिस्थितियां काफी हद तक लंबे समय से स्थिरता लिए हुई थीं, जबकि फ्रांस नेपोलियन युग के माध्यम से लंबे समय तक एक बड़ी क्रांति से गुजर रहा था।

रूढ़िवादी विचारधारा की लोकप्रियता 18वीं सदी में पूरे यूरोप में फैली, विशेष रूप से फ्रांस में इस विचारधारा का प्रभाव काफी शक्तिशाली था। इसका कारण फ्रांस में कुलीन वर्ग की अत्यधिक आलोचना होना था। उसी समय औद्योगीकरण की शुरुआत में ब्रिटिश समाज में कई बदलाव हुए थे, जैसे सार्वभौमिक मताधिकार (universal franchise) का उदय, जो केवल पुरुषों के लिए आरक्षित था। यह सुधार, सुधार अधिनियम सं. 1832 में प्रतिबिंबित होते हैं और इस अधिनियम से संबंधित विमर्श में रूढ़िवादी शब्द टोरी का प्रयोग किया गया। यहां टॉरीज जनता की मांगों का विरोध कर रहे थे और इसलिए "रूढ़िवाद" यथास्थिति के समर्थन का पर्याय बन गया। रूढ़िवाद को समाज के एक तरह के मॉडल के संरक्षक के रूप में देखा जाने लगा और परिवर्तन का प्रतिरोधी माना जाने लगा। इन परिस्थितियों के मध्य ही इंग्लैंड में कंजर्वेटिव पार्टी 1750 और 1850 का उदय हुआ।

रूढ़िवादी विचारधारा के उद्‌गम के ठोस लक्षण ब्रिटेन में भी, 18वीं सदी में दिखाई पड़ते हैं, जब ब्रिटिश रूढ़िवादियों ने फ्रांस में चल रही क्रांति के मद्देनजर, अभिजात वर्ग (Aristocratic class) के शासन के संरक्षण पर ध्यान केंद्रित किया। वहीं 19वीं सदी में, रूढ़िवाद, सुधार (reform) के सवाल में उलझा रहा। 20वीं सदी में, आंतरिक और बाहरी तौर पर रूढ़िवाद के अंदर मार्क्सवाद के खिलाफ संघर्ष की प्रवृत्ति दिखाई दी। हालांकि यह मानना सही नहीं होगा कि उस समय में रूढ़िवाद पूर्णता साम्यवाद या समाजवाद विरोधी रहा होगा। 21वीं सदी में, साम्यवाद और सोवियत संघ के पतन के साथ और प्रमुख ब्रिटिश उद्योगों के निजीकरण के साथ, ऐसा माना जाने लगा कि रूढ़िवादियों का मकसद पूरा हो गया और अब रूढ़िवाद की प्रासंगिकता अधिक समय तक नहीं रहने वाली। लेकिन 21वीं सदी में रूढ़िवाद का, न केवल यूरोप और अमेरिका, बल्कि संसार के अन्य हिस्सों में और मजबूती से, प्रतिस्थापन हुआ। समकालीन समय में रूढ़िवादी संशयात्मक न्यूनीकरण

प्रतिमान (Skeptical Reductionism Model) का अनुसरण करते हैं और कई नई अवधारणाओं पर सवाल करते हैं जैसे– नारीवाद (Feminism), रैडिकल लोकतांत्रिक सिद्धांत (Radical Democratic Theory), स्वतंत्रतावाद (Libertarianism), अप्रतिबाधित प्रवासन (unrestricted immigration), चर्च और राज्य का पृथक्करण (Seperation of Church and State)। आधुनिक रूढ़िवाद में विविधता देखने को मिलती है।

रूढ़िवाद का बौद्धिक विकास
(Intellectual Development of Conservatism)

रूढ़िवाद के बौद्धिक इतिहास को प्राचीन समय के राजनीतिक चिंतक अरस्तू और सिसरो (Cicero) की कृतियों से जोड़कर देखा जाता है। मध्यकालीन युग में भी रूढ़िवाद की झलक कई घटनाक्रमों, परिस्थितियों और दार्शनिकों की कृतियों में परिलक्षित होती है। इनमें से रिचर्ड हूकर (Richard Hooker), जो इंग्लैंड के चर्च में पादरी और साथ ही प्रभावशाली धर्मशास्त्री थे, की रचना द *लॉज ऑफ इकैलैसिस्टिकल पॉलिसी* (*The Laws of Ecclesiastical Policy*) को पहली रूढ़िवादी कृति के रूप में देखा जाता है। हूकर ने अपनी कृति में सोलहवीं सदी के अंत और सत्रहवीं सदी के आरंभ में यूरोप में, लोगों और राजसी शासकों के बीच बन रही एक असामंजस्य की परिस्थिति को संतुलित करने का प्रयास किया और सामाजिक व्यवस्था में जो अस्थायित्व उत्पन्न हो रहा था उसे रोकने का प्रयास किया। दरअसल सोलहवीं सदी में, पहले से स्थापित व्यवस्था (चर्च की शक्तियों से संबंधित व्यवस्था) को दो बड़ी चुनौतियों का सामना करना पड़ रहा था। इनमें से पहली चुनौती प्रोटेस्टैंट सुधारकों (Protestant Reformers) से मिल रही थी। प्रोटेस्टैंट सुधारक राजा की दिव्य अधिकार शक्ति (Divine Right Theory) की अपील करते थे, जिसमें धर्म का स्थान राज्य के अधीन माना गया था। चर्च प्राधिकार को दूसरी चुनौती प्रोटेस्टैंट सुधारक कैल्विन (Calvin) द्वारा दिए गए ईसाई धर्मतंत्र के सिद्धांतों से मिल रही थी। इन सिद्धांतों में धर्म विज्ञान संबंधी (Theological Principles) सिद्धांतों पर कम बल दिया गया है। हूकर ने दोनों ही प्रोटेस्टैंट सुधार विचारधाराओं को नकारा है। प्रोटेस्टैंट सुधारकों के खिलाफ उन्होंने तर्क दिया कि राजा को प्रथागत कानून (traditional laws) का पालन करना चाहिए, विशेष रूप से कैल्विन के सिद्धांतों के खिलाफ और चर्च के समर्थन में उन्होंने तर्क दिया कि चर्च की परिस्थितियों में मौलिक परिवर्तन किया गया है, इसलिए चर्च का विरोध करना उचित नहीं है।

एडमंड बर्क (1730–1797)

एडमंड बर्क आधुनिक रूढ़िवाद के जनक के रूप में संबोधित किए जाते हैं। बर्क एक व्हिग (whig) रूढ़िवादी थे, लेकिन खुद को वह एक नव व्हिग के रूप में देखते थे, क्योंकि क्रांति के विषय पर उनके विचार पुराने व्हिगों से भिन्न थे। एक चिंतक के रूप में, अपने आरंभिक दौर में उनके विचार उदारवादी प्रवृत्ति के थे। उदाहरण के लिए बर्क ने अमेरिकी क्रांति (1775–83) का बचाव किया। उन्होंने अमेरिकी उपनिवेशवादियों के और ब्रिटिश शासन की बजाय भारतीयों के पक्ष में अपने विचार रखे। हालांकि इन विचारों में भी रूढ़िवादी तत्त्वों की झलक मिलती है। बर्क ने इस समीक्षा में अंग्रेजों के पारंपरिक अधिकारों और भारतीयों की ऐतिहासिक सभ्यता के संरक्षण पर बल दिया। ''बर्क द्वारा प्रतिपादित रूढ़िवाद'' मुख्यतः इन अवधारणाओं पर आधारित है–परंपरा का प्राधिकार (authority of tradition), जैविकता (Organicism), समाज की ऐतिहासिक अवधारणा (Historical perspective of society) और व्यवस्था की आवश्यकता (need for order), धर्म और संपत्ति (religion and property)।

रूढ़िवादी विचारधारा का अनुकरण करते हुए बर्क व्यवस्था और स्थायित्व को महत्त्व देते हैं। इसलिए अपनी कृति *रिफ्लेक्शंस ऑन द रेवोल्युशन इन फ्रांस* (*Reflections on the revolution in France*) (1790) में बर्क ने फ्रांस में हुई क्रांति की आलोचना की और उस क्रांति में परंपरा के प्रति अस्वीकृति का विश्लेषण करते हुए यह भविष्यवाणी की कि फ्रांसीसी क्रांति आतंकवाद और तानाशाही में बदल जाएगी। बर्क ने यह विश्लेषण राजनीतिक शक्ति को परिभाषित करते हुए किया। उनके अनुसार राजनीतिक शक्ति किसी भी अमूर्त, अप्रयुक्त योजना के आधार पर समाज का पुनर्गठन करने का लाइसेंस नहीं है, बल्कि यह लोगों का एक ऐसा विश्वास है, जिसके कारण विरासत में मिले मूल्य और उन मूल्यों के प्रति कर्तव्यों का ध्यान रखा जाता है। बर्क के लिए संपत्ति के साथ-साथ भाषा, व्यवहार, नैतिकता और मानवीय परिस्थितियां भी विरासत का आवश्यक हिस्सा हैं। बर्क इसलिए प्रत्येक मानव को एक ही संस्कृति का वारिस मानते हैं, जोकि पहले से बताए गए मूल्यों पर आधारित होती है। इसलिए, उनका मानना है कि संस्कृति के बाहर राजनीति को नहीं समझा जा सकता है।

बर्क परंपराओं को नकारने के लिए और उन्हें मान्यता नहीं प्रदान करने के लिए आधुनिक बौद्धिक परंपरा (modern intellectual tradition) के दार्शनिकों–थॉमस हॉब्स, जॉन लॉक और जीन जैक्स रूसो द्वारा प्रतिपादित सामाजिक अनुबंध

सिद्धांत (social contract theory) की भी आलोचना करते हैं। बर्क स्वयं सामाजिक अनुबंध के विरोधी नहीं हैं, लेकिन जिस प्रकार के सामाजिक अनुबंध सिद्धांत को इन चिंतकों ने प्रस्तुत किया, उसमें पारंपरिक मूल्यों की अवहेलना की गई है, इसलिए बर्क उनके विचारों से सहमति नहीं रखते। आधुनिक चिंतक लोगों के बीच एक काल्पनिक सामाजिक अनुबंध को सामाजिक संरचना की बुनियाद के रूप में देखते हैं। बर्क के अनुसार ऐसी साझेदारी केवल कुछ पीढ़ियों में प्राप्त नहीं की जा सकती, क्योंकि ऐसी कोई भी भागीदारी, जिस पर पूरे समाज की संरचना आधारित हो, केवल उन लोगों के बीच नहीं हो सकती, जो एक समय में रह रहे हों जिस समय में अनुबंध हुआ हो, बल्कि ऐसा सामाजिक अनुबंध अपनी सीमितता दर्शाता है। बर्क के अनुसार सामाजिक अनुबंध उन लोगों के बीच भी होना चाहिए जो मृत थे और जो लोग भविष्य में जन्म लेंगे। केवल एक समय के जीवित लोगों के बीच हुई किसी भी भागीदारी के कारण, कोई भी पीढ़ी दूसरी पीढ़ी के साथ खुद को जोड़ कर नहीं देख पाएगी और ऐसे हालात में मानवीय जीवन बेहतर नहीं हो पाएगा। बर्क ने सामाजिक समझौते को इस अर्थ में समझा है कि इसमें भविष्य की पीढ़ियों के साथ-साथ वर्तमान और अतीत के लोगों को भी शामिल किया जाना चाहिए। इस विचार के द्वारा बर्क स्पष्ट रूप से अतीत में स्थापित परंपराओं के महत्त्व पर बल देते हैं। बर्क राजनीतिक बदलाव के माध्यम से सुधार का समर्थन जरूर करते हैं, लेकिन उनके अनुसार परिवर्तन विकासशील होना चाहिए।

बर्क पूर्वाग्रह (prejudice) विशेष विचारों को मान्यता देते थे और ऐसे विचारों को सकारात्मक ज्ञान के रूप में देखते थे। उनका मानना था कि ऐसा ज्ञान कई वर्षों से धीरे-धीरे जमा की गई पूंजी के समान होता है जोकि किसी भी व्यक्ति के निजी तर्क से बेहतर होता है। इसलिए उनके अनुसार "भ्रम" और "पूर्वाग्रह" सामाजिक रूप से आवश्यक होते हैं। बर्क के ऐसे विचार मानव प्रकृति पर उनके मत से संबंधित हैं। वे मानते हैं कि ज्यादातर मनुष्य जन्म से ही भ्रष्ट होते हैं, मूल पाप (original sin) में घिरे होते हैं और अपने इस विकार के कारण खुद को बेहतर और सक्षम बनाने में असमर्थ होते हैं। इसलिए समाज में पहले से स्थापित पूर्वाग्रहों के कारण उन्हें एक दिशा मिलती है और वे अपनी इस असमर्थता को दूर कर सकते हैं। पूर्वाग्रहों में भी बर्क स्थापित चर्च और अभिजात वर्ग के विचारों को प्राथमिकता देते हैं।

बर्क के रूढ़िवादी लेखन का प्रभाव ब्रिटिश संविधान के अलिखित रूप में स्पष्ट दिखाई पड़ता है। इसके अलावा बर्क सीमित सरकार (limited government)

में विश्वास रखते थे। बर्क ने अपने विचारों और लेखन द्वारा यूरोप की राजनीति को पूर्णतः एक नया रूप दिया। उनके विचारों को फ्रेंच क्रांतिकारियों की क्रांति से परिपूर्ण राजनीति के एक विकल्प के रूप में देखा गया। बर्क आधुनिक राज्यों की जटिलता देखते हुए यह तर्क देते हैं कि यदि इन राज्यों को सिर्फ आध्यात्मिक सिद्धांतों के आधार पर सुधारने का कोई भी प्रयास किया जाए तो उन राज्यों के शासन तानाशाही में परिवर्तित हो सकते हैं। बर्क की रचनाएं, 18वीं सदी के अंत में और 19वीं सदी की शुरुआत में, पूरे यूरोप में फ्रेंच क्रांति के विरोध में शक्तिशाली रूढ़िवादी प्रतिक्रिया के उभार का प्रेरणास्रोत बनीं, जिनका राजनीति में काफी योगदान रहा है।

डेविड ह्यूम (1711–1776)

डेविड ह्यूम (David Hume) एक दार्शनिक होने के साथ ही एक इतिहासकार, अर्थशास्त्री और निबंधकार के रूप में भी जाने जाते हैं। कई विचारक इन्हें आधुनिक रूढ़िवादी बौद्धिक परंपरा का पहला पूर्वज भी मानते हैं। ह्यूम विशेष रूप से अपने दार्शनिक अनुभववाद (empiricism) और संशयवाद (skepticism) के लिए जाने जाते हैं। डेविड ह्यूम का मानना है कि मानव जीवन की समझ केवल अनुभव के आधार पर ही हो सकती है। मानव में चिंतन शक्ति संवेदनाओं या अनुभूति के द्वारा ही उत्पन्न होती है। मानव में चिंतनपरक विचार (reflective thoughts) जटिल विचारों की उत्पत्ति में सहायक होते हैं, जिसे हम सीधे अनुभव नहीं करते, लेकिन ये जटिल विचार और कुछ नहीं बल्कि मानव में निहित सरल संवेदनाओं (emotions) के संयोजन से निर्मित होते हैं। इसलिए अनुभव और उससे जुड़ी संवेदनाएं महत्त्वपूर्ण होती हैं। सरल शब्दों में कहा जाए तो विचारों के आधार पर चिंतन किया जाता है, और विचारों व चितंन को बिना किसी अनुभूति, अहसास या अनुभव के उत्पन्न करना असंभव है। ह्यूम मानते हैं कि तर्क अनुभूति के परे नहीं हैं। ह्यूम इस कथन को अपने नैतिक दर्शन (moral Philosophy) पर आधारित करते हैं। ह्यूम के अनुसार नैतिकता का संबंध केवल क्रिया (Action) के साथ ही नहीं, बल्कि क्रिया के पीछे जो मंतव्य (motives) या विचार, जोकि अनुभव या अनुभूति पर आधारित होते हैं, उनके साथ भी जुड़ा होता है, जिसके कारण कोई भी कार्य सही है या गलत है इसका आकलन करने में सहायता मिलती है। इसलिए ह्यूम अनुभव को ज्ञान के आधार के रूप में देखते हैं। उनके अनुसार तार्किकता से परिस्थितियों को समझना संभव नहीं है, क्योंकि तार्किकता सीमित होती है और किस परिस्थिति में क्या किया जाना चाहिए, इस ओर

मार्गदर्शन करने में असमर्थ होती है। तार्किकता की सहायता से लक्ष्य की प्राप्ति के लिए सबसे प्रभावशाली साधन का चयन तो किया जा सकता है, लेकिन उस कार्य का अंत क्या होगा और कैसा होगा ऐसी भविष्यवाणी करना संभव नहीं होता। किसी भी निर्णय के प्रभाव और परिणाम का पूर्वनिर्धारण और आकलन दोनों ही नहीं किए जा सकते हैं, इसलिए ह्यूम मनोभाव या संवेदनाओं को मानव तर्क की तुलना में अधिक महत्त्व देते हैं। उनके अनुसार मनोभाव (sentiments) मनुष्यों में एक पूर्व तर्कसंगत (pre-rational feeling) भावना के रूप में निहित होते हैं। इसी दृष्टिकोण को सामने रखते हुए ह्यूम हॉब्स के सामाजिक अनुबंध सिद्धांत की आलोचना करते हैं। हॉब्स के अनुसार मनुष्य केवल आत्महित से प्रेरित होते हैं, ह्यूम ऐसी पूर्वधारणा को खारिज करते हैं। उनका मानना है कि सभी मनुष्यों में सहानुभूति की भी भावना होती है, जिसकी वजह से वे दूसरों के प्रति प्रेम भाव भी रखते हैं और उनकी सहायता करके उन्हें लाभ पहुंचाते हैं। उनका मानना है कि मनुष्यों में मिले-जुले मूलभाव (mixed motives) होते हैं। हालांकि हॉब्स के इस विचार से, कि राज्य की आवश्यकता हर समाज में होती है, ह्यूम सहमत दिखते हैं। लेकिन वास्तविक नैतिक भावनाओं (Moral sentiments) की अनुपस्थिति के कारण वह हॉब्स के सामाजिक अनुबंध सिद्धांत की आलोचना करते हैं। उनका मानना है कि यदि लोगों में भावनाओं का अभाव होता तो उनका विश्वास एक-दूसरे पर नहीं रहता और इससे समाज में अस्थिरता की स्थिति उत्पन्न होती है।

माइकल जोसेफ ओकशॉट (1901-1990)

माइकल जोसेफ ओकशॉट (Michael Joseph Oakeshott) को 20वीं सदी के एक प्रमुख रूढ़िवादी विचारक के रूप में देखा जाता है। उन्होंने राजनीति में *ऑन ह्यूमन कंडक्ट* (*On Human Conduct*) और *रैशनलिस्म* (*Rationalism*) सहित कई पुस्तकें लिखी हैं। ओकशॉट समस्त पश्चिमी संस्कृति में तर्कसंगतता के विरोध में अपने विचार रखते हैं और इसलिए वह सिर्फ समाजवाद नहीं बल्कि उन परंपरावादियों की आलोचना भी करते हैं, जो अपने विचार व्यक्त करते समय तार्किकता का सहारा लेते हैं। ओकशॉट के अनुसार तर्कसंगतवादी मस्तिष्क की स्वतंत्रता (freedom of mind) और तर्क की सत्ता (Authority of reason) पर बल देते हैं और इनके अलावा किसी भी प्राधिकरण के दायित्व से स्वयं को मुक्त समझते हैं। सामान्यतः तर्कसंगतवादी पूर्वाग्रह, रीति-रिवाज और आदतों को खारिज कर स्वतंत्र विचारों में विश्वास रखते हैं। इस प्रकार का राजनीतिक

दृष्टिकोण ''परिचित'' (familiar) के लिए सम्मान में कमी लाता है और क्रमिक सुधारों (gradual reforms) की तुलना में मूल परिवर्तन को महत्त्व देता है। उनका मानना है कि तर्कसंगतवादी, संस्थाओं के प्रति सम्मान का नजरिया नहीं रखते, तथा जटिल बौद्धिक परंपराओं (complex intellectual traditions) के आधार पर, सावधानीपूर्वक व्यवहार करने की बजाय, वे परंपराओं को विचारधारा का रूप देते हुए उनका सरलीकरण करने का प्रयास करते हैं।

ओकशॉट, तर्कसंगतवाद की सीमितता अपने ज्ञान के सिद्धांत (Theory of Knowledge) द्वारा समझाने का प्रयास करते हैं। वह दो प्रकार के ज्ञान की बात करते हैं–व्यावहारिक (practical) और तकनीकी (technical)। ओकशॉट के अनुसार तकनीकी ज्ञान वह है जिसे उन नियमों के आधार पर तैयार किया जाता है जोकि विचारपूर्वक सीखे जाते हैं और बाद में उन्हें अभ्यस्त किया जाता है। दूसरी तरफ, व्यावहारिक ज्ञान वह है जो केवल उपयोग करने से ही प्राप्त होता है, यह प्रतिबिंबित (reflect) नहीं होता और नियमों के रूप में तैयार नहीं किया जा सकता है। वह कहते हैं कि तर्कसंगतवादी केवल तकनीकी ज्ञान की पहचान करते हैं और व्यावहारिक ज्ञान को अस्वीकार करते हैं, क्योंकि तकनीकी ज्ञान को एक पुस्तक में समाहित किया जा सकता है और इसमें निश्चितता (certainty) की आशा बंधी रहती है, जबकि व्यावहारिक ज्ञान विस्तृत (diffused) होता है। हालांकि अधिकांश कार्यों में दोनों तरह के ज्ञान की आवश्यकता होती है। इस तरह तकनीकी ज्ञान एक विचारधारा के रूप में समझा जा सकता है जोकि प्रस्तावों (propositions) के रूप में व्यक्त किया जा सकता है, जबकि परंपरा जोकि एक व्यावहारिक ज्ञान का रूप है, उसे इस प्रकार से व्यक्त नहीं किया जा सकता। ओकशॉट का दावा है कि तकनीकी ज्ञान में निश्चितता कुछ भी नहीं है, बल्कि एक भ्रम है, क्योंकि कोई भी तकनीकी ज्ञान पूर्व ज्ञान (existing knowledge) का ही पुनर्गठन होता है।

लियो स्ट्रॉस (1899–1973)

लियो स्ट्रॉस (Leo Strauss) एक जर्मन नागरिक थे जोकि यहूदी समुदाय से थे और बाद में संयुक्त राज्य अमेरिका में जा कर बस गए थे। लियो स्ट्रॉस को अक्सर नव-रूढ़िवाद (Noe-conservatism) के वैचारिक पिता के रूप में उद्धृत किया जाता है। स्ट्रॉस ने राजनीतिक विचारों और प्राकृतिक अधिकार परंपरा (Natural Right Tradition) से संबंधित ऐतिहासिक ग्रंथों को पुनर्जीवित (revive) करने की मांग की। स्ट्रॉस को दृढ़ विश्वास था कि संयुक्त राज्य अमेरिका की स्थापना

शास्त्रीय ग्रंथों और बाइबिल के आधार पर हुई थी और बाद में इन आधारों को छोड़ दिया गया जिसके कारण अमेरिका में आधुनिकता का संकट (crisis of modernity) उत्पन्न हुआ था। स्ट्रॉस के अनुसार, आधुनिकता (modernity) के उद्गम का कारण राजनीतिक दर्शन में परिवर्तन था, जोकि 14वीं सदी में राजनीतिक चिंतक मैकियावेली के विचारों से प्रभावित था। स्ट्रॉस ने अपने दर्शन में राजनीतिक संवाद में नैतिक धारणा (moral judgements) को पुनर्जीवित करने के विचार पर बल दिया है, ताकि आधुनिक दार्शनिक-राजनीतिक संवाद में सर्वोत्तम राजनीतिक व्यवस्था को खोजने का प्रयास किया जाए, ताकि एक "अच्छे नागरिक" की परिभाषा स्पष्ट शब्दों में दी जा सके। वह मानते हैं कि "अच्छे नागरिक" की धारणा देशभक्ति से प्रमाणित होती है और उसकी पहली और आखिरी वफादारी अपनी जन्मभूमि के लिए होती है। साथ ही वह यह भी मानते हैं कि अच्छे नागरिक का अर्थ पूरी तरह से शासन पर निर्भर करता है। हालांकि आधुनिक राजनीतिक संवाद में नैतिक निर्णयों को वापस लाने का स्ट्रॉस का इरादा उतना सफल नहीं हो पाया जैसा उन्होंने सोचा था, क्योंकि नवरूढ़िवादियों का लोकतांत्रिक मूल्यों में स्पष्ट रूप से विश्वास नहीं दिखाई देता है।

रूढ़िवाद के मुख्य तत्त्व (Major Elements of Conservatism)

रूढ़िवाद के विकास का उसके उद्गम से विश्लेषण किया जाए तो इसमें कई विचारधाराएं व्याप्त दिखाई देती हैं, लेकिन रूढ़िवाद में भिन्न चिंतकों और उनमें मतभेदों के बावजूद कुछ तत्त्व सामान्य हैं, जैसे–परंपरावाद (traditionalism)–संस्थानों के लिए सम्मान (faith in traditional institutions), राजनीतिक संशयवाद (political scepticism); तर्कवाद का बहिष्करण (Rejection of rationalism), जैविक समाज में विश्वास (belief in organic society)।

परंपरावाद (Traditionalism)

रूढ़िवाद में परंपरा की रक्षा एक केंद्रीय और पुनरावर्तक विषय है। रूढ़िवादी मानते हैं कि पुराने समय से चले आ रहे और मौजूदा संस्थानों और प्रथाओं का अनुरक्षण होना चाहिए। यदि उनमें परिवर्तन की स्थिति बने तो उस परिवर्तन की गति बहुत धीमी होनी चाहिए, क्योंकि परिवर्तन के प्रति रूढ़िवादी संदेहास्पद दृष्टिकोण रखते हैं। रूढ़िवादियों का परिवर्तन के प्रति संदेह उनके मानव प्रकृति के प्रति दृष्टिकोण के कारण है। रूढ़िवादी मानते हैं कि मानव प्रकृति में परिचित से लगाव और अज्ञात से डर की भावना निहित होती है, इसलिए वे परिवर्तन के

प्रति संशयात्मक होते हैं। इसके साथ रूढ़िवादी मानते हैं कि जो परंपराएं और संस्थान इतिहास के परीक्षण पर खरे उतरते हैं उन्हें ठीक से संरक्षित किया जाना चाहिए। परंपरा का यह विचार डार्विन की अवधारणा (Darwin's belief) को प्रतिबिंबित करता है। सरल शब्दों में जो संस्थाएं और परंपराएं सुरक्षित बच गईं वे अपने कार्य करने की क्षमता की वजह से इतिहास की कसौटी पर मूल्यवान बनी रहीं। उन्हें "प्राकृतिक चयन" की प्रक्रिया के द्वारा समर्थन मिला और वे अपना अस्तित्व बनाए रखने के लिए अपनी उपयोगिता को प्रदर्शित करती गईं। उदाहरण के लिए, रूढ़िवादियों का विश्वास है कि ब्रिटेन में राजशाही की संस्था को संरक्षित किया जाना चाहिए, क्योंकि वे इसे ऐतिहासिक ज्ञान और अनुभव का प्रतीक मानते हैं। उनका विशेष रूप से यह मानना है कि, ब्रिटेन में राजशाही के चलते लोगों में अभी भी अपने देश के प्रति वफादारी है, जोकि राजनीतिक दलों की संकीर्ण राजनीति से कहीं अधिक ऊपर और सम्मानजनक मानी जाती है। हालांकि, रूढ़िवादी परिवर्तन का कठोर विरोध नहीं करते हैं।

रूढ़िवादियों का समाज में स्थापित कानूनों और संस्थाओं पर अटूट विश्वास उनकी राजनीतिक समझ दर्शाता है। रूढ़िवादी इन कानूनों और संस्थाओं को ऐतिहासिक समय में राजनीतिक व्यवस्था में हुए कई छोटे-छोटे बदलावों का परिणाम समझते हैं और इन्हें एक ऐतिहासिक सामाजिक धरोहर के रूप में देखते हैं। रूढ़िवादी सार्वजनिक मामलों में सिद्धांतवादियों की तुलना में, राजनीतिक अभ्यस्त या प्रत्यक्ष राजनीति में अनुभव रखने वाले लोगों को अधिक प्रभावकारी मानते हैं। उनके अनुसार कानूनों और संस्थानों का निर्माण वास्तविकता में राजनीति में अनुभवी लोगों द्वारा किया जाता है, जो आवश्यकता अनुसार सावधानीपूर्वक, अपने कौशल द्वारा, मितव्ययी होकर कार्य करते हैं। जबकि सिद्धांतकार निजी तौर पर गढ़ी गईं सार प्रणालियों (abstractions) के द्वारा ही तथ्यों को समझा पाते हैं। कुछ रूढ़िवादियों ने धार्मिक आस्था के द्वारा इस विचार को समझाने का प्रयास किया है। उदाहरण के लिए, एडमंड बर्क मानते हैं कि जिस तरह भगवान ने इस संसार की संरचना की है ठीक उसी प्रकार से पारंपरिक रीति-रिवाजों और प्रथाओं की संरचना भगवान द्वारा ही की गई है। इसलिए यदि मानव सामाजिक परंपराओं या अभ्यासों के साथ कुछ भी हस्तक्षेप करता है तो इसे भगवान की इच्छा के विरुद्ध एक चुनौती माना जाना चाहिए। बर्क मानते हैं कि हस्तक्षेप के परिणामस्वरूप मानवीय व्यवहार सुधरने की बजाय बिगड़ जाएगा और समाज में मानव के लिए परिस्थितियां बदतर हो जाएंगी।

रूढ़िवादियों का परंपरा में विश्वास इसलिए भी है क्योंकि यह समाज और व्यक्ति दोनों के भीतर पहचान (identity) की समझ जगाती है। व्यक्ति स्थापित प्रथाओं को पहचानते हैं और प्रथाओं से जीवन के प्रति एक आश्वासन भी प्राप्त होता है, इसलिए परंपरा लोगों में जुड़ाव और एक-दूसरे और समाज के प्रति अटूट संबंध (belonging) की भावना जागृत करती है। परंपराओं में अटूट विश्वास होने के बावजूद रूढ़िवादी परिवर्तन की प्रवृत्ति को खारिज नहीं करते हैं। बर्क ने *रिफ्लेक्शंस ऑन द रेवोल्यूशन इन फ्रांस* में कहा कि राज्य को अपने संरक्षण के लिए बदलाव के साधनों की आवश्यकता होती है, लेकिन बर्क के अनुसार बदलाव केवल दो ही परिस्थितियों में होना चाहिए। *पहला*, असाधारण राजनीतिक परिस्थितियों से संबंधित है–जैसे जनसंख्या में वृद्धि, आबादी के साक्षरता अनुपात में बढ़ोत्तरी, कृषि और उद्योग के बीच एक नए प्रकार का संतुलन। *दूसरा*, इन परिस्थितियों से उत्पन्न होने वाली व्यापक आवश्यकताओं की वजह से बदलाव होना। परंतु परिवर्तन के कारण समाज पर संभावित हानिकारक दुष्प्रभावों का असर न हो, इसलिए परिवर्तन धीमा और संतुलित होना चाहिए। रूढ़िवादी मूलभूत परिवर्तन का विरोध इसलिए करते हैं क्योंकि ऐसा परिवर्तन स्वाभाविक रूप से धन और स्थिति की सत्ता में एक बड़ा परिवर्तन लाता है, जिसके कारण उस परिवर्तन की प्रक्रिया में पीछे छूट गए लोगों में असंतोष और द्वेष की भावना उत्पन्न होती है। ऐसी स्थिति हिंसा को जन्म देती है और इससे गृह युद्ध होने की संभावना रहती है। ऐसा मूलभूत परिवर्तन क्रांतिकारियों को भी अपने मूल लक्ष्य से भटका देता है।

तर्कवाद का बहिष्करण (Rejection of Rationalism)

रूढ़िवादी स्वभाव की दूसरी विशेषता, जो परंपरावाद से काफी हद तक संबंधित है, सार (abstraction), तर्क (rational) और सिद्धांतीकरण (theorisation) के प्रति बहिष्करण है। रूढ़िवादी मानते हैं कि दार्शनिकों और क्रांतिकारियों द्वारा समाज की नई संरचना की पूर्व योजना बनाने के प्रयास गुमराह करने वाले होते हैं। इस मत पर रूढ़िवादियों का उदारवादियों के साथ स्पष्ट रूप से मतभेद दिखाई देता है। रूढ़िवादी मानते हैं कि मानव जैविक, भावनात्मक और संज्ञानात्मक रूप में अपूर्ण होता है और इन बातों के लिए मानव पूर्णतः समाज पर निर्भर होता है। इसलिए मानव को मार्गदर्शन के लिए सदैव सामाजिक संस्थानों की आवश्यकता होती है। हालांकि इस प्रकार का अनुमान धार्मिक सिद्धांत *ओरिजिनल सिन* (*Original Sin*) से प्रेरित दिखाई देता है। हालांकि अपूर्ण मानव की अवधारणा

को अधिकतर रूढ़िवादी धार्मिक सिद्धांत की बजाय धर्मनिरपेक्ष (secular) के दायरे में रखकर प्रस्तुत करते हैं और वे मानव अपूर्णता का कारण जैविक तथ्यों में खोजने का प्रयास करते हैं। वे मानव सहज ज्ञान की सीमितता पर बल देते हुए कहते हैं कि मनुष्य अनिवार्य रूप से सीमित होते हैं और हमेशा सुरक्षा के अभिलाषी प्राणी होते हैं। इसलिए मानव ज्ञात, परिचित और परखे हुए तथ्यों की ओर आकर्षित होते हैं। रूढ़िवादी मानते हैं कि मानव में जो तर्कसंगतता होती है उस पर विश्वास नहीं किया जा सकता और हर व्यक्ति में नैतिक पतन की प्रवृत्ति उसके जन्म से ही निहित होती है।

जैविक समाज की अवधारणा (Concept of Organic Society)

रूढ़िवादी मानते हैं कि मनुष्य अपनी इच्छाओं की पूर्ति और सुरक्षा पाने के लिए दूसरे मनुष्यों पर निर्भर होते हैं। व्यक्ति उन सामाजिक समूहों का हिस्सा होते हैं जो उनके विकास में अपना सहयोग और योगदान देते हैं जैसे परिवार, दोस्त या सहकर्मी समूह, स्थानीय समुदाय और राष्ट्र। ये समूह व्यक्ति के जीवन को सुरक्षा और अर्थ प्रदान करते हैं। रूढ़िवाद में यह विचार एक विशेष दृष्टिकोण पर आधारित है, जिसमें समाज को परंपरागत अर्थों में एक जीव के समान माना जाता है। व्यावहारिकता में भी समाज जीव की तरह ही होता है, जिसके सभी भाग एक साथ मिलकर काम करते हैं। उदाहरण के तौर पर, जैसे मानवीय जीव के भीतर मस्तिष्क, हृदय, फेफड़े और जिगर साथ मिलकर काम करते हैं, उसी प्रकार से सामाजिक जीव भी कार्य करता है। रूढ़िवादी, समाज को मशीन के स्थान पर जीव विज्ञान से जोड़कर देखते हैं, क्योंकि मशीनों के विपरीत, जीव केवल अलग-अलग हिस्सों का संग्रह नहीं होते, जिन्हें व्यवस्थित किया जा सकता है। जीव का संचालन उसके हिस्सों के बीच अंतर-संबंधों पर आधारित होता है, जोकि यदि क्षतिग्रस्त हो जाए तो जीव की मृत्यु का कारण भी बन सकता है। रूढ़िवादी मानते हैं कि समाज जैविक है और इसकी संरचनाएं और संस्थाएं ऐसी शक्तियों द्वारा रचित हैं जोकि मानव नियंत्रण और समझ से परे हैं, इसलिए समाज के भीतर रहने वाले व्यक्तियों को समाज का सम्मान और संरक्षण करना चाहिए।

रूढ़िवादी इसी अवधारणा के आधार पर उदारवादियों द्वारा प्रस्तुत किए गए सामाजिक संरचना के मत को नकारते हैं। रूढ़िवादी उदारवादियों द्वारा प्रस्तुत किए गए सामाजिक चित्रण को सूक्ष्मवाद (atomism) मानते हैं। इसके साथ

ही पारंपरिक रूढ़िवादी उदारवादियों द्वारा दिए गए "नकारात्मक स्वतंत्रता" की अवधारणा की आलोचना करते हैं और उसके संदर्भ में स्वतंत्रता को समझने से इनकार करते हैं, क्योंकि इस प्रकार की स्वतंत्रता का अर्थ व्यक्ति को समाज में अकेले छोड़ देने से होता है। इसके विपरीत, रूढ़िवादी, सामाजिक दायित्वों पर बल देते हैं और स्वतंत्रता को व्यक्तियों द्वारा सामाजिक दायित्वों और संबंधों की स्वीकृति मानते हैं। रूढ़िवादियों का मानना है कि व्यक्ति अपने सामाजिक दायित्वों को इसलिए महत्त्व देते हैं क्योंकि वे सामाजिक मूल्यों को भली-भांति पहचानते हैं। रूढ़िवादियों का मत है कि जिस समाज में व्यक्तियों को केवल उनके अधिकारों के बारे में पता हो और वे अपने कर्तव्यों को स्वीकार नहीं करें, वे जड़विहीन बन जाते हैं। दरअसल, रूढ़िवादियों के अनुसार कर्तव्य और दायित्व के बंधन समाज में व्यक्तियों को एक साथ जोड़ कर रखते हैं।

समाज के जैविक विचार की अवधारणा रूढ़िवादियों द्वारा परिवार की संस्था और राष्ट्र-निर्माण के पक्ष में स्थापित किए गए मूल्यों में परिलक्षित होती है। रूढ़िवादी परिवार को समाज के सबसे बुनियादी संस्थान के रूप में और अन्य सामाजिक संस्थानों के लिए एक मॉडल के रूप में देखते हैं। परिवार व्यक्तियों की बहुत सी जरूरतों की पूर्ति करने में और विशेष रूप से बच्चों की सुरक्षा और उनके विकास के लिए महत्त्वपूर्ण भूमिका निभाता है। साथ ही परिवार, बच्चों में उन मूल्यों को विकसित करने में अपना योगदान देता है, जो समाज में सबको एक बंधन में बांध कर रखते हैं। रूढ़िवादी, परिवार को समाज में स्थिरता बनाए रखने का एक आधार मानते हैं और एक संस्था के रूप में इसे संरक्षित और मजबूत बनाना चाहते हैं।

रूढ़िवादी नैतिक और सांस्कृतिक बहुलवादी (cultural pluralism) विचारों को संशय की दृष्टि से देखते हैं, क्योंकि यह एक सामान्य और सहज संस्कृति के स्थान पर बहुसांस्कृतिक (multicultural) समाज के मूल्यों की स्थापना में योगदान देते हैं, जोकि स्वाभाविक रूप से अस्थिर होते हैं। रूढ़िवादी परंपराओं, परिवार और धर्म के साथ-साथ देश को भी पारंपरिक मूल्यों का हिस्सा मानते हैं। परंपरावादी, राष्ट्रों को परिवार के समान मानते हैं, जिसमें लोग समान भाषा, इतिहास, संस्कृति और परंपराओं के आधार पर एक साथ जुड़ते हैं। इसलिए राष्ट्र के प्रति देशभक्ति लोगों में "एक पहचान की भावना" जागृत करने में सहायक होती है। इन्हीं विचारों के आधार पर रूढ़िवादी राष्ट्रवाद की अवधारणा उत्पन्न होती है।

वर्तमान समय में रूढ़िवाद
(Conservatism in Present-time)

'नवदक्षिणपंथ' (Neo-Right)

रूढ़िवाद को अपने वर्तमान रूप में दूसरी विचारधाराओं के साथ, विशेषकर दक्षिणपंथी विचारधारा के साथ, जोड़कर देखा जाता है। इसलिए रूढ़िवाद को उसके वर्तमान रूप में जानने के लिए नवदक्षिणपंथ को समझना आवश्यक है। नवदक्षिणपंथ एक व्यापक शब्द है और इसे आंदोलन के रूप में भी देखा जाता है। नवदक्षिणपंथी समर्थकों ने प्रवासन के विरोध में कई अभियान चलाए हैं। नवदक्षिणपंथ को यदि समझने का प्रयास किया जाए तो यह दो विपरीत परंपराओं– नव उदारवाद और नवरूढ़िवाद– के मध्य का एक संयोजन माना जाता है। नवदक्षिणपंथ राज्य और सामाजिक अधिकारितावाद (state authoritarianism) के साथ, आर्थिक स्वतंत्रतावाद (economic liberalism) को मिलाने का एक प्रयास माना जाता है। यह कट्टरपंथी, प्रतिक्रियावादी और पारंपरिक विशेषताओं का मिश्रण है। नवदक्षिणपंथ प्रतिक्रियावादी कट्टरपंथ का एक रूप है, जिसके द्वारा उदारवादी और रूढ़िवादी दोनों विचारधाराओं के समर्थक उन्नीसवीं सदी के आर्थिक उदारीकरण को वापस लाना चाहते हैं।

नवरूढ़िवाद (Neo-conservatism)

नवरूढ़िवादी, वर्तमान समय में समाज में हो रहे विखंडन के प्रति संशयात्मक दृष्टिकोण रखते हैं। रूढ़िवादियों का मानना है कि तेजी से होते उदारवादी सुधार और ''प्रगतिशील'' मूल्यों के प्रसार के कारण समाज का विखंडन तीव्रता से हो रहा है। रूढ़िवादी, इस परिस्थिति से निपटने के लिए सत्ता (Authority) की भूमिका को रेखांकित करते हैं। रूढ़िवादियों के विचार में सत्ता ही एकमात्र ऐसी इकाई है जो लोगों को एक सूत्र में बांधती है। सत्ता, लोगों को उनकी, एक नागरिक के रूप में, पहचान करवाने में भी प्रभावकारी होती है। सत्ता लोगों को यह पहचान भी करवाती है कि समाज की उनसे क्या अपेक्षाएं हैं। सत्ता की तरफ अधिक झुकाव के कारण नवरूढ़िवाद को सत्तावादी जनरंजकवाद (Authoritarian populism) के रूप में भी देखा जाता है, क्योंकि रूढ़िवादी कुछ भावनात्मक मुद्दों जैसे समाज में नैतिक मानकों में शिथिलता और कमजोर होते प्राधिकार पर तीखी प्रतिक्रिया करते हैं। नवरूढ़िवाद की जड़ें परंपरावाद और जैविक रूढ़िवाद में जाकर मिलती हैं, हालांकि यह पैतृकतावादी रूढ़िवाद (paternalistic conservatism) जैविक रूढ़िवाद से स्पष्ट रूप से अलग है।

उदाहरणत: परंपरावादी रूढ़िवादी, जो एक राष्ट्र की अवधारणा में विश्वास रखते हैं, मानते हैं कि समुदाय को गरीबी के स्तर को कम करके सुगठित किया जा सकता है। जबकि नवरूढ़िवादियों के अनुसार अधिकार बहाल करने और सामाजिक अनुशासन लागू करने से समाज को बेहतर तरीके से सुगठित किया जा सकता है। इसलिए नवरूढ़िवाद (Neoconservatism), अधिनायकवाद (Authoritarianism) और नवउदारवाद (Neoliberal libertarianism) के ज्यादा करीब दिखाई देता है।

नवदक्षिणपंथी रूढ़िवाद (Neo-Right Conservatives) मुख्यत: तीन प्रमुख मुद्दों पर आधारित हैं–कानून और व्यवस्था, लोक नैतिकता और राष्ट्रीय पहचान। नवरूढ़िवादियों के अनुसार, 1960 के दशक से पश्चिमी समाजों में बढ़ती, आपराधिक और असामाजिक विकृतियों का कारण शासन व्यवस्था के स्तर में भारी गिरावट का आना था। सुरक्षा लोगों के लिए एक बुनियादी जरूरत है और वे चाहते हैं कि यह सुरक्षा उन्हें प्राधिकार के प्रयोग द्वारा मिले। यह सुरक्षा उन्हें परिवार में पिता द्वारा, स्कूल में शिक्षक द्वारा, काम पर नियोक्ता द्वारा और समाज में ''कानून और व्यवस्था'' प्रणाली द्वारा प्रदान की जाती है। लेकिन लोगों को यह सुरक्षा तब नहीं मिल पाती जब वे प्राधिकरण से बहुत ज्यादा सवाल पूछने लगते हैं। नवदक्षिणपंथी रूढ़िवाद इसलिए सामाजिक अधिनायकवाद (social Authoritarianism) पर बल देता है। इसके अंतर्गत नवदक्षिणपंथी रूढ़िवादी परिवार की संस्था के सुदृढ़ीकरण की पैरवी करते हैं। ''परिवार'' की संस्था को नवरूढ़िवादी पारंपरिक अर्थों में समझते हैं, जोकि स्वाभाविक रूप से वर्गीकृत होता है। परंपरागत परिवार की संस्था में बच्चों को अपने माता-पिता का सम्मान करना और उनकी आज्ञा का पालन करना सिखाया जाता है, जोकि स्वाभाविक रूप से पितृसत्तात्मक समाज का एक महत्त्वपूर्ण तत्त्व है। परंपरागत परिवार में पति के लिए प्रदाता की और पत्नी के लिए घरेलू निर्माता की भूमिका तय की गई है। यदि इन अधिकारों (Authority) के रिश्ते कमजोर होते हैं, तो बच्चों में अच्छे नैतिक मूल्यों में कमी रह जाती है और उनमे बड़ों के प्रति आदर करने का नैतिक व्यवहार नहीं आ पाता।

सामाजिक अधिनायकवाद के कारण राज्य सत्तावाद की उत्पत्ति होती है, जिससे राज्य को मजबूती मिलती है और राज्य एक कठोर कानून व्यवस्था कायम कर पाता है। नवदक्षिणपंथी रूढ़िवादी मानव प्रकृति के आधार पर नैतिक भ्रष्टाचार के विचार को स्वीकार करते हैं। उनका मानना है कि समाज में और व्यक्तियों में विकार की जड़ सामाजिक अन्याय में न होकर मानव आत्मा में निहित होती

है। इसलिए समाज में बढ़ते अपराध में कमी लाने के लिए राज्यों को गंभीर सजा द्वारा अपराधियों में डर उत्पन्न करना चाहिए। रूढ़िवादियों के अपराध और सजा से संबंधित विचारों का प्रभाव विशेष रूप से संयुक्त राज्य अमेरिका और ब्रिटेन पर पड़ा। यहां हिरासत संबंधी और लंबी अवधि की कैद से संबंधित दंड पर अधिक बल दिया गया। संयुक्त राज्य अमेरिका में नवरूढ़िवादियों ने मृत्युदंड की बहाली के लिए एक अभियान चलाया। मृत्युदंड को 1960 के दशक में सुप्रीम कोर्ट ने "क्रूर और असामान्य सजा" बताते हुए उसकी कड़ी निंदा की थी, लेकिन अधिकांश राज्यों में 1980 के दशक के अंत तक मौत की सजा बहाल की गई थी।

नवदक्षिणपंथी रूढ़िवादी देश के भीतर और बाहर के खतरों से मुकाबला करने के लिए मजबूत राष्ट्रीय पहचान (national identity) पर बल देते हैं। नवरूढ़िवादी राष्ट्र की महत्ता को इसलिए प्राथमिकता देते हैं क्योंकि उनके मुताबिक राष्ट्र एक समान सांस्कृतिक और नागरिक पहचान देकर समाज को एकजुट रखता है, इतिहास और परंपरा के कारण यह एकजुटता और मजबूत तरीके से लाई जा सकती है। नवरूढ़िवादियों के लिए देश के लिए सबसे बड़ा आंतरिक खतरा बहुसंस्कृतिवाद का विकास है, क्योंकि बहुसंस्कृतिवाद सांस्कृतिक विविधता में विश्वास रखता है, जिससे राष्ट्रवाद का बंधन कमजोर होता है, इसलिए यह राजनीतिक समुदाय के लिए एक बड़ा खतरा है। नवरूढ़िवादी बहुसंस्कृतिवाद को समाज में जातीय और नस्लीय संघर्ष उत्पन्न होने का मुख्य कारण मानते हैं। इस कारण से नवदक्षिणपंथी रूढ़िवादी प्रवासन (immigration) पर मजबूत नियंत्रण के लिए अभियान में सदैव अग्रणी रहते हैं। नवदक्षिणपंथी रूढ़िवादी बाहरी खतरों से चुनौतियों के मद्देनजर कई अभियान चलाते आए हैं। उदाहरण के लिए, यूरोपीय एकीकरण (European Integration) और विशेष रूप से मौद्रिक संघ (monetary union) के प्रति विरोध। 1990 के दशक में ब्रिटेन की नीतियां लगभग नवदक्षिणपंथी रूढ़िवाद द्वारा परिभाषित की गईं। नवरूढ़िवादी विचारों ने न केवल यूरोप बल्कि संयुक्त राज्य अमेरिका की राजनीति को भी काफी हद तक प्रभावित किया है। 1970 और 1980 के दशक में संयुक्त राज्य अमेरिका में प्रमुख खतरा विश्व में फैलती हुई साम्यवादी विचारधारा और विशेष रूप से सोवियत संघ को माना जाता था, जिसे रोनाल्ड रीगन (Ronald Reagan) ने "एक दुष्ट साम्राज्य" (evil empire) के रूप में देखा था। हालांकि, 11 सितंबर, 2001 से वैश्विक आतंकवाद को प्रमुख रणनीतिक, राजनीतिक और सांस्कृतिक खतरा माना गया, जिसके खिलाफ अमेरिकी राष्ट्रीय पहचान को परिभाषित किया गया है। जॉर्ज डब्लू बुश (George W. Bush) की तेजी से मुखर और एकपक्षीय

विदेश नीति, ''आतंक के खिलाफ युद्ध'' के हिस्से के रूप में देखी गई। इस प्रकार आतंक के खिलाफ युद्ध को अमेरिकी मूल्यों और अमेरिकी जीवन शैली के बचाव के रूप में चित्रित किया गया।

नवदक्षिणपंथवाद की आलोचना (Critique of Neo-Right Conservatism)

नवदक्षिणपंथवाद से संबंधित सभी विचारक और राजनेता नवरूढ़िवादी विचारों से सहमत नहीं दिखते। उदाहरण के लिए, नवरूढ़िवादी चिंतक रॉजर स्क्रूटोन (Roger Scruton, 2001) मानते हैं कि मुक्त बाज़ार को लेकर सैद्धांतिक प्रतिबद्धता का रूढ़िवाद में कोई स्थान नहीं है। इसी तरह, स्वतंत्रतावादी (libertarian) चिंतक नॉजिक और अराजकतावादी-पूंजीपति (Anarcho-Capitalism) चिंतक, रूढ़िवादी सामाजिक सिद्धांत के प्रति कोई सहानुभूति नहीं रखते हैं। फिर भी, नवउदारवादी और नवरूढ़िवादी विचार आमतौर पर समान नजर आते हैं, और यही सामाजिक रूढ़िवाद के साथ आर्थिक उदारीकरण को मिलाने के प्रयास नवदक्षिणपंथ को एक विभिन्न विशेषता प्रदान करते हैं। कई चिंतक नवदक्षिणपंथवाद को अस्पष्ट और दोहरी प्रकृति वाली अवधारणा मानते हैं। एंड्रयू गैम्बल (Andrew Gamble, 1988) ने ब्रिटेन में थैचरवाद (Thatcherism) के दोहरे चरित्र को चिह्नांकित किया है। उनके अनुसार थैचरवाद में ''मुक्त अर्थव्यवस्था और मजबूत राज्य'' दोनों के प्रति प्रतिबद्धता व्यक्त की गई। इसमें नवदक्षिणपंथ का लक्ष्य एक मजबूत लेकिन न्यूनतम राज्य के निर्माण का था। हालांकि, नवउदारवाद और नवरूढ़िवाद एक-दूसरे के कितने पूरक हैं, इस बात पर एकमतता नहीं है। कई चिंतकों ने नवउदारवादी और नवरूढ़िवादी विचारधाराओं के मध्य अनुकूलता पर प्रश्नचिह्न लगाया है, उनका मानना है कि दोनों विचारधाराओं का समायोजन सतही और व्यवहारमूलक (pragmatism) है और सुविधा की राजनीति के आधार पर टिका है। गैम्बल का मानना है कि नवदक्षिणपंथवाद में विपरीत विचारों का समायोजन, 'मुक्त बाज़ार व्यवस्था में असमानता बढ़ने और राज्य के घटते समर्थन के कारण बाज़ार व्यवस्था को नियंत्रित करने की, और सामाजिक और राजनीतिक अधिकार (authority) को बनाए रखने की आवश्यकता के कारण हुआ था।' वहीं नवदक्षिणपंथी सिद्धांतकार भी यह दावा नहीं करते हैं कि नवउदारवाद और नवदक्षिणपंथवाद दोनों ही विचारधाराएं वैचारिक स्तर पर एक जैसी हैं। लेटविन (Letwin, 1992) ने ब्रिटेन में थैचरवाद को एक नैतिक धर्मयुद्ध के रूप में समझा है, जोकि सार्वजनिक जीवन में कुछ सशक्त गुण लाने के लिए प्रतिबद्ध दिखाई दिया जैसे- सच्चाई,

आत्मनिर्भरता, ऊर्जा, स्वतंत्र विचारधारा, निष्ठा और दृढ़ता। इन गुणों की मांग के चलते आर्थिक क्षेत्र में राज्य का कई क्षेत्रों से अपना अधिकार हटा लेना (roll back) लगभग आवश्यक हो गया, लेकिन सामाजिक जीवन में कानून और व्यवस्था बनाए रखने के लिए अधिक से अधिक हस्तक्षेप का संकेत दिया गया, ताकि राष्ट्रीय आदर्शों का अनुरक्षण हो और देश की रक्षा इकाइयों को और मजबूत बनाया जा सके। इन विचारों से यह साफ समझ आता है कि नवदक्षिणपंथ वैचारिक या राजनीतिक स्तर पर एक सामंजस्यपूर्ण विचारधारा नहीं है। जहां नवउदारवादी स्वतंत्रता, चुनाव, अधिकार और प्रतियोगिता जैसे मूल्यों पर कायम हैं और यह मानते हैं कि व्यक्तिवाद और आत्मनिर्भरता जैसी अवधारणाएं मानव प्रकृति में निहित हैं। वहीं नव–रूढ़िवादी प्राधिकरण, अनुशासन, सम्मान और कर्तव्य जैसे मानव मूल्यों को प्रदर्शित करते हैं। उदाहरण के लिए, अनियमित पूंजीवाद की अथक गतिशीलता ने सामाजिक सामंजस्य को कमजोर किया है जोकि रूढ़िवादियों के अनुसार स्थापित मूल्यों और पारंपरिक संस्थानों पर आधारित होती है। इसके अलावा मुक्त बाज़ार व्यवस्था में राष्ट्रीय सीमाओं के संबंध में नहीं सोचा जाता है और उदारवादी निरंतर वैश्वीकरण के पक्ष में बात करते हैं जो राष्ट्र को एक राजनीतिक और सांस्कृतिक संस्था के रूप में कमजोर करता है।

रूढ़िवाद का आलोचनात्मक मूल्यांकन
(Critical Evaluation of Conservatism)

एंथोनी क्विटोन (Anthony Quinton) का मानना है कि रूढ़िवादियों का परंपरावादी होना उनके विचारों में एक अस्पष्टता लेकर आता है। रूढ़िवादी परंपराओं के संरक्षण में विश्वास रखते हैं इसलिए किसी भी बड़े और अचानक या हिंसक बदलाव का विरोध करते हैं, हालांकि वे परिवर्तन का पूरी तरह से विरोध नहीं करते। लेकिन कितने बड़े परिवर्तन को वे बड़ा मानेंगे, कितनी मात्रा में बदलाव बड़ा होगा, इस पर उनके विचार अस्पष्ट हैं। रूढ़िवादी यह भी मानते हैं कि सामाजिक या प्राकृतिक परिस्थितियों में बड़े बदलावों से निपटने के लिए बड़े राजनीतिक परिवर्तन की आवश्यकता हो सकती है। यह मान्यता अपने आप में रूढ़िवाद में परिवर्तन को लेकर विचारों में विरोधाभास को दर्शाती है।

रूढ़िवादी परंपरा की दूसरी आलोचना उसके असंगत विचारों को लेकर है, क्योंकि रूढ़िवादी अब उन राजनीतिक और कानूनी व्यवस्थाओं का समर्थन करते हैं, जिनकी प्रस्तावना के समय पहले उन्होंने कठोर रूप से उसका विरोध

किया था, जैसे– महिलाओं और संपत्तिविहीनों को मताधिकार मिलने का विरोध, ब्रिटिश राजशाही को औपचारिक स्थिति तक सीमित कर देना और हाउस ऑफ लॉर्ड्स को अधिकारहीन कर देना।

रूढ़िवादियों की जैविकता (organicism) की अवधारणा में भी अस्पष्टता है, क्योंकि जैविकता के जिस संस्करण को वे प्रस्तुत करते हैं उसमें समाज के साथ राज्य की भी भूमिका को अहमियत दी गई है, विशेष रूप से नवरूढ़िवादी राज्य की महत्ता को रेखांकित करते हैं, जबकि रूढ़िवादी यह मानते हैं कि मनुष्य वास्तव में समाज पर निर्भर होते हैं। लोग समाज में विभिन्न प्रकार के सामाजिक संबंधों में प्रवेश करते हैं, जोकि उनकी राज्य पर कोई विशेष निर्भरता सिद्ध नहीं करता है। इसलिए राज्य से अधिक प्रभावशाली सामाजिक संस्थान जैसे– परिवार, स्कूल, स्थानीय समुदाय, कार्य समूह आदि होते हैं। जैविकता के दृष्टिकोण की एक आलोचना यह भी है कि इसके अंतर्गत अव्यक्त रूप से व्यक्तियों की अपनी रचनात्मक मौलिकता को नकारा जाता है क्योंकि इस दृष्टिकोण में व्यक्तियों की प्रकृति और उनकी उपलब्धियों को एक सामाजिक उत्पाद के रूप में देखा जाता है। जहां भी प्रगति होती है वह परंपरा की पृष्ठभूमि से उभरती रचनात्मकता मानी जाती है। विज्ञान को लेकर भी यह माना जाता है कि सभ्यता के बिना विज्ञान अस्थिर होता है।

नवउदारवादी चिंतक हेयक मानते हैं कि रूढ़िवादी अनियंत्रित सामाजिक शक्तियों पर भरोसा करने से डरते हैं। ऐसा उनके प्राधिकरण में अटूट विश्वास और आर्थिक शक्तियों की समझ की कमी के कारण है। चूंकि रूढ़िवादी सार सिद्धांतों (abstract principles) और सामान्य सिद्धांतों (General principles) में अविश्वास रखते हैं, इसलिए यह न तो उन स्वतंत्र शक्तियों को समझते हैं जिन पर स्वतंत्रता की नीति निर्भर करती है और ना ही नीति के सिद्धांतों को तैयार करने के लिए उनके पास कोई एक आधार होता है।

रूढ़िवाद : एक विश्लेषण (Conservatism: An Assessment)

रूढ़िवादी विचारधारा में 16वीं सदी से लेकर समकालीन समय तक अनेक परिवर्तन आए हैं, इसलिए रूढ़िवाद को एक ही विचारधारा के सूत्र में बांध लेना उचित नहीं है। कई चिंतक तो उन मतों को भी निराधार मानते हैं जिनमें रूढ़िवाद को दूसरी विचारधाराओं के साथ सम्मिश्रित करके देखा जाता है, जैसे एंथोनी क्विंटोन (Anthony Quinton) मानते हैं कि रूढ़िवाद को कई दक्षिणपंथी विचारधाराओं के साथ रखकर देखा जाता है; जैसे फासीवाद, आधिकारिकता और अभिजात वर्ग की

विचारधाराएं और साथ ही कई अन्य राजनीतिक विचार जिन्हें विचारधारा नहीं कहा जा सकता। ये सब रूढ़िवाद से काफी अलग हैं और रूढ़िवाद को इनके समान समझना सही नहीं है। यदि इस दृष्टिकोण से रूढ़िवाद को समझा जाए तो रूढ़िवाद की समझ और अधिक व्यापक बनाई जा सकती है। साथ ही रूढ़िवाद को सटीक रूप से, अलग-अलग मतों से, जिनके साथ रूढ़िवाद को आमतौर पर भ्रमित किया जाता है, अलग करके देखने को संभव बनाया जा सकता है। हालांकि उन्नीसवीं सदी में जब समाजवाद, जोकि नव-मताधिकारी सर्वहारा वर्ग (newly enfranchised proletariat) की प्रभावी विचारधारा के राजनीतिक रूप में उभरा, रूढ़िवादी पार्टियों ने कई दक्षिणपंथी उदारवादियों को अपने में आत्मसात कर उनसे एक गठबंधन किया, ताकि समाजवाद से मुकाबला किया जा सके। इस समझौते के कारण कभी-कभी रूढ़िवादी मूल तत्त्वों को उदारवाद से अलग समझना कठिन हो जाता है।

चरम दक्षिणपंथ (extreme right) की विचारधाराओं के साथ रूढ़िवाद को भ्रमित किया जाता है। इस प्रकार का भ्रम और कुछ नहीं बल्कि एक बयानबाजी लगता है, हालांकि कई बार इसमें कुछ बातें व्यवहार पर भी आधारित होती हैं। रूढ़िवादियों ने संकट के समय में खुद को कई ऐसी पार्टियों के साथ सम्मिलित किया है, जोकि अधिक क्रूरता से संचालित होती हैं जैसेकि उग्र दक्षिणपंथी विचारधारा।

गैर-रूढ़िवादी दक्षिणपंथी राजनीतिक सिद्धांत जो रूढ़िवाद से अलग हैं, लेकिन अक्सर इसके साथ मिलकर भ्रमित होते हैं, यह दो प्रकार के होते हैं। इनमें से कुछ तो पूरी तरह से विकसित विचारधाराएं हैं, जिन्होंने बौद्धिक अभिव्यक्ति हासिल की है। इन विचारधाराओं की यदि सूक्ष्मता से जांच की जाए तो परंपरागत अर्थों में ये वास्तविकता में रूढ़िवाद से बिल्कुल अलग हैं। वहीं दूसरी ओर कुछ ऐसे आवर्ती या निरंतर रूढ़िवादी दक्षिणपंथी राजनीतिक दृष्टिकोण हैं, जोकि बौद्धिक रूप से विचारधाराओं के रूप में विस्तारित नहीं हैं और उनकी गणना विचारधारा में नहीं की जा सकती, वे रूढ़िवाद के न तो समान हैं और इसका अनिवार्य हिस्सा भी नहीं हैं, लेकिन फिर भी रूढ़िवाद के बीच सम्मिलित होते हैं। गैर-रूढ़िवादी विचारधारा को रूढ़िवाद के दक्षिणपंथी विकल्प के रूप में देखा जाता है, जबकि कम स्पष्ट दृष्टिकोण रूढ़िवाद के संभव रूपों में हो सकते हैं।

फासीवाद एक दक्षिणपंथी विचारधारा है, जो बीसवीं सदी के इतिहास में अपनी नाटकीय और विनाशकारी भूमिका के लिए जानी जाती है। यह कुछ खास मामलों में गैर-रूढ़िवादी है। यह उग्रवादी और यहां तक कि क्रांतिकारी भी है, जो मौजूदा संस्थानों के प्रतिस्थापन के लिए और सरकार के कार्यों का निरंकुश

विस्तार करने का समर्थन करती है। प्रथागत कानून के लिए, संविधान के लिए और, वास्तव में, सामान्य तौर पर कानून के शासन के लिए इस विचारधारा में सम्मान नहीं है। वेबर के शब्दों में, फासीवादी नेता, करिश्माई अधिकार का दावा करता है, जहां रूढ़िवादी शासक का प्राधिकार पारंपरिक होता है।

अधिकारितावाद फासीवाद की तरह आपातकालीन उपायों और निर्देशक नियमों (Directive rules) का समर्थन करता है, जोकि परंपरागत नियमों के महत्त्व को अनावश्यक बना देते हैं। फासीवादी और अधिकारितावादी विचारधाराओं में अंतर केवल यह है कि अधिकारितावाद सर्वाधिकारवादी नहीं होता है। इसमें जिन राजनीतिक मूल्यों की प्रस्तुति की गई है, उनके अनुसार राज्य मानव जीवन के हर पहलू में घुसपैठ नहीं करता है। आदेश के संरक्षण के लिए जरूरी है इसके अधिभावी राजनीतिक मूल्य। लेकिन संविधानों और कानूनों को नकारने की तत्परता के कारण यह रूढ़िवाद से बिलकुल भिन्न है।

अभिजनवाद (Elitism) इसके प्लेटोनिक वंश के साथ, शायद सबसे पुरानी राजनीतिक विचारधारा है, यह गैर-रूढ़िवादी है। अभिजनवादी मानते हैं कि मनुष्य और समाज सैद्धांतिक रूप से अभेद्य हैं। इनके अनुसार सबसे अच्छा अभिजात वर्ग बौद्धिक होता है, जो समाज की कार्यप्रणाली को समझने के लिए विशेष रूप से क्षमताओं और प्रशिक्षण से युक्त है। यह परंपरा के प्रति सम्मान दिखा सकता है, लेकिन उसका आज्ञापालन नहीं कर सकता, क्योंकि यह परंपरा को पूर्व अभिजात वर्गों के काम के जीवित अवशेष के रूप में देखता है। रूढ़िवादियों के विपरीत, अभिजात वर्ग लोगों को विरासत में प्राप्त हुए स्थान/दर्जे को बहुत कम महत्त्व देता है।

रूढ़िवाद को परंपरागत उदारवाद, जोकि व्यक्तिवाद पर आधारित है, के साथ भी भ्रमित किया जाता है। उन्नीसवीं सदी के उत्तरार्द्ध में रूढ़िवादी राजनीतिक दलों में उदारवादी विचारधारा मानने वाले लोग शामिल होते आए हैं ताकि समाजवाद से मुकाबला किया जा सके, लेकिन बीसवीं सदी में कई उदारवादी चिंतकों ने रूढ़िवादी अवधारणा की आलोचना की। बीसवीं सदी में शास्त्रीय उदारवाद के प्रमुख चिंतक हेयक, जिन्होंने अपनी प्रमुख पुस्तक, *दी कांस्टीट्यूशन ऑफ लिबर्टी* (*The Constitution of Liberty*, 1960) के एक अध्याय का शीर्षक *वाय आई एम नॉट ए कंसर्वेटिव* (Why I am not a Conservative) रखा है।

परंपरागत उदारवादी, राज्य के बजाय, जिसमें उदार संस्थाएं प्रबल होती हैं, अर्थव्यवस्था और समाज में परिवर्तन का पक्ष रखते हैं। वे सभी परंपरागत अर्थशास्त्र के सिद्धांत का समर्थन करते हैं, जिसका स्पष्ट आशय यह है कि एक निरंकुश बाज़ार मानव की जरूरतों और इच्छाओं की सबसे अधिक संभव

संतुष्टि करता है और संसाधनों का सबसे अधिक उपयोग बाजार द्वारा ही किया जा सकता है। उदारवादी रूढ़िवादियों से अधिक संदेहास्पद होते हैं, पर जब सत्ता की बात होती है तो वे अल्पमत सरकारों का समर्थन करते हैं।

रूढ़िवादी परिवर्तन का विरोध करते हैं, परंतु सीमित परिवर्तन को स्वीकार भी करते हैं। वे बदलती परिस्थितियों में आवश्यकतानुसार बदलाव स्वीकार करते हैं, लेकिन वे यह भी मानते हैं कि परिवर्तन धीमा और क्रमिक होना चाहिए।

रूढ़िवादी निरंकुशवादी भी नहीं होते, क्योंकि निरंकुशवादी संप्रभु को कानून की सभी बाधाओं से मुक्त करते हैं। निरंकुशवादियों के अनुसार संप्रभु को शासन करने के लिए दिव्य अधिकार प्राप्त हैं। इस प्रकार का विचार रूढ़िवादी विचारधारा के विपरीत है क्योंकि रूढ़िवादियों के अनुसार संविधान और कानून सर्वोच्च हैं, क्योंकि संविधान और कानूनों में निहित अवैयक्तिक विवेक (impersonal wisdom) सम्मिलित है।

निष्कर्ष (Conclusion)

रूढ़िवादी विचारों को मानव सदियों से किसी न किसी रूप में अपनाता आया है, परंतु ये रूढ़िवादी विचार एक विचारधारा का रूप ले पाए हैं, इस पर मतभेद है, क्योंकि भिन्न समयकालों में रूढ़िवादी विचारों में समय की आवश्यकताओं के अनुसार परिवर्तन आए हैं। हालांकि रूढ़िवादी विचारों में बड़े परिवर्तनों को लेकर विरोध प्रदर्शित होता है, फिर भी रूढ़िवाद के अंदर ही समय के अनुसार कई बड़े परिवर्तन देखे गए। रूढ़िवादी विचारक ओकशॉट मानते हैं कि रूढ़िवाद एक मानसिकता या स्वभाव है, जोकि एक प्रकार के विचार और आचरण को जन्म देता है। ओकशॉट रूढ़िवाद को एक विचारधारा की बजाय राजनीति की एक शैली (style of politics) के रूप में देखते हैं। कुछ अन्य विचारक रूढ़िवाद को केवल एक प्रवृत्ति के रूप में देखते हैं और इसलिए मानते हैं कि रूढ़िवाद का किसी भी अन्य विचारधारा के साथ सम्मिश्रण आसान होता है। रूढ़िवाद उदारवाद, समाजवाद, फासीवाद, सत्तावाद, अभिजनवाद (Elitism) जैसी विचारधाराओं में विलीन हो सकता है और इसका उपयोग इन विचारधाराओं में सुविधा के अनुसार किया जा सकता है। उदाहरण के तौर पर, नवरूढ़िवाद जोकि उदारवाद के साथ समायोजित करके नवदक्षिणपंथवाद का हिस्सा बन जाता है, जबकि रूढ़िवादी दृष्टिकोण उदारवादी समझ से बिलकुल अलग है। इसके अलावा,

रूढ़िवादी विचारों की प्रासंगिकता को लेकर भी प्रश्न उठते रहे हैं। उदाहरण के लिए, रूढ़िवाद का समायोजन उदारवाद के साथ समाजवादी राजनीति, विशेष रूप से केंद्रीय योजना के विरुद्ध किया गया था। लेकिन समाजवादी नीतियों के समाप्त होने के बाद रूढ़िवाद की क्या भूमिका है, इस प्रश्न को कई आलोचकों ने उठाया है। इन शंकाओं के बावजूद रूढ़िवाद समकालीन समय में और सशक्त भूमिका में उभर कर आ रहा है और अधिकतर देशों की राजनीति इस विचारधारा से प्रभावित है। यूरोप में जर्मनी, स्वीडन और ब्रिटेन में मध्यमार्गी-दक्षिणपंथी दलों की रणनीतियों में रूढ़िवादी विचार बड़े स्पष्ट दिखाई देते हैं। ये सभी दल देश की आर्थिक क्षमता, राज्य की प्रभावकारिता के बारे में संदेह के कारण समकालीन समाज के संदर्भ में परंपरागत मूल्यों पर बल देते हैं। इन विचारों का गहरा प्रभाव यूरोप में कई अन्य देशों की राजनीति पर भी पड़ता है, जैसे ब्रिटेन में ब्रेक्सिट (BREXIT) नीति रूढ़िवाद के चलते ही सफल हुई। ब्रिटेन यूरोपीय संघ से राष्ट्रवाद की लहर के चलते अलग हुआ। ऐसा ही प्रभाव संयुक्त राष्ट्र अमेरिका, कनाडा और तृतीय विश्व के कई अन्य देशों में भी देखा जा सकता है।

रूढ़िवाद में 16वीं सदी से लेकर अब तक कई उतार-चढ़ाव देखे गए लेकिन फिर भी रूढ़िवाद, दृष्टिकोण के रूप में ही सही, काफी लोकप्रिय रहा है। इसका कारण रूढ़िवाद में स्थिति के अनुरूप ढलने की क्षमता, समावेशी (comprehensive) और व्यवहारमूलक (behavioural) जैसे तत्त्वों का शामिल होना है। उदाहरणत: रूढ़िवाद और उदारवाद दोनों विचारधाराओं के बीच असमानता होने के कारण एक-दूसरे के प्रति असहमति है, लेकिन दोनों में कुछ सामान्य लक्षण हैं जो एक जैसे हैं– कट्टरवादी विचारधारा और उसके कारण स्थापित संस्थानों और प्रथाओं के हिंसक उन्मूलन को अस्वीकृति, सरकार की शक्तियों पर रोक लगाने की आवश्यकता की स्वीकृति, व्यक्तिगत अधिकारों और सामाजिक शक्तियों के संबंध में समाज में संतुलन का समर्थन। इसके अलावा, दोनों ही विचारधाराओं के चिंतक और अनुयायियों के अनुसार समकालीन समय में भी सामाजिक लोकतांत्रिक विचारों का दोबारा से राजनीतिक पटल पर उभरना पारंपरिक तरीकों के लिए एक अलग और शक्तिशाली चुनौती प्रस्तुत कर रहा है। इस कारण से भी रूढ़िवादी उदारवादियों का समर्थन करते हैं। अपने समायोजित रूप में रूढ़िवाद एक बहुत सशक्त विचार के रूप में पूरे संसार में उभर रहा है और इसके साथ में परंपरावादी विचारों का भी आगमन दोबारा से राजनीति और समाज दोनों में ही देखा जा सकता है।

महत्त्वपूर्ण प्रश्न

1. रूढ़िवाद से आप समझते हैं?
2. रूढ़िवाद के ऐतिहासिक एवं बौद्धिक विकास पर एक निबंध लिखें।
3. रूढ़िवाद के मुख्य तत्त्व क्या हैं? विवेचना कीजिए।
4. समकालीन समय में रूढ़िवाद की क्या प्रासंगिकता है? आलोचनात्मक विश्लेषण कीजिए।

संदर्भ (References)

Ball, Terrence, et al., "Conservatism", *Encyclopaedia Britannica*, https://www.britannica.com/topic/conservatism, accessed on 05.09.18.

Blee, Kathleen M, Creasap, Kimberly A, 2010, "Conservative and Right Wing Movements", *Annual Review of Sociology*, Vol.36, pp.269-268.

Burke, Edmund, eds. 1982, *Reflections on the Revolution in France*, Penguin: UK.

Carlisle, Rodney P., 2005, *The Encyclopedia of Politics : The Left and the Right*, London : SAGE Publications.

"Conservatism", *Stanford Encyclopaedia of Philosophy*, http://plato.stanford.edu/entries/conservatism, accessed on 05.09.18.

Hoffman, John, & Grahame, Paul, 2006, *Introduction to Political Theory*, Harlow: Pearson Education.

Hume, David, 1751 "An Enquiry into the Sources of Morals", http://www.earlymoderntexts.com/assets/pdfs/hume1751.pdf, accessed on 05.09.18.

Jones, Emiley, "Conservatism, Edmund Burke and the Invention of Political Tradition", *The Historical Journal*, 58, 4 (201), pp.1115-1139.

Koopman Rudd, & Olzak, Susan, 2004, "Discursive Oppurtunities and Evolution of the Right Wing Violence in Germany", *American Journal of Sociology*, Vol.110, No. 1(July), pp.198-130.

Muller, Jerry Z., eds., 1997, "Introduction: What is Conservative Social and Political Thought?", Jerry Z Muller, eds., *Conservatism: An Anthology of Social and Political Thought from David Hume to the Present*, Princeton: N.J Princeton University Press, pp.5-29.

Quinton, Anthony eds., 2007, "Conservatism", in Robert E. Goodin, Philip Petit and Thomas Pogge, eds. *A Companion to Conservative Political Philosophy*, USA: Wiley Blackwell, pp.244-266.

Spinner, Jeff, 1991, "Constructing Communities: Edmund Burke on Revolution", *Polity*, Vol. 23, No.3 (Spring), pp.394-421.

Wolin, Sheldon S., 1954, "Hume and Conservatism", *The American Political Science Review*, Vol.48, No.4 (Dec.) pp.99-1016.

अध्याय सात

नारीवादी परंपरा

(Feminist Tradition)

भावना शर्मा

* *नारीवाद की अवधारणा* * *यौनिकता व लैंगिकता* * *भेदभाव और महिलाएं* * *पितृसत्ता क्या है : अर्थ* * *नारीवाद व वोलस्टोनक्राफ्ट* * *लैंगिक विभाजन* * *उदारवादी नारीवाद* * *मार्क्सवादी नारीवाद* * *संरचनात्मक सिद्धांत* * *विखंडन का सिद्धांत* * *उग्र नारीवाद* * *निष्कर्ष* * *महत्त्वपूर्ण प्रश्न* * *संदर्भ*

यह अध्याय नारीवाद (feminism) के कुछ मूलभूत सिद्धांतों पर ध्यान केंद्रित करता है। आरंभ में यह नारीवाद की अवधारणा स्पष्ट करता है और उन कारणों पर दृष्टिपात करता है जिनके कारण उन विचारधाराओं की जरूरत पड़ती है जो विशेष रूप से केवल मात्र महिलाओं पर केंद्रित हैं। यह न केवल समाज के लैंगिक विभाजन की अवधारणा पर ही प्रश्न चिह्न लगाता है, बल्कि यह भी दर्शाता है कि कैसे समाज एक ऐसी व्यवस्था के निर्माण में सहायक है जो महिला शोषण (women exploitation) में रुचि रखता है। इस अध्याय का मूल उद्देश्य छात्रों को समाज में चल रही "लैंगिकता" पर आधारित प्रथाओं के मूलभूत तत्त्वों से अवगत कराना है। इसमें पितृसत्तात्मक

* भावना शर्मा, असिस्टेंट प्रोफ़ेसर, राजनीति विज्ञान विभाग, श्री गुरु नानक देव खालसा कॉलेज, दिल्ली विश्वविद्यालय।

अवधारणा का अत्यंत सूक्ष्म अध्ययन किया गया है और यह बताया गया है कि कैसे समाज पुरुष प्रधान हो गया है और कैसे पुरुष प्रधान समाज में महिलाओं के व्यक्तित्त्व एवं कृतित्त्व को एवं उसके सम्मान को कुचला जा रहा है। कैसे उसके आत्म सम्मान (self-esteem) के साथ खिलवाड़ किया जा रहा है। कैसे उसे पुरुषप्रधान समाज में नाना प्रकार के कष्ट उठाने पड़ रहे हैं।

पुरुषप्रधान समाज द्वारा किए जा रहे महिलाओं पर अत्याचारों की परिणति कई अत्याचार विरोधी आंदोलनों के रूप में उभर कर आई है। परिणामत: विभिन्न विचारों का उदय हुआ है, चिंतन हुआ है। इन विचारों व चिंतन का उद्देश्य महिला उत्थान एवं समाज में उसे यथोचित सम्मान दिलाना है।

पुरुषों की महिला-विरोधी मानसिकता के विरुद्ध जो विभिन्न आंदोलन उठे हैं उनसे नारीवाद के नए-नए रूप उभर कर सामने आ रहे हैं। इनसे महिलाओं का बहुमुखी विकास हो रहा है। वह निरंतर सम्मान के साथ अपनी और समाज की प्रगति में लीन है।

नारीवाद की अवधारणा (Concept of Feminism)

''नारीवाद'' एक विवाद का विषय है। समय के साथ इसने कई अर्थ ग्रहण किए हैं। अपने मूल अर्थ में नारीवाद महिलाओं पर केंद्रित है। दीर्घकाल से महिलाओं की स्थिति एवं दशा विमर्श का विषय रहा है। अत: नारीवाद के गंभीर विवेचन के लिए नए सिद्धांतों व नई विचारधाराओं की आवश्यकता थी। ये वे विचारधाराएं हैं जो महिलाओं के उत्थान व उनकी सामाजिक उन्नति की समर्थक रही हैं। महिलाओं को महज प्रजनन का साधन माना जाता रहा है। नारीवादी चिंतन का शुरुआती बिंदु ही यह है कि समाज में यौनिकता और लैंगिकता को किस रूप में देखा जाना चाहिए अथवा कैसे देखा जाता है।

यौनिकता और लैंगिकता (sex and gender)

समाज में यौनिकता और लैंगिकता को साथ-साथ प्रयुक्त किया जाता रहा है, जबकि इन दोनों में पर्याप्त अंतर है। नारीवादी विचारकों ने इस बात पर काफी जोर दिया। शेफाली मोईत्रा ने अपनी पुस्तक *फेमिनिस्ट थॉट* (*Feminist Thought*, 2002) में इसे सशक्त रूप में रेखांकित किया है। वे कहती हैं, जहां यौनिकता एक जैविक श्रेणी है वहीं जेंडर एक सांस्कृतिक क्रिया है। यौनिकता के आधार पर पुरुष व महिला जैसे विभाजन किए जाते हैं जिनका आधार उनके प्रजनन की क्रिया से निर्धारित होता है... लैंगिकता एक सांस्कृतिक स्वरूप है। प्रत्येक

संस्कृति पुरुषों व महिलाओं पर कुछ मापदंड थोपती है कि उनका आदर्श व्यवहार कैसा होना चाहिए। अधिकतर संस्कृतियों में पुरुषों को आक्रामक, मुखर व सशक्त होने पर जोर दिया जाता है, वहीं महिलाओं से अप्रतिरोधी, ग्रहणशील व वात्सल्य से परिपूर्ण होने की आशा की जाती है। ऐसा माना जाता है कि इन भूमिकाओं की स्थापना समाज की बेहतर व्यवस्था के लिए की गई थी। श्रम का लैंगिक विभाजन, जैसाकि मोईत्रा बताती हैं कि हर संस्कृति में भिन्न होता है, और इस विभाजन, की रेखा भी हर संस्कृति में भिन्न होती है। हर संस्कृति में ऐसे लैंगिक विभाजन उपस्थित होते हैं। नारीवादी विचारक इस विषय की ओर निरंतर ध्यानाकर्षण करा रहे हैं, कि मानव समाज आज न केवल लैंगिक भूमिका के आधार पर विभाजित है अपितु भूमिकाएं अत्यंत भेदभावपूर्ण भी हैं।

कमला भसीन ने अपनी रचना (*अंडरस्टैंडिंग जेंडर*, 2003) में इसी बात की व्याख्या की है। वह कहती हैं– 'लैंगिकता को अब समाजशास्त्रीय अथवा वैचारिक श्रेणी के रूप में समझा जाता है, व इसको एक निश्चित अर्थ दे दिया गया है। अपने इस नव उद्भव में लैंगिकता का अर्थ पुरुष व महिला की सामाजिक-सांस्कृतिक परिभाषा से है, किस तरह समाज पुरुष व महिला में अंतर स्पष्ट करता है व उन्हें सामाजिक भूमिकाएं प्रदान करता है, यह एक विश्लेषण का विषय है, महिला-पुरुष के संदर्भ में सामाजिक वास्तविकताओं से अवगत होने का। यौनिकता व लैंगिकता के अंतर को इसलिए सामने रखा गया ताकि महिलाओं की शारीरिक संरचना के आधार पर उन पर लादी जाने वाली हीनता को समझा जा सके। सदियों से यह समझा जाता रहा कि महिलाओं व पुरुषों की भिन्न विशेषताओं, भूमिकाओं व पद, सबका आधार उनकी जैविक संरचना है (यौनिकता) और यह प्राकृतिक है तथा अपरिवर्तनशील है। एक तरह से महिला व महिला कार्य को ही उनकी सामाजिक हीनता का कारण समझा जाता था व समझा जाता है। एक बार जब इसे प्राकृतिक मान लिया जाए तो समाज में लैंगिक असमानता व लैंगिक अन्याय की समस्या को समझने की कोई आवश्यकता नहीं समझी जाती। लैंगिकता का सिद्धांत हमें यह समझने में सहायता करता है कि यौनिकता एक चीज है और लैंगिकता अलग। अधिकतर मनुष्य महिला या पुरुष के रूप में जन्म लेते हैं व उनकी यौनिकता को केवल उनके यौन अंगों द्वारा ही निर्धारित किया जा सकता है। परंतु हर संस्कृति में बालक-बालिकाओं को आंकने व उन्हें सामाजिक भूमिकाएं, विशेषताएं व प्रतिक्रियाएं प्रदान करने के अपने मापदंड होते हैं। सभी सामाजिक व सांस्कृतिक आरोपण जो बालक-बालिकाओं पर जन्म से ही किए जाते हैं वह "लैंगीकरण" समाज में लिंग आधारित विभाजन

(gender based devision in the society) की प्रक्रिया है। हर समाज धीरे-धीरे नर और मादा को पुरुष और महिला में, पुरुषत्व व स्त्रीत्व में परिवर्तित कर देता है जहां दोनों के गुण, व्यवहार, भूमिकाएं, दायित्व, अधिकार व आकांक्षाएं सब भिन्न होती हैं। यौनिकता के उलट, जोकि जैविक प्रकृति की होती है, महिला-पुरुष की लैंगिक अस्मिता मनोवैज्ञानिक व सामाजिक अर्थात् ऐतिहासिक व सांस्कृतिक रूप से निर्धारित होती। (Bhasin, 2000:1-3)

भेदभाव और महिलाएं (discrimination and women)

विषय के विस्तृत अवलोकन से पूर्व यह वर्णन करना जरूरी हो जाता है कि भेदभाव क्या है जो नारीवाद का प्रमुख बिंदु है। भेदभाव प्रामाणिक रूंप से एक महत्त्वपूर्ण अवधारणा है क्योंकि यह एक विशेष समूह या क्रिया के पक्ष में व्यवहार की कामना करता है। यदि कुछ तर्कसंगत कारणों के आधार पर किसी दूसरे को बुद्धिमानी से चुना जाता है, तो यह भेदभाव नहीं कहलाता, जैसेकि पुरुषों को यदि शारीरिक रूप से चुनौतीपूर्ण श्रम के लिए कार्यरत किया जाता है, तो इसे भेदभाव नहीं माना जा सकता क्योंकि यह जैविक तर्क पर आधारित है। व्यक्तियों के समूह को प्राकृतिक रूप से यदि जैविक और सामाजिक स्तर पर श्रेष्ठ मान लिया जाए तो यह भेदभाव के बराबर है। भेदभाव की कुभावना कई समाजों में विद्यमान है जिससे कुछ समूहों को कमतर दर्शाकर सीमित किया जाता है ताकि वे मुख्यधारा का हिस्सा न बनें, जो भेदभाव के समान है। उसी पर विस्तृत विमर्श करते हुए वाउटर वेंडेंहोल (Wouter Vandenhole) कहती हैं- भेदभाव की कोई भी सार्वभौमिक स्वीकृत परिभाषा नहीं है। वास्तव में मूल मानव अधिकारों के दस्तावेज भेदभाव को परिभाषित करने में असफल होते हैं और उन आधारों की केवल एक अंतहीन सूची प्रदान करते हैं, जिन पर भेदभाव निषिद्ध होना चाहिए। इस प्रकार नागरिक और राजनीतिक अधिकारों पर अंतरराष्ट्रीय वार्ता में घोषित किया गया कि कानून किसी भी भेदभाव और सभी व्यक्तियों को नस्ल, रंग, लिंग, भाषा, धर्म, राजनीतिक या अन्य, राष्ट्रीय या सामाजिक उत्पत्ति, संपत्ति जन्म या अन्य स्थिति, किसी भी तरह के आधार पर भेदभाव के खिलाफ समान और प्रभावी सुरक्षा को प्रतिबंधित करेगा। (वाउटर वेंडेंहोल, 2011) मोइत्रा ने ''भेदभाव क्या है'' विषय पर विस्तृत विमर्श करते हुए, नारीवादी दृष्टिकोण को ध्यान में रखते हुए बताया है कि पुरुष लैंगिक भूमिकाओं को मूल्यवान समझा जाता है जबकि महिलाओं की लैंगिक भूमिकाओं को अशुद्ध समझा जाता है। इसलिए, लिंग केवल अंतर का प्रतीक नहीं है, यह भेदभाव का भी प्रतीक है।

यही नहीं, इस भेदभाव ने हमेशा महिलाओं को ही वंचित किया है। वे आगे बताती हैं कि भेदभाव पुरुषों और महिलाओं को विभिन्न सामाजिक स्थितियों में रखकर आरंभ होता है, जहां एक को केंद्र और दूसरे को परिधि में रखा जाता है। फिर जो परिधि में अवस्थित है उन्हें इसी आधार पर, हाशिए पर धकेल दिया जाता है,चुप कर दिया जाता है अथवा अदृश्य बना दिया है।

इस स्थिति को या तो नजरअंदाज कर दिया जाता है अथवा केंद्र द्वारा नियंत्रण में रखा जाता है। एक व्यापक मिथक है कि मानव जाति के लंबे इतिहास के दौरान महिलाओं ने कभी-कभी प्रभुत्वशाली स्थिति पर कब्जा किया है। आम धारणा यह है कि पितृसत्ता में महिला को हाशिए पर धकेल दिया जाता है, लेकिन मातृसत्ता में वह केंद्रीय स्थिति को प्राप्त करती है। वास्तव में मातृसत्ता हमेशा एक सैद्धांतिक विकल्प बना रहा है और एक वास्तविक विकल्प के रूप में इसका कभी भी अभ्यास नहीं किया गया है। कई बार शुद्ध पितृसत्ता को एक मिश्रित रूप से बदल दिया गया है जिसे मातृवंशीय समाज कहा जाता है, जहां वंश मां के परिवार से आगे बढ़ता है, लेकिन परिवार के प्रशासन की हमेशा उसके माता-पिता, पिता या उसके परिवार के कुछ पुरुष सदस्यों द्वारा निगरानी की जाती है। मातृसत्ता न केवल एक ऐतिहासिक मिथक है, बल्कि यह एक ऐसा विकल्प है जो नारीवादियों को अस्वीकृत है। पितृसत्ता को मातृसत्ता में बदलने का अर्थ है कि भेदभाव की धारा को उलट दिया जाना ...दमनकारी ढांचे को मातृ सत्ता में कायम रखा जाता है-केवल केंद्र और हाशिए में खड़े लोगों की स्थिति बदल जाती है। (मोइत्रा, 2002 : 8)

पितृसत्ता क्या है : अर्थ (What is Patriarchy: Meaning)

मोइत्रा द्वारा दिए गए भेदभाव पर उपरोक्त विचार, पितृसत्ता की अवधारणा पर बल देता है। सरल शब्दों में, यह कुल प्रमुख या परिवार के पुरुष सदस्य की श्रेष्ठ भूमिका को प्रतिपादित करता है, जहां एक पुरुष से दूसरे पुरुष तक वंश का विस्तार होता है, परिवार का अर्थ परिवार के पुरुष प्रमुख द्वारा जाना जाता है। कमला भसीन ने पितृसत्ता को और अधिक सटीक रूप से परिभाषित किया है। वे कहती हैं, पुरुष और महिला के पारस्परिक वर्तमान संबंधों को समझने के लिए पितृसत्ता को समझना महत्त्वपूर्ण है। पितृसत्ता के अस्तित्व की वजह से लिंग संबंध जटिल हो गए हैं। आम भाषा में पितृसत्ता का अर्थ पुरुषों का वर्चस्व है। "पितृसत्ता" का शाब्दिक अर्थ पिता या "कुलपति" का शासन है और मूल

रूप से एक विशिष्ट प्रकार के पुरुष प्रभुत्व वाले परिवार का वर्णन करने के लिए इसका इस्तेमाल किया गया था जहां एक बड़ा परिवार, जिसमें महिला, पुरुष, बच्चे, दास और घरेलू नौकर थे जो पुरुष प्रमुख के शासन की परिधि में आते थे। पुरुष वर्चस्व को संदर्भित करने का एक और आयाम शक्ति संबंध है, जिसके द्वारा पुरुष महिलाओं पर हावी होते हैं और एक कार्यप्रणाली अपनाते हैं जिससे महिलाओं को कई तरह से अधीनस्थ रखा जाता है। दक्षिण एशिया में, उदाहरण के लिए, इस व्यवस्था को हिंदी में पितृसत्ता कहा जाता है, तो बंगाली में पितृतोंतरो व उर्दू में पिदरशाही। (भसीन : 20)

पितृसत्ता एक ऐसी प्रणाली है, जिसे लंबे समय से हिंसा का आधार निर्धारित किया गया था, हालांकि इस संस्कृति को शुरू करने का उद्देश्य सही हो सकता है, लेकिन पितृसत्ता ने पुरुष श्रेष्ठता की सशक्त संस्कृति बना ली है, महिलाओं को कमजोर लिंग के रूप में देखने के झूठे दंभ ने समाज के पुरुष वर्ग को महिलाओं पर जघन्य अपराध करने के लिए एक लाइसेंस प्रदान किया है। हम देख सकते हैं, कि महिलाओं के संबंध में, व्यक्तिगत और सामाजिक अस्तित्व के हर क्षेत्र में पुरुष वर्चस्व का व्यवस्थीकरण हुआ है।

एलदा फैसिओ (Alda Facio) ने पितृसत्ता को स्पष्ट किया है, ''पितृसत्ता की शुरुआत होती है और इसलिए इसका अंत हो सकता है। यहां तक कि हम यह भी नहीं बता सकते कि पितृसत्ता का उद्भव कैसे हुआ, परंतु हम यह अवश्य जानते हैं कि कई अन्य समानतावादी मानव संगोष्ठियों के कई हजार वर्षों के बाद इसका आगमन हुआ था। पितृसत्ता के प्रारंभिक रूप संभवतः छठी सहस्राब्दी पहले शुरू हुए। हम यह भी जानते हैं कि पितृसत्ता के अलग-अलग मॉडल अलग-अलग समय पर और विभिन्न संस्कृतियों और स्थानों पर हैं, लेकिन पुरुषों और उनकी भूमिकाओं की तुलना में महिलाओं और उनकी भूमिकाओं के लिए दिया गया कम मूल्य सभी मॉडलों में विद्यमान रहता है। दूसरे शब्दों में, पितृसत्तावादी सरकार और सामाजिक-धार्मिक-राजनीतिक संगठन जैसेकि साम्राज्य, राज्यों, त्योहारों, गणराज्यों, लोकतांत्रिकता आदि के विभिन्न स्वरूपों के साथ परस्पर अस्तित्व में हैं और पूंजीवाद, समाजवाद आदि के साथ बहुत अच्छी तरह से अस्तित्व में आ सकता है। इसका कारण नवउदार पूंजीवाद के वैश्वीकरण के लिए, वर्तमान में सभी पितृसत्ता को पूंजीवादी पितृसत्ताओं के रूप में वर्गीकृत किया जा सकता है। सभी ज्ञात पितृसत्ताओं में महिलाओं और उनकी गतिविधियों को प्रतीक और मिथकों (विशेष रूप से या स्पष्ट रूप से व्यक्त नहीं) के माध्यम से नकारात्मकता का बोध कराया जाता है। ये प्रतीक

और मिथक अलग-अलग संस्कृतियों में अलग-अलग होते हैं, लेकिन प्रत्येक संस्कृति में वे महिलाओं को एक नकारात्मक प्रतीक के रूप में अभिव्यक्त करते हैं। पितृसत्ता उन संरचनाओं या संस्थानों से बनी है जो महिलाओं को अधिक शक्ति संपन्न पदों या आर्थिक, राजनीतिक, सांस्कृतिक या धार्मिक रूप से शीर्षस्थ सत्ता वाले पदों पर आसीन होने से रोकती है। उपरोक्त के बावजूद सभी महिलाओं के साथ पितृसत्तात्मक संरचनाओं में समान रूप से व्यवहार नहीं किया जाता है, ना ही सभी महिलाओं को सत्ता से उसी तरह से बाहर रखा गया। वास्तव में यह एक ऐसा तंत्र है जिसके द्वारा महिलाओं के बीच एकता और प्रतिस्पर्धा की कमी को बढ़ावा दिया जाता है। महिलाओं के बीच एकता और प्रतिस्पर्धा की कमी कभी-कभी एक-दूसरे के लिए पूरी तरह से अवमानना करने की हद तक बढ़ जाती है, जिससे पुरुष और पुरुष मूल्यों के प्रति उनकी वफादारी सुनिश्चित होती है। पितृसत्ता का निर्माण होता है और एक ही समय में, विरोधाभासी, पदानुक्रमित और यौनिकता पर आधारित एक मानसिकता को बढ़ावा मिलता है। यह मानसिकता वास्तविकता को दो श्रेणियों में विभाजित करती है, प्रकृति से संबंधित और संस्कृति द्वारा निर्मित। इसके अलावा, "संस्कृति" के दायरे में गई सभी चीजों को अधिक महत्त्व दिया जाता है, जबकि प्रकृति से जुड़ी सभी चीजें कम मूल्य की मानी जाती हैं। महिला और स्त्रीत्व को प्रकृति के निचले स्तर पर रखकर, "मानवीय" और पुरुष को संस्कृति की उच्च श्रेणी देकर पुरुषत्व के गुणों को मानव जाति का प्रतिमान मान लिया जाता है, जबकि महिलाओं की अधीनता को उनकी "प्राकृतिक भूमिकाओं" के आधार पर सही ठहराया जाता है। पितृसत्ता में, लिंग भूमिकाएं और रूढ़िवाद प्रत्येक सामाजिक वर्ग, उम्र और संस्कृति में भिन्न हो सकता है, लेकिन पहले उल्लेख किए गए तंत्र, संरचनाओं और संस्थाओं के माध्यम से, इन भूमिकाओं और रूढ़िवादिता को प्राकृतिक और सार्वभौमिक बना दिया जाता है। किसी भी पितृसत्ता में सभी पुरुषों को एक से विशेषाधिकार नहीं मिलेंगे या एकसमान शक्ति प्राप्त नहीं होगी। दरअसल, महिलाओं पर पुरुषों के वर्चस्व के अनुभव ने ऐतिहासिक रूप से कुछ पुरुषों के लिए पुरुषों के अन्य समूहों पर वर्चस्व का विस्तार करने का काम किया और हर संस्कृति या क्षेत्र में पुरुषों के बीच पदानुक्रम स्थापित किया। पितृसत्तात्मक पदानुक्रम के शीर्ष पर बैठे पुरुष के पास उच्चतम आर्थिक शक्ति व संसाधन हैं। "वह एक वयस्क है और उसका शरीर सक्षम है"। उसकी पुरुष के तौर पर अपनी एक पहचान है और उसे लैंगिकता का विशेष अधिकार प्राप्त है प्रत्येक क्षेत्र में, जिसका यह उदाहरण है वह इस विवेचन पर

आधारित है। पौरुषत्व निहित लैंगिक पहचान है और परिभाषित विषम लैंगिक पहचान भी, क्षेत्र विशेष द्वारा इस अनुक्रमिकता में कुछ और सुविधाएं जुड़ती हैं। उदाहरण के लिए, लैटिन अमेरिका में, एक पुरुष का पितृसत्तात्मक पदानुक्रम के शीर्ष पर रहने के लिए, श्वेत और ईसाई होना आवश्यक है, इसके अलावा समस्त क्षेत्रों में पितृसत्ता की अन्य विशिष्टताओं को साझा किया जाता है। पितृसत्ता के विभिन्न मॉडलों में, महिलाओं को विभिन्न स्तर पर और कई प्रकार की हिंसा से गुजरना पड़ता है, जो सभी के लिए कुछ आम है और कुछ प्रत्येक सांस्कृतिक, धार्मिक या आर्थिक मॉडलों के लिए विशिष्ट हैं। पितृसत्ता वर्चस्व, अधीनता और बहिष्कार की पहली संरचना थी, जिसे इतिहास द्वारा सर्वांगीण मान्यता प्राप्त है और अभी भी प्रभुत्व की एक बुनियादी प्रणाली बनी हुई है। विडंबना यह है कि पितृसत्ता असमानता की सबसे ताकतवर और स्थायी प्रणाली है, फिर भी शायद ही कभी महिलाओं ने पितृसत्ता को दमनकारी पितृसत्ता की व्यवस्था के रूप में देखा हो। वास्तव में, यह ठीक है क्योंकि पितृसत्ता अदृश्य संस्थानों में से एक है, यहां तक कि कुछ नारीवादियों ने भी इसके अस्तित्व को अस्वीकार किया है। (Facia : 2013)

नारीवाद व वोलस्टोनक्राफ्ट (Feminism and Wollstonecraft)

वोलस्टोनक्राफ्ट नारीवाद की जननियों में से एक हैं और उनके सबसे प्रमुख कार्य *अ विंडिकेशन ऑफ द राइट्स ऑफ वुमन* (*A Vindication of the Rights of Woman*, 1792) को बहुत से लोग प्रथम महान नारीवादी ग्रंथ मानते हैं। उन्होंने पारंपरिक उदारवादी व्यवस्था के अनुरूप लिखा जो व्यक्तिगत अधिकारों को बढ़ावा देते थे, विशेषकर राजनीतिक ताकतों के विरुद्ध। वोलस्टोनक्राफ्ट का प्रमुख ध्येय समाज व कानून के विरुद्ध महिलाओं के अधिकारों व उनकी सामाजिक स्थिति में सुधार से था। परंतु उनके काम की तरह उनके निजी जीवन की उथलपुथल उनकी चिरकालिक लोकप्रियता का कारण बनी। *अ विंडिकेशन ऑफ द राइट्स ऑफ वुमन* में वोलस्टोनक्राफ्ट ने लिखा है कि लैंगिक भेद के कई आधार वास्तव में या तो मनगढ़ंत हैं या अतिशयोक्तिपूर्ण, अतएव यह लिंगों के असमान अधिकारों व भूमिकाओं का आधार नहीं हो सकती। महिला व पुरुषों पर भिन्न शैक्षणिक अपेक्षाएं लाद देना न केवल अन्यायपूर्ण है अपितु अनुत्पादक भी है, जिससे कि कम सक्षम महिला नागरिकों का सृजन होता है जो ''बनावटी व कमजोर'' चरित्र को धारण करती हैं। वोलस्टोनक्राफ्ट के

अनुसार, दोनों ही लिंगों में तार्किक क्षमता उपस्थित होती है, अतएव दोनों को इस प्रकार शिक्षित किया जाना चाहिए जिससे उनकी तार्किक क्षमता में वृद्धि हो, तार्किक क्षमता से उनका अर्थ जिम्मेदार और नैतिक व्यक्ति की भूमिका निभाने की क्षमता से है। यह क्षमता नैतिक व्यक्ति की आत्मपूर्ति का कारक बनेगी जिससे समाज का ही भला होगा। इस आधार पर, महिला का अधिक तार्किक बनना आवश्यक है परंतु पुरुषों के लिए भावनात्मक संवेदनाएं पैदा करने का कोई कारण नहीं है। (Soble, 2006 : 334) मैरी वोलस्टोनक्राफ्ट के उदारवादी नारीवाद पर किए गए कार्य की व्याख्या करते हुए क्रिस बेअस्ले (Chris Beasley) ने साफ तौर पर कहा है कि वोलस्टोनक्राफ्ट ने उदारवाद के एक विशेष स्वरूप के पक्ष में बात की जो महिलाओं-स्थिति का अवलोकन करता है। इस स्वरूप में शासकों के दैवीय अधिकारों, वंशानुगत अधिकारों, जड़वत सामाजिक अनुक्रमिकता व किसी भी प्रज्ञाशील जन के ऊपर निरंकुश शासन का खंडन किया गया। उन्होंने महिला और पुरुषों के बीच के संभव विभेदों की उपेक्षा नहीं की, परंतु उन्होंने यह स्पष्ट किया कि इससे उन्हें तार्किकता से परे नहीं किया जा सकता, न ही उन अधिकारों से वंचित किया जा सकता है जो इस तार्किकता पर आधारित हैं। इस आधार पर वोलस्टोनक्राफ्ट महिलाओं को सार्वभौमिक प्रज्ञाशील मानव की परिपाटी में सम्मिलित करती हैं व उन पर किसी स्थायी व शाश्वत शासन का खंडन करती हैं। उनके लेखन के कारण उनका सामाजिक तिरस्कार हुआ व उन्हें बेशर्म, उत्पातकारी आदि उपाधियां तक दी गईं। वोलस्टोनक्राफ्ट ने प्रबोधन व उदारवादी विचारधारा में महिलाओं को लेकर अपनाई गई दोहरी मानसिकता के विरुद्ध आवाज उठाई और इससे उलट उन्होंने प्रबोधन (enlightenment) काल की विचारधारा को महिलाओं की स्थिति से जोड़कर देखा और यह तर्क दिया कि क्योंकि महिला और पुरुष दोनों में तर्क करने की सार्वभौमिक मानवीय क्षमता है तो इस नाते महिलाएं भी पुरुष के समान अधिकारों व अवसरों की हकदार हैं।

लैंगिक विभाजन (Sexual division)

नारीवादी विचारकों की प्रमुख चिंता का विषय है कि श्रम के लैंगिक विभाजन को किस प्रकार दूर किया जाए? परिवार में जहां महिला व पुरुष की भूमिकाएं परंपराओं द्वारा तय की गई हैं उनका अनवरत पालन होता है और महिलाओं से अपेक्षा की जाती है कि वे घर की चारदीवारियों में ही सीमित रहें और घरेलू

कार्यों में संलग्न रहें। जबकि यह कार्य अत्यंत बोझिल एवं कठिन होता है एवं जिसके लिए विशिष्ट कुशलता की दरकार है। परंतु महिलाओं द्वारा घर में किए जाने वाले श्रम को उतना महत्त्व नहीं दिया जाता, जिससे महिलाओं के शोषण को बढ़ावा मिलता है। चूंकि उनके श्रम का आर्थिक मूल्यांकन नहीं होता और साथ ही साथ इसलिए भी क्योंकि इससे एक स्थायी धारणा बन जाती है कि महिला केवल घरेलू मामलों के लिए ही उपयुक्त है व उसे सार्वजनिक जीवन में अधिक महत्त्व नहीं दिया जाता अथवा हीन समझा जाता है। सुजान मोलर ओकिन (Susan Moller Okin) ने साफ तौर पर अपनी पुस्तक *जस्टिस, जेंडर एंड द फैमिली* में महिलाओं पर होने वाले इस शोषण पर ध्यान केंद्रित किया है। (बेअस्ले, 2005 : 37)

नारीवादी विचारधारा के सैद्धांतिक रूप से तीन प्रमुख आधार कहे जा सकते हैं जो निम्नलिखित हैं :

- उदारवादी नारीवाद
- मार्क्सवादी नारीवाद
- उग्र नारीवाद

उदारवादी नारीवाद (Liberal Feminism)

यह विचारधारा उदारवादी विचारधारा के मूल सिद्धांतों पर आधारित है, जहां व्यक्ति की स्वतंत्रता इसका केंद्र बिंदु है और उदारवादी सिद्धांतों पर आधारित नारीवाद भी महिलाओं की मुक्ति के लिए कार्यरत है। क्रिस्टीना थॉमस (Christina Thomas) के अनुसार, महिलाओं के अधिकारों के लिए संघर्ष, महिलाओं के उत्पीड़न के कारणों के विभिन्न विश्लेषणों ने परिवर्तन के लिए अलग-अलग रणनीतियों को जन्म दिया है। 19वीं सदी के मध्य में मध्यम वर्ग और पूंजीवादी वर्ग की महिलाओं द्वारा शुरू हुई "नारीवाद की पहली लहर" के रूप में जाना जाता है, जिसने कानूनी सुधार के माध्यम से परिवर्तन लाने पर मुख्य जोर दिया। उन्होंने सत्तारूढ़ विचारधारा को चुनौती दी, जिसे कानून का समर्थन मिला, जिसने यह आदेश दिया था कि पुरुषों और महिलाओं के लिए अलग-अलग क्षेत्र होना चाहिए और विवाहित महिलाएं अपने पतियों की संपत्ति थीं; ताकि वे अपनी कमाई और संपत्ति पर नियंत्रण रखने के अधिकार के लिए, तलाक के बाद अपने बच्चों को अपने पास रखने के लिए और तलाक की प्रक्रिया को अधिक सुलभ बनाने के लिए लड़ सकें। उन्होंने उच्च शिक्षा के लिए और व्यवसायों को महिलाओं के लिए खोलने के लिए और निश्चित रूप से मतदान

के अधिकार के लिए प्रचार किया। सामान्य तौर पर, हालांकि वे कुछ कार्य-श्रेणी की महिलाओं की दुर्दशा के प्रति सहानुभूति रखते थे, उनकी मुख्य चिंता मौजूदा आर्थिक और सामाजिक ढांचे के भीतर अपने ही वर्ग के पुरुषों के साथ समान अधिकार प्राप्त करना था।

महिलाओं के प्रति भेदभाव को पूंजीवाद में निहित चरणबद्ध, प्रगतिशील सुधारों के माध्यम से समाप्त किया जा सकता है और समानता प्राप्त हो सकती है। यह विचार महिलाओं के अधिकारों के लिए संघर्ष में एक स्थायी विषय रहा है और आज भी महत्त्वपूर्ण है। यह कहा गया है कि भेदभाव को समाप्त करने वाले कानूनों के प्रचार के माध्यम से और शिक्षा को बढ़ावा देकर, जागरूकता फैलाकर और पक्षपातों को चुनौती देकर एवं महिलाओं को शक्ति व प्रभाव संपन्न पद देकर समानता को प्राप्त किया जा सकता है, और समान अवसर सुनिश्चित किया जा सकता है। (Thomas : 2010)

उदारवादी नारीवाद सरल विचार पर आधारित है कि पुरुष और महिला, दोनों, समान रूप से पैदा होते हैं और समान तार्किक संकायों से संपन्न हैं और इसलिए महिलाओं को उन सभी गतिविधियों के लिए अवसरों की समानता से इनकार नहीं किया जाना चाहिए जो पुरुषों के लिए उपलब्ध हैं। उनका यह भी मानना है कि हर व्यक्ति स्वतंत्र स्वनिर्धारण करने में सक्षम है और उसकी प्रगति केवल इस क्षमता को बेहतर बनाने में निहित है।

यहां जिन बातों पर विशेष जोर दिया गया है, उन्हें इस प्रकार सूचीबद्ध किया जा सकता है–कानूनी और राजनीतिक अधिकार, शिक्षा, रोजगार, राजनीतिक भागीदारी और महिलाओं के लिए पूर्ण वैधानिक समानता। उदारवादी नारीवाद की सबसे प्रसिद्ध अभिव्यक्ति जॉन स्टुअर्ट मिल की द *सब्जेक्शन ऑफ वीमेन* (1869) में पाई जाती है। इस युगांतकारी रचना में उन्होंने "महिलाओं की प्रकृति" पर बात की जिसे उन्होंने अप्राकृतिक उत्तेजना और बलपूर्वक किए गए उत्पीड़न से उत्पन्न एक नकली अवधारणा माना। उन्होंने कहा कि यदि महिलाओं को पुरुषों के समान अधिकार और स्वतंत्रता दी जाती, तो उनकी प्रकृति काफी अलग तरीके की होती। अमेरिका में यह चिंतन बेट्टी फ्रेडैन की पुस्तक, द *फेमिनिन मिस्टिक* (1963) में विशेष रूप से मुखरित हुआ। वह बताती हैं कि द्वितीय विश्व युद्ध के दौरान, अमेरिका में महिलाओं को यह विश्वास दिलाया गया कि उनकी एकमात्र परिपूर्णता घरेलू जीवन में निहित है, इस कारण उन्हें निष्क्रियता और निराशा से भरे जीवन में धकेल दिया गया। इसलिए, फ्रेडैन ने जोर देकर कहा कि महिलाओं को "फेमिनिन मिस्टिक" अथवा नारीवादी रहस्यात्मकता

से (महिलाओं को घरेलू जीवन में सीमित करने से) मुक्त किया जाना चाहिए क्योंकि इस पल सबसे महत्त्वपूर्ण महिलाओं को यह देखना था कि कैसे वो अपने घरों की चारदीवारों के बाहर भी पहचान बना सकती हैं। ऐसा केवल सही तरह की शिक्षा के माध्यम से संभव किया जा सकता है।

इसके बावजूद, उदारवादी नारीवाद को कई अन्य नारीवादी विचारकों द्वारा जोरदार आलोचना का सामना करना पड़ा। उन्होंने तर्क दिया कि प्रस्तुत नारीवाद केवल सार्वजनिक क्षेत्र के अधिकारों पर केंद्रित है, घर के जीवन पर नहीं। इसके अलावा, उदारवादी नारीवाद पर अस्पष्ट होने का आरोप लगाया गया था, जबकि एक ओर, यह अलग-अलग अधिकारों की रक्षा के लिए राज्य के हस्तक्षेप पर सहमत हो गया, दूसरी ओर, यह अधिकतम व्यक्तिगत स्वायत्तता के लिए अनुरोध करता है। आलोचना उस छुपे हुए खतरे पर भी आधारित थी जहां यद्यपि इस तरह का नारीवादी चिंतन महिलाओं की पुरुषों पर निर्भरता को कम कर सकता है, परंतु साथ ही पितृसत्तात्मक राज्य पर उनकी निर्भरता को असीम रूप से बढ़ा भी सकता है। असंतुष्ट विद्वानों ने यह आरोप लगाया है कि उदारवादी नारीवादियों द्वारा प्रस्तावित पूर्ण कानूनी समानता का विचार कई तरह से संदिग्ध है। यह न केवल यौनिकता की सामाजिक भूमिकाओं में वर्तमान मतभेदों को नजरअंदाज करता है, बल्कि उनके जन्मजात जैविक मतभेदों पर भी ध्यान नहीं देता है। कुछ चुनिंदा आलोचकों के लिए, समस्या इससे ज्यादा गहरी है। उनका आरोप है कि उदारवाद मानव स्वभाव और प्रेरणा की अपूर्ण समझ पर आधारित है और महिलाओं के अनुभवों और समाज की प्रजनन की जरूरतों के मूल्य के ह्रास और यहां तक कि उदासीनता से भी प्रभावित होता है। इसके अलावा, वे इस बात से संतुष्ट हैं कि मानव स्वभाव का उदार विचार वास्तव में एक तरह की राजनीतिक आत्ममुग्धता है। आलोचकों ने चार प्रमुख आधारों पर उदारवादी अवधारणा पर भी हमला किया है–

1. उनका यह विचार कि तर्क सार्वभौमिक रूप से निष्पक्ष है, मानवता की सीमित व्याख्या पर आधारित है क्योंकि यह मानव के पक्षपातपूर्ण व्यवहार को नजरंदाज करता है।
2. यह महिला के कामुक पक्ष को नजरंदाज करता है क्योंकि शरीर के ऊपर मस्तिष्क को वरीयता देता है। यह अन्य प्रकार के ज्ञान व क्रिया यथा सहज ज्ञान तथा संवेगशील व्यवहार को नजरंदाज करता है; और अतएव
3. यह तर्क की सीमाओं व जीवन के कई क्षेत्रों में इसकी अनुपयोगिता को समझने में विफल रहा है।

इसके अलावा यह समझा जा सकता है कि उदारवादी नारीवादी विचारक निजी व सार्वजनिक जीवन में स्पष्ट विभेद देखते हैं, जो उन्हीं के लिए नुकसानदायक है और वो यह नहीं समझते कि यह विरोधाभास निजी क्षेत्र जैसे परिवार में समस्या उत्पन्न करता है, क्योंकि यह परिवार के उन सदस्यों को शक्ति के अधिक पक्षधर देखते हैं जो सार्वजनिक जीवन में भी कार्यरत हैं।

यह आगे कहा जा सकता है कि उदारवादी सिद्धांत सुधारों के बाद भी महिलाओं के शोषण और उसके निवारण को समझने में बहुत उपयोगी नहीं है। समान अधिकार का सिद्धांत भविष्य के संघर्षों के लिए आरंभिक बिंदु के रूप में कार्य कर सकता है, परंतु यह समाज की सत्ता की जटिल संरचनाओं व सार्वजनिक-निजी संबंधों को समझने हेतु अनुपयोगी है। (चंद्रकला पाडिया (Chandrakala Padia), 2011:12-14)

नारीवाद के उदारवादी सिद्धांत ने लैंगिक अंतर के सिद्धांत को रेखांकित करने में महत्त्वपूर्ण भूमिका निभाई है। इसके अनुसार सभी एक-दूसरे से भिन्न हैं और इन अंतरों का सम्मान करना आवश्यक है। बालक-बालिकाएं अपने में विशिष्ट हैं और किसी को दूसरे की तरह बनने की कोई आवश्यकता नहीं है। बालिकाओं को अपनी तरह रहने की आवश्यकता है और उनकी विशिष्टता का सम्मान किया जाना चाहिए और यही बात बालकों पर भी लागू होती है। पुरुषत्व व स्त्रीत्व दोनों गुणों को स्वीकृति और सम्मान दिया जाना चाहिए। समानता का अर्थ एकरूपता नहीं है। लैंगिक विविधता को बढ़ावा और सम्मान मिलना चाहिए। लैंगिक संवेदनशीलता (gender sensitivity) साथ ही लिंग निरपेक्ष शिक्षा (gender neutral education) को बढ़ावा मिलना चाहिए। उदाहरण के तौर पर, यदि लड़कियां अधिक संवेदनशील हैं, अधिक रचनात्मक हैं व भावुक भी और लड़के अधिक तार्किक हैं व उनकी शारीरिक क्षमता अधिक है तो उनको एक जैसा होने की कोई आवश्यकता नहीं है। उन्हें एक-दूसरे की क्षमता का सम्मान करना चाहिए और अपनी क्षमता को बढ़ाने हेतु कार्य करना चाहिए। इस विचार के अनुसार, पुरुषत्व गुण तर्क, स्वायत्तता या स्वतंत्रता व न्याय में प्रवीण होते हैं, वहीं स्त्रीत्व मूल्य संवेदनशीलता, प्रेम और अनुकंपा पर आधारित हैं। कन्याएं स्त्रीत्व के गुणों को निखारती हैं जिसमें वे अधिक चिंतनशील और दूसरों की देखभाल करने के गुणों में सिद्धहस्त होती हैं। हमारे समाज में पुरुष प्रधान मूल्यों पर अधिक ध्यान दिया जाता है क्योंकि उसे ही उचित व्यवहार माना जाता है परंतु लोग समाज की बेहतरी में स्त्रीत्व गुणों की उपयोगिता से कदाचित अनभिज्ञ हैं। प्रेम व चिंता के सिद्धांतों को समाज में यदि उपयोग में लाया जाए तो दुनिया

जीने के लिए बेहतर जगह बन जाए। वहीं लैंगिक अंतर (sexual difference) के सिद्धांत के अनुसार वात्सल्य की अवधारणा में महिला गुणों को प्रमुखता दी जाती है। बुनियादी शिक्षा इस प्रकार दी जानी चाहिए कि व्यक्ति को लैंगिक अंतरों की विशिष्टता का आभास हो। यह सिद्धांत प्रेरणा स्रोत के रूप में महिलाओं की उपयोगिता पर भी बल देता है।

मार्क्सवादी नारीवाद (Marxist Feminism)

जैसाकि नाम से ही स्पष्ट है, इस विचारधारा का आशय यह है कि साधनसंपन्न व साधनहीनों के बीच का सामाजिक वर्ग निरंतर विद्यमान है व लैंगिकता का कार्यक्षेत्र इससे अलग नहीं है। मार्क्सवादी नारीवाद अथवा वामपंथी सिद्धांत परे नहीं है। पाडिया मानती हैं कि इस उपागम का विश्वास है कि महिलाओं की हीन दशा समाज की वर्ग व्यवस्था के कारण है। यह भी माना जाता है कि वर्तमान औद्योगिक समाज दो वर्गों में विभाजित है - बुर्जआ वर्ग व मजदूर वर्ग। जहां बुर्जआ वर्ग मजदूरों का शोषण करता है और ऐसे वर्ग आधारित समाज में अधिकतर महिला व पुरुष तब तक शोषित रहेंगे जब तक कि पूंजीवादी व्यवस्था को हटाकर वर्गहीन समाज का निर्माण न हो जाए। विख्यात मार्क्सवादी चिंतक, एंगेल्स के अनुसार, पुरुषों द्वारा संसाधनों पर अधिकार करने से परिवार में उनकी स्थिति सुदृढ़ हुई। उनके शब्दों में, 'मां के अधिकारों का निर्मूलन महिला जाति की ऐतिहासिक पराजय थी'। पुरुषों ने घरों में भी प्रभुत्व स्थापित कर लिया, महिलाओं की स्थिति का ह्रास हुआ और वह दासत्व की स्थिति में आ गई। महिला पुरुष की वासना की दासी और प्रजनन का एक माध्यम मात्र रह गई।' आगे एंगेल्स कहते हैं कि पुरुषों द्वारा संपत्ति पर अधिकार करते ही निश्चित ही वे परिवार में महिलाओं पर प्रभुत्व स्थापित कर लेते हैं क्योंकि आर्थिक रूप से महिलाएं पुरुषों पर आश्रित हो जाती हैं जिससे परिवार के भीतर ही पुरुष पूंजीपति और महिलाएं सर्वहारा वर्ग के रूप में नजर आने लगती हैं। इस प्रकार, मार्क्स और एंगेल्स दोनों का कहना है कि महिलाओं का शोषण केवल निजी संपत्ति के उन्मूलन के साथ ही खत्म हो सकता है। इस तरह मार्क्सवादी नारीवाद ने 19वीं और 20वीं सदी के कई विचारकों के कार्यों में एक अभिव्यक्ति पाई। उदाहरण के लिए, अगस्त बेबेल (August Bebel), क्लारा जेटकिन (Clara Zetkin, 1857-1933) और जर्मनी की लिली ब्रौन (Lily Braun, 1865-1916) ने मार्क्सवादी नारीवाद की विचारधारा को बढ़ावा देने में अग्रणी भूमिका निभाई। (पाडिया, 2011:14-15)

मार्क्सवादी नारीवाद के वामपंथी झुकाव के कारण दो लैंगिक विचारधाराओं का जन्म हुआ- संरचनावादी व विखंडनवादी सिद्धांत।

संरचनात्मक सिद्धांत

- एक वामपंथी नारीवादी सिद्धांत है जो मानता है कि यह प्रणाली असमान शक्ति संबंधों पर आधारित है और यह संरचना वस्तुतः अपने आप में असमान और भेदभावपूर्ण है इसलिए इसका हिस्सा बनकर इस व्यवस्था में सुधार संभव नहीं; लेकिन हमें क्रांतिकारी लक्ष्य और गतिविधियों के माध्यम से पूरी व्यवस्था को बदलने की आवश्यकता है। दूसरे शब्दों में, समस्याओं का समाधान करने के लिए प्रणाली के भीतर एक उदारवादी दृष्टिकोण से काम करनेवाली नारीवादी हस्तक्षेप की आवश्यकता है। जबकि नारीवाद का वामपंथी दृष्टिकोण सामाजिक संरचना की व्यवस्था को ही असमान मानता है।
- हमारे समाज में सत्ता का विभाजन असमान है जो एक लिंग से संबंधित लोगों को असमान व शोषित महसूस कराता है। एक समूह के अधिकारों की कीमत पर दूसरा समूह विशेषाधिकारों का आनंद लेता है। एक समूह पर अत्याचार किया जाता है और दूसरा समूह आनंद उठाता है।
- संरचनात्मक विश्लेषण, अल्पसंख्यक के हाथों में शक्ति और विशेषाधिकार में कमी पर ध्यान केंद्रित करता है। इस तरह के सिद्धांतों के अनुसार, कुछ समूह एक-दूसरे पर शक्ति का उपयोग करते हैं; ये कानून, मानदंडों, स्वदेशी प्रथाओं और संस्थागत संबंधों द्वारा अपने अधिकारों को वैधता प्रदान करते हैं।
- हमें इस असमान प्रणाली के प्रसार को समझने की जरूरत है। हमें इसे सुधारने की नहीं, बल्कि इसे बदलने की आवश्यकता है।
- महिलाओं के गुणों पर और अधिक जोर देकर शिक्षा की मौजूदा व्यवस्था में सुधार करके और महिला की प्रकृति को अधिक मूल्यवान बनाकर मौजूदा असमानता को नहीं बदला जा सकता है, केवल सामाजिक परिवर्तन व आत्मचिंतन की क्षमता से ही भेदभाव को समाप्त किया सकता है और लैंगिक समानता को बढ़ावा दिया जा सकता है। शिक्षा को महिलाओं को समाज में पुरुषों के मौजूदा एकाधिकार के बारे में अवगत करने में सक्षम होना चाहिए ताकि उन्हें यह महसूस हो कि महिलाओं की वर्तमान स्थिति में कुछ गड़बड़ है। उनके साथ भेदभाव और बेमानी हो रही है और फिर

यह अनुभूति उन्हें मौजूदा असमान सामाजिक संरचना के खिलाफ विद्रोह करने और समानता स्थापित करने में मदद करेंगी।

विखंडन का सिद्धांत (Deconstruction Theory)

- यह भी एक वामपंथी नारीवादी सिद्धांत है। इसके अनुसार हम पितृसत्तात्मक समाज के भीतर रहकर उसे नहीं बदल सकते।
- संरचनावादी सिद्धांतकारों की तरह विखंडन के सिद्धांतकार भी इस बात पर विश्वास रखते है कि हम काफी हद तक असमानताओं को स्वीकार और आत्मसात कर लेते हैं क्योंकि प्रभुत्वशाली विचारधारा ने हमें यह बात सिखाई है कि यह अंतर प्राकृतिक, उचित व निश्चित है।
- सत्ता के प्रभुत्व को चुनौती देने हेतु, संरचनावादी व विखंडनवादी विचारक मानते हैं कि सामान्य ज्ञान व समझ से नजर आने वाले असत्य व भ्रांतियों पर प्रश्न उठाना आवश्यक है।
- लिंग जैविक नहीं अपितु सामाजिक संरचना है वर्ग की तरह, तो इसमें परिवर्तन व विखंडन संभव है। लोगों में यह भ्रांति है कि लैंगिकता प्राकृतिक संरचना है। समाज ने इसे तैयार किया है और वही इसे व्यवस्थित भी करता है। भाषा इसके विकास में महत्त्वपूर्ण भूमिका निर्वाह करती है।
- लोगों को समझने की आवश्यकता है कि पहले से बनी सत्ता की संरचना असमान व भेदभावपूर्ण है। जब लोगों को यह बात समझ में आ जाए तो व्यवस्था में धीरे-धीरे परिवर्तन आएगा और एक नई लैंगिक व्यवस्था का निर्माण होगा।
- विखंडनवादी सिद्धांत के समर्थक यह मानते हैं कि किसी भी गुण या विशिष्टता को लिंग से जोड़ कर देखना अनुचित है (यथा महिला अधिक वात्सल्यपूर्ण व संवेदनशील होती है) क्योंकि यह सब समाज की देन है और यह शाश्वत नहीं है। हमें इन सामाजिक संरचनाओं पर प्रश्न उठाते रहना चाहिए और इन्हें आकार देना आवश्यक है।

पाडिया कहती हैं कि मार्क्सवादी उपागम काफी आलोचनाओं का शिकार हुआ है। इसके कुछ विरोधी यह तर्क देते हैं कि मार्क्सवाद एक तरह से संकीर्ण विचारधारा है जिसने स्थितियों का इस तरह सरलीकरण कर दिया है जिससे महिलाओं की दशा और आर्थिक व्यवस्था के बीच सीधा संबंध स्थापित हो सके। यह विचारधारा प्रजनन को कोई महत्त्व नहीं देती और सामान्य तौर पर देखा जाए तो मार्क्सवादी विचारधारा पुरुष प्रधान समाज के परिप्रेक्ष्य से बात

करती है व महिलाओं की सोच व अनुभवों को शामिल नहीं करती। इस दर्शन की अन्य समस्या "उत्पादक श्रम" आधारित विचार है जिसे पुरुषों की गतिविधि के परिप्रेक्ष्य में देखा जाता है और जो महिलाओं के गृहकार्य को कोई महत्त्व नहीं देता है। पूरे इतिहास को पुरुषों की प्रकृति पर स्वामित्व स्थापित करने की प्रक्रिया के रूप में समझने में एक पुरुषवादी विचार का प्रभाव होता है, जोकि हमारी वर्तमान परिस्थितिजन्य संकट के लिए उत्तरदायी है।

उग्र नारीवाद (Radical Feminism)

नारीवाद का यह रूप उदारवादी नारीवाद के समायोजन के विचार के विरुद्ध शुरू हुआ जो महिलाओं को अनुक्रमिक रूप से अधिकार देने का पक्षधर था। उग्र नारीवाद ने घर के शोषणकारी माहौल पर प्रश्न उठाया, जहां से शोषण का पूरा चक्र आरंभ हुआ। जूडिथ लोर्ब (Judith Lorber) अपनी रचना द *वैरायटी ऑफ फेमिनिज्म एंड दियर कॉन्ट्रिब्यूशन टू जेंडर इक्वालिटी* में लिखती हैं कि उग्र नारीवाद छोटे, नेतृत्वहीन, केवल महिलाओं से सुशोभित आंदोलन के रूप में शुरू हुआ जिसका उद्देश्य चेतना का प्रसार करना था जहां महिलाओं के दैनिक जीवन से विमर्श के मुद्दे सामने आए- घर के कार्य, पुरुषों की कामुक व भावनात्मक आवश्यकताओं की पूर्ति, मासिक धर्म, गर्भावस्था, रजोवृत्ति आदि। इन विमर्शों से लैंगिक असमानता के नए सिद्धांत का प्रतिपादन हुआ जिसने भेदभाव से परे जाकर शोषण, प्रभुत्वशाली लैंगिक व्यवस्था के प्रतिरोध की लैंगिक राजनीति को भी समाहित कर लिया। उग्र नारीवाद का सैद्धांतिक सूचक शब्द पितृसत्तात्मकता अर्थात् पुरुषों द्वारा महिलाओं का सतत शोषण, जो हर उस जगह पाया जाता है जहां महिला-पुरुष का संपर्क होता है, चाहे वह निजी क्षेत्र हो या सार्वजनिक। उग्र नारीवादी दर्शन में ऐसी व्यवस्था का प्रतिपादन अपेक्षित है जिससे महिलाएं पूर्णरूप से सामाजिक, मानसिक और शारीरिक शोषण से मुक्त हो। परंतु परंपरागत दृष्टिकोण व्यवहार में इसके प्रतिकूल कार्यरत रहा है जोकि इस विचारधारा के मार्ग में अवरोधक है। महिला-उन्मुख स्वास्थ्य सुविधाएं, त्रस्त महिलाएं के लिए सुरक्षित घरों, बलात्कार पीड़ित महिलाओं के लिए परामर्श और कानूनी सेवा, महिला अनुकूलित संस्कृति और यहां तक कि महिलाओं के लिए धर्म और नैतिकता, महिलाओं के बीच संबंध का और पुरुषों से संबंध-विच्छेद का भी आधार बने। उग्र नारीवाद पुरुष प्रधान समाज को उलटने का हिमायती है। यह पुरुष-प्रभुत्व वाले समाजों में निष्कासितता, विभेद, नियंत्रण, नम्रता, आक्रामकता और प्रतिस्पर्धात्मकता के सभी मूल्यों को शामिल करता है और उन्हें युद्ध, गरीबी, बलात्कार, हत्या, बाल शोषण और

व्याभिचार के लिए दोषी ठहराता है। यह महिलाओं के कार्य की प्रशंसा करती है जिनमें शामिल हैं–तृप्ति और पोषण, सहयोग और विनिमय करना एवं वर्गीय बुराइयों का बहिष्कार, मन और मनोभावों का ध्यान रखना। उग्र नारीवाद के अनुसार, प्रगाढ़ता अंतरंगता, अनुनय, देखभाल और साझेदारी वो महत्त्वपूर्ण गुण हैं जो महिला अपने स्वयं के प्रयासों एवं दैनिक जीवन के काम के साथ जुड़े नित्य के अनुभवों को लेकर अपने अथवा अपनी संतान के माध्यम से विकसित करती है। पुरुष भी इन विशेषताओं को विकसित कर सकते हैं, यदि वे भी ''मातृत्व'' की भावना का अनुभव करें, लेकिन क्योंकि ऐसा बहुत कम पुरुष करते हैं अतएव ये महिलाओं में अधिक प्रचलित हैं। उग्र नारीवाद का दावा है कि ज्यादातर पुरुष महिलाओं के खिलाफ शारीरिक हिंसा का प्रयोग करने की क्षमता रखते हैं, जिसमें बलात्कार और हत्या शामिल हैं। प्रेमी द्वारा बलात्कार और पति द्वारा पत्नी को पीटना आम घटनाएं हैं, साथ ही वे पूर्व-पत्नियों और पूर्व-प्रेमिकाओं की हत्या की ओर संकेत भी करते हैं। इस प्रचलित महिला विरोध का आर्थिक पक्ष इस बात से पता चलता है कि महिलाओं को मीडिया में कामुक वस्तु और पोर्न फिल्मों में भौतिक वस्तु के रूप में दिखाया जाता है और वेश्यावृत्ति में लड़कियों और युवा महिलाओं का वैश्विक शोषण होता है। इससे भी अधिक घृणित बात, उनके अनुसार यह है कि, यौन शोषण रोमांटिक विषमलैंगिक प्रेम का सामान्य नकारात्मक पक्ष है, जो स्वयं महिलाओं के लिए दमनकारी है। हिंसा और बलात्कार की धमकी, क्रांतिकारी नारीवाद के सिद्धांत के अनुसार, वो माध्यम है जिनसे पितृसत्ता सभी महिलाओं पर नियंत्रण स्थापित कर लेती है। उग्र नारीवाद का राजनीतिक युद्ध क्षेत्र बलात्कार पीड़ितों और शोषित महिलाओं की सुरक्षा करना और अश्लील साहित्य, वेश्यावृत्ति और यौन उत्पीड़न की निंदा करना है। चूंकि सभी पुरुष अपनी प्रभावशाली सामाजिक स्थिति से शक्ति प्राप्त करते हैं, इसलिए महिलाओं और पुरुषों के बीच का किसी भी प्रकार का यौन संबंध असमान है।

उग्र नारीवादी अवधारणा के अनुसार, महिलाओं द्वारा विषमलैंगिक संभोग के लिए सहमति तब तक असमान है, जब तक कि इसे पूरी तरह से जागरूक और स्वतंत्र महिला द्वारा स्पष्ट रूप से सहमति नहीं दी जाती है। इस दृष्टिकोण से बलात्कार की परिभाषा का विस्तार हुआ है और प्रेमियों द्वारा किए गए बलात्कार को कानूनी कार्रवाई की परिधि में लाया गया है। उग्र नारीवाद कुछ राजनीतिक उपायों यथा–महिलाओं में चेतना के विकास हेतु वैकल्पिक सामूहिक संस्थाओं के विकास द्वारा, महिलाओं को ''सांस लेने की जगह'' प्रदान करता

है जिससे लैंगिक असमानता के महत्त्वपूर्ण सिद्धांत तैयार करने के लिए कॉलेजों और विश्वविद्यालयों में महिलाओं के अध्ययन कार्यक्रमों को विकसित किया जा सके, समुदायों को स्थापित किया जा सके और एक महिला के दृष्टिकोण से ज्ञान, संस्कृति, धर्म, नैतिकता और स्वास्थ्य देखभाल और उत्पादन किया जा सकता है। लेकिन उन्होंने कई मजदूर महिलाओं, विशेष रूप से वंचित जातीय समूहों की महिलाओं को विमुख कर दिया; जिन्होंने यह महसूस किया कि उनके पुरुष भी प्रमुख जातियों द्वारा समान रूप से शोषित हैं। उग्र नारीवाद की विषमता की आलोचना और मातृत्व को दिए जाने वाले महत्त्व के कारण नारीवादियों के बीच एक विवाद पैदा हुआ था, विशेषकर उन वर्गों के लिए जो विषमलैंगिक संबंध में संलग्न थे या जो बच्चे नहीं चाहते थे। महिलाओं की भावनात्मकता और पोषणकारी क्षमताओं की प्रशंसा और पुरुषों की हिंसक कामुकता और आक्रामकता की निंदा को उसी मूलभूत समझ का विस्तार माना गया जहां पुरुषों और महिलाओं को दो भिन्न वैश्विक श्रेणियों की तरह देखा जाता है। सार्वभौमिक लिंग उत्पीड़न के परिप्रेक्ष्य में यह आरोप लगाया गया है कि उग्र नारीवादी विचारक पुरुषों और महिलाओं के बीच जातीय और सामाजिक वर्ग के मतभेदों की उपेक्षा करते हैं और दमन के अन्य स्त्रोतों की अनदेखी करते हैं। पुरुषों के विरुद्ध महिलाओं को खड़ा करके, उग्र नारीवाद रंगभेदी व मजदूर महिलाओं का महिलाओं के साथ अलगाव पैदा करता है, जो अपनी नारीवादी अस्मिता और उनकी जातीय और वर्ग अस्मिता के बीच अंतर महसूस करते हैं। (लोर्ब, *The Variety of Feminisms,* 1997)

निष्कर्ष (conclusion)

नारीवाद के सिद्धांत ने वर्तमान समय में किसी अन्य काल से अधिक उपयोगिता हासिल की है और इसका कारण है उन लोगों में बढ़ती जागरुकता जो महिला मुक्ति के उद्देश्य का समर्थन करते हैं और फलस्वरूप इसने अध्ययन के नए क्षेत्र को जन्म दिया है। उल्लेखनीय है कि यौनिकता और लैंगिकता के बीच जैविक व सामाजिक निर्माण के आधार पर क्या भेद है और कैसे हम अक्सर इन शब्दों को पर्यायवाची शब्दों के रूप में प्रयुक्त करते हैं और इन शब्दों के प्रभाव को नष्ट कर देते हैं। भेदभाव जो नारीवाद के उदय का एक प्रमुख कारण रहा है, के विचार को यहां मजबूती से रखा गया है और कैसे इसने पितृसत्तात्मकता को जन्म दिया जहां परिवार के पुरुष सदस्यों का अक्सर महिमामंडन होता है

और महिलाओं को अपने पुरुष साथियों के मुकाबले हीनतर स्थान प्राप्त होता है। तत्पश्चात् यह नारीवाद की आठ भिन्न धाराओं पर ध्यान केंद्रित करता है जैसे उदारवादी धारा जो उदारवादी सिद्धांतों के केंद्र बिंदुओं पर आधारित है, जहां व्यक्ति की स्वतंत्रता उसकी अस्मिता का आधार है और यह उदारवादी सिद्धांतों पर आधारित नारीवाद है। नारीवाद का मार्क्सवादी ढर्रा असमान शक्ति संबंधों पर ध्यान केंद्रित करता है जहां एक समूह शोषित होता है और दूसरा लाभ उठाता है। उग्र नारीवाद परिप्रेक्ष्य मूल संरचना को रेखांकित करता है यथा घर, जहां से नियंत्रण व दबाव आरंभ होता है एवं यह धारा पुरुष प्रधानता के घृणित आवरण का समूल विनाश करने को प्रतिबद्ध है, जिसका आरंभ उसके मूल बिंदु से होना चाहिए।

कुल मिलाकर, नारीवाद एक जटिल और विस्तृत होता विमर्श है एवं समाज की उन्नति व आसपास हो रही घटनाओं ने नारीवाद के नए व व्यापक स्वरूपों को जन्म दिया। इन घटनाओं ने कालांतर में विभिन्न विषयों के साथ खुद को जोड़ लिया है जैसे वैश्विक उष्णता (Global warming), लैंगिक विमर्श आदि और नारीवाद के विभिन्न रूपों को सामने ला रहा है। नारीवाद समाज सुधार के बुनियादी स्तर पर कार्य करने का प्रयास करता है जो महिलाओं के उत्थान के लिए महिलाओं की भूमिका पर निर्भर करता है ताकि आने वाली पीढ़ियां सशक्त हो सकें। इस आंदोलन का मूल अन्याय की अवस्था को स्वीकार करने में है, बिना अत्याचारियों पर प्रश्न उठाए। नारीवादियों ने इन प्रश्नों को बड़े सशक्त ढंग से उठाया है जोकि दबे-कुचले वर्ग की आवाज बनकर उभरे हैं। नारीवाद से जुड़े दार्शनिकों व सिद्धांतकारियों की सबसे बेहतर बात यह है कि वास्तविक ढर्रे में परिवर्तन के लिए निरंतर प्रयास हो रहे हैं ताकि सबसे बेहतर परिणाम प्राप्त किए जा सकें।

महत्त्वपूर्ण प्रश्न

1. नारीवाद से आप क्या समझते हैं, विस्तार से बताएं।
2. नारीवाद की धाराओं के बीच के अंतर की व्याख्या कीजिए।
3. वर्तमान संदर्भ में नारीवाद की क्या उपयोगिता है, तीन उदाहरणों सहित समालोचनात्मक विश्लेषण करें।

संदर्भ (References)

Beasley, Chris, 1999, *What is Feminism : An Introduction to Feminist Theory*, New Delhi, SAGE publication.

Bhasin Kamla, 1999, *Understanding Gender : Gender Basics 2003 Women Unlimited* (1-20).

Lorber, Judith, 1997, *The Variety of Feminisms and Their Contribution to Gender Equality* pp-16-18, New Delhi, Kali for Women.

Moitra Shefali, 2002, Feminist Thought : Androcentrism, Communication and Objectivity", Centre of Advanced Study in Philosophy, Kolkata, Jadavpur University, Kolkata.

Paḍia, Chandrakala, 2011, *Theorising Feminism : A Cross Cultural Exploration,* Rawal Publications pp 12-20

Soble, Alan, eds., 2006, *Sex From Plato To Pagilia : A Philosophical Encyclopedia* : Volume 1.

Thomas, Christine, 2010, *It Does not have to be like this—Women and the Struggle for Socialism,* Socialist Alternative.

Vandenhole, Wonter, 2011, "Non Discrimination and Equality in the View of the U.N. Human Treaty Bodies in Edward N. Zaltreds Discrimination," *The Stanford Encyclopedia of Philosophy*.

अध्याय आठ

उत्तर-आधुनिक परंपरा
(Postmodern Tradition)

कमल कुमार

• उत्तर-आधुनिक दृष्टिकोण • आधुनिकता और उत्तर-आधुनिकता • उत्तर-आधुनिकता के मुख्य लक्षण • आलोचनात्मक विश्लेषण • निष्कर्ष • महत्त्वपूर्ण प्रश्न • संदर्भ

बीसवीं सदी के अंतिम दशक में उत्तर-आधुनिक दृष्टिकोण ने एक बौद्धिक आंदोलन के रूप में यूरोकेंद्रित (Eurocentric) और आधुनिकतावादी विषयों व प्रसंगों, जोकि पुनर्जागरण (enlightment) युग की देन है, के वर्चस्व को चुनौती दी। शायद इसी कारण, उत्तर-आधुनिक विचारकों के मध्य आधुनिक शैलियों, जैसेकि औपचारिकता (formalism) और विशुद्धता (purity) आदि, और पद्धतियों जैसेकि प्रत्यक्षवादी ज्ञान-मीमांसा (positivist epistemology) और वस्तुनिष्ठता (objectivity) के खिलाफ गहन प्रतिक्रिया देखने को मिली। 1970 के दशक तक उत्तर-आधुनिक दृष्टिकोण ने समाज-विज्ञान के संदर्भ में काफी लोकप्रियता अर्जित कर ली थी। इस दृष्टिकोण के विकास में

* कमल कुमार, असिस्टेंट प्रोफ़ेसर, राजनीति विज्ञान विभाग, शिवाजी कॉलेज, दिल्ली विश्वविद्यालय।

समाज-विज्ञान के साथ-साथ अन्य विषयों की भूमिका भी काफी निर्णायक रही है, जैसाकि वेबस्टर का मत है कि साहित्य, कविता, पेंटिंग और वास्तुकला (architecture) जगत के दो दशक, अर्थात् 1970 और 1980, उत्तर-आधुनिक दृष्टिकोण के विकास को चिह्नित करते हैं। (हुसैन और करीम (Hossain and Karim), 2013 : 173)

हाल के वर्षों में, उत्तर-आधुनिक विमर्श-जो कला, वास्तुकला, साहित्य, फिल्म, समाजशास्त्र, संचार, दर्शन आदि विभिन्न विषयों को अंतर्निहित करता है-के चलते नए-नए सामाजिक, राजनीतिक और साहित्यिक सिद्धांत सामने आए हैं। इस उत्तर-आधुनिक विमर्श के प्रभाव से सांस्कृतिक, बौद्धिक और सौंदर्यशास्त्र जैसे क्षेत्र भी अछूते नहीं हैं। साथ ही, इस विमर्श के उद्भव ने विभिन्न विषयों (disciplines) में बहुल अनुभवों, व्याख्याओं और समझ के लिए स्थान का निर्माण किया और जिसके फलस्वरूप इनके स्वरूप को और अधिक समावेशी (inclusive) बनने में काफी मदद मिली है। दूसरे शब्दों में, उत्तर-आधुनिक एक व्यापक दृष्टिकोण व अवधारणा है जिसका उपयोग साहित्य, कला, दर्शन, वास्तुकला तथा सांस्कृतिक और साहित्यिक आलोचनाओं आदि विषयों के संदर्भ में किया जाता है।

आमतौर पर, ''उत्तर-आधुनिक'' शब्द का उपयोग तीन संदर्भों में किया जाता है : पहला, ऐतिहासिक युग, दूसरा, कला के क्षेत्र में आंदोलन और तीसरा, शैक्षिक जगत, विशेषकर समाज-विज्ञान और दर्शनशास्त्र, में बौद्धिक आंदोलन व समालोचनात्मक परंपरा। इस संदर्भ में, हर्लेने एंडरसन (Harlene Anderson, 1997) लिखते हैं कि उत्तर-आधुनिक शब्द दार्शनिक आंदोलन को भी दर्शाता है, जो अनेक विचारकों जैसे मिखाइल बख्तिन (Mikhail Bakhtin), जेक्स डेर्रिदा (Jacques Derrida), मिशेल फूको (Michel Foucault), जीन-फ्रंकोइस ल्योटार्ड (Jean-Francois Lyotard), रिचर्ड रोर्टी (Richard Rorty) और लुडविन वित्तोंस्टेंन (Ludwig Wittgenstein) इत्यादि के विचारों से प्रभावित है। हालांकि उनका यह भी मत है कि उत्तर-आधुनिक दृष्टिकोण को ऐतिहासिक युग की तुलना में समालोचनात्मक परंपरा के संदर्भ में देखना सबसे महत्त्वपूर्ण है। साथ ही, इस अध्याय की दृष्टि से भी उत्तर-आधुनिकतावाद एक बौद्धिक आंदोलन व समालोचनात्मक परंपरा के रूप में सर्वाधिक महत्त्वपूर्ण है। यह दृष्टिकोण समालोचनात्मक परंपरा, जिसका उद्भव अकादमिक जगत में 1970 के दशक में हुआ, के रूप में ज्ञान की प्रकृति (nature of knowledge), महावृतांतों (meta-narratives) और सार्वभौमिक निरूपण (universal explanations)

पर प्रश्नचिह्न लगाता है। यह परंपरा विशेषतौर पर, समाज-विज्ञान के क्षेत्र में 1980 के दशक में काफी प्रबल हुई, जिसके अंतर्गत इसने वास्तविकता के वस्तुनिष्ठ समीक्षक (objective observers) की–विशेष रूप से मानवीय दृष्टिगत परिघटनाओं की वास्तविकता की समीक्षा के संदर्भ में–संभावना पर सवाल उठाया।

समाज विज्ञान के संदर्भ में, उत्तर-आधुनिक दृष्टिकोण को वास्तविकता (reality) से संबंधित नियमित वैज्ञानिक (scientific) और वस्तुनिष्ठ (objective) प्रयासों के खिलाफ एक प्रतिक्रिया के रूप में भी देखा जाता है। संक्षेप में, इसका उद्‌भव इस मान्यता से हुआ है कि वास्तविकता केवल मानवीय समझ में नहीं दिखती है, बल्कि यह निर्मित भी होती है क्योंकि प्रत्येक मानव का मस्तिष्क अपने विशेष और व्यक्तिगत वास्तविकता की समझ को विकसित करने का प्रयास करता है। शायद इसी कारण, उत्तर-आधुनिक दृष्टिकोण उन सभी प्रकार की व्याख्याओं को लेकर संशय में रहता है, जोकि सभी समूहों, संस्कृतियों, परंपराओं और प्रजातियों के लिए वैध (valid) होने का दावा करती हैं। (हैंस (Hans), 1995) इस तरह, उत्तर-आधुनिक दृष्टिकोण व्याख्या (interpretation) पर अधिक बल देता है क्योंकि वास्तविकता का निर्माण व्याख्याओं के माध्यम से ही होता है, जो यह निश्चित करती है कि यह दुनिया व्यक्तिगत रूप से हमारे लिए क्या है।

इस अध्याय का मुख्य उद्देश्य राजनीतिक सिद्धांत के उत्तर-आधुनिक दृष्टिकोण का विस्तृत रूप से विश्लेषण करना है। इस अध्याय को मुख्य रूप से चार भागों में विभाजित किया गया है। पहले भाग में उत्तर-आधुनिक दृष्टिकोण की मूलभूत समझ विकसित करने के उद्देश्य से, इस अवधारणा से संबंधित विभिन्न विचारकों के मतों व पक्षों का अध्ययन किया गया है। विद्वानों का मानना है कि उत्तर-आधुनिकता को आधुनिकता के साथ जोड़कर बेहतर तरीके से समझा जा सकता है। इसीलिए दूसरे भाग में आधुनिक और उत्तर-आधुनिक दृष्टिकोण का तुलनात्मक विश्लेषण प्रस्तुत किया गया है। तीसरे भाग की शुरुआत में उत्तर-आधुनिकता के महत्त्वपूर्ण लक्षणों व पहलुओं–जो विभिन्न उत्तर-आधुनिक विषयों (post-modern disciplines) के स्वरूप को विस्तृत रूप से प्रभावित करती है–पर प्रकाश डाला गया है। इस अध्याय के अंतिम और चौथे भाग में उत्तर-आधुनिक दृष्टिकोण का आलोचनात्मक अवलोकन किया गया है। परंतु सबसे पहले उत्तर-आधुनिकता की अवधारणा को संक्षिप्त रूप से समझना जरूरी है।

उत्तर-आधुनिक दृष्टिकोण (Postmodern Perspective)

सर्वप्रथम "उत्तर-आधुनिक" (postmodern) शब्द का उपयोग हमें 19वीं सदी के अंत में दिखाई देता है, हालांकि राजनीतिक विद्वानों द्वारा इस शब्द का व्यापक स्तर पर उपयोग केवल बीसवीं सदी के दौरान ही हुआ। 1917 से 1960 के मध्य अनेक पुस्तकों व लेखों के अंतर्गत इस शब्द का उपयोग एक सामाजिक-ऐतिहासिक अवधारणा के संदर्भ में पश्चिमी सभ्यता के उभरते हुए नए काल को रेखांकित करने हेतु किया गया है। (हुसैन (Huyssen), 1984), (बेस्ट और केल्लनर (Best and Kellner), 1991) उत्तर-आधुनिक दृष्टिकोण के उदय का स्रोत 1960 के दौरान अमेरिकी साहित्य और संस्कृति के आलोचकों के मध्य होने वाले विचारों के आदान-प्रदान की शृंखला में भी मिलता है, जिसका संबंध मूलत: नवीन प्रकार की साहित्यिक और कलात्मक शैलियों से है। इस संदर्भ में, कुछ आलोचक जैसे इर्सिंग हॉवे (Irsing Howe) और हारेग लेरिन (Hareg Lerin) आदि आधुनिक कला और साहित्य के दौर की समाप्ति का शोक प्रकट करते हैं, तो वहीं दूसरी ओर, सुसान सोंतग (Susan Sontag), लेस्ली फील्डर (Leslie Fielder) और इहाब हस्सन (Ihab Hassan) इत्यादि आलोचक परंपरागत और अभिजात्यवादी सौंदर्यवाही आधुनिकता से मुक्ति के रूप में नवीन उत्तर-आधुनिक साहित्य और कला के उद्‌भव का जश्न मनाते हैं। (चीक और गोह (Cheek and Gough, 2004))

इसके विपरीत, प्रेडा (Preda, 2001) का मत है कि समाज विज्ञान के क्षेत्र में यह माना जाता है कि लैटिन-अमेरिकी साहित्यिक आलोचनाओं और एंग्लो-अमेरिकी विमर्शों में 1930 और 1940 के दशक में सर्वप्रथम "उत्तर-आधुनिक" शब्द का इस्तेमाल किया गया था, परंतु मुख्य रूप से उत्तर-आधुनिक दृष्टिकोण के मुख्य विश्लेषण को 1970 के दशक में ही बल मिला। (हुसैन और करीम (Hossain and Karim), 2013: 173)) दूसरी ओर, वेबस्टर (Webster, 1996) लिखते हैं कि 'उत्तर-आधुनिक शब्द शीत युद्ध के समय तक ब्रिटेन और अमेरिका में सामान्य उपयोग में नहीं था, बल्कि यह 1980 का दशक था जब इस पर गहन चिंतन, वाद-विवाद और सैद्धांतीकरण प्रारंभ हुआ'। (जोसेफ़, 1993: 10) यहां इस तथ्य पर भी ध्यान देना आवश्यक है कि कुछ विद्वानों के अनुसार, पश्चिमी समाज-विज्ञान में उत्तर-आधुनिकता के दृष्टिकोण पर यह पुन: विचार व विमर्श विशेषतौर पर फ्रांसीसी उत्तर-संरचनावादी सिद्धांत (post-structuralist approach) के प्रभाव

में हुआ। कुल मिलाकर, बीसवीं सदी के अंत तक यह दृष्टिकोण पूरे विश्व, विशेषकर पश्चिम जगत, में एक सांस्कृतिक, दार्शनिक और राजनीतिक आंदोलन के रूप में लोकप्रिय हो चुका था।

हालांकि उत्तर-आधुनिक युग की शुरुआत को लेकर सभी विद्वानों के मध्य विवाद स्पष्ट दिखाई देता है, परंतु सभी विचारकों की यह साझा मान्यता है कि उत्तर-आधुनिक युग के उदय का समसामयिक सामाजिक जीवन पर आमूलचूल प्रभाव देखा जा सकता है। बीसवीं सदी के अंतिम दशक तक समाज-विज्ञान के क्षेत्र में उत्तर-आधुनिक दृष्टिकोण को व्यापक स्तर पर स्वीकार किया जाने लगा था। हालांकि उत्तर-आधुनिक शब्द का उपयोग केवल समाज-विज्ञान तक सीमित नहीं है, बल्कि इसका उपयोग व्यापक स्तर पर साहित्य, वास्तुकला, नृत्य, फिल्म, संगीत, थिएटर, टेलीविजन आदि क्षेत्रों में भी किया जाता है। साथ ही, राजनीतिक सिद्धांत, दर्शनशास्त्र, समालोचनात्मक परंपरा, भूगोल, मानवशास्त्र, धर्मशास्त्र, शिक्षाशास्त्र आदि विषयों की विषय-वस्तु पर भी उत्तर-आधुनिक दृष्टिकोण की छाप स्पष्ट तौर पर दिखाई देती है।

जीन फ्रेन्कोइस ल्योटार्ड (1984) ने उत्तर-आधुनिक की एक सर्वाधिक प्रचलित परिभाषा अपनी पुस्तक *पोस्ट मॉडर्न कंडीशन* (*The Postmodern Condition*) में दी है, जिसके अंतर्गत वह उत्तर-आधुनिक दृष्टिकोण को महावृतांतों (grand-narratives) के प्रति संदेह एवं अविश्वास के रूप में परिभाषित करते हैं। उत्तर-आधुनिक दृष्टिकोण के तहत महावृतांत एक सामान्यीकृत, सार्वभौमिक सिद्धांतों और निश्चित मूल्यों पर आधारित धारणा है जिसके माध्यम से ऐतिहासिक अनुभवों या ज्ञान का व्यापक विवरण दिया जाता है। इस संदर्भ में, शाव्वर (Shawver, 2005) लिखते हैं कि महावृतांत 'एक महत्त्वपूर्ण धारणा है जिसका निर्माण व्यक्ति करता है और उसे कभी चुनौती नहीं मिलती'। (Margarita, 2008 : 169-170; Lyon, 1999: 16) वहीं समाजशास्त्रीय साहित्य में, उत्तर-आधुनिक दृष्टिकोण अब और नया नहीं है। प्रेडा (2001) उत्तर-आधुनिकता को "सामाजिक समीक्षा विस्तार", "सामाजिक विश्लेषण के एक नए रूप", "सामाजिक अभिव्यक्ति के नए रूप" और "एक प्रकार की समाजशास्त्रीय संवेदनशील अनुभूति" आदि के रूप में परिभाषित करते हैं। साथ ही, उनका मत है कि यह विचार (उत्तर-आधुनिक दृष्टिकोण) समाजशास्त्रीय विचारों (sociological thoughts) से उत्पन्न हुआ, क्योंकि कई समाजशामहिलाओं का मानना है कि हमने एक नए और

अनोखे समाज की ओर बढ़ना शुरू कर दिया है, जहां आधुनिकता की अवधारणा दिशाहीन और भ्रामक होती जा रही है। (हुसैन और करीम, 2013 : 174)

मानवशास्त्रीय विद्वान जॉर्ज मार्कस (George Marcus) और माइकल फिशर (Micheal Fischer) ने संभवत: उत्तर-आधुनिकता की सर्व-उपयुक्त व लोकप्रिय परिभाषा दी है, क्योंकि इसका उपयोग सामाजिक परीक्षण एवं समीक्षा में व्यापक स्तर पर होता है। वह उत्तर-आधुनिकता को "प्रतिनिधित्व के संकट" (crisis of representation) के रूप में परिभाषित करते हैं, जहां परंपरागत मानकों (traditional norms) का उपयोग नहीं किया जाता है। वहीं उत्तर-आधुनिकता के संदर्भ में, सी. राइट मिल (C. Waight Mill, 1956) लिखते हैं कि 'समाज द्वारा और स्वत: निर्धारित हमारे मूलभूत अर्थों का स्थान नई वास्तविकताओं ने ग्रहण कर लिया है', जिनका उद्भव उत्तर-आधुनिक युग की देन है (जोसेफ, 1993)। दूसरे शब्दों में, उत्तर-आधुनिक विचारकों का मत है कि वास्तविकता का प्रतिनिधित्व बिल्कुल संभव नहीं है और न ही वास्तविकता की कोई विशिष्ट, संपूर्ण या एकमात्र समझ होती है।

इसके अतिरिक्त, एंडरसन (1997) उत्तर-आधुनिक विचारों को परिभाषित करते हुए लिखते हैं कि उत्तर-आधुनिक दृष्टिकोण ज्ञान के बहुलवादी वृतांत या बहुल व्याख्याओं पर बल देता है, जोकि अधिक स्थानीय, संदर्भगत और लचीला होता है। दूसरे शब्दों में, यह विभिन्न विषयों जैसे–ज्ञान, सत्य, भाषा, इतिहास, आत्मा और शक्ति आदि के विश्लेषण के बहुल उपागमों या दृष्टिकोणों की उपयोगिता को स्पष्ट करता है। साथ ही, उत्तर-आधुनिक दृष्टिकोण ज्ञान की सापेक्षिक प्रकृति और भाषा की उत्पादक प्रकृति पर भी बल देता है। (मार्गरिटा, 2003: 171-172) वहीं दूसरी ओर, फुच्स (Fuchs, 1996) ने उत्तर-आधुनिकता को ''प्रतीकात्मक श्रमिक'' (symbolic workers) की नए वर्ग की विचारधारा के रूप में परिभाषित किया है जो जोड़-तोड़ के संकेतों, चित्रों और प्रतिनिधित्व की नई परतों की स्व-संदर्भित तकनीकों (self-referential techniques) में विशेषज्ञ है। लेमर्ट (Lemert, 1997) के मतानुसार, उत्तर-आधुनिकता एक "संस्कृति" है जोकि इस तथ्य पर बल देती है कि इस आधुनिक दुनिया से एक बेहतर दुनिया है। (हुसैन और करीम, 2013 : 173)

कुल मिलाकर, उत्तर-आधुनिकता से संबंधित विचारकों के मध्य इसकी एक निश्चित व सर्वसम्मत परिभाषा को लेकर काफी विवाद देखने को मिलता है। शायद इसी कारण, इसे किसी एक दृष्टिकोण के माध्यम से ना ही परिभाषित किया जा

सकता है और ना ही समझा जा सकता है। कुछ विद्वान उत्तर-आधुनिकता को एक नई प्रवृत्ति (trend) के रूप में देखते हैं जिसका उद्भव आधुनिकतावादी विचारों एवं परंपराओं के खिलाफ़ हुआ है। वहीं दूसरी ओर, कुछ विद्वानों का मत है कि उत्तर-आधुनिकता आधुनिकता से परे की अवस्था व चरण नहीं है, बल्कि यह आधुनिकता का सबसे उन्नत और संभवतः अंतिम चरण है (देलांते (Delanty), 2000 : 131)। इस संदर्भ में (लेमेर्ट (Lemert), 1997) लिखते हैं कि 'यह शायद ही कहे जाने की जरूरत है कि उत्तर-आधुनिकता का कथित आधुनिकता से कोई लेना-देना है। इसलिए यदि आधुनिकता आधुनिक युग की एक संस्कृति है, तो फिर उत्तर-आधुनिकता का आधुनिकता के बिखराव के साथ जरूर कुछ लेना-देना है'। (हुसैन और करीम, 2013 : 174) इस प्रकार, यह कहा जा सकता है कि उत्तर-आधुनिकता के विचार का उद्भव आधुनिक युग के बाद के समयकाल में आधुनिक पद्धतियों, मूल्यों और विचारों के खिलाफ़ हुआ और आधुनिकता के पतन में भी इसकी अहम भूमिका रही है। इसीलिए, आधुनिकता के साथ जोड़कर ही उत्तर-आधुनिक दृष्टिकोण को बेहतर तरीके से समझा जा सकता है–जिसका वर्णन आगे किया गया है।

आधुनिकता और उत्तर-आधुनिकता
(Modernity and Postmodernity)

अनेक विद्वानों जैसे गेर्गेन, ग्रेंग, सारुप और शाव्वर (Gergen 1991; Grenz 1996; Sarup 1993; Shawver 2005) का विश्वास है कि उत्तर-आधुनिकता को आधुनिकतावाद की अनदेखी कर भलीभांति रूप से समझा नहीं जा सकता है। (टेर्रागॉना Tarragona 2003: 170) दोनों दृष्टिकोणों के परस्पर संबंध को चित्रित करते हुए, फ्रेडरिक जेमिसन (Fredric Jameson) लिखते हैं कि आधुनिकतावाद और उत्तर-आधुनिकतावाद दोनों ही वास्तव में सांस्कृतिक संरचनाएं हैं जो पूंजीवाद के विशेष चरणों के साथ जुड़ी हुई हैं। (क्लागेस (Klages), 2006 : 166; हुसैन और करीम, 2013 : 174) दोनों दृष्टिकोण भिन्न-भिन्न परिप्रेक्ष्य से बीसवीं सदी के औद्योगिक और मशीनीकृत समाज (industrialized and mechanized society) पर प्रतिक्रिया देते हैं। साथ ही, आधुनिक दृष्टिकोण की तुलना में उत्तर-आधुनिक दृष्टिकोण एक अलग तरीके से सामाजिक वास्तविकताओं को उजागर करता है। हालांकि, इन दोनों दृष्टिकोणों के तुलनात्मक अध्ययन से पूर्व हमें आधुनिकता के विचार को समझना अति आवश्यक है।

विभिन्न विचारकों के मतानुसार आधुनिक युग की उत्पत्ति "यूरोपीय

पुनर्जागरण" (European enlightenment)–जिसका उद्भव लगभग 18वीं सदी के मध्य यूरोप में हुआ था–के विचार से काफी प्रभावित है। अर्थात् आधुनिकता ने ऐसे वैश्विक दृष्टिकोण का उल्लेख किया, जिसकी जड़ें हमें पुनर्जागरण काल में दिखती हैं और जिसका बोलबाला पश्चिमी जगत में लगभग अठारहवीं सदी से लेकर बीसवीं सदी तक रहा। न्यूटन (Issac Newton) ने इस विश्वास को लोकप्रिय किया कि विज्ञान की सहायता से विश्व को सुरक्षित किया जा सकता है। रेने देकार्ते (Rene Descartes, 1596-1650) और बाद में कांट (1724-1804) जैसे चिंतकों ने अपने विश्वास की बदौलत–कि तर्क (reason) की सहायता से हम सार्वभौमिक सत्य की नींव रख सकते हैं–बौद्धिक रूप से आधुनिक युग के विभिन्न पहलुओं को आकार दिया। दूसरी ओर, आधुनिक युग के राजनीतिक नेताओं ने तर्क को सामाजिक बदलाव (social change) के अहम स्रोत के रूप में देखा, क्योंकि उनकी मान्यता थी कि तर्क की सहायता से हम एक न्यायपूर्ण और समतापूर्ण सामाजिक व्यवस्था का निर्माण कर सकते हैं। इस प्रकार की मान्यताओं ने अमेरिकी और फ्रांसीसी लोकतांत्रिक क्रांतियों, प्रथम और द्वितीय विश्व युद्धों और आज के अनेक लोगों के विचारों को ऊर्जा प्रदान की। (बैरेट (Barrett), 1997: 17)

होल्लिंगर (Hollinger) ने आधुनिकता की विशेषताओं पर निम्नलिखित तरीके से प्रकाश डाला है : 'आधुनिक शब्द का उपयोग एक ऐसे समाज को दर्शाने के लिए किया जाता है, जिसका उद्भव पुनर्जागरण काल के दौरान पश्चिम में हुआ–एक समाज जो संरचनात्मक-कार्यात्मक दृष्टिकोण से अत्यधिक विभेदित है और पूंजीवादी (बाज़ार) अर्थव्यवस्था के प्रभुत्व के साथ श्रम का जटिल विभाजन, औद्योगीकरण और शहरीकरण, विज्ञान और प्रौद्योगिकी, राजनीतिक और नैतिक व्यक्तिवाद, उदारवादी उपयोगितावाद और सामाजिक अनुबंध सिद्धांत आदि पर आधारित है'। (होल्लिंगर, 1994; xiii, हुसैन और करीम, 2013 : 174)

आधुनिक युग में उदित औद्योगिक क्रांति ने उत्पादन के प्रभाव एवं स्वरूप में आमूल-चूल बदलाव किया और एक-के-बाद-एक नए आविष्कारों को जन्म दिया। बीसवीं सदी के दौरान रेडियो, टेलीफोन, विमान, अंतरिक्ष यान और टेलीविजन आदि आधुनिक यंत्रों का आविष्कार देखने को मिला। साथ ही, आधुनिक युग के दौरान स्वास्थ्य सुविधाओं और औषधियों के क्षेत्र में अर्जित किए अभूतपूर्व विकास ने व्यक्ति के जीवन की गुणवत्ता और जीवनयापन के स्तर में काफी सुधार किया। आधुनिक युग के महत्त्वपूर्ण वैचारिक आंदोलनों और घटनाओं में लोकतंत्र, पूंजीवाद, औद्योगीकरण, विज्ञान और शहरीकरण इत्यादि महत्त्वपूर्ण हैं। वहीं स्वतंत्रता

(freedom) और व्यक्ति (individual) आधुनिकता के दो महत्त्वपूर्ण मूल्य हैं। (बैरेट, 1997: 17) इसके अलावा, इस युग में विज्ञान और तकनीक को सुनहरे भविष्य (golden future) की आशा के असीमित स्रोत के रूप में देखा गया। इस निरंतर विकास एवं प्रकृति के भरोसे को ही गेर्गेन (Gergen (1991)) ने "आधुनिकता के महावृत्तांत" (grand-narrative of modernism)–जिसके अनुसार हम निरंतर उपलब्धि और सुधार के पथ पर अग्रसर हैं–के रूप में परिभाषित किया है। (टेर्रागॉना, 2003 : 170)

आधुनिक युग में मानव बुद्धि (human mind) को एक महत्त्वपूर्ण शक्ति के रूप में देखा गया और इस शक्ति को एक वैज्ञानिक मानसिकता (scientific mentality) के आधार के रूप में स्थापित किया गया। दूसरे शब्दों में, आधुनिकता को वैज्ञानिक मानसिकता के एक युग के रूप में देखा जा सकता है जो भौतिकी (Physics) और जीव-विज्ञान (Biology) जैसे विषयों में क्रांतिकारी विकास से उत्पन्न होता है। शायद इसी कारण, विभिन्न सामाजिक चिंतकों ने समाज-विज्ञान में प्राकृतिक विज्ञान की पद्धतियों के उपयोग के विचार को बल दिया। परिणामस्वरूप, धार्मिक (theological) और तत्त्व-मीमांसा (metaphysical) पहलुओं पर ध्यान केंद्रित करने के बजाय, आधुनिकतावादी विचारकों ने एक प्रत्यक्षवादी (positivist) एवं भौतिकवादी (materialist) सोच को अधिक महत्त्व दिया और प्रौद्योगिकी व विशाल उद्योग (giant industries) आधुनिक समाज की सबसे प्रमुख विशेषता बन गए। अर्थात् इस दौर (आधुनिक दौर) में विज्ञान को शक्ति (power) के रूप में देखा गया और प्राकृतिक दुनिया को यांत्रिक (mechanical) दर्शाया गया। कुल मिलाकर यह कहा जा सकता है कि 19वीं सदी के अंतिम दशक तक आधुनिकता ने एक वास्तविकता का रूप धारण कर लिया था, जिसके तहत विज्ञान और (संचार के साधनों सहित) तकनीक ने मानवीय धारणाओं को नया स्वरूप प्रदान किया। अनुभवों (experiences) के संदर्भ में, इस दौर में प्राकृतिक और कृत्रिम के मध्य कोई स्पष्ट अंतर या भेद नहीं रहा।

आधुनिकतावादी विचारक अनुभववाद (empiricism) पर जोर देते हैं, जिसके फलस्वरूप वस्तुनिष्ठता (objectivity) या वैज्ञानिक व्याख्या को अधिक प्राथमिकता मिली। वस्तुनिष्ठ सत्य की तलाश में, आधुनिकतावादी हमारे जीवन के कुछ अन्य अहम पहलुओं की उपेक्षा करते हैं, उदाहरण के लिए, विशेषरूप से आध्यात्मिकता। परिणामस्वरूप वे कई चुनौतीपूर्ण ईश्वरीय परंपराओं, महत्त्वपूर्ण सामाजिक सिद्धांतों और उनसे संबंधित संस्थाओं से तटस्थ हो गए। साथ ही, जीवन के अनेक

क्षेत्रों जैसे साहित्य, कला, संगीत, दर्शन, समाजशास्त्र, प्रौद्योगिकी आदि में काफी आमूल-चूल परिवर्तन देखने को मिला। तर्कसंगत सोच के आधार पर, उनकी सबसे मुख्य चिंता यह थी कि इस परिस्थिति (आधुनिक) में समाज को कैसे संचालित किया जाना चाहिए। आधुनिकतावाद ने विज्ञान, शोध और खोजों के माध्यम से समाज की प्रगति को सुनिश्चित करने पर बल दिया। (पीटर (Peter), 1992) इस तरह, आधुनिकतावाद पुनर्जागरण और मानवीय ज्ञान और वैज्ञानिक व्याख्याओं द्वारा निर्मित मुक्ति और प्रगति के विचार को शामिल किए हुए है। दूसरे शब्दों में, आधुनिक दृष्टिकोण का संबंध हमारे जीवन, विचारों, मूल्यों, सोच और ''सौंदर्य बोध'' इत्यादि पर तर्क और विज्ञान के नियंत्रण से है। (चीक और गोह, 2004 : 302)

लियोन के अनुसार, आधुनिकता की उपलब्धि को "आश्चर्यजनक" कहा जा सकता है। साथ ही, उन्होंने अपनी पुस्तक, *पोस्टमॉडर्निटी* (*Postmodernity*) (1999 : 27-33), के अंतर्गत आधुनिकता की निम्नलिखित उपलब्धियों पर भी प्रकाश डाला है :

क) **विभेदीकरण** (Differentiation): औद्योगिक समाज ने श्रम के विभाजन को जन्म दिया और श्रमिक कई रूपों में कार्य विशेषज्ञ (work expert) बन गए,

ख) **तर्कसंगतता** (Rationalization): कार्ल मार्क्स ने हमें "वस्तुओं की दुनिया" से अवगत करवाया जोकि लाभ (profit) की मंशा से निर्देशित होती है। वहीं मैक्स वेबर ने आधुनिकता के भिन्न पक्ष को उजागर करते हुए माना कि तर्कसंगतता आधुनिकता के केंद्र में है, जिसके तहत सत्ता परंपराओं से नहीं बल्कि तर्क से संचालित होती है।

ग) **शहरीकरण** (Urbanism): ग्रामीण इलाकों से औद्योगिक शहरी क्षेत्रों में विशाल स्तर पर प्रवासन (migration) हुआ, जिसके फलस्वरूप शहरों में व्यापक स्तर पर सामाजिक परिवर्तन देखने को मिला।

घ) **अनुशासन** (Discipline): आधुनिकता में एक नियंत्रण आवेग निहित है, अर्थात् इसकी प्रवृत्ति नियंत्रण स्थापित करने की है। शायद इसी कारण, आधुनिक दौर में एक विशेषज्ञ पहलू के रूप में आधुनिक राष्ट्र-राज्यों की सैन्य शक्ति में काफी बढ़त देखने को मिली। अनुशासन के तहत समाज से आपराधिक और असामान्य व्यवहार को दूर करने पर बल दिया गया।

ङ) **धर्म निरपेक्षता** (Secularity): आधुनिक काल में परंपरागत धार्मिक नियमों व मूल्यों को परिवर्तित करने और ईश्वर की सत्ता को समाप्त करने की

मांग का जन्म हुआ। इसलिए सामाजिक संगठन के नए सिद्धांतों का निर्माण किया गया, जो धर्म के द्वारा निर्देशित नहीं होते हैं।

गेर्गेन के अनुसार, आधुनिक युग में समाज-विज्ञान का विकास ऐसे नियमों की खोज करने के संदर्भ में हुआ, जिनके द्वारा मानवीय व्यवहार की व्याख्या और भविष्यवाणी की जा सके। वहीं दूसरी ओर, दर्शनशास्त्र को विज्ञान के रूप में पुनः परिभाषित किया गया और इसके समर्थकों ने 'प्राकृतिक विज्ञान की पद्धतियों, मुख्य सिद्धांतों और मॉडल को अपनाया'। (गेर्गेन, 1991: 30 cited in Tarragona, 2003: 169) कुल मिलाकर, आधुनिक दृष्टिकोण की जड़ें प्रत्यक्षवादी ज्ञान-मीमांसा (positivist epistemology) में हैं, जिसके तहत वास्तविकता का अस्तित्व समीक्षक (observer) से स्वतंत्र होता है और हम वास्तविकता का बोध वस्तुनिष्ठ (objectively) और प्रत्यक्ष रूप से कर सकते हैं। आधुनिक दृष्टिकोण के अनुसार, हम "सत्य" को वैज्ञानिक पद्धतियों के माध्यम से प्राप्त कर सकते हैं। ग्रेंज कहते हैं कि 'आधुनिक मस्तिष्क की मान्यता है कि ज्ञान निश्चित, वस्तुनिष्ठ और सर्वमान्य है'। (टेर्रागॉना, 2003: 170) दूसरे शब्दों में, इस दृष्टिकोण के अनुसार, ज्ञान वास्तविकता का प्रतिबिंब एवं दर्पण है और भाषा उसका समाज में प्रतिनिधित्व करती है। इस प्रकार भाषा का मुख्य कार्य हमारे समक्ष विश्व का उपयुक्त प्रतिनिधित्व या विवरण प्रस्तुत करना है।

साहित्य के संदर्भ में, आधुनिकतावाद का एक सौंदर्य आंदोलन (aesthetic movement) के रूप में पदार्पण हुआ, जो 1910 से 1930 तक बहुत लोकप्रिय हो चुका था। साहित्यिक परिप्रेक्ष्य से आधुनिकीकरण की चर्चा करते हुए, क्लागेस (2006) ने इसकी विशेषताओं की सूची तैयार की है : शैलियों के भेदों का धुंधलाना (blurring), उच्च (high), और निम्न (low) के बीच विभाजन या लोकप्रिय संस्कृति को खारिज करना, बौद्धिक रचनात्मकता (intellectual creativity) और प्रतिबिंबता (reflexivity) या आत्म-चेतना (self-consciousness) की ओर प्रवृत्ति आदि। उनका यह भी मत है कि विखंडन, विरल कथाएं और विभिन्न सामग्रियों का अनियमित संग्रहण आदि आधुनिक साहित्य की मुख्य विशेषताएं हैं। इसके अलावा, आधुनिकतावादी लेखकों के मध्य चेतना तकनीक का प्रवाह भी लोकप्रिय था। (हुसैन और करीम, 2013 : 175) आधुनिकतावादी साहित्यिक धारा के मुख्य चिंतकों में वर्जीनिया वूल्फ, जेम्स जॉइस, टी.एस. इलियट, एजरा पाउंड, मार्सेल प्रोउस्ट, गर्ट्रुड स्टाइन और फ्रांज काफ्का आदि का नाम शामिल है।

विभिन्न स्तरों पर अनेक क्रांतिकारी बदलावों के बावजूद, आधुनिक दृष्टिकोण

अपने युग के चिंतकों और सिद्धांतकारों की आलोचना से बच नहीं सका। दो विश्व-युद्धों के विनाशकारी प्रभावों ने उन्हें (चिंतकों और सिद्धांतकारों को) मौजूदा वैश्विक नजरिए पर सवाल करने के लिए मजबूर कर दिया। उत्तर-आधुनिक विचारकों ने आधुनिकतावादियों द्वारा समर्थित वास्तविकता (reality) के पारंपरिक विचारों को पूर्ण रूप से खारिज कर दिया। उन्होंने आधुनिकता के पतन पर प्रकाश डाला और कहा कि वास्तविकता का वस्तुनिष्ठ प्रतिनिधित्व (objective representation) संभव नहीं है। उत्तर-आधुनिक चिंतकों के अनुसार पुनर्जागरण के विचार और तर्क जटिल समाज–जिसका स्वरूप आधुनिकता के उदय के पश्चात् निर्मित समाज से काफी परिवर्तित हो गया है–के मुद्दों व समस्याओं का हल खोजने के लिए अमान्य या अप्रासंगिक हो चुके हैं। उन्होंने विज्ञान के वर्चस्व के साथ-साथ सरकार के स्थापित विचारों पर भी सवाल उठाए हैं। विश्व-युद्धों के दौरान भारी बमबारी और प्रौद्योगिकियों का इस्तेमाल मानवीय सभ्यता की असीमित और अत्यधिक तबाही का कारण बना, विशेषकर, इस प्रकार की घटनाओं ने विज्ञान के उपयोग पर प्रश्नचिह्न लगा दिया। जिसके परिणामस्वरूप, प्रचलित आधुनिक विचार पर आधारित मौजूदा विज्ञान के विचारों, दर्शन, समाजशास्त्र, राजनीति विज्ञान और लोगों की अन्य स्थापित मान्यताएं भी प्रश्नों के दायरे में आ गईं। (पीटर, 1992)

इसके अतिरिक्त, लियोन (1999) ने अपने अध्ययन में आधुनिकतावाद के निम्नलिखित नकारात्मक प्रभावों को उजागर किया है :

क) **अलगाव और शोषण** (Alienation and exploitation) : मानवीय समाज में अलगाव और शोषण के विस्तार का श्रेय आधुनिकता को जाता है। आधुनिक समाज की विशाल तकनीक केंद्रित बाज़ार व्यवस्था, सोच, पूंजी और अन्य विशेषताओं ने मनुष्यों को मशीनों का दास और मुनाफे को मुख्य उद्देश्य बना दिया। नतीजतन, पूंजीपतियों ने मजदूर वर्ग का शोषण किया और मजदूर वर्ग गरीबी में जीवन व्यतीत करने के लिए मजबूर हो गया। इसके अलावा, सीमाओं के अंदर और बाहर ग्रामीण इलाकों से औद्योगिक क्षेत्रों में प्रवास ने समाज में सांस्कृतिक विस्थापन (cultural displacement) को जन्म दिया। इस मशीनीकृत आधुनिक युग में कार्य (work) ही मानवीय जीवन का मुख्य उद्देश्य बन गया और मानव ने जीवन के अन्य संबंधों एवं क्षेत्रों को अनदेखा किया। इस प्रकार, समय के साथ व्यक्ति समाज और विभिन्न मानवीय संबंधों से और अधिक दूर होता रहा तथा अंततः अलगाव से पीड़ित हुआ।

ख) **दिशाविहीनता और आदर्शहीनता** (Anomie and loss of direction) : आधुनिकता के दौर में व्यक्ति सांस्कृतिक मूल्यों से भी दूर हो गया है। लियोन के अनुसार, परिवार, देश और पड़ोस के पारंपरिक संबंधों का नई तरह की गतिशीलता और पारंपरिक नियमों के अभाव में ह्रास हुआ। पारंपरिक संबंधों का स्थान अनिश्चितता, दिशाहीनता और व्यक्तिगत अहंकार ने ले लिया है।

ग) **लोहे का पिंजरा** (Iron cage) : वेबर आधुनिक तर्कसंगतता पर आधारित नौकरशाही व्यवस्था की भरसक आलोचना करते हैं। वह इस तथ्य से भयभीत होते हैं कि '...नौकरशाही की व्यवस्था [समाज में], अमानवीयता का तीव्र गति से प्रसार करेगी'। लियोन (1999; 38) इस संदर्भ में, लियोन का मत है कि आधुनिक नौकरशाही व्यवस्था से न केवल व्यक्तिगत विकास की गति अवरुद्ध होगी, बल्कि साथ ही, लोकतंत्र के लिए भी खतरा उत्पन्न होगा। अतः आधुनिक युग में नौकरशाही व्यवस्था ने एक ऐसे लोहे के पिंजरे का निर्माण किया, जिसने व्यक्ति को मुक्त करने के स्थान पर उसे औपचारिक व्यवस्थाओं के जाल में कैद कर दिया है।

घ) **अजनबियों का समाज** (Society of strangers) : लियोन लिखते हैं कि एंगेल्स (Engles) ने पूंजीवाद के विकास (आधुनिक युग में) के परिणामस्वरूप लंदन शहर को "व्यक्तियों के अलगावादी समाज" के रूप में पाया, जहां प्रत्येक व्यक्ति अपने निजी सिद्धांतों के द्वारा निर्देशित होता और प्रत्येक स्वयं के ही लक्ष्य का पीछा करता।

ङ) **नियंत्रण** (Control) : आधुनिकतावादी समाज के मशीनीकृत चरित्र के संदर्भ में, पुनर्जागरण विचारों के द्वारा समर्पित स्वतंत्रता की अवधारणा एक "खोखली अवधारणा" है। स्वतंत्र और मुक्त होने की बजाय, आधुनिक काल में व्यक्ति स्वयं को एक यांत्रिक व्यवस्था के नियंत्रण में पाता है। (लियोन, 1999 : 35-41)

दूसरी ओर, जेन फ्लेक्स (Jane Flax, 1990) ने अपने अध्ययन में पुनर्जागरण काल या आधुनिक दृष्टिकोण की अनेक मान्यताओं को चिह्नित किया है, जिन्हें उत्तर-आधुनिक विचारक पूर्ण रूप से खारिज करते हैं : पहला, भाषा कुछ अर्थों में पारदर्शी (transparent) होती है, दूसरा, स्व (self) सुसंगत और स्थिर होता है, तीसरा, तर्क और उसके विज्ञान एवं दर्शन की सहायता से ज्ञान को एक विश्वसनीय सार्वभौमिक और वस्तुनिष्ठ आधार दिया जा सकता है, चौथा, तर्क के द्वारा आयोजित किया हुआ ज्ञान यथार्थवादी होता है, पांचवां, तर्क की सत्ता

के अधीन दावों से सत्य, ज्ञान और शक्ति के बीच के संघर्ष को दूर किया जा सकता है तथा छठा, स्वतंत्रता में कानूनों का अनुपालन निहित होता है, जो तर्क के उचित उपयोग के आवश्यक परिणामों के अनुरूप होता है। (चीक और गोह, 2004: 303) इन सभी आधुनिकतावादी मान्यताओं का उत्तर-आधुनिक युग में कोई स्थान नहीं है। अंततः यह कहना गलत न होगा कि उत्तर-आधुनिक काल का प्रारंभ आधुनिकता के खिलाफ एक प्रतिक्रिया के रूप में हुआ और इसे आधुनिकता विरोधी दृष्टिकोण भी कहा जा सकता है।

आकृति 8.1 : आधुनिकता और उत्तर-आधुनिकता

आधुनिकता →
- तर्क और विज्ञान की सत्ता,
- वस्तुनिष्ठ व प्रत्यक्षवादी ज्ञान-मीमांसा,
- सार्वभौमिक नियम, मूल्य और कानून

उत्तर-आधुनिकता →
- तर्क और विज्ञान की सत्ता-विरोधी,
- व्यक्तिनिष्ठ व व्यक्तिपरक ज्ञान-मीमांसा,
- बहुविध या विविध नियम, मूल्य और कानून

स्रोत : लेखक

एक तरफ़ जहां आधुनिकता की अवधारणा न्यूटन, देकार्त, कांट आदि के तर्कवाद से प्रभावित हुई। वहीं दूसरी ओर, उत्तर-आधुनिकता को फ्रेड्रिक नीत्शे (Friedrich Nietzsche), मार्टिन हेडेगेर, लुद्विग विग्मोंस्टेंन, जॉन डेवे, जेक्स डेरिदा, रिचर्ड रोर्टी आदि दार्शनिकों ने अपने विचारों से प्रभावित किया, जिन्हें इस तथ्य पर संशय है कि तर्क और विज्ञान पर आधारित सिद्धांत सत्य को प्रतिबिंबित कर सकता है। हालांकि, कार्ल मार्क्स और सिग्मंड फ्रायड (Sigmund Freud) भी आधुनिक दृष्टिकोण की इस मान्यता को नकारते हैं कि तर्क सत्य का स्रोत है, क्योंकि वे आर्थिक कर्ताओं एवं मनोवैज्ञानिक आयामों पर अधिक ध्यान केंद्रित करते हैं जोकि तार्किक रूप से बाध्य नहीं होते, परंतु समाज और व्यक्ति को व्यापक रूप से प्रभावित करते हैं। उत्तर-आधुनिक चिंतकों का विश्वास है कि तथ्य (facts) केवल व्याख्याओं में होते हैं और उन पर आधारित सत्य कभी भी पूर्ण या स्थिर नहीं होता, बल्कि यह सदैव आंशिक होता है जिसका निर्माण व्यक्तिगत समूहों के द्वारा होता है। सत्य और ज्ञान के आधुनिकतावादी मॉडल–जोकि वस्तुनिष्ठता व वैज्ञानिक व्याख्या पर आधारित है–की आलोचना करते हुए, प्रेडा (2001) लिखते हैं :

'इस विमर्श ने वैज्ञानिक सिद्धांतों की वैधता के दावों, वैज्ञानिक सत्य की प्रकृति, और जानने वाले विषय की स्थिति के बारे में कई प्रश्न उठाए हैं और माना है कि : (क) सभी ज्ञान प्रासंगिक और स्थानीय हैं : (ख) किसी भी वैज्ञानिक सिद्धांत के वैधता दावों का उद्‌भव किन्हीं भावात्मक (abstract) और सार्वभौमिक मानदंडों में नहीं होना चाहिए, अपितु यह बातचीत की आम सहमति या सत्ता संघर्षों के परिणाम से होना चाहिए; तथा (ग) परिणामस्वरूप, कोई भी ज्ञात विषय आपके ज्ञान और सत्य की वैधता का पता लगाने के सार्वभौमिक मानदंडों की व्यवस्था नहीं करता है'। (हुसैन और करीम, 2013 : 176)

इस प्रकार, उत्तर-आधुनिक दृष्टिकोण ज्ञान और सत्य के आधुनिकतावादी, सार्वभौमिक और एकरूपक (uniform) स्वरूप को पूर्ण रूप से खारिज करता है और उसके स्थान पर यह बहुविध (multiple) स्वरूप पर बल देता है। सामाजिक समीक्षा (social inquiry) के संदर्भ में, उत्तर-आधुनिक दृष्टिकोण साझा मान्यताओं का एकरूप समूह नहीं है बल्कि यह सोचने व चिंतन के तरीकों का एक लचीला, अव्यवस्थित और बंधनमुक्त संग्रह है जिसका संबंध–बिना किसी महावृतांत को निर्मित किए–आधुनिक दृष्टिकोण से परे जाना है। (डेविड (David, 1994))

आधुनिक युग की तथाकथित उपलब्धियों जैसे पूंजीवाद, औद्योगीकरण, सांस्कृतिक विभिन्नताओं, उत्पादकता, शहरीकरण और नौकरशाही इत्यादि के कारण होने वाले कष्टों से उत्पन्न निराशा ने उत्तर-आधुनिकतावादी सिद्धांतकारों को सामाजिक जीवन की नई अवधारणाओं की तलाश के लिए प्रेरित किया। आधुनिकता के समर्थकों के विपरीत, 'उत्तर-आधुनिक सिद्धांतकार, हालांकि, दावा करते हैं कि समकालीन हाई-टेक मीडिया समाज, बदलाव और परिवर्तन की आकस्मिक प्रक्रियाएं एक नए उत्तर-आधुनिक समाज का निर्माण कर रही हैं और इसके समर्थकों का दावा है कि उत्तर-आधुनिक युग में इतिहास और सामाजिक-सांस्कृतिक बनावट के एक नए चरण का निर्माण हो रहा है, जिसके लिए नई अवधारणाओं और सिद्धांतों की आवश्यकता है'। (बेस्ट और केल्लनर, 1991: 3) इसके अलावा, भौतिक विज्ञान के क्षेत्र में होने वाले परिवर्तनों ने भी उत्तर-आधुनिक दृष्टिकोण के विकास को बढ़ावा दिया है। न्यूटनवादी भौतिकी के विपरीत जो एक संपूर्ण व्यवस्थित तंत्र के विश्वास पर केंद्रित है, उत्तर-आधुनिक दृष्टिकोण का विकास सापेक्षता (relativity) और क्वांटम (Quantum) यांत्रिकी के सिद्धांतों पर आधारित संभावनाओं के परिणामस्वरूप हुआ है। उत्तर-आधुनिकतावादियों के मतानुसार, सत्य व वास्तविकता का स्वरूप

विविधतापूर्ण है तथा इसके किसी एक स्वरूप को अंतिम व पूर्ण नहीं मानना तर्कसंगत नहीं होता है।

उत्तर-आधुनिकतावादी सभी स्तरों पर विकल्पों की मौजूदगी पर बल देते हैं। उदाहरण के तौर पर, उत्तर-आधुनिक विचारक नैतिक संहिता (moral code)–जो व्यक्ति के जीवन, विशेषकर निजी जीवन के विभिन्न आयामों को नियंत्रित करता है–के किसी भी तरह के निश्चित और स्थिर स्वरूप को अस्वीकार करते हैं और इसके बजाय, वे बहुविध (multiple), आंशिक और व्यक्तिपरक (subjective) नैतिक संहिता के नैतिक कोडों की धारणा को विकसित करने में विश्वास रखते हैं। (हुसैन और करीम, 2013 : 176) इसके अतिरिक्त, एक दार्शनिक आंदोलन के रूप में, उत्तर-आधुनिकतावाद ने आधुनिकतावादी ज्ञान की प्रकृति पर सवाल उठाने के साथ-साथ मानवीय अनुभवों की समझ और अध्ययन के संदर्भ में प्रत्यक्ष-ज्ञानवाद की सीमाओं को उजागर किया। ज्ञान के उत्तर-आधुनिक विचार के अनुसार, ज्ञान का निर्माण भाषा (language) के माध्यम से सामाजिक रूप में होता है। इसके अलावा, एंडरसन (1997) का मत है कि मानवीय जगत (human world) का प्रत्यक्ष प्रतिनिधित्व (direct representation) संभव नहीं है, इसलिए इसका संज्ञान केवल अपने अनुभवों के माध्यम से ही हो सकता है। इस संदर्भ में, एंडरसन (2006a) अपने "सामाजिक रूप से निर्मित ज्ञान" संबंधी विवरण को स्पष्ट करते हुए कहते हैं कि इसका संबंध सामाजिक ज्ञान (social knowledge) और उन अर्थों से है जो हम विभिन्न घटनाओं और अनुभवों के माध्यम से प्राप्त करते हैं न कि वैज्ञानिक ज्ञान या भौतिक दुनिया के ज्ञान से। (टेर्रागॉना, 2003: 171)

कुल मिलाकर, उत्तर-आधुनिक दृष्टिकोण का उद्‌भव शैक्षिक जगत में आधुनिकतावादी प्रवृति के पतन को रेखांकित करता है। जैसाकि ग्रेंज (1996) लिखते हैं कि उत्तर-आधुनिक युग का प्रारंभ आधुनिकतावादी एकल और सार्वभौमिक वैश्विक दृष्टिकोण के अंत को चिह्‌नित करता है। (टेर्रागॉना, 2003: 170-171) इसीलिए, उत्तर-आधुनिक दृष्टिकोण अनेक संदर्भों में आधुनिक दृष्टिकोण से भिन्न है तथा इसके समर्थक आधुनिकतावादी विचारों, पद्धतियों, सिद्धांतों, मान्यताओं, पहलुओं और सामाजिक संरचना की भरसक आलोचना करते हैं। इस प्रकार, उत्तर-आधुनिक दृष्टिकोण समाज विज्ञान, राजनीतिक सिद्धांत के क्षेत्र में ज्ञान, वास्तविकता और सत्य आदि को खोजने और समझने के नए दृष्टिकोण या पद्धति को विद्वानों के समक्ष प्रस्तुत करता है। अध्याय के अगले भाग में हम इस दृष्टिकोण की मुख्य विशेषताओं के संदर्भ में विभिन्न चिंतकों के विचारों का अध्ययन करेंगे।

उत्तर-आधुनिकता के मुख्य लक्षण
(Main Characteristics of Postmodernism)

उत्तर-आधुनिक के संदर्भ में, नीत्शे के प्रारंभिक कार्यों ने कई दार्शनिकों को आधुनिकता की शाब्दिक व्याख्या (textual interpretation) और भाषा से संबंधित कुछ सवाल पूछने के लिए उकसाया, जिसने दूसरे शब्दों में, उत्तर-आधुनिकता के विकास का मार्ग प्रशस्त किया। उत्तर-आधुनिक साहित्य में अस्पष्टता का निहित होना एक आम बात है। क्योंकि, आधुनिकता के विपरीत, यह दृष्टिकोण किसी भी प्रकार के स्थिर एवं स्पष्ट अर्थों के विरुद्ध है। दूसरे शब्दों में, उत्तर-आधुनिकता के समर्थकों का मत है कि सभी चीजों के एक ही समय पर दो अर्थ हो सकते हैं और यह भी संभव है कि वे अर्थ विरोधाभासी न हों, बल्कि वे वास्तविकता के अभिन्न अंग हों। उत्तर-आधुनिक विचारकों ने कुछ अलग विचारों को सामने रखा और साथ ही, नए लेखों और सिद्धांतों को भी स्थापित किया। उत्तर-आधुनिक दृष्टिकोण के कुछ बुनियादी लक्षण व विशेषताएं निम्नलिखित हैं :

क) **विज्ञान की सत्ता की अस्वीकृति** (Rejection of Authority of Science) : आधुनिकता ने मानव का विज्ञान और तर्कसंगतता में विश्वास स्थापित किया था। हालांकि, दो विश्व युद्धों के विनाश और क्षति ने जल्द ही आधुनिक मस्तिष्क में विज्ञान और प्रौद्योगिकी के प्रति नकारात्मक दृष्टिकोण को उजागर किया। उत्तर-आधुनिकतावादियों ने अपने अध्ययन में यह पाया है कि वैज्ञानिक विकास ने औद्योगीकरण को प्रेरित किया, जिसने अनेक समस्याओं जैसे–गरीबी, बेरोजगारी, पर्यावरण प्रदूषण आदि को जन्म दिया और इनके कारण मानव-जाति को भारी नुकसान पहुंचा है। (हुसैन और करीम, 2013 : 176-177)

ख) **प्रत्यक्षवाद-विरोधी और सत्यापनवादी-विरोधी स्वरूप** (Anti-positivist and Anti-verificationist Stance) : प्रेडा के अनुसार (2001) उत्तर-आधुनिकता ने इस तथ्य पर प्रकाश डाला है कि '...कोई समग्र व्याख्यात्मक मॉडल नहीं है और न कोई सार्वभौमिक मान्य सत्यापन प्रक्रिया है'। (हुसैन और करीम, 2013 : 177) अर्थात् वास्तविकता का आभास वैज्ञानिक प्रत्यक्षवादी सिद्धांत से नहीं हो सकता है और न इसका स्वरूप सार्वभौमिक और एकल होता है। इस संदर्भ में, डिलने (Dealney, 2005) ने अपने लेखों में प्रकाश डाला है कि '...उत्तर-आधुनिक चिंतक (समाज-विज्ञान के क्षेत्र) वस्तुनिष्ठता, एक स्वायत्त तर्कसंगत दिमाग और महान-वृत्तांतों (भव्य सिद्धांतीकरण) की अवधारणाओं की भरसक आलोचना करते हैं'। (cited in Hossain and Karim 2013 : 177)

ग) **व्यैक्तिकता** (Individuality) : उत्तर-आधुनिक दृष्टिकोण विषयपरक विचारों पर अधिक बल देता है। विभिन्न व्यक्तियों के व्यक्तिनिष्ठ अनुभव या समझ (subjective perception) ज्ञान के विभिन्न स्वरूपों को उत्पन्न करती है जिसके माध्यम से वे व्यक्तिपरक वास्तविकताओं का निर्माण करते हैं। इस संदर्भ में, नीत्शे के तर्कों ने केवल उत्तर-आधुनिकता के आधार को खोजने के लिए कई महत्त्वपूर्ण मुद्दों को उठाया है। उत्तर-आधुनिक युग में राज्य और राजनीति–जो पहले एक मुख्य मुद्दा होता था–की तुलना में निजी प्रसंग अधिक महत्त्वपूर्ण हो गए हैं। इस संदर्भ में, ब्रैन (Brann, 1992) का तर्क है कि 'व्यक्तिगत विश्वास के रूप में प्रत्येक इंसान के वृत्तांत या विवरण को गंभीरता से लिया जाता रहा है'। (हुसैन और करीम, 2013 : 177)

घ) **सत्य के संदर्भगत स्वरूप में विश्वास** (Truth as a Matter of Perspective) : उत्तर-आधुनिक दृष्टिकोण के तहत सत्य (truth) को एक निश्चित संदर्भ में देखा जाता है और यह, आधुनिक दृष्टिकोण के विपरीत, सार्वभौमिक सत्य की मौजूदगी का खंडन करता है। दूसरे शब्दों में, सत्य का स्वरूप पूर्ण (absolute) या स्थाई नहीं होता, बल्कि अस्थाई व अपूर्ण है। इस दृष्टिकोण के समर्थकों की यह भी मान्यता है कि सत्य का निर्माण होता है न कि खोज। (डेविड, 1994) सत्य की सार्वभौमिकता के बारे में कांट का तर्क खारिज करते हुए, नीत्शे इस निष्कर्ष पर पहुंचते हैं कि सत्य भ्रम मात्र है। जैसाकि सब व्यक्तियों की समझ या सोचने का पैटर्न एक समान नहीं होता है और इसी प्रकार, सत्य की भी हमारी समझ भिन्न-भिन्न होती है। (हुसैन और करीम, 2013 : 177)

ङ) **पुराने विभेदों का धुंधला होना** (Blurring the Old Distinctions) : उत्तर-आधुनिकता किसी भी प्रकार के दोहरे प्रतिकारों (binary opposition) जैसे पुरुष बनाम महिला, काला बनाम सफेद, पूर्व बनाम पश्चिम आदि की उपेक्षा करती है या यह भी कहा जा सकता है कि यह द्वैतवाद विरोधी दृष्टिकोण है। पहले के समयकाल के विपरीत, लैगिंक भूमिकाओं, रंगभेदी, जातीयता (ethnicity) और वर्गीय भेद जैसे मुद्दे अब और अधिक जटिल हो गए। उत्तर-आधुनिकतावादी सभी प्रकार के विभेदों के धूमिल होने का जश्न मनाते हैं। यहां तक कि आज लिंग-उन्मुख आर्थिक भूमिकाएं भी समाप्त हो चुकी हैं। (हुसैन और करीम, 2013 : 177) उदाहरणत: अपनी निजी जीवन की पारंपरिक भूमिकाओं के विपरीत, महिलाएं आज इक्कीसवीं

सदी में सार्वजनिक जीवन में पुरुषों के साथ कंधा-से-कंधा मिलाकर चल रही हैं।

च) **वैश्वीकरण और बहुसंस्कृतिवाद** (Globalization and Multiculturalism) : उत्तर-आधुनिक काल में संपूर्ण विश्व में वैश्वीकरण के व्यापक प्रसार से विभिन्न संस्कृतियां मिश्रित हो रही हैं। हम इसका प्रभाव वास्तुकला, भोजन, संगीत, साहित्य, शिक्षा, फैशन, संगठनों आदि में भी देख सकते हैं। उत्तर-आधुनिकतावाद समाजशामहिलाओं को नैतिक निष्कर्षों से दूर रखते हुए विभिन्न संस्कृतियों की समझ विकसित करने के लिए प्रोत्साहित करता है, ताकि व्यक्तियों के मध्य बहुसांस्कृतिक समझ का विकास हो सके। (हुसैन और करीम, 2013 : 177)

छ) **सूचना और मीडिया** (Information and Media) : सूचनाओं और मीडिया की व्यापक पहुंच ने उत्तर-आधुनिक जीवन को जटिल और अलग बना दिया है। इन दिनों हम देखते हैं कि मीडिया हमारे जीवन के लगभग हर पहलू को कवर करती है। साथ ही, यह समाज में लोकप्रिय संस्कृति (popular culture) का निर्माण भी करती है, जिसके फलस्वरूप उपभोग और जीवनशैली जैसे मुद्दे और अधिक महत्त्वपूर्ण हो गए हैं। इसके अलावा, मीडिया के विभिन्न चैनलों जैसेकि फेसबुक, ट्विटर आदि, ने हमारे अवचेतन में एक आभासी दुनिया (virtual world) का निर्माण कर दिया है और ज्यादातर मामलों में हम दोनों (वास्तविक और आभासी) दुनिया में एक साथ रह रहे हैं। इस प्रकार, उत्तर-आधुनिक समाज की बनावट में मीडिया की केंद्रीय भूमिका है। परिणामस्वरूप, हमारे विचारों और मीडिया के द्वारा परिभाषित वास्तविकता का स्वरूप "अति वास्तविक" (hyper real) बन गया है। (हुसैन और करीम, 2013 : 177)

ज) **नए साहित्यिक रुझान** (New Literary Trends) : उत्तर-आधुनिक लेखक अपने लेखों में विडंबना और ब्लैक ह्यूमर (black humor) का प्रयोग करते हैं। वे विभिन्न विषयों, यहां तक कि गंभीर विषयों को भी चंचलता और विखंडन (fragmentation) के साथ प्रस्तुत करते हैं। इसके अलावा, कृत्रिमता, महाकथाएं, अधिकतमवाद, अतिसूक्ष्मवाद, अस्थायी विरूपण इत्यादि उत्तर-आधुनिक साहित्यिक लेखों की मुख्य विशेषताएं हैं। साथ ही, इस युग के लेखन में शैलियों का पतन एक आम बात है। (हुसैन और करीम, 2013 : 177)

झ) **भाषा की केंद्रीय भूमिका** (Central Role of Language) : उत्तर-आधुनिक

दृष्टिकोण के तहत "भाषा" एक केंद्रीय अवधारणा है। हम जिन शब्दों का उपयोग करते हैं वे न केवल हमारी सोच एवं मंशा को प्रतिबिंबित व अभिव्यक्त करते हैं, बल्कि भाषा हमारे विचारों और हमारे अनुभवों के अर्थों को आकार भी देती है। होयट (Hoyt, 1998) का विश्वास है कि हम अपनी भाषा पद्धति व प्रणाली के माध्यम से ही विभिन्न तथ्यों को जानते और समझ को विकसित करते हैं। हमारी जानकारी को व्यक्त (communicate) करने के साधन एक से अधिक हैं, क्योंकि भाषा हमारे अंतःकरण व अंतर्चेतना को आकार देती और वास्तविकता का निर्माण भी करती है। साथ ही, एक ही शब्द का अर्थ विभिन्न परिवेश में भिन्न-भिन्न व्यक्ति के लिए अलग-अलग भी हो सकता है। (मार्गरिटा, 2003: 170) शायद इसी कारण, उत्तर-आधुनिक दृष्टिकोण सभी प्रकार के सर्वव्यापी, एकीकृत और सार्वभौमिक रूप से मान्य स्पष्टीकरणों व व्याख्याओं का न केवल विरोध करता है, बल्कि वह इसके स्थान पर स्थानीय (local) एवं व्यक्तिगत (individual) व्याख्याओं पर बल देता है।

ञ) **महावृतांत विरोधी** (Anti-metanarratives) : उत्तर-आधुनिकता को महावृतांतों (metanarratives) के खिलाफ एक आंदोलन के रूप में भी देखा जाता है, जो विभिन्न कानूनों और शर्तों को निर्दिष्ट करते हुए विषयों एवं अनुशासनों के मार्ग को प्रशस्त करता है। जैसाकि प्रत्यक्षवादी महावृतांत (positivist metanarretive) जोकि विभिन्न ''वृतांत और नियमों के समूह'' को समाज विज्ञान से लेकर प्राकृतिक विज्ञान तक प्रसारित करते हैं, जिसे प्रत्यक्षवादी ज्ञान की संज्ञा भी दी जाती है। (चैरीहोम्स (Cherryholmes, 1988: 9 cited in Cheek and Gougha, 2004: 302) इस प्रकार, हम उत्तर-आधुनिक दृष्टिकोण को इन्हीं महावृतांतों–जोकि विभिन्न विषयों में प्रचलित हैं–में विश्वास के क्षरण होने की परंपरा के रूप में समझ सकते हैं।

इस तरह, उत्तर-आधुनिक दृष्टिकोण अमूर्त सिद्धांतों (abstract principles) की अपेक्षा ठोस अनुभवों (concrete experiences) पर अधिक निर्भर है क्योंकि प्रत्येक व्यक्ति के अनुभवों पर आधारित सत्य या वास्तविकता दोषपूर्ण, आंशिक (partial) और सापेक्षिक (relative) होती है, न कि निश्चित और सार्वभौमिक (universal)। शायद इसी कारण, यह किसी भी स्थिति में अंतिम सिद्धांत के अस्तित्व को स्वीकार नहीं करती और इसमें

वैज्ञानिक, दार्शनिक और धार्मिक सत्य होने के आशावादी तत्त्व का भी अभाव है जो सभी को सबकुछ स्पष्ट करेगा–जोकि तथाकथित आधुनिक मस्तिष्क (modern mind) का लक्षण है।

आलोचनात्मक विश्लेषण (Critical Evaluation)

आज इक्कीसवीं सदी में उत्तर-आधुनिक दृष्टिकोण को, हालांकि, समकालीन समय की मांग के रूप में देखा जाता है, पर यह आलोचना से परे नहीं है। विद्वानों के मध्य इस तथ्य को लेकर काफी विवाद है कि क्या हम एक नई दुनिया में प्रवेश कर चुके हैं जिसे उत्तर-आधुनिक युग के रूप में जाना जाता है या यह सिर्फ आधुनिक युग का ही एक विस्तार है। अनेक विद्वानों ने उत्तर-आधुनिक दृष्टिकोण की सीमाओं को इंगित करते हुए इसकी आलोचना की है। इस संदर्भ में, उत्तर-आधुनिकता की कुछ सामान्य आलोचनाओं व कमियों पर भी चर्चा की गई है।

उत्तर-आधुनिक दृष्टिकोण का विरोधाभास यह है कि यह सभी सिद्धांतों व पद्धतियों की संशयपूर्ण दृष्टि से जांच-पड़ताल करता है, परंतु यह भी हमें ध्यान में रखना चाहिए कि इसके अपने सिद्धांत सवालों से परे नहीं हो सकते हैं। जैसाकि रिचर्ड टार्नर (Richard Tarner) कहते हैं कि उत्तर-आधुनिक दृष्टिकोण 'अन्य विभिन्न आध्यात्मिक अवलोकनों–जिनके विरोध में उत्तर-आधुनिकता का उद्‌भव हुआ–के विरुद्ध अपने सिद्धांतों को अंतिम घोषित नहीं कर सकता'। (सेलबर्ग (Salberg et al), 2009 : 8) इसके अलावा, आलोचक उत्तर-आधुनिकता की अवधारणा को प्रत्यक्ष रूप से "अस्थिर" और "अपरिभाष्य" रूप में देखते हैं। निकोल के अनुसार यह 'शब्द अर्थ से अतिभारित हो गया है, क्योंकि मुख्यतः इसका उपयोग सामाजिक और राजनीतिक परिदृश्य की विशेषताओं के साथ-साथ सांस्कृतिक उत्पादन के विभिन्न उदाहरणों की पूरी श्रेणी का वर्णन करने के लिए किया जा रहा'। (निकोल (Nicol, 2005: 1))

आलोचकों के मतानुसार, साधारण पाठकों के लिए उत्तर-आधुनिक साहित्य व लेखों को समझना काफी मुश्किल है। जटिल भाषा, शैली और शब्दों के साथ-साथ अस्पष्ट स्पष्टीकरण व व्याख्या उत्तर-आधुनिक साहित्य को कुछ विशेष पाठकों तक सीमित कर देती है। उत्तर-आधुनिकतावाद साहित्य में कुछ भी स्पष्ट नहीं दिखता है, बल्कि ज्यादातर मामलों में, यह कुछ ऐसा है जो किसी भी

प्रारूप या सरलता को खारिज करता है। दूसरे शब्दों में, सभी क्षेत्रों जैसे कला, संगीत, वास्तुकला, साहित्य या समाजशास्त्रीय सिद्धांत आदि में सरल व स्पष्ट प्रारूप का अभाव उत्तर-आधुनिकता की एक मुख्य पहचान बन चुका है। (हुसैन और करीम, 2013 : 179) बहरहाल, उत्तर-आधुनिकता की यह विशेषता इसे एक विचित्र दृष्टिकोण के रूप में भी स्थापित करती है, परंतु इसके फलस्वरूप आधुनिक काल की तुलना में, उत्तर-आधुनिक युग में चर्चा और विश्लेषण और अधिक जटिल हो गए हैं।

आलोचकों का यह भी मत है कि उत्तर-आधुनिक चिंतक किसी समाधान को उजागर किए बिना ही भिन्न-भिन्न समस्याओं की ओर हमारा ध्यान आकर्षित करते हैं। अनेक विद्वानों का मत है कि उत्तर-आधुनिकता एक तथ्य नहीं है, मात्र एक सिद्धांत है। स्पिरो (Spiro, 1996) का कहना है कि उत्तर-आधुनिकतावादियों के द्वारा वैज्ञानिक पद्धति को खारिज करना बिल्कुल समझ में नहीं आता है। स्पिरो उत्तर-आधुनिकतावादियों के तर्क से सहमत नहीं हैं कि मानवता से संबंधित विषयों को "वैज्ञानिक" (scientific) नहीं कहा जा सकता है। वस्तुनिष्ठता सत्य को उजागर करने में एक बाध्यकारी भूमिका निभाती है। हालांकि स्पिरो का यह भी कहना है कि प्राकृतिक विज्ञान की तुलना में सामाजिक विज्ञान भिन्न प्रकार की तकनीकों की मांग करता है, लेकिन इसका अर्थ यह नहीं है कि एक वस्तुनिष्ठ वैज्ञानिक पद्धति का कोई औचित्य नहीं है। (हुसैन और करीम, 2013 : 180)

पौलिन रोसनाऊ (Pauline Rosenau, 1993) ने उत्तर-आधुनिक दृष्टिकोण में निहित कुछ विरोधाभासों की पहचान की है। जैसेकि, पहला, इस दृष्टिकोण की सिद्धांत-विरोधी स्थिति स्वयं में अनिवार्य रूप से एक सैद्धांतिक स्थिति है। दूसरा, उत्तर-आधुनिक दृष्टिकोण अंतरविषयी (intertextuality) पद्धति पर बल देता है परंतु स्वयं अक्सर विषय को अलग-अलग रूप से देखता है। तीसरा, यह सिद्धांतों के आकलन के आधुनिकतावादी मानदंडों को दृढ़ता से खारिज तो करता है; परंतु यह तर्क नहीं दे सकता है कि मूल्यांकन का कोई मान्य मानदंड नहीं है; और चौथा, उत्तर-आधुनिकतावाद आधुनिकता की असंगतियों की आलोचना तो करता है लेकिन स्वयं की असंगतियों के मानदंडों को आयोजित करने से इनकार करता है। (सेलबर्ग, 2009 : 9) इसके अतिरिक्त, मेककिनले (McKinley, 2000) का मानना है कि उत्तर-आधुनिकता विज्ञान से ज्यादा एक धर्म है। उनका तर्क है कि इसकी उत्पत्ति की जड़ें पश्चिमी व्यक्तिवाद की अवधारणा में हैं, जिसके फलस्वरूप उत्तर-आधुनिकतावादी

विविध संस्कृतियों के अस्तित्व को स्वीकार करने में अनिच्छुक हैं। (सेलबर्ग, 2009 : 9)

निष्कर्ष (Conclusion)

उपरोक्त आलोचनाओं के बावजूद राजनीतिक सिद्धांत में उत्तर-आधुनिक दृष्टिकोण की उपयोगिता व प्रासंगिकता को नकारा नहीं जा सकता है, क्योंकि यह न केवल हमें आलोचनात्मक और वैकल्पिक समझ की ओर अग्रसर करता है बल्कि समाज-विज्ञान (राजनीतिक सिद्धांत सहित) के विभिन्न विषयों में बहुल व्याख्याओं, दृष्टिकोणों, दावों और स्पष्टीकरणों–जिन्हें आमतौर पर उत्तर-आधुनिकता के उद्भव से पहले पूर्णत: नकारा व अनदेखा कर दिया जाता था–को भी स्थान देता है। इस प्रकार, उत्तर-आधुनिक दृष्टिकोण का सबसे महत्त्वपूर्ण योगदान यह है कि यह अध्ययन के हर स्तर पर विविधता (diversity) और बहुलता पर बल देता है। उदाहरणस्वरूप, वर्तमान में सामाजिक समस्याएं और आंदोलन नए मोड़ ले रहे हैं और नारीवाद, समलैंगिक अधिकार, पर्यावरण संरक्षण, आतंकवाद और कट्टरवाद जैसे विषय आम लोगों के विचार-विमर्श के मुद्दे बन गए हैं।

महत्त्वपूर्ण प्रश्न

1. राजनीतिक सिद्धांत में उत्तर-आधुनिक दृष्टिकोण की केंद्रीय विशेषताओं पर चर्चा करें।
2. उत्तर-आधुनिकता का उद्भव आधुनिकता के विरुद्ध एक प्रतिक्रिया के रूप में हुआ है'। इस कथन के संदर्भ में उत्तर-आधुनिक दृष्टिकोण का विश्लेषण कीजिए।
3. आधुनिकता और उत्तर-आधुनिकता के महत्त्वपूर्ण पक्षों का तुलनात्मक अवलोकन करें।
4. उत्तर-आधुनिक दृष्टिकोण को परिभाषित करते हुए इसके महत्त्वपूर्ण लक्षणों का आलोचनात्मक विश्लेषण करें।

संदर्भ (References)

Barrett, Terry, 1997, "Modernism and Postmodernism: An Overview with Art Examples", in Hutches, James, eds. *Art Education: Content and Practice in a Postmodern Era*, Washington DC: NAEA.

Best, S. and Kellner, D., 1991, *Postmodern Theory Critical Interrogations*, London: Macmillan.

Bertens, Hans, 1995, *The Idea of the Postmodern*, London: Routledge.

Brooker, Peter, 1992, *Modernism and Postmodernism*, London and New York: Longman.

Cheek, Julianne, and Gough, Noel, eds., 2004, "Post-modern Perspective", in Somekh, Bridget. eds., *Research Methodology in Social Science*, London, SAGE, pp. 302-309.

Dickens, R. David, eds., 1994, *Postmodernism and Social Inquiry*, London, UCL Press.

Hossain, Dewan Mahboob, eds., 2013, "Postmodernism: Issues and Problems," *Asian Journal of Social Sciences & Humanities*, Vol 2 (2), pp. 173-181.

Hicks, Stephen R.C., 2004, *Explaining Postmodernism: Scepticism and Socialism from Rousseau to Foucault*, New Berlin: Scholargy Publishing.

Hassan, Ihab, 1987, "Toward a Concept of Postmodernism", *The Postmodern Turn*.

Natoli, Joseph, eds., 1993, *A Postmodern Reader*, Albeny: State University of New York Press.

Lyon, David, 1999, *Postmodernism*, 2nd Ed., Buckingham: Open University Press.

Salberg, Daniel, et al., 2009, "Postmodernism and Its Critics", *University of Alabama*, online available at: http://anthropology.ua.edu/cultures/cultures.php?culture=Postmodernism%20and%20Its%20Critics

Tarragona, Margarita, "Postmodern and Poststructuralist Therapy", in Lebow, Jay L., eds., 2008, *Twenty-First Century Psychotherapies: Contemporary Approaches to Theory and Practice*, New Jersey: John Wiley & Sons, pp. 167-205.

अध्याय नौ

लोकतंत्र की अवधारणा का इतिहास

(The History of the Concept of Democracy)

शुभ्रा पन्त कोठारी

• लोकतंत्र का इतिहास • लोकतंत्र की अवधारणा • लोकतंत्र की विभिन्न अवधारणाएं • डेविड हेल्ड • सी.बी. मैक्फर्सन • शुंपीटर • रॉबर्ट डाल • एडमंड बर्क • जे.एस. मिल • कैरोल पैटमन • हन्नाह पिटकिन तथा प्रतिनिधि लोकतंत्र • विमर्शी लोकतंत्र • जुर्गेन हेबरमास • सैयला बेनहबीब • सर्वदेशीय लोकतंत्र • लोकतंत्र की मार्क्सवादी व्याख्या • निष्कर्ष • महत्त्वपूर्ण प्रश्न • संदर्भ

"लोकतंत्र" का सिद्धांत हमेशा से राजनीतिक सिद्धांत एवं राजनीतिक वाद-विवादों का केंद्र रहा है। यह अध्याय लोकतंत्र की अवधारणाओं, प्रतिरक्षा एवं आलोचनाओं की विभिन्न शैलियों की समीक्षा करता है। इस आधार को क्रमित करते हुए यह अध्याय लोकतंत्र के ऐतिहासिक उद्भव की व्यापक व्याख्या को प्रस्तुत करता है। इसमें लोकतंत्र से जुड़े विभिन्न विमर्श एवं अवधारणाओं को भी विश्लेषित करने का प्रयास किया गया है।

लोकतंत्र के विचार को समझने के लिए कुछ प्रश्नों के उत्तर ढूंढ़ना सर्वोपरि है। हम अक्सर अपने आस-पास, परिवार या औपचारिक संस्थानों जैसे कॉलेज

* शुभ्रा पन्त कोठारी, असिस्टेंट प्रोफ़ेसर, राजनीति विज्ञान विभाग, ज़ाकिर हुसैन दिल्ली कॉलेज (सांध्य), दिल्ली विश्वविद्यालय।

इत्यादि में कहीं न कहीं किसी समूह के सदस्य होते हैं जहां हमें कुछ निर्णय लेने होते हैं; जैसे – परिवार में कहां खाना खाने जाएं इसका निर्णय लेना/या कॉलेज के साथियों के साथ फिल्म देखने जाना, कहां और कौन-सी? क्या यह निर्णय एकमत होता है? या हम किसी एक के निर्णय को स्वीकार करने के लिए बाध्य होते हैं? अगर हम और थोड़ा विचारें कि कॉलेज में आपकी कक्षा में सैद्धांतिक कार्यक्रम कराने की योजना बने और शिक्षक द्वारा यह निर्देश हो कि कोई उपयुक्त तारीख का निश्चय किया जाए। मान लीजिए आपकी कक्षा में चालीस में से तीस विद्यार्थी एक उपयुक्त तारीख का चयन कर लें, परंतु दस विद्यार्थी इस तारीख से असहमत हों और सबकी अपनी समस्याएं हों। यह सवाल उठता है कि कोई निर्णय कैसे लिया जाए? कौन-सी प्रक्रिया के द्वारा निर्णय तक पहुंचा जाएगा? क्या उन दस विद्यार्थियों की सहमति अनिवार्य होगी? क्या बहुमत को आधार बनाकर निर्णय लिया जाएगा?

उपरोक्त परिस्थितियों में सामूहिक निर्णय तक पहुंचना बहुत जरूरी है। लोकतंत्र का प्राथमिक आधार इन सभी तरह की परिस्थितियों को समझना और निर्णय विकसित करना है। एक लोकतांत्रिक निर्णय वह है जो लोगों की मांग को प्रतिबिंबित करता है और उनको, जो उस निर्णय की परिधि में विराजमान हैं, महत्त्व देता है। लोकतंत्र के समर्थक एवं ज्ञाता यह तर्क देते हैं कि वही निर्णय-निर्माण प्रक्रिया वैध है जो सभी तरह के वर्गों के सदस्यों का समान रूप से ध्यान रखती है।

दूसरा प्रश्न उठा सकता है कि क्या परिवार में पिता द्वारा लिया गया निर्णय या कक्षा में शिक्षक द्वारा लिया गया निर्णय अनुचित है? इस प्रश्न का उत्तर जटिल है क्योंकि यहां हमें लोकतंत्र के दायरे को समझना होगा। लोकतंत्र एक पद्धति है जिसके द्वारा लोग निर्णय-निर्माण करते हैं। यह व्यवहारिक एवं मूल्यों से जुड़ा उपागम भी है जिसके द्वारा निर्णय-निर्माण किया जाता है। राजनीति में लोकतंत्र कई प्रकार के प्रश्नों के उत्तर देने में सक्षम रहा है– किसे शासन करना चाहिए? किस प्रकार राजनीति में समाज द्वारा निर्णय लिया जाए? किस प्रकार के सिद्धांत संस्थानिक प्रबंधों के लिए उपयुक्त हैं? लोकतंत्र सार्वभौमिक रूप से आज स्वीकार्य उत्तर है जो अधिकतर देशों में न केवल विचार परंतु एक संस्थान के रूप में व्यवस्थित है।

लोकतंत्र का इतिहास (History of Democracy)

पाश्चात्य दुनिया, लोकतंत्र के बारे में हमेशा आत्मसंतुष्ट रही है। शुरुआत से

यह माना गया है कि लोकतंत्र विश्व के पश्चिमी देशों में विराजमान रहा है। फुकुयामा (Fukuyama, 1992) की पुस्तक में ब्रिटेन, अमेरिका (यू.एस.) एवं अन्य कई देशों को "उदारवादी लोकतंत्र" संबोधन 1848 से ही दिया गया था, जबकि उस समय इन देशों की आधे से ज्यादा आबादी मताधिकार से वंचित थी और संयुक्त राष्ट्र अमेरिका में दास-प्रथा तक का अंत नहीं हुआ था।

लोकतंत्र की परिभाषा पर यदि चर्चा करें तो कई प्रकार के विचार सामने आते हैं। लोकतंत्र एक सिद्धांत है और चूंकि यह सिद्धांत है इसका कोई विधिपूर्वक सिद्ध एवं सम्मत अर्थ नहीं है। इसके लंबे इतिहास में भी भिन्न-भिन्न अर्थ एवं व्याख्याएं रही हैं और इस सिद्धांत को अलग-अलग सामाजिक एवं आर्थिक व्यवस्थाओं में अलग-अलग तरह से समझा जाता है।

लोकतंत्र की अवधारणा (Concept of Democracy)

लोकतंत्र के प्रयुक्त होने वाला अंग्रेजी शब्द *डेमोक्रेसी* दो यूनानी शब्दों से मिलकर बना है– *डेमॉस* (जनता) और *क्रेटॉस* (शक्ति)। व्युत्पत्ति की दृष्टि से लोकतंत्र का अर्थ है, जनता की सरकार। यह वह शासन-प्रणाली है जिसमें सर्वोच्च शक्ति (सत्ता) जनता के पास होती है। औपचारिक रूप से लोकतंत्र में जनता या जनता के चुने गए प्रतिनिधि शासन करते हैं। परंतु वहां सत्ता का असल रूप में अलोकतांत्रिक वितरण भी हो सकता है या दूसरी तरह से देखा जाए तो यह एक राजनीतिक व्यवस्था है, जहां राजा या अभिजात वर्ग (Aristocrat group) छलावा करके यह जता सकते हैं कि असल सत्ता लोगों के हाथ में है। एंथोनी अर्रब्लास्टर (Anthony Arblaster, *Democracy*, 1994 : 13) दोनों ही अर्थों में इस अवधारणा के जन्म एवं इसकी वास्तविकता में आज अस्पष्टता नजर आती है। इसलिए लोकतंत्र के अर्थ को समझने हेतु इसके लंबे इतिहास को समझना जरूरी है।

लोकतंत्र का इतिहास बहुत पुराना है। पश्चिम में यूनान को लोकतंत्र का जन्मदाता माना जाता है, वहां के नगर-राज्यों में लोकतंत्र एक मान्य शासन-प्रणाली थी। प्राचीन भारत में भी लोकतंत्रीय संस्थाएं विधमान थीं और शासक के निर्वाचन की भी प्रक्रिया थी। यूनानी विचारक हेरोडोट्स की दृष्टि से लोकतंत्र जनता का शासन माना गया जो उत्तरदायी शासक को व्यवस्थित करता है। अरस्तू ने भी सीमित लोकतंत्र का समर्थन किया। यूनान के कई छोटे-छोटे राज्यों में प्रत्यक्ष लोकतंत्र (Direct Democracy) विद्यमान था। (एंथोनी अर्रब्लास्टर, 1994 : 15)

प्राचीन यूनानी राजनीति विशिष्ट थी और एथेंसवादी लोकतंत्र पूर्ण रूप से साम्राज्यवाद पर आधारित था। प्राचीन यूनानी विचारकों ने लोकतंत्र को यूनानी नगर-राज्यों के संदर्भ में विश्लेषित किया है। इसकी शुरुआत 594 ईसापूर्व हुई जब सोलोन ने नगर के लिए संविधान का निर्धारण किया। अरस्तू एथेंसवादी संविधान में यह वर्णित करते हैं कि सोलोन के हस्तक्षेप ने जन समुदाय एवं विशिष्ट समुदाय के मध्य संघर्ष को जन्म दिया। सोलोन ने नागरिकों को उनकी संपत्ति स्वामित्व के अनुसार चार वर्गों में विभाजित कर दी। इस आधार पर सभी महत्त्वपूर्ण राजनीतिक कार्यालयों को उच्च वर्ग को सौंपा गया और विधानमंडलों में शामिल करने का प्रयास किया गया। इन राजनीतिक संघर्षों पर आधारित कुछ सुधार 508 ईसापूर्व में किए गए। क्लेइस्थेनेस ने अपने लौटने के बाद एथेंसवादी राज्य में कई बदलाव किए।

यूनानी नगर-राज्यों में विभिन्न प्रकार की शासन व्यवस्थाएं प्रचलित थीं– राजतंत्र, कुलीनतंत्र, अल्पतंत्र। लोकतंत्र हेरोडोटस के लिए बहुमत का एक ऐसा शासन था जो नागरिकों को अधिकारों की समानता प्रदान करे तथा राजनीतिक सत्ताधारी को अपने कार्यों के लिए उत्तरदायी बनाए। प्लेटो तथा अरस्तू ने विभिन्न प्रकार की शासन व्यवस्थाओं का तुलनात्मक अध्ययन करके यह निष्कर्ष प्रस्तुत किया कि लोकतंत्र एक उपयुक्त शासन व्यवस्था नहीं है, तथापि अरस्तू ने सीमित लोकतंत्र को स्वीकार किया। यूनानी नगर-राज्यों में प्रत्यक्ष लोकतंत्र प्रचलित था क्योंकि यूनानी नगर-राज्य संख्या तथा आकार में छोटे थे। यहां के नागरिक एक स्थान पर एकत्रित होकर आम सहमति का निर्धारण करते थे। अथेनियान लोकतंत्र की प्रभावशीलता का संदर्भ वहां की सक्रिय नागरिकता के विचार पर केंद्रित था। यह एक संगठनात्मक संबंध था जिसका समर्थन अरस्तू (जो लोकतंत्र के विरोधी थे) ने भी किया। लोकतंत्र की सफलता नागरिकों के उत्तरदायित्वों के पालन पर निर्भर करती थी, परंतु इन नगर-राज्यों में केवल गिने-चुने लोगों को ही नागरिकता प्राप्त थी। गुलामों, विदेशियों, महिलाओं को नागरिक नहीं माना जाता था। अतः केवल दस प्रतिशत लोग ही नागरिक थे, जो शासन चलाते थे। इसलिए प्राचीन यूनानी नगर-राज्यों की शासन-व्यवस्था को आदर्श शासन प्रणाली नहीं माना जा सकता, पर लोकतंत्र के इतिहास में इनकी प्रमुख भूमिका रही है जिसे नकारा नहीं जा सकता।

यूरोप में जब पुनर्जागरण की शुरुआत हुई, तब वहां के कुछ नगर-राज्यों में लोकतंत्र का प्राचीन प्रकार स्थापित था। रूसो के राजनीतिक विचार आधुनिक युग में इसी धारणा के परिचायक हैं। रोमन साम्राज्य के पतन के बाद दास-प्रथा

का अंत हुआ और सामंतवादी युग आरंभ हुआ। राजाओं, सामंतों, जागीरदारों के पास अब राजनीतिक शक्ति आ गई थी तथा राज्य के ऊपर चर्च का प्रभुत्व स्थापित हो गया, इसे पादरीवाद (चर्चवाद) कहा गया। अतः यहां लोकतंत्र का विचार चरमराने लगा।

पुनर्जागरण तथा धर्मसुधार आंदोलनों के फलस्वरूप विभिन्न परिवर्तन हुए, तथापि लोकतंत्र की आधुनिक अवधारणा सोलहवीं सदी से शुरू हुई। इस समय के विशिष्ट परिवर्तनों ने सामंती व्यवस्था को झकझोर दिया। यहां व्यक्ति को राजनीतिक तथा सामाजिक चिंतन का आधार बनाया गया और नए नैतिक मूल्यों, प्राकृतिक अधिकारों, स्वतंत्रता तथा लोकतंत्रीय विचारों का समर्थन किया जाने लगा। सत्रहवीं सदी में अंग्रेज विचारक जॉन लॉक ने इंग्लैंड की शानदार क्रांति (Glorious revolution) (1688) के अवसर पर यह विचार व्यक्त किया कि मनुष्य के कुछ प्राकृतिक अधिकार होते हैं, जिन्हें उससे कोई भी छीन नहीं सकता। इनमें जीवन, स्वतंत्रता तथा संपत्ति का अधिकार सम्मिलित है। इन्हीं अधिकारों की रक्षा के लिए राज्य की स्थापना की जाती है। इन विचारों से लोकतंत्र को बढ़ावा मिला। अठारहवीं तथा उन्नीसवीं सदी में बेंथम तथा मिल ने उपयोगितावादी सिद्धांत (अधिकतम व्यक्तियों के अधिकतम सुख) के आधार पर लोकतंत्र का समर्थन किया। उन्नीसवीं सदी में जब मुक्त प्रतियोगिता पर आधारित समाज में मजदूर वर्ग का शोषण होने लगा, तब कल्याणकारी सकारात्मक लोकतंत्रीय राज्य को टी.एच. ग्रीन के दर्शन में नैतिक आधार पर समर्थन मिला। लोकतंत्र को मानव के सर्वोच्च विकास का साधन मानते हुए ग्रीन ने कल्याणकारी लोकतंत्रीय राज्यों का समर्थन किया। अठारहवीं सदी में अमेरिकी स्वतंत्रता की घोषणा (1776) तथा फ्रांसीसी क्रांति (1789) आधुनिक लोकतंत्र के विकास का पहला महत्त्वपूर्ण चरण थी। फ्रांसीसी क्रांति ने स्वतंत्रता, समानता तथा बंधुता का नारा देकर लोकतंत्र को प्रतिष्ठित किया। उन्नीसवीं सदी में ही उदारवादी लोकतंत्र की आलोचना करते हुए कार्ल मार्क्स ने एक ऐसे समाजवादी लोकतंत्र का विचार दिया, जिसमें मानव द्वारा मानव का शोषण न हो। पूंजीवादी व्यवस्था को क्रांति द्वारा समूल नष्ट करके, मजदूर वर्ग के नेतृत्व में स्थापित इन समाजवादी लोकतंत्रों का आरंभ 1917 की रूसी क्रांति के द्वारा हुआ। यद्यपि बीसवीं सदी के प्रारंभ से लोकतंत्र पर अनेक क्षेत्रों से आक्रमण होता रहा है फिर भी आधुनिक प्रवृत्ति लोकतंत्र के पक्ष में ही मालूम पड़ती है। लोकतंत्र आज धीरे-धीरे एशिया तथा अफ्रीका महाद्वीप के उन देशों में भी अपने पैर जमाता जा रहा है जो पिछली कई सदियों से पाश्चात्य देशों की पराधीनता में जकड़े हुए थे।

बीसवीं सदी में लोकतंत्र को कल्याणकारी राज्य (welfare state) के साथ जोड़ा गया तथा सार्वभौमिक वयस्क मताधिकार की व्यवस्था करके इसे संपूर्ण जनता द्वारा शासन में बदला गया। संयुक्त राज्य अमेरिका में सर्वप्रथम महिलाओं को मताधिकार प्रदान किया गया। और उसके बाद धीरे-धीरे सभी राज्यों ने सार्वभौमिक मताधिकार को लोकतंत्र के अंतर्गत लागू किया। बीसवीं सदी में लोकतंत्र की नई व्याख्याएं प्रस्तुत की जाती रहीं, जिनमें जनवादी लोकतंत्र, सहभागी लोकतंत्र, निर्देशित लोकतंत्र, विमर्शी लोकतंत्र, प्रक्रियात्मक लोकतंत्र और रैडिकल लोकतंत्र प्रमुख हैं। ये सभी व्याख्याएं लोकतंत्र को व्यवहार के धरातल पर परखती हैं। इक्कीसवीं सदी में लोकतंत्र के सामने विभिन्न चुनौतियां विद्यमान हैं और इन चुनौतियों से जूझने के लिए समकालीन राजनीतिक वैज्ञानिक नई-नई संभावनाएं तलाशने की कोशिश कर रहे हैं जो लोकतंत्र के नए रूप को भी प्रस्तुत कर रहे हैं। पाठ के अगले भाग में इनमें से कुछ सिद्धांतों का उल्लेख किया गया है।

लोकतंत्र की विभिन्न अवधारणाएं
(Different Concepts of Democracy)

आमतौर पर लोकतंत्र एक ऐसी शासन प्रणाली मानी गई है जो मुख्यत: राजनीतिक समानता के सिद्धांत पर आधारित है। इसमें उन सभी व्यक्तियों की सहमति आवश्यक होती है जो उस राजनीतिक समाज का हिस्सा हों। लोकतंत्र में, किसी एक का हित या विचार सर्वोपरि नहीं है। अत: यह ''एक व्यक्ति एक वोट'' के सिद्धांत पर आधारित है। अत: 'लोकतंत्र एक ऐसा राजनीतिक संगठन है जिसमें लोकमत का नियंत्रण रहता है।' इस प्रकार, यह सोपानिकी अथवा वंशानुगत विशेषाधिकार और पक्षपात के विरुद्ध है।

जी. सार्तोरी (G. Sartori) के अनुसार, 'लोकतांत्रिक राजनीतिक व्यवस्था उसे कहते हैं जो शासन को उत्तरदायी व नियंत्रणकारी बनाती हो तथा इसकी प्रभावशीलता मुख्यत: इसके नेतृत्व की योग्यता तथा कार्यशीलता पर निर्भर रहती है।'

ब्राइस के अनुसार, 'लोकतंत्र शासन का वह रूप है जिसमें राज्य की शासन शक्ति कानूनी रूप में किसी विशेष वर्ग में निहित नहीं होती बल्कि समाज के संपूर्ण सदस्यों में निहित है'।

जहां राजतंत्र में राज्य की सर्वोच्च सत्ता एक व्यक्ति के हाथों में और कुलीनतंत्र में कुछ व्यक्तियों के हाथों में केंद्रित होती है, वहां लोकतंत्र में वह सर्वसाधारण में निहित समझी जाती है। विद्वानों ने लोकतंत्र की परिभाषा उस शासन व्यवस्था के रूप में की है जिसमें राज्य की सर्वोच्च शक्ति समूचे समाज

के हाथों में हो, जिसमें शासन करने वाला समुदाय संपूर्ण जनसंख्या का एक बड़ा भाग हो अथवा जिसमें शासन शक्ति पर किसी एक व्यक्ति अथवा वर्ग का नहीं, अपितु समाज के सभी सदस्यों का अधिकार हो। इस प्रकार, लोकतंत्र वह शासन-प्रणाली है जिसमें परोक्ष अथवा प्रत्यक्ष रूप में समस्त जनता का योग रहता है। इसी आशय को दृष्टि में रखकर लिंकन ने लोकतंत्र को "जनता का, जनता के लिए, जनता द्वारा" शासन कहा था।

लोकतंत्र जीवन का एक समग्र दर्शन भी है और उसके विविध पहलू हैं-राजनीतिक, सामाजिक, मानसिक और आर्थिक। लोकतंत्र के *राजनीतिक पहलू* में राजनीतिक समानता के आदर्श को स्वीकार किया जाता है और राजनीतिक शक्ति पर किसी एक वर्ग-विशेष का अधिकार नहीं माना जाता तथा शासन का संचालन बहुमत के सिद्धांत के अनुसार होता है। सामाजिक पहलू के रूप में लोकतंत्र सभी स्त्री और पुरुष, अमीर और गरीब, सबल और निर्बल की मूलभूत समानता का प्रतिपादन करता है। लोकतंत्रात्मक समाज में न तो कोई सुविधा-संपन्न विशिष्ट वर्ग ही हो सकता है और न जाति, धर्म, वर्ण, धन, लिंग-भेद के आधार पर व्यक्ति-व्यक्ति के बीच ऊंच-नीच की दीवारें ही खड़ी की जा सकती हैं। मानसिक पहलू के रूप में लोकतंत्र के अंतर्गत स्वीकार किया जाता है कि प्रत्येक औसत आदमी ईमानदार होता है और उसमें अपना भला-बुरा पहचानने तथा अपना शासन स्वयं करने की योग्यता पाई जाती है। लोकतंत्र में जनसाधारण की महिमा और गरिमा पर भरोसा रखा जाता है। आर्थिक पहलू में सार्वभौमिक वयस्क मताधिकार (universal adult suffrage) के प्रवर्तन को ही लोकतंत्र की वास्तविक स्थापना के लिए आवश्यक माना गया है जिससे समाज में आर्थिक शक्ति का ऐसा समता युक्त वितरण हो जो प्रत्येक व्यक्ति को उन्नति के समान अवसर दिला सके जिससे जनसाधारण का जीवन सुखी व समृद्ध बन सके।

लोकतंत्र का विचार सदैव विवादास्पद रहा है तथा यह संकल्पना विविध व्याख्याओं के प्रति सकारात्मक रही है और इसकी व्याख्याएं समय-समय पर की गई हैं। विभिन्न विचारकों ने अलग-अलग प्रकार के मॉडलों तथा सिद्धांतों और विचारों के माध्यम से लोकतंत्र की व्याख्या करने का प्रयास किया है जो इस प्रकार हैं :

डेविड हेल्ड (David Held)

लोकतंत्र स्वयं में विशिष्ट समय तथा स्थान पर राजनीति का एक निर्माणकारी तत्त्व भी है। डेविड हेल्ड (1976) लोकतंत्र के ग्यारह मॉडलों की चर्चा करते

हैं जोकि इस प्रकार हैं– क्लासिकल (classical), गणतंत्रीय (republican), संरक्षात्मक (protective), विकासात्मक (developmental), प्रत्यक्ष (direct), प्रतिस्पर्धी अभिजनवादी (competitive elitist), बहुलवादी (pluralist), वैधिक/कानूनी (legal), सहभागी (participatory), लोकतांत्रिक स्वायत्तता (democratic autonomy) तथा सर्वदेशीय (cosmopolitan))। ये सभी मॉडल लोकतंत्र की आधारभूत शब्दावली को समझने तथा विभिन्न युगों में लोकतंत्र के केंद्रीय बिंदुओं को समझने में मददगार हैं।

सी.बी. मैक्फर्सन (C.B. Macpherson)

मैक्फर्सन लोकतंत्र के संबंध में यह विचार प्रस्तुत करते हैं कि वर्तमान विश्व में राज्य का क्षेत्र और आबादी विशालकाय हैं और सभी नागरिक राजनीतिक विमर्शों या नीति-निर्माण में प्रतिदिन सहभागी हों यह संभव नहीं है, परंतु कुछ नियम एवं शर्तों को स्वीकार किया जाए तो सहभागिता के अनुपात को निश्चित किया जा सकता है। वे शर्तें इस प्रकार हैं :

1. "प्रक्रियात्मक लोकतंत्र" के सिद्धांत के अनुसार राजनीतिक दलों का लोकतांत्रिक होना।
2. राजनीतिक दलों का संसदीय संरचना के अंतर्गत कार्य करना।
3. राजनीतिक दलों के क्रिया-कलापों का ऐसा संगठन जैसे-श्रमिक, स्वैच्छिक संगठन एवं अन्य निकायों से संपूर्णित होना।

शुंपीटर (Schumpeter)

20वीं सदी के विचारक शुंपीटर का मत है कि जनता की भूमिका केवल सरकार बनाने तक सीमित है। वह लोकतंत्र को इस प्रकार परिभाषित करते हैं- 'लोकतांत्रिक पद्धति एक संस्थागत प्रबंध है जिसके द्वारा ऐसे राजनीतिक निर्णय किए जाते हैं जिनमें व्यक्तियों को जनता के मतों के लिए प्रतिस्पर्धी संघर्ष के माध्यम से निर्णयकारी शक्ति प्राप्त हो जाती है।'

शुंपीटर का मानना है कि लोकतंत्र स्वयं में साध्य नहीं बल्कि साधन है। यह प्रक्रिया-आधारित है न कि मूल्य-आधारित। यह बहुमत के आधार पर कार्य करता है। शुंपीटर लोकतंत्र को चुनने की स्वतंत्रता, सूचना, निर्णय तथा स्वायत्तता से जोड़ते हैं। उनका मानना है कि यह एक ऐसी व्यवस्था है जिसमें शासक प्रतिस्पर्धी चुनावों के माध्यम से चुने जाते हैं, जहां चुनाव नियतकालिक होते हैं तथा सार्वजनिक वयस्क मताधिकार के तहत संपन्न होते हैं।

रॉबर्ट डाल (Robert Dahl)

रॉबर्ट डाल के अनुसार राजनीतिक सिद्धांत में कुछ भी स्वयं न्यायोचित (self justified) नहीं होता बल्कि उसे तर्कों के आधार पर न्यायोचित सिद्ध किया जाता है। डाल लोकतंत्र में प्रक्रिया को महत्त्व देते हैं तथा कुछ मापदंडों का जिक्र करते हैं जिनके आधार पर यह पता लगाया जा सकता है कि लोकतंत्र सफल है या नहीं। बहुतंत्रीय लोकतंत्र (polyarchal democracy) अल्पसंख्यकों के गठबंधनों का तुलनात्मक बहुलवादी शासन है। बहुतंत्रीय लोकतंत्र की बात करते हुए डाल अरस्तू के मिश्रित संविधान के निकट दिखाई देते हैं, परंतु कुछ भिन्नता हैं क्योंकि जहां अरस्तू यह मानते हैं कि मनुष्य स्वभाव से राजनीतिक प्राणी है, डाल का मानना है कि मनुष्य स्वभाव से राजनीतिक प्राणी नहीं है क्योंकि वह केवल अपने हितों का अनुसरण करता है।

फुकुयामा (Fukuyama, 1989:1992)

फुकुयामा के सिद्धांत की ओर ध्यान देने पर भी यह ज्ञात हो जाएगा कि उनके सिद्धांत का जो आधारभूत विचार है, उसके अनुसार लोकतंत्र का उदार पूंजीवादी मॉडल अभी भी प्रभुत्व की स्थिति में है। यद्यपि फुकुयामा के सिद्धांत की महत्ता में अब कमी आई है परंतु धार्मिक कट्टरवाद, नृजातीय राष्ट्रवाद आदि के संदर्भ में ही। लोकतंत्र का प्रभुत्ववादी विचार अभी भी उदार पूंजीवादी लोकतंत्र ही है।

लिपहर्ट (Lijphart, 1999)

लिपहर्ट का मानना है कि विभाजित समाजों में हिंसा से सुरक्षित रहने का सबसे बेहतर तरीका बहुमत का शासन नहीं बल्कि शक्ति को साझा करना है। यह एक अत्यंत महत्त्वपूर्ण विचार है।

एडमंड बर्क (Edmund Burke)

अठारहवीं सदी के दार्शनिक एवं राजनीतिज्ञ एडमंड बर्क अपने सुप्रसिद्ध भाषण में ब्रिस्टल के मतदाताओं को संबोधित करते हुए प्रतिनिधित्व लोकतंत्र की वकालत करते हैं। वह प्रतिनिधियों के शासनादेश द्वारा बाध्य होने के बिल्कुल विरुद्ध हैं। बर्क के अनुसार, संसदीय प्रतिनिधि को अपने विवेक के द्वारा निर्णय लेना चाहिए और उस निर्णय तक पहुंचने के लिए निर्वाचन क्षेत्र के लोगों से विमर्श जरूर करना चाहिए। यह विचार प्रतिनिधि के अधिकार एवं कर्तव्य दोनों स्वयं रखता है, ताकि स्वतंत्र निर्णय का निर्वाह किया जा सके, यह अपनेआप में एक ऐसा

विचार है जिसने बर्क के प्रतिनिधित्व के सिद्धांत का निर्धारण किया। समकालीन विचारक प्रतिनिधित्व पर आधारित समस्याओं से घिरे हैं; क्या प्रतिनिधित्व, वर्ग अथवा व्यक्ति आधारित होना चाहिए? किस प्रकार का प्रतिनिधित्व हो और क्यों हो? इस प्रकार के कई प्रश्न शोध का हिस्सा बन चुके हैं।

जे.एस. मिल (J.S. Mill)

मिल का सिद्धांत सहभागिता एवं समानता के मूल्यों के अभिजातवाद का संयोजन है, जहां शासन शिक्षित और प्रतिष्ठित लोगों के द्वारा किया जाता है। वह संसद को एक महत्त्वपूर्ण फोरम मानते हैं जहां हर तरह के विचारों को स्थान प्राप्त होता है और जहां हर तरह के मुद्दों पर तार्किक रूप से वाद-विवाद संभव है। इस तरह से सहभागिता उपयुक्त सूचना एवं बुद्धिमत विमर्श को जन्म देती है।

कैरोल पैटमन (Carole Pateman)

कैरोल पैटमन अपने पहले निबंध ''पार्टिसिपेशन एंड डेमोक्रेटिक थीयरी'' "Participation and Democratic Theory" में उदारवादी लोकतंत्र की आलोचना कर औद्योगिक लोकतंत्र और सहभागी समाज के निर्माण हेतु एक प्रभावशाली आधार प्रस्तुत करती हैं। उनका तर्क है कि लोकतंत्र के प्रतिनिधित्व राजनीतिक संस्थानों को समाज में सफल बनाने के लिए "सामाजिक प्रशिक्षण" की आवश्यकता है। पैटमन के अनुसार सरकारी और गैर-सरकारी क्षेत्रों में लोगों की प्रत्यक्ष सहभागिता जरूरी है क्योंकि यह एक सहभागी समाज के निर्माण में हर व्यक्ति को जिम्मेदार बनाती है। (पैटमन, 1970;13)

हन्नाह पिटकिन तथा प्रतिनिधि लोकतंत्र (Hannah Pitkin and Representative Democracy)

अमेरिकी समकालीन राजनीतिक दार्शनिक हन्नाह पिटकिन तर्क देती हैं कि आज की लोकतांत्रिक व्यवस्था में प्रतिनिधित्व को अनुक्रियाशीलता (responsiveness) का मुख्य आधार बनाना चाहिए। प्रतिनिधित्व को लोगों की निष्क्रियता की वस्तु (inactiveness material) बनाकर दुरुपयोग नहीं करना चाहिए। पिटकिन रोचक रूप से समीक्षा करते हुए कहती हैं कि प्रतिनिधित्व की पद्धति, संस्थानों में इसका क्रियान्वयन, जवाबदेही के लोकतांत्रिक सिद्धांत एवं संस्थानों द्वारा नियंत्रण के मध्य तनाव हो सकता है।

विमर्शी लोकतंत्र (Deliberative Democracy)

हालांकि 1990 से पहले सिद्धांतकार लोकतंत्र को सामान्यत: मतदान तथा प्रतिनिधित्व के माध्यम से हितों की रक्षा तथा इच्छाओं की समग्रता को प्राप्त करने के माध्यम के तौर पर समझते थे; जहां सामूहिक निर्णय लिए जा सकें पर विमर्शी लोकतंत्र की शुरुआत से लोकतांत्रिक वैधता का केंद्र वास्तविक विमर्श के माध्यम से सहभागिता की योग्यता बन गया। "विमर्शी लोकतंत्र" शब्द का इस्तेमाल पहली बार जोसफ बेसेट्ट (Joseph Bessette) ने 1980 में किया। लोकतंत्र की इस अवधारणा को आगे बढ़ाने वालों में हेबरमास, डेविड हेल्ड, कोहेन, गटमैन, थाम्पसन आदि का नाम लिया जाता है। विमर्शी लोकतंत्र बहुलवादी सिद्धांत का विस्तार है। इसमें समाज के सभी समूहों को विचार-विमर्श के माध्यम से अपनी बातों को रखने का अवसर मिलता है। इसका प्रयोग राजनीतिक निर्णयों की किसी भी ऐसी व्यवस्था के लिए किया जाता है जो नीति-निर्माण के लिए नागरिकों के साथ विचार-विमर्श पर निर्भर करती है।

जुर्गेन हेबरमास (Jurgen Habermas)

हेबरमास (1996) विमर्शी लोकतंत्र को द्विमार्गी (two track) मॉडल की तरह समझते हैं– एक मार्ग, सार्वजनिक क्षेत्र (public sphere) है तथा दूसरा मार्ग, विधानमंडल है। अनौपचारिक सार्वजनिक क्षेत्र में विमर्श, विशेषत: चुनावों के माध्यम से, शक्तिशाली वार्तालाप में परिवर्तित होता है और फिर विधानमंडल द्वारा प्रशासनिक शक्ति में परिवर्तित होता है। संवाद, विमर्श का दार्शनिक आधार है अर्थात् यह व्यक्ति तथा समाज के मध्य संबंध को दिखाता है। व्यक्ति समाज को निर्मित नहीं करता बल्कि समाज में ही पैदा होता है। यह भाषा के द्वारा अपने संबंधों का निर्माण करता है, साथ ही व्यक्ति संवाद की प्रक्रिया के माध्यम से अपनी प्रकृति को समझता है।

संवाद के माध्यम से विचारों का आदान-प्रदान किया जाता है इसलिए संवाद एक ऐसी संकल्पना है जो लेन-देन के नियम पर आधारित है तथा तार्किकता और ज्ञान इसके महत्त्वपूर्ण आधार हैं।

सैयला बेनहबीब (Seyla Benhabib)

इसी प्रकार सैयला बेनहबीब भी विमर्शी लोकतंत्र का समर्थन करती हैं। ये सामूहिक हित को महत्त्व देती हैं क्योंकि ऐसी स्थिति में प्रक्रिया व्यक्ति तक सीमित नहीं रहती। विमर्शी लोकतंत्र व्यावहारिक तार्किकता तथा वैधता भी

प्रदान करता है। एक समूह के भीतर विभिन्न विचार सामने आते हैं जिनसे विभिन्न सूचनाएं प्राप्त होती हैं तथा विभिन्न मुद्दों के आधार पर अपनी कमियां भी ज्ञात होती हैं।

सर्वदेशीय लोकतंत्र (Cosmopolitan Democracy)

सर्वदेशीय लोकतंत्र एक महत्त्वाकांक्षी योजना है जिसका लक्ष्य है, संपूर्ण विश्व व्यवस्था को विधि तथा लोकतंत्र के नियमों पर आधारित करना। हालांकि कई राजनीतिज्ञ, सिद्धांतकार, विचारक और विद्यार्थी यह मानते हैं कि विश्व राजनीति की वास्तविकता को समझते हुए सर्वदेशीय लोकतंत्र मात्र एक कल्पना बन कर रह जाती है जिसे प्राप्त करना लगभग असंभव है।

लोकतंत्र की मार्क्सवादी व्याख्या (Marxist Explanation of Democracy)

मार्क्सवादियों के अनुसार किसी भी राजनीतिक व्यवस्था को समझने के लिए हमें उसके आर्थिक आधार को समझना अत्यंत आवश्यक है। ब्रिटेन, अमेरिका व फ्रांस में आर्थिक उत्पादन के साधनों पर थोड़े से पूंजीपतियों का प्रभुत्व है। अत: वहां राजनीतिक सत्ता भी इन्हीं पूंजीपतियों के हाथों में निहित है। यह सही है कि कानून की दृष्टि में वहां राजनीतिक दलों के निर्माण की स्वतंत्रता है परंतु यह राजनीतिक दल पूंजीपतियों से प्राप्त धन से ही अपना संगठन चलाते हैं। अत: इनकी नीतियां भी पूंजीपति हितों के अनुकूल होती हैं।

पूंजीवादी लोकतंत्र की विधि संहिताएं भी निजी स्वामित्व का संरक्षण करतीं हैं। पूंजीवादी लोकतंत्रों में मजदूर प्रतिरोध को दबाने के लिए कठोर कानूनों का इस्तेमाल किया जाता है। पुलिस, फौज और जेल पूंजीवादी लोकतंत्र के दमनकारी साधन हैं।

अखबार, टेलीविजन, रेडियो आदि प्रचार के साधन भी पूंजीपतियों के नियंत्रण में रहते हैं। नागरिक स्वतंत्रताओं का वास्तविक प्रयोग पूंजीपति तथा उनके समर्थक ही कर सकते हैं। मार्क्सवादियों के अनुसार पूंजीपति लोकतंत्र वास्तव में धनिकों के वर्ग तंत्र के रूप में ही कार्य करता है।

सच्चे लोकतंत्र की स्थापना के लिए समाजवादी क्रांति की आवश्यकता होती है। यह क्रांति मजदूर वर्ग अन्य सभी उत्पीड़ित वर्गों के सहयोग से करता है। क्रांति के पश्चात् मजदूर वर्ग अपना अधिनायकतंत्र स्थापित करता है जो पूंजीपति वर्ग के लिए अधिनायकतंत्र होता है तथा यह मजदूरों और अन्य उत्पीड़ित वर्गों के लिए सच्चा लोकतंत्र है। इस प्रकार सर्वहारा वर्ग

राज्य शक्ति का इस्तेमाल कर व्यवस्था को परिवर्तित कर देता है। यह व्यवस्था साम्यवाद की व्यवस्था है जो वर्गविहीन तथा राज्यविहीन है तथा इसमें समानता होगी।

निष्कर्ष (Conclusion)

उपरोक्त वर्णित विचारों एवं सिद्धांतों पर लोकतंत्र के अगले तीन अध्यायों में विस्तारपूर्वक विचार किया जाएगा। लोकतंत्र के इन विभिन्न दृष्टिकोणों को हम तीन मुख्य धाराओं में विभाजित कर सकते हैं जो निम्नलिखित हैं : प्रक्रियात्मक लोकतंत्र, सहभागी तथा प्रतिनिधि लोकतंत्र तथा विमर्शी लोकतंत्र। ''सहभागिता'' लोकतंत्र का मूल तत्त्व है, परंतु पूंजीवादी लोकतंत्रों में यह प्राय: चुनावों में मतदान तक ही सीमित रहता है। लोकतंत्र का सहभागिता सिद्धांत संवर्द्धित भागीदारी को एक आदर्श और क्रियात्मक आवश्यकता भी मानता है।

लोकतंत्र को व्यापक परिप्रेक्ष्य में दो रूपों में देखा और समझा गया है जोकि निम्नलिखित हैं : (1) प्रत्यक्ष या विशुद्ध लोकतंत्र (Direct or Pure Democracy) और (2) परोक्ष या प्रतिनिधि लोकतंत्र (Indirect or Representative Democracy)। प्रत्यक्ष लोकतंत्र में समस्त नागरिक स्वयं ही राज्य के कार्यों में भाग लेते हैं और अपने निर्वाचित प्रतिनिधियों पर निर्भर नहीं रहते। प्राचीन यूनान के नगर-राज्यों में प्रत्यक्ष लोकतंत्र की प्रणाली के अनुसार शासन होता था। आजकल प्रत्यक्ष लोकतंत्र स्विट्जरलैंड के कुछ कैंटनों में ही प्रचलित है। परोक्ष या प्रतिनिधिक लोकतंत्र की व्यवस्था के अंतर्गत जनता समय-समय पर अपने प्रतिनिधियों का निर्वाचन करती है और ये प्रतिनिधि विधान सभाओं में जनता की आकांक्षाओं का प्रतिनिधित्व करते हैं। इस प्रकार विधियों का निर्माण और शासन का संचालन प्रत्यक्षत: जनता द्वारा नहीं, बल्कि परोक्षत: जनता के प्रतिनिधियों द्वारा होता है।

लोकतंत्र का सही मूल्यांकन करना एक दुरूह समस्या है। उसकी शायद सबसे बड़ी विशेषता यह है कि वह समानता (equality) के सिद्धांत पर आधारित है जो इस विचार का खंडन करता है कि कुछ लोग आदेश देने के लिए और कुछ आदेश-पालन के लिए जन्म लेते हैं। लोकतंत्र में विश्वास का मतलब है कि जन-समुदाय की इच्छानुसार कार्य किया जाए और शासन-कार्यों में किसी व्यक्ति की उपेक्षा न की जाए। लोकतंत्र का एक अन्य बड़ा गुण यह है कि वह नागरिक समुदाय के बीच स्वतंत्रता (liberty) की भावना का

प्रसार करता है। इस व्यवस्था के अंतर्गत जनता को भाषण, विचार और धर्म की पूर्ण स्वतंत्रता रहती है। लोकतंत्र जनता की सहमति का शासन है। इसके अंतर्गत निर्वाचन होते हैं और जनता अपने प्रतिनिधियों को अपने-आप चुनती है। लोकतंत्रात्मक शासन में जनता के निर्वाचित प्रतिनिधियों को अपने प्रत्येक कदम पर इस बात का ध्यान रहता है कि उसकी जनता में क्या प्रतिक्रिया होगी। लोकतंत्रात्मक देशों में देशभक्ति की भावना अन्य शासन-प्रणालियों की तुलना में काफी अधिक रहती है। चूंकि लोकतंत्र में शासन जनता की कृति होता है, अत: उसके प्रति जनता में निष्ठा भी होती है। फलत: लोकतंत्र में हिंसात्मक क्रांतियों की संभावना कम हो जाती है। लोकतंत्रात्मक शासन-प्रणाली जनसाधारण को नागरिकता की शिक्षा प्रदान करती है और उसे नागरिक शिक्षा की सर्वश्रेष्ठ प्रयोगशाला माना जा सकता है।

तथापि, लोकतंत्र के आलोचकों का अभाव हो, ऐसा भी नहीं है। आलोचकों के विचार से आम नागरिकों में बुद्धि मत्ता की मात्रा बहुत कम होती है और उनमें जो बुद्धि होती है, उसका भी वे पूरा उपयोग नहीं करते। प्लेटो के मत से शासन एक कला है और इसलिए इसमें केवल कुछ विशेष प्रतिभासंपन्न व्यक्ति ही विशेष योग्यता प्राप्त कर सकते हैं। आजकल की लोकतंत्रात्मक सरकारें दल पद्धति पर आधारित होती हैं। इसके अंतर्गत जो दल निर्वाचन में हार जाता है, वह प्रतिपक्ष का रूप धारण कर लेता है। सत्तारूढ़ दल और प्रतिपक्ष के शक्ति-संघर्ष में प्रशासन की उपेक्षा होती है और शासन के भीतर भ्रष्टाचार का बोलबाला होने लगता है। दलगत राजनीति से समाज के विभिन्न वर्गों के बीच विद्वेष की भावना बढ़ती है। आज के युग में राजनीतिक शक्ति आर्थिक शक्ति की अनुचरी है और चाहे कैसी भी शासन-प्रणाली क्यों न हो, सत्ता का वास्तविक स्रोत आर्थिक शक्ति के नियंताओं के हाथों में ही रहता है। लोकतंत्र के ऊपर कुछ इस तरह के आक्षेप भी हैं कि वह अत्यधिक व्यय-साध्य है, उससे अनैतिकता और भ्रष्टाचार को प्रश्रय मिलता है। उसमें स्वतंत्रता और उत्तरदायित्व की भावनाओं का नाश हो जाता है तथा सांस्कृतिक विकास का पथ अवरुद्ध होता है।

लोकतंत्र में चाहे कितनी ही कमियां क्यों न हों, वह अब तक की सर्वश्रेष्ठ शासन-प्रणाली है। लोकतंत्र जनता को अधिकतम स्वाधीनता प्रदान करता है और इस बात का अवसर भी देता है कि वह अपना सर्वांगीण विकास कर सके। यदि लोकतंत्र सबसे वांछनीय शासन-प्रणाली है, तो वह सबसे कठिन प्रणाली भी है। लोकतंत्र एक विशेष परिवेश में ही सफल हो सकता है और उसकी

सफलता के लिए आवश्यक शर्तें हैं : उचित जनशिक्षा, प्रबुद्ध जनमत, संगठित राजनीतिक दल, शासन में नागरिकों की सक्रिय भागीदारी और सतर्कता, जनता में सहिष्णुता, एकता और आर्थिक सुरक्षा की भावना।

महत्त्वपूर्ण प्रश्न

1. लोकतंत्र क्या है? इसके प्रमुख सिद्धांत क्या हैं? विवेचना कीजिए।
2. लोकतंत्र के उद्‌भव एवं विकास पर एक संक्षिप्त निबंध प्रस्तुत कीजिए।
3. क्या आप मानते हैं कि प्रतिनिधित्व व्यवस्था लोकतांत्रिक होती है? कारण बताएं।

संदर्भ (References)

Arblaster, Anthony, 1994, *Democracy: Concepts in the Social Sciences*, New York, Open University Press.

Acharya, A. and Bhargava. R., 2008, *Political Theory: An Introduction*, New Delhi, Pearson Longman.

Bryce, James, 1924, *Modern Democracies,* New York, Macmillan.

D., Robert A., *Dilemmas of Pluralist Democracy : Autonomy vs. Control*, Yale, Yale University Press.

Francis, Fukuyama, 1992, *The End of History and The Last Man*, London: Penguin Books.

Held, David, 1991, *Models of Democracy*, Cambridge, Polity Press, 1991.

Mill, J.S., 1991, 'Consideration on Representative Government' in *On Liberty and other Essays*, Oxford, OUP, a [1861].

Pateman, C., 1960, *Participation and Democratic Theory,* Combridge : CUP,

Ricardo Blaug and John, 2008, Schwarzmental (ed.), *Democracy : A Reader*, Edinburgh, Edinburgh University Press.

अध्याय दस

प्रक्रियात्मक लोकतंत्र

(Procedural Democracy)

अमरीन

- *प्रक्रियात्मक लोकतंत्र* ◆ *लोकतंत्र का न्यूनतमवादी दृष्टिकोण* ◆ *प्रक्रियात्मक लोकतंत्र का बचाव* ◆ *बहुतंत्रीय लोकतंत्र* ◆ *निष्कर्ष* ◆ *महत्त्वपूर्ण प्रश्न* ◆ *संदर्भ*

लोकतंत्र की अवधारणा के विकास का वास्तविक श्रेय धर्म-सुधार आंदोलन (reformation) को जाता है जिसने इस सिद्धांत पर बल दिया कि नागरिकों को राज्य से मतभेद रखने का पूर्ण अधिकार है। लोकतंत्र के वर्तमान रूप को स्थिर करने में चार क्रांतियों– इंग्लैंड की गौरवपूर्ण या रक्तहीन क्रांति (1688), अमेरिकी क्रांति (1776), फ्रांसीसी क्रांति (1789) और उन्नीसवीं सदी की औद्योगिक क्रांति–ने बड़ी महत्त्वपूर्ण भूमिका निभाई। इंग्लैंड की गौरवपूर्ण क्रांति ने यह निश्चित कर दिया कि शासन के क्षेत्र में संसद की शक्ति सर्वोच्च है और जनता को अधिकार है कि वह जिस शासन को चाहे चुन सकती है। अमेरिकी

* अमरीन, असिस्टेंट प्रोफ़ेसर, राजनीति विज्ञान विभाग, ज़ाकिर हुसैन दिल्ली कॉलेज (सांध्य), दिल्ली विश्वविद्यालय।

क्रांति ने सामाजिक अनुबंध (social contract), लोक-प्रभुसत्ता (popular sovereignty) और क्रांति के अधिकार का औचित्य सिद्ध किया। फ्रांसीसी क्रांति ने राष्ट्रीयता, समानता, स्वतंत्रता और भ्रातृत्व के सिद्धांतों को नया बल प्रदान किया। फ्रांसीसी क्रांति के पश्चात् लोकतंत्र की लहर संसार के सभी देशों में फैलने लगी और जनता मताधिकार के विस्तार तथा संवैधानिक शासन की मांग करने लगी। औद्योगिक क्रांति ने लोकतंत्र के सिद्धांत को आर्थिक क्षेत्र में प्रयुक्त करने की प्रेरणा दी। यद्यपि बीसवीं सदी के प्रारंभ से लोकतंत्र के ऊपर अनेक क्षेत्रों से आक्रमण होता रहा है, फिर भी आधुनिक प्रवृत्ति लोकतंत्र के पक्ष में ही मालूम पड़ती है। लोकतंत्र आज का युग धर्म है। अब यह धीरे-धीरे एशिया तथा अफ्रीका महाद्वीप के उन देशों में भी अपने पैर जमाता जा रहा है जो पिछली कई सदियों से पाश्चात्य देशों की पराधीनता में जकड़े हुए थे।

प्रक्रियात्मक लोकतंत्र (Procedural Democracy)

प्रक्रियात्मक लोकतंत्र संस्थाओं पर अधिक बल देता है। इसके अंतर्गत प्रक्रियाएं अधिक महत्त्वपूर्ण हैं तथा उन पर ध्यान केंद्रित किया जाता है। इस विचार का मूल तत्त्व यह है कि प्रक्रिया द्वारा ही लोकतंत्र को प्राप्त किया जा सकता है। लोकतंत्र को प्रायः सम्मान दिया जाता है, क्योंकि यह राजनीतिक समानता, पारदर्शिता, मानव अधिकारों का सम्मान, भागीदारी प्रदान करता है तथा यह युद्ध के खतरे को भी कम करने में भी सहायक है। लोकतंत्र के लक्ष्य को प्राप्त करने के लिए प्रक्रिया की आवश्यकता होती है। इस प्रक्रिया में कुछ निवेश होता है जैसे—स्वतंत्रता, न्याय आदि फिर इसके परिणाम सामने आते हैं।

लोकतंत्र का न्यूनतमवादी दृष्टिकोण (Minimalist Concept of Democracy)

एक निश्चित प्रक्रिया का पालन करके लोकतंत्र को प्राप्त किया जा सकता है। इस विचार में परिणाम अधिक महत्त्वपूर्ण नहीं हैं; केवल निष्पक्ष प्रक्रिया का पालन किया जाना आवश्यक है। लोकतंत्र की प्रक्रिया हमें निर्णय-निर्माण से जोड़ती है अर्थात् "एक व्यक्ति एक मत"। प्रत्येक व्यक्ति को बिना किसी भेदभाव के सार्वभौमिक वयस्क मताधिकार के आधार पर मत डालने का अधिकार दिया जाता है जिसके माध्यम से वह अपना प्रतिनिधि चुनता है। यह राजनीतिक समानता, स्वायत्तता तथा स्वतंत्रता को निश्चित करता है। प्रत्येक व्यक्ति के पास मताधिकार है; प्रक्रिया निष्पक्ष है क्योंकि राजनीतिक समानता है। अतः जो भी परिणाम आता है उसे सभी स्वीकार करते हैं। यही प्रक्रियात्मक लोकतंत्र की विशेषता है।

शुंपीटर (1942) लोकतंत्र के परंपरागत सिद्धांतों की आलोचना प्रस्तुत करते हुए कहते हैं कि लोकतंत्र स्वयं में साध्य नहीं बल्कि साधन है। परंपरागत लोकतंत्र में सरकार गिराने की व्यवस्था भी अलोकतांत्रिक थी। वह रूसो के "सामान्य इच्छा" के सिद्धांत की भी आलोचना करते हैं। शुंपीटर कहते हैं कि चूंकि "सामान्य इच्छा" व्यक्ति की स्वयं की इच्छा है इसलिए कोई अन्य व्यक्ति उसका प्रतिनिधित्व नहीं कर सकता। साथ ही, वह सामान्य इच्छा को इसलिए भी नकारते हैं क्योंकि यह सक्रिय सहभागिता पर बल देती है, जबकि आधुनिक समय में लोगों की भूमिका सरकार एवं प्रतिनिधियों को चुनने तक ही सीमित है। वह लोकतंत्र को इस प्रकार परिभाषित करते हैं–'लोकतांत्रिक पद्धति एक संस्थागत प्रबंध है जिसके द्वारा ऐसे राजनीतिक निर्णय किए जाते हैं जिनमें व्यक्तियों को जनता के मतों के लिए प्रतिस्पर्धी संघर्ष के माध्यम से निर्णयकारी शक्ति प्राप्त हो जाती है'।

शुंपीटर का मानना है कि लोकतंत्र प्रक्रिया-आधारित है न कि मूल्य-आधारित। यह बहुमत के आधार पर कार्य करता है। उनका मानना है कि यह एक ऐसी व्यवस्था है जिसमें शासक प्रतिस्पर्धी चुनावों के माध्यम से चुने जाते हैं; जहां चुनाव नियत कालिक होते हैं तथा "सार्वजनिक वयस्क मताधिकार" के तहत संपन्न होते हैं। वह लोकतंत्र की कुछ शर्तों का उल्लेख करते हैं जिनमें प्रमुख हैं–

- **नेतृत्व**–लोकतंत्र के अंतर्गत नेतृत्व अत्यंत महत्त्वपूर्ण है। अत: नेता की क्षमता तथा योग्यता उच्च स्तर की होनी चाहिए ताकि वह सभी मुद्दों को सुलझा सके। नेतृत्व यदि बेहतर होगा तो शासन और नीतियां भी बेहतर होंगी।
- **नेतृत्व में प्रतिस्पर्धा**–नेताओं के मध्य लोगों के मत पाने के लिए स्वस्थ प्रतियोगिता होनी चाहिए। चुनावों के दौरान सभी राजनीतिक दलों के पास प्रचार-प्रसार के समान और निष्पक्ष अवसर प्राप्त हों।
- **नौकरशाही की स्वतंत्रता**–नौकरशाही और राजनेताओं के गठबंधन को रोकने की आवश्यकता है ताकि नौकरशाही राजनेताओं से स्वतंत्र रह कर निष्पक्ष रूप से अपना कार्य कर सके।
- **सहिष्णुता**–किसी भी विविधपूर्ण समाज के लिए यह अत्यंत आवश्यक है कि समाज में निहित विविधताओं के प्रति सहिष्णुता की भावना विकसित की जाए। समाज सहिष्णु होगा तभी राजनीति में बेहतर प्रतिस्पर्धा होगी।

शुंपीटर लोकतंत्र के अपने सिद्धांत के कुछ गुणों का उल्लेख इस प्रकार करते हैं–

- यह लोकतांत्रिक सरकारों का अन्य सरकारों से विभेद करने के लिए प्रक्रियात्मक अभिलक्षणों को बताता है।
- क्लासिकल सिद्धांत लोकतंत्र में नेतृत्व की उपेक्षा करता था किंतु इस सिद्धांत में इसके महत्त्व का स्पष्टीकरण किया गया।
- यह वास्तविक समूहगत इच्छाओं के संदर्भ में लोकतंत्र की प्रक्रिया के अंतर्गत जनमत और समूहों के बीच की अंत:क्रिया की व्याख्या करता है।
- इस सिद्धांत के अनुसार लोकतंत्र "स्वतंत्र मतदान" के लिए मुक्त प्रतियोगिता है और चुनाव इस प्रतिस्पर्धा के लिए सर्वोत्तम पद्धति है।
- यह लोकतंत्र तथा व्यक्तिगत स्वतंत्रता के संबंध को स्पष्ट करता है और नागरिक स्वतंत्रताओं की गारंटी देता है।
- इस सिद्धांत के अनुसार सरकार और संसद पर जनता के नियंत्रण का एकमात्र तरीका उसके द्वारा पुनर्निर्वाचन की पद्धति है।
- यह बहुमत (majority) तथा जनता की अमूर्त (abstract) इच्छाओं के मध्य विभेद करता है और बहुसंख्यकों को भी केवल शासकों को चुनने या न चुनने का सीमित अधिकार देता है।

प्रक्रियात्मक लोकतंत्र का बचाव (Defence of Procedural Democracy)

प्रक्रियात्मक लोकतंत्र के महत्त्व को समझाते हुए रेजवरस्की (Prezworski) निम्नलिखित तर्क देते हैं–पहला, इस मॉडल के माध्यम से सरकार में परिवर्तन करना सरल है और हिंसा की संभावना भी न्यूनतम हो जाती है। जो व्यक्ति असफल होते हैं, उनके पास पुनः सत्ता प्राप्त करने का अवसर रहता है तथा सरकार को मतदान के माध्यम से परिवर्तित किया जा सकता है। जनता के पास यह अधिकार होता है कि वे परिवर्तन कर सकते हैं; यह अत्यंत महत्त्वपूर्ण विचार है जो लोगों को निकट रूप से व्यवस्था से जोड़ता है तथा उन्हें व्यवस्था का महत्त्वपूर्ण हिस्सा बनाता है।

रेजवरस्की प्रक्रियात्मक लोकतंत्र का समर्थन करते हुए दो मॉडलों का उदाहरण प्रस्तुत करते हैं–

1. बाज़ार आधारित आर्थिक मॉडल (Economic Model of Market):

जिस प्रकार विभिन्न फर्म्स तथा कंपनियां लाभ प्राप्ति के लिए आपस में प्रतिस्पर्धा करती हैं तथा जो भी इसमें पिछड़ जाता है वह अन्य की विजय स्वीकार करता

है। उसी प्रकार प्रक्रियात्मक लोकतंत्र में चुनाव होते हैं जहां सत्ता प्राप्ति के लिए विभिन्न उम्मीदवार आपस में प्रतिस्पर्धा करते हैं तथा लोगों द्वारा न चुने जाने पर अपनी पराजय स्वीकार करते हैं।

रेजवरस्की का मानना है कि पूंजीवाद लोकतंत्र का कारण नहीं है। कोई भी देश विकास की किसी भी अवस्था में लोकतांत्रिक बन सकता है। हालांकि पूंजीवाद संपदा को बढ़ावा देता है जो लोकतंत्र को खतरे के विरुद्ध सुरक्षा प्रदान करता है। पूंजीवाद न्यूनतमवादी मॉडल को स्थिरता प्रदान करता है।

2. लोकतंत्र का अभिजनवादी सिद्धांत (Elite Theory of Democracy)

19वीं सदी के अंतिम दिनों में यह सिद्धांत उभर कर सामने आया। इस सिद्धांत के अनुसार नेतृत्व के गुण केवल अभिजन वर्ग में ही होते हैं इसलिए उन्हें नीति-निर्माण में प्रमुख स्थान मिलना चाहिए।

यद्यपि रेजवरस्की का मानना है कि मतदान द्वारा शासकों को चुनने पर तार्किकता (निर्णय-निर्माण की), प्रतिनिधित्व (लोगों के हितों तथा इच्छाओं का) तथा समानता (नागरिकों की) को निश्चित नहीं किया जा सकता। परंतु उपरोक्त आधार पर लोकतंत्र को महत्त्व देने का अर्थ यह नहीं है कि लोकतंत्र से इससे अधिक की आशा नहीं की जा सकती।

फुकुयामा (1989:1992) के लोकतंत्र के सिद्धांत को देखें तो यह ज्ञात होता है कि उनके सिद्धांत का जो आधारभूत विचार है, उसके अनुसार लोकतंत्र का उदार पूंजीवादी मॉडल अभी भी प्रभुत्व की स्थिति में है। यद्यपि फुकुयामा के सिद्धांत ने अब महत्ता खोई है परंतु केवल धार्मिक कट्टरवाद, नृजातीय राष्ट्रवाद आदि के संदर्भ में। लोकतंत्र का प्रभुत्ववादी विचार अभी भी उदार पूंजीवादी लोकतंत्र ही है।

लिपहर्ट (1999) का मानना है कि विभाजित समाजों में हिंसा से सुरक्षित रहने का सबसे बेहतर तरीका बहुमत शासन नहीं बल्कि शक्ति को साझा करना है। यह एक अत्यंत महत्त्वपूर्ण विचार है।

इस औपचारिक संकल्पना की दो महत्त्वपूर्ण विशेषताएं हैं जो तात्त्विक लोकतंत्र का आधार हैं–पहला, नागरिकों की राजनीतिक समानता तथा दूसरा, सामूहिक स्वशासन का विचार।

बहुतंत्रीय लोकतंत्र (Plural Democracy)

रॉबर्ट डाल (1971) के अनुसार राजनीतिक सिद्धांत में कुछ भी स्वयं न्यायोचित

नहीं होता बल्कि उसे तर्कों के आधार पर न्यायोचित सिद्ध किया जाता है। डाल लोकतंत्र में प्रक्रिया को महत्त्व देते हैं तथा कुछ मापदंडों का ज़िक्र करते हैं जिनके आधार पर यह पता लगाया जा सकता है कि लोकतंत्र सफल है या नहीं। ये मापदंड इस प्रकार हैं–

- राजनीतिक समानता अवश्य ही निश्चित होनी चाहिए तभी सबका प्रक्रिया में विश्वास बना रहेगा। इससे सभी व्यक्तियों के लिए समान अवसरों को निश्चित किया जाता है। साथ ही साथ राजनीतिक समानता के माध्यम से समान सहभागिता भी तय होती है।
- प्रभावी सहभागिता आवश्यक है। जब उपरोक्त दोनों स्थितियां होंगी तब आवश्यकता होगी–
- लोगों की प्रबुद्ध समझ की क्योंकि तभी वह लक्ष्य पर अपना नियंत्रण रख पाएंगे।
- जनता का विभिन्न मुद्दों पर नियंत्रण होना आवश्यक है तभी वे अपना लक्ष्य प्राप्त करने की दिशा में अग्रसर होंगे।
- समावेशन लोकतंत्र के लिए अत्यंत आवश्यक है। समाज के प्रत्येक समूह अथवा भाग को राजनीतिक प्रक्रिया का हिस्सा बनाया जाए यह ज़रूरी है। प्रत्येक समाज का अपना एक निष्पक्षता का सिद्धांत होता है जो उस समाज के लिए समावेशन का सामान्य सिद्धांत बन जाता है।

डाल दो मौलिक तत्त्वों की चर्चा करते हैं–

1. राजनीतिक का मत (A Notion of Political): मानवीय संबंधों की प्रक्रिया में शक्ति, शासन, प्रभुत्व अथवा प्राधिकार शामिल होता है। राजनीतिक का मत इन तीनों से संबंधित है।
2. प्रत्येक समाज में विभिन्न हित समूह होते हैं जो एक-दूसरे को नियंत्रित करते हुए संतुलित करते हैं तथा सरकार से अपनी मांगों की पूर्ति के लिए सौदेबाज़ी करते हैं।

डाल इसे ''बहुतंत्रीय लोकतंत्र'' (Polyarchal Democracy) का नाम देते हैं। हित समूह अल्पसंख्यकों के गठबंधन हैं जिन्हें वो पोलियारकी कहते हैं। यह व्यवस्था संयुक्त राज्य अमेरिका में दिखाई देती है। यहां डाल के दो पूर्वाग्रह दिखाई देते हैं –

1. समाज में अल्पसंख्यक तथा बहुसंख्यक नहीं बल्कि केवल हित समूह होते हैं जो एक-दूसरे को नियंत्रित करके संतुलन स्थापित करते हैं।
2. समाज में कोई शक्ति नहीं है। वह राजनीतिक सत्ता की बात करते हैं। वह शक्ति को सत्ता में परिवर्तित करने की बात भी कहते हैं।

समाज में सदैव हितों की बात होती है, शक्ति की नहीं इसलिए यह समाज बहुतंत्रीय (polyarchal) है और चुनावों पर आधारित है। यहां चुनावों की कुछ शर्तें हैं-

1. लोकप्रिय संप्रभुता
2. राजनीतिक समानता
3. बहुमत

डाल उपरोक्त तीन शर्तों में से पहली दो शर्तों को तो स्वीकार करते हैं परंतु बहुमत को नकारते हैं क्योंकि समाज अल्पसंख्यकों का गठबंधन है। बहुतंत्रीय लोकतंत्र अल्पसंख्यकों के गठबंधनों का तुलनात्मक बहुलवादी शासन है। बहुतंत्रीय लोकतंत्र की बात करते हुए डाल अरस्तू के मिश्रित संविधान के निकट दिखाई देते हैं परंतु वह अरस्तू से भिन्न हैं क्योंकि जहां अरस्तू यह मानते हैं कि मनुष्य स्वभाव से राजनीतिक प्राणी है, डाल का मानना है कि मनुष्य स्वभाव से राजनीतिक प्राणी नहीं है क्योंकि वह केवल अपने हितों का अनुसरण करता है।

1970 के दशक के मध्य से उदार लोकतंत्र को अधिकांश देशों ने अपनाना प्रारंभ किया जिसका संबंध पूंजीवाद के वैश्विक विस्तार से है। पूंजीवादी बाज़ारीकरण तथा लोकतांत्रिकरण की प्रक्रिया का साथ-साथ चलना शायद उदार लोकतंत्र की लोकप्रियता का एक महत्त्वपूर्ण कारण है।

डाल 1970 के बाद लोकतंत्र के अध्ययन के मूल्यांकन के मापदंड बताते हैं-

1. लोकतांत्रिक प्रक्रिया वैध है यदि वह राजनीतिक चयन का निर्णय प्रदान करे ।
2. लोकतांत्रिक प्रक्रिया वैध है यदि निर्णय अभिजन वर्ग द्वारा लिया जाए।
3. न्यूनतमवादी अवधारणा से समय तथा ऊर्जा की बचत हो।

डाल का मानना है कि सरकार को तभी उत्तरदायी बनाया जा सकता है जब लोग अधिक-से-अधिक हित-समूहों का हिस्सा बन सकें।

डाल व्यावहारिक राजनीति के संदर्भ में प्रक्रियात्मक लोकतंत्र को बेहतर विकल्प मानते हैं क्योंकि यह प्रक्रिया नैतिक स्वायत्तता, स्थायित्व, आदि प्रदान करती है। डाल राजनीतिक समानता को महत्त्व देते हैं जो किसी भी निर्णय की वैधता के लिए पूर्व शर्त है।

निष्कर्ष (Conclusion)

राजनीतिक समानता के सिद्धांत तथा सामूहिक स्व-शासन की प्रभावी क्षमता को प्रक्रियात्मक लोकतंत्र के माध्यम से सुनिश्चित किया जाता है। यद्यपि नागरिक इस लोकतंत्र में किसी प्रकार की सक्रिय भूमिका नहीं निभाते तथा राजनीति से

इनका जुड़ाव केवल नियमित चुनावों के माध्यम से होता है जहां पर अधिकांश अनभिज्ञ तथा उदासीन जनता सीमित राजनीतिक दलों और उम्मीदवारों के मध्य चयन करती है। परंतु यदि राज्य का लोकतंत्र न्यूनतमवादी हो तब ऐसी स्थिति में लोकतंत्र के अनुसरण के क्या आधार हो सकते हैं? लोकतंत्र में प्रतिनिधित्व एवं सहभागिता के विषय पर अगले अध्याय में विस्तृत चर्चा की जाएगी।

महत्त्वपूर्ण प्रश्न

1. प्रक्रियात्मक मॉडल की समीक्षा कीजिए।
2. रॉबर्ट डाल के बहुतंत्रीय (Polyarchal) लोकतंत्र की विवेचना कीजिए।
3. प्रक्रियात्मक लोकतंत्र की लोकप्रियता की सार्थकता का वर्णन कीजिए।
4. लोकतंत्र के न्यूनतमवादी विचार की समीक्षा कीजिए।

संदर्भ (References)

Dahl, Robert A., 1971, Polyarchy: *Participation and Opposition*, New Haven, CT: Yale University Press.

Fukuyama, Francis, 1989, *The End of History? National Interest, Summer*, pp. 3-18.

Fukuyama, Francis, 1992, *The End of History and the Last Man*, New York, Free Press.

Lijphart, Arend, 1999, *Patterns of Democracy: Governmental Forms and Performance* in Thirty Six Countries. New Haven, CT: Yale University Press.

Prezworski, Adam, 1999, 'Minimalist Conception of Democracy: A Defense', In Ian Shapiro and Casiano Hacker-Cardon, eds. *Democracy's Value.* Cambridge, Cambridge University Press.

Schumpeter, Joseph A., 1942, *Capitalism, Socialism and Democracy*, New York, Harper.

अध्याय ग्यारह

प्रतिनिधित्व एवं सहभागिता

(Participation and Representation)

शुभ्रा पन्त कोठारी

- *लोकतंत्र और सहभागिता* • *आलोचना* • *समकालीन लोकतंत्र और प्रतिनिधित्व* • *प्रतिनिधित्व लोकतंत्र के मुख्य सिद्धांतकार* • *प्रतिनिधित्व की प्रकृति : हन्नाह पिटकिन* • *निष्कर्ष* • *महत्त्वपूर्ण प्रश्न* • *संदर्भ*

लोकतांत्रिक राज्य अगर न्यूनतमवादी (Minimalist) है तो सिद्धांतकार लोकतंत्र के अनुसरण के लिए अन्य आधारों को ढूंढ़ते हैं जो लोकतंत्र को अधिक सबल तथा तात्त्विक बनाएं। राज्य के केवल प्रक्रियात्मक लोकतंत्र तक सीमित हो जाने के कारण वर्तमान समय में अनेक ''सामाजिक आंदोलनों'' का उदय हुआ है जो सहभागिता के मूल्य पर केंद्रित हैं। लोकतंत्र उन सत्ताधारी लोगों को भी उत्तरदायी बनाता है जिनको आम जनता द्वारा संप्रभुता प्रदान की जाती है। यह लोगों (citizen) की सहमति (consent) ही है जिसके द्वारा शासकीय प्राधिकरण को वैधता प्राप्त होती है। प्रश्न यह उठता है कि यह सहमति किस प्रकार प्राप्त की जाती है?

* शुभ्रा पन्त कोठारी, असिस्टेंट प्रोफ़ेसर, राजनीति विज्ञान विभाग, ज़ाकिर हुसैन दिल्ली कॉलेज (सांध्य), दिल्ली विश्वविद्यालय।

यहां सहमति का सीधा संबंध सहभागिता से है जिसके द्वारा सहमति का निर्माण होता है। परंतु प्रश्न यह भी उठता है कि सहभागिता की सीमा तय की जाती है या नहीं? अगर तय की जाती है तो सहभागिता का क्या स्तर होना चाहिए?

प्रत्यक्ष लोकतंत्र में, सहभागिता का स्तर उच्चतम रहता है क्योंकि यहां नागरिक सामूहिक रूप से सभी प्रमुख मुद्दों पर जन सभाओं में सम्मिलित रहते हैं। इस प्रकार का लोकतंत्र शास्त्रीय एथेंसवादी लोकतंत्र से संबंधित है जहां लोग स्वयं शासन करते थे। भारत में भी ग्राम सभाएं प्रत्यक्ष लोकतंत्र संस्थान का उदाहरण कही जा सकती हैं। समकालीन समाजों में जनमत संग्रह, प्रत्यावर्तन एवं उपक्रम (referendum, recall एवं initiative)–यंत्रों का निर्माण किया गया जो प्रत्यक्ष लोकतंत्र को प्रतिबिंबित करते हैं।

ठीक इसके विपरीत, अप्रत्यक्ष लोकतंत्र अथवा प्रतिनिधित्व लोकतंत्र में सरकारी कार्य उन प्रतिनिधियों द्वारा किए जाते हैं जो लोकप्रिय चुनाव द्वारा चुने जाते हैं। प्रतिनिधि यहां जनता एवं सरकार के बीच का सूत्र होते हैं और चुनाव जनता को यह अनुमति देता है कि वह प्रतिनिधि की क्रियाओं का नियंत्रण एवं शक्ति दुरुपयोग नहीं होने दें। वैसे तो लोकतंत्र के ये दोनों प्रकार एक–दूसरे से विपरीत दिखाई देते हैं परंतु समकालिक विचार–विमर्शों में सहभागिता एवं प्रतिनिधित्व लोकतंत्र के सिद्धांत के अंतर्गत एक–दूसरे के पूरक माने गए हैं।

लोकतंत्र और सहभागिता (Democracy and Representation)

सबसे प्रसिद्ध प्रत्यक्ष सहभागी लोकतंत्र का आधार प्राचीन यूनान के एथेंस के नगर–राज्य (Athenian city-state) में 5वीं एवं 4थी सदी ईसापूर्व में उल्लेखित है। यहां शासन संबंधित सभी क्रियाओं में जैसे : कानून का निर्माण, क्रियान्वयन एवं अधिनियमित करने में नागरिक स्वयं को गौरवान्वित समझते थे। नागरिक खुली सभाओं में एकत्रित होकर सभी मुद्दों पर विमर्श एवं विवेचना कर निर्णय लेते थे। इस तरह की व्यवस्था का मुख्य उद्देश्य था, ज्यादा से ज्यादा नागरिकों को शासन प्रणाली में सहभागिता देना। इस तरह के आदर्श प्रतिमान नागरिकों के राजनीतिक उत्तरदायित्व और राजनीतिक क्रियाओं को उच्च स्तरीय बनाए रखते थे।

नागरिकता और सहभागिता एक–दूसरे के लिए महत्त्वपूर्ण हैं, एक नागरिक के लिए सहभागी होना उसका मुख्य कर्तव्य है। राजनीतिक सहभागिता का उद्देश्य है, राज्य में सामान्य हित बनाए रखना जिसके पीछे छिपी दार्शनिकता है–अच्छे जीवन का मौलिक विचार जो पूरे समाज को एकल सूत्र एवं सहभागिता से

जोड़ता है। समुदाय के सामूहिक कार्यों में सहभागिता को नागरिक के युक्तिपूर्ण स्व-विकास के लिए महत्त्वपूर्ण माना गया। यह उनके लिए सम्मानपूर्वक जीने के लिए अच्छे जीवन का उच्चतम प्रकार था।

रोम गणतंत्र (Republican Rome) एथेंस के लोकतंत्र से कुछ विशेषताएं साझा करता है, जैसे : नागरिक जीवन में लोकप्रिय सहभागिता का विचार, समुदाय के प्रति कर्तव्यनिष्ठा, सामान्य हित का विचार एवं नागरिक नैतिकता को निजी व्यक्तिगत हितों से उच्च मानना। इसे सैद्धांतिक रूप से नागरिक गणतंत्रवाद (Civic Republicanism) माना गया है।

अठारहवीं सदी में, रूसो (उदारवादी लोकतंत्र मॉडल के आलोचक रहे हैं) ने अपने लेखन में निर्वाचन एवं प्रतिनिधित्व लोकतंत्र की आलोचना की है, जो उस समय कई यूरोपीय राज्यों में उभर रहा था। रूसो के लिए लोकतंत्र ही वह रास्ता था जो नागरिकों को स्वतंत्रता दे सकता था। यहां रूसो सकारात्मक स्वतंत्रता की बात कर रहे हैं जहां व्यक्ति को यह स्वतंत्रता है कि वह प्रत्यक्ष, कार्यात्मक और निष्ठावान होकर अपनी सहभागिता से समाज एवं विधि निर्माण में हिस्सा ले सके। (ब्लॉग एवं शुवार्जमार्शल (Blaug and Schwarzmartel, ed, 2000: 144))

रूसो के लिए, सहभागिता व्यक्ति के स्व-विकास के लिए आवश्यक है और लोकतंत्र व्यक्ति के विकास का माध्यम है। उनका जन इच्छा (General Will) का सिद्धांत लोगों को उनके स्व-हित से दूर कर समाज के सामूहिक हितों पर विमर्श करने के लिए जोर डालता है। रूसो के राजनीतिक सहभागिता के विचार लोकतंत्र की अतिवादी धारणा को दर्शाते हैं।

दूसरी तरफ, उदारवादी लोकतंत्र के विद्वान जे.एस. मिल अलग तरह से इसकी विवेचना करते हैं। वह लोकतंत्र के प्रति व्यावहारिकता की मनोदृष्टि को दर्शाते हैं। मिल के अनुसार, लोकतंत्र का प्रबल मूल्य मानवीय क्षमताओं के उच्चतम और सामंजस्यपूर्ण विकास करने में प्रोत्साहन देता है। राजनीतिक जीवन में भाग लेने से समझ को बढ़ावा और संवेदनशीलता को सुदृढ़ता मिलती है जिससे नागरिक उच्चतम श्रेणी का स्व-विकास कर पाता है। इस प्रकार का विकासशील लोकतंत्र एक शिक्षाप्रद अनुभव है। इसके परिणामस्वरूप, वह राजनीतिक समानता को नकारते हैं। मिल के अनुसार, मताधिकार को विस्तारित करना चाहिए ताकि सभी शिक्षित नागरिक प्रक्रिया में भाग ले सकें। (अशिक्षित लोगों के लिए वंचित) और खासतौर पर वह महिलाओं को मताधिकार देने पर जोर देते हैं। (हेवुड, 1992 : 42)

मिल का सिद्धांत सहभागिता एवं समानता के मूल्यों के अभिजातवाद का संयोजन है, जहां शासन शिक्षित और प्रतिष्ठित लोगों के द्वारा किया जाता है। वह संसद को एक महत्त्वपूर्ण फोरम मानते हैं जहां हर तरह के विचारों को स्थान प्राप्त होता है और हर तरह के मुद्दों पर तार्किक रूप से वाद-विवाद संभव है। इस तरह सहभागिता उपयुक्त सूचना एवं तार्किक विमर्श को जन्म देती है।

1960 के दशक में कैरोल पैटमन, सी.बी. मैक्फर्सन एवं पॉलैंटजास जैसे (Poulantzas) वामपंथी विचारक इस सिद्धांत के प्रमुख विचारक रहे हैं। कैरोल पैटमन अपने पहले निबंध *पार्टीसिपेशन एंड डेमोक्रेटिक थीयरी* (Participation and Democratic Theory) में उदारवादी लोकतंत्र की आलोचना कर औद्योगिक लोकतंत्र और सहभागी समाज के निर्माण हेतु एक प्रभावशाली आधार प्रस्तुत करती हैं। उनका यह तर्क है कि लोकतांत्रिक प्रतिनिधित्व वाले राजनीतिक संस्थानों को समाज में सफल बनाने के लिए "सामाजिक प्रशिक्षण" की आवश्यकता है। पैटमन के अनुसार सरकारी और गैर-सरकारी क्षेत्रों में लोगों की प्रत्यक्ष सहभागिता जरूरी है क्योंकि यह एक सहभागी समाज के निर्माण में हर व्यक्ति को जिम्मेदार बनाती है। (1970 : 13)

सहभागी लोकतंत्र की दो मुख्य विशेषताएं

1. निर्णय-निर्माण का विकेंद्रीकरण कर लोगों की नीति निर्धारण में भागीदारी।
2. सामान्य जन की नीति-निर्माण में प्रत्यक्ष और समान सहभागिता। नागरिक का राजनीतिक एवं सामाजिक रूप से सक्रिय होना।

रॉबर्ट डाल सहभागिता को बहुलवादी लोकतंत्र के लिए महत्त्वपूर्ण मानते हैं। उनके अनुसार स्व-शासन का अर्थ है, लोगों की समान स्तर पर भागीदारी होना और वस्तुओं का समान वितरण होना चाहिए। डाल लोकतांत्रिक प्रक्रिया के पांच मुख्य मापदंड बताते हैं :

1. अंतिम निर्णय-निर्माण में समान मतों के अधिमान की अभिव्यक्ति को प्राथमिकता देना।
2. अधिमान की अभिव्यक्ति के समान अवसर।
3. जानकारी प्राप्त करने एवं अधिमान तक पहुंचने के समान अवसर।
4. विषय पर निर्णय लेने का अधिकार नागरिकों को प्राप्त होना।
5. सभी वयस्कों को सहभागिता का अधिकार।

यहां रॉबर्ट डाल, व्यक्ति की स्वतंत्रता और राजनीतिक समानता को आधार

बनाते हुए नागरिक की निर्णय-निर्माण एवं क्रियान्वयन में सक्रिय भूमिका को सुरक्षित कर रहे हैं। (Robert A. Dahl, *Dilemmas of Pluralist Democracy*, 1983 : ch. 3)

मैक्फर्सन भी तर्क देते हैं कि आज विश्व स्तर पर राज्य का क्षेत्र और आबादी विशालकाय है और सभी नागरिक राजनीतिक विमर्शों या नीति-निर्माण में प्रतिदिन सहभागी हों, यह संभव नहीं है। परंतु कुछ नियम एवं शर्तों को स्वीकार किया जाए तो सहभागिता के अनुपात को निश्चित किया जा सकता है। वे शर्तें इस प्रकार हैं :

1. "प्रत्यक्ष लोकतंत्र" के सिद्धांत के अनुसार राजनीतिक दलों का लोकतांत्रिक होना।
2. राजनीतिक दलों का संसदीय संरचना के अंतर्गत कार्य करना।
3. राजनीतिक दलों के क्रिया-कलापों का ऐसे संगठन जैसे; श्रमिक, स्वैच्छिक संगठन एवं अन्य निकायों से संपूरित होना।

आम नागरिक की राजनीतिक सहभागिता

1. चुनाव में मतदान
2. चुनाव में अभियान कार्य
3. राजनीतिक दल में सदस्यता
4. प्रदर्शनों में उपस्थिति
5. औद्योगिक हड़तालों में भागीदारी
6. स्वैच्छिक संगठन, दबाव समूह एवं अन्य गैर-सरकारी संगठनों की सदस्यता
7. सामुदायिक विकास के कार्यों में भागीदारी
8. सामाजिक नीतियों के क्रियान्वयन में सक्रिय सहभागिता

सहभागी लोकतंत्र के सिद्धांतकारों के अनुसार यदि नीतिगत निर्णय लेने की जिम्मेदारी केवल अभिजन वर्ग तक सीमित रहती है तो उससे लोकतंत्र का वास्तविक स्वरूप बाधित होता है। इसलिए ये लोग इसमें आम आदमी की सहभागिता की वकालत करते हैं। उनका मानना है कि यदि लोकतांत्रिक अधिकार कागज के पन्नों अथवा संविधान के अनुच्छेदों तक ही सीमित रहें तो उन अधिकारों का कोई अर्थ नहीं रह जाता, अतः सामान्य लोगों के द्वारा उन अधिकारों का वास्तविक उपभोग किया जाना आवश्यक है। यह तभी संभव है जब व्यक्ति स्वतंत्र और समान हों। यदि लोगों का विश्वास हो कि नीतिगत निर्णयों

में कारगर सहभागिता के अवसर विद्यमान हैं तो वे निश्चय ही सहभागी बनेंगे। ऐसी स्थिति में वे प्रभावी ढंग से साझेदारी भी कर सकेंगे। राजनीतिक व्यवस्था में वर्चस्व की राजनीति को सहभागिता ही समाप्त कर सकती है।

आलोचना (Critisism)

डेविड हेल्ड ने सहभागिता सिद्धांत का तर्क देते हुए कहा कि यह अभिजन और बहुलवादी जैसे सिद्धांतों से बेहतर तो है, लेकिन इससे यह स्पष्ट नहीं हो पाता कि कैसे और क्यों सिर्फ सहभागिता मानवीय विकास, जो लोकतंत्र का एक महत्त्वपूर्ण लक्ष्य है, के उच्चतर स्तर को प्राप्त कर सकेगी। इस बात का कोई साक्ष्य अथवा तर्कसंगत आधार नहीं मिलता कि सहभागिता नागरिकों को सामान्य हित के प्रति अधिक सहयोगशील और प्रतिबद्ध बनाएगी। हेल्ड इस केंद्रीय मान्यता को भी आवश्यक रूप से सत्य नहीं मानते कि आम लोग अपने जीवन को प्रभावित करने वाले मुद्दों पर नीति-निर्धारण करने और निर्णय लेने में अधिक उत्तरदायी बनना चाहते हैं। यदि वे सामाजिक-आर्थिक मामलों और नीतियों के निर्धारण में भाग लेना नहीं चाहें तो उन्हें इसके लिए बाध्य करना उचित नहीं माना जा सकता। फिर भी मान लिया जाए कि आम लोग अपने लोकतांत्रिक रुझान को यदि एक सीमा से आगे ले जाना चाहें और बुनियादी स्वतंत्रता और अधिकार के मामले में दखलंदाजी करने लगें तो लोकतंत्र का क्या हश्र होगा, ऐसे प्रश्नों पर सहभागिता सिद्धांत के समर्थकों ने पर्याप्त ध्यान नहीं दिया है।

सहभागी लोकतंत्र को असली जामा पहनाना उतना आसान नहीं है जितना ऊपरी तौर पर प्रतीत होता है। जरूरी नहीं है कि अधिकतम संभव सहभागिता के बल पर लिए गए निर्णय सर्वाधिक कारगर निर्णय हों। डेविड हेल्ड के अनुसार, सहभागिता सिद्धांत के समर्थक कार्यक्षमता एवं प्रभाव के मुद्दों पर पर्याप्त ध्यान नहीं देते।

समकालीन लोकतंत्र और प्रतिनिधित्व
(Contemporary Democracy and Representation)

अप्रत्यक्ष या प्रतिनिधि लोकतंत्र में जनता द्वारा चुने गए प्रतिनिधियों के द्वारा सरकार कार्य करती है। यह प्रतिनिधि लोक निर्वाचन के द्वारा चुने जाते हैं। प्रतिनिधि किसी जिले या संसदीय क्षेत्र से चुने जाते हैं या कई समानुपातिक व्यवस्थाओं में सभी मतदाताओं का प्रतिनिधित्व करते हैं। प्रतिनिधि यहां जनता एवं सरकार के बीच का सूत्र होते हैं और चुनाव जनता को यह अनुमति देता है कि वे प्रतिनिधि की क्रियाओं का नियंत्रण रखें एवं शक्ति का दुरुपयोग नहीं होने दें। कुछ देशों

में मिश्रित व्यवस्था प्रयुक्त होती है। यद्यपि इस तरह के लोकतंत्र में प्रतिनिधि जनता द्वारा निर्वाचित होते हैं, लेकिन जनता के हित में कार्य करने की नीतियां प्रतिनिधि स्वयं तय करते हैं। यद्यपि दलगत नीतियां, मतदाताओं में छवि, पुनः चुनाव जैसे कुछ कारक प्रतिनिधियों पर असर डालते हैं, किंतु सामान्यतः इनमें से कुछ ही बाध्यकारी अनुदेश होते हैं। इस प्रणाली की सबसे बड़ी खासियत यह है कि जनादेश का दबाव नीतिगत विचलनों पर रोक का काम करता है, क्योंकि नियमित अंतरालों पर सत्ता की वैधता हेतु चुनाव अनिवार्य है।

समकालीन राजनीति में लोकतंत्र की प्रकृति अप्रत्यक्ष या प्रतिनिधित्व की रही है। परंतु यहां किसका प्रतिनिधित्व हो रहा है? क्या प्रतिनिधि जनता की सच्ची आवाज होते हैं? विविध समाज में सभी का समान रूप से प्रतिनिधित्व करना एक बड़ी चुनौती है?

मिल प्रतिनिधित्व के प्रत्यायुक्त ((delegete) पूर्ण प्रतिनिधि बनना) विचार को खारिज करते हैं क्योंकि यह मतदाताओं को अभिमान के साथ बांध देगा। इसके बजाय उनका मानना है कि प्रतिनिधियों को अपने तर्क के अनुसार स्वतंत्र होकर कार्य करना चाहिए, तथापि उनको कार्य लोगों की ओर से करना चाहिए परंतु यह जरूरी नहीं कि वे लोगों के दृष्टिकोण को प्रतिबिंबित करें।

दूसरी तरफ, प्रश्न यह उठता है कि लोग किस प्रकार से अपने प्रतिनिधि पर नियंत्रण करने की उम्मीद करते हैं? प्रतिनिधित्व के दूसरे दृष्टिकोण का मानना है कि लोग किसी व्यक्ति या किसी राजनीतिक दल को अधिदेश देते हैं कि वह कुछ विशिष्ट नीतियों का निर्धारण करें एवं सरकार को निर्देशित करें। परंतु ऐसा कई देशों में देखा गया है कि राजनीतिक दल अपने घोषणापत्र में साधारण से वायदे करते हैं और किसी भी प्रकार के ठोस नीतिगत निर्णय से बचते हैं।

निर्वाचन की प्रकृति भिन्न होती है। यहां अलग-अलग-अलग-अलग परिस्थितियों का सामना दलों को करना होता है, मुख्यतः विविधताओं को ध्यान में रखकर घोषणापत्र का निर्माण किया जाता है। सभी राजनीतिक दल निर्वाचन व्यवस्था के मुख्य खिलाड़ी हैं, ये खुद उन राजनीतिक अभिजन वर्ग से निर्मित हैं जिन्हें नीतियों के बारे में जानकारी कम रहती है। समकालीन विश्व में ज्यादातर सभी देशों में दो तरह की प्रतिनिधित्व व्यवस्थाएं हैं; पहली, पहले आओ पहले पाओ ((FPTP) First Past The Post) और दूसरी, आनुपातिक प्रतिनिधित्व (Proportional Representation) जिनका उपयोग निर्वाचन व्यवस्था में किया जाता है।

प्रतिनिधित्व लोकतंत्र के मुख्य सिद्धांतकार
(Main Philosophers of Representative Democracy)

सिद्धांत के रूप में प्रतिनिधित्व की अवधारणा अलग-अलग सिद्धांतकारों ने अवधारित की है। रूसो प्रतिनिधित्वता पर अपने विचार अलग रखते हैं। उनका मानना है कि संप्रभुता कभी भी प्रत्यायुक्त (पूर्ण प्रतिनिधित्व) नहीं हो सकती। उनके अनुसार, 'अगर एक बार भी लोगों ने अपना प्रतिनिधि चुन लिया तो वह कभी भी स्वतंत्र नहीं रह सकते'। (ब्लॉग एवं शुवार्जमार्शल, 2000 : 144) यद्यपि ऐसा हुआ तो, रूसो के अनुसार, लोगों का स्थायित्व खत्म हो जाएगा। रूसो के विचार, प्रतिनिधित्व को लोगों की स्वतंत्रता के लिए रुकावट मानते हैं; जहां एक ओर वह लोक संप्रभुता के हिमायती हैं तो दूसरी ओर प्रतिनिधित्व लोकतंत्र को खारिज करते हैं।

अठारहवीं सदी के दार्शनिक एवं राजनीतिज्ञ एडमंड बर्क अपने सुप्रसिद्ध भाषण में ब्रिस्टल के मतदाताओं को संबोधित करते हुए प्रतिनिधित्व लोकतंत्र की वकालत करते हैं। वह प्रतिनिधियों के शासनादेश (mandate) द्वारा बाध्य होने के बिल्कुल विरुद्ध हैं। बर्क के अनुसार, संसदीय प्रतिनिधि को अपने विवेक के द्वारा निर्णय लेना चाहिए और उस निर्णय तक पहुंचने के लिए निर्वाचन क्षेत्र के लोगों से विमर्श जरूर करना चाहिए। यह विचार कि प्रतिनिधि अधिकार एवं कर्तव्य दोनों स्वयं रखता है, ताकि स्वतंत्र निर्णय का निर्वाह किया जा सके, अपनेआप में एक ऐसा विचार है जिसने बर्क के प्रतिनिधित्व के सिद्धांत का निर्धारण किया।

प्रतिनिधित्व किस प्रकार अर्जित किया जाए, इस प्रश्न के हल को मिल ने बखूबी ढूंढ़ने की कोशिश की है। क्या विधायक मतदाताओं के अनुदेश से बंधे हैं? क्या प्रतिनिधि को अपनी सोच के अनुसार कार्य करना चाहिए? यहां मिल, हन्नाह पिटकिन के संदर्भ "शासनादेश-स्वतंत्रता विवाद" (mandate-independence controversy) को व्यक्त कर रहे हैं? सही निर्णय लेने के लिए निकाय हो इसलिए उन्होंने ऐसे मतदान के नियमों का समर्थन किया जो ज्यादा से ज्यादा संख्या में शिक्षित प्रतिनिधियों का निर्वाचन कर सकें। उनका समाधान था, राजनीतिक मूल्यों को पुष्ट बनाना जो प्रतिनिधियों को ऐसे कार्य करने की शक्ति दे जो उनके निर्वाचन क्षेत्र के हित में हों। (मिल, 1991(a) (1861) : ch-12) मिल प्रतिनिधि को जनता का प्रत्यायुक्त (डेलिगेट) मानते हैं जो पूर्ण रूप से मतदाताओं के लिए उत्तरदायी है। उनके अनुसार, प्रतिनिधि के लिए शिक्षित होना आवश्यक है ताकि वह अपने मतदाताओं के हितों का ख्याल रख सके। उनके अनुसार, प्रतिनिधि के लिए शिक्षा अनिवार्य है, क्योंकि

यह प्रतिनिधियों को जिम्मेदार एवं उत्तरदायी बनाएगा और मतदाताओं की ओर उन्हें कम निरंकुश बनाएगा।

प्रतिनिधित्व की प्रकृति : हन्नाह पिटकिन
(The Nature of Representation : Hannah Pitkin)

समकालीन विचारक प्रतिनिधित्व पर आधारित समस्याओं से घिरे हैं; क्या प्रतिनिधित्व, वर्ग अथवा व्यक्तिगत होना चाहिए? किस प्रकार का प्रतिनिधित्व हो और क्यों हो? इस प्रकार के कई प्रश्न शोध का हिस्सा बन चुके हैं। अमेरिकी समकालीन राजनीतिक दार्शनिक हन्नाह पिटकिन तर्क देती हैं कि आज की लोकतांत्रिक व्यवस्था में प्रतिनिधित्व को अनुक्रियाशीलता (Responsiveness) का मुख्य आधार बनाना चाहिए। प्रतिनिधि को लोगों को निष्क्रिय बनाकर दुरुपयोग नहीं करना चाहिए। पिटकिन रोचक रूप से समीक्षा करते हुए कहती हैं कि प्रतिनिधित्व की पद्धति, संस्थानों में इसका क्रियान्वयन, जवाबदेही के लोकतांत्रिक सिद्धांत एवं संस्थानों द्वारा नियंत्रण के मध्य तनाव हो सकता है।

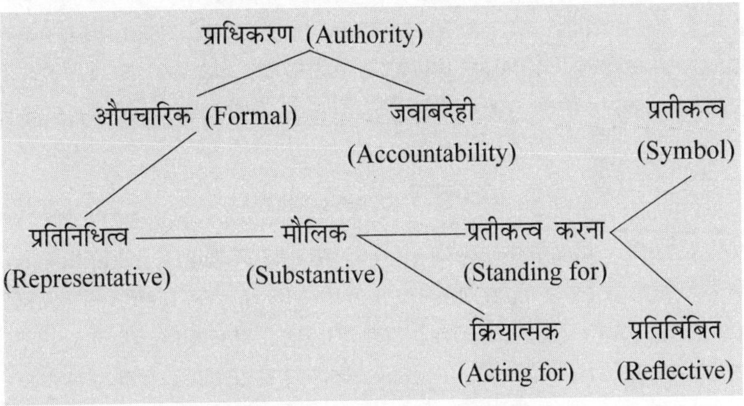

पिटकिन का प्रतिनिधित्व वर्गीकरण

पिटकिन मिल द्वारा दिए गए व्याख्यान को अपनी पुस्तक द *कांसेप्ट ऑफ रिप्रजेंटेशन* (*The Concept of Representation*) में उचित ठहराती हैं। प्रतिनिधित्व के सिद्धांत को वह वर्गीकरण के द्वारा समझाती हैं; जिसमें पहला, औपचारिक (formal) प्रतिनिधित्व, प्रतिनिधि और मतदाता के मध्य के संबंध को आदर्श रूप में उल्लेखित करता है और इसे वह प्राधिकरण एवं जवाबदेही पर आधारित मानती हैं। दूसरा, मौलिक (substantive) प्रतिनिधित्व के भी दो आधार बताए

हैं; प्रतीकत्व (standing for) और क्रियात्मक (acting for)। यहां प्रतीकत्व की दो अन्य सहश्रेणी हैं– क) प्रतीक होना, ख) प्रतिबिंब होना। पिटकिन के अनुसार, आधुनिक लोकतंत्र प्रतिबिंब प्रतिनिधित्व एवं वर्णात्मक प्रतिनिधित्व का हिस्सा हैं। यहां प्रतिनिधित्व संस्था निर्वाचन क्षेत्र के प्रतिबिंब स्वरूप देखी गई है। क्योंकि प्रतिनिधि स्वयं समाज का हिस्सा हैं इसलिए वे मतदाताओं के प्रति उत्तरदायी एवं जवाबदेह रहेंगे। (पिटकिन, 1967 : 60-66)

प्रतिनिधित्व के सिद्धांत का मुख्य केंद्र संस्थानिक शक्ति एवं जनता है। समकालीन राजनीति में समाज के शोषित वर्गों ने अपनी आवाज को उठाना शुरू किया ताकि केंद्र तक उनकी आवाज पहुंच सके। जहां मिल ने महिलाओं को मतदाता सूची से जोड़ने का प्रस्ताव दिया, वहीं ए. फिलिप (A. Phillip) ने समाज में लोकतंत्र एवं भेद को दर्शाया और राजनीति में महिलाओं की बराबर की उपस्थिति की बात कही। यंग ने वर्ग प्रतिनिधित्व के सिद्धांत का तर्क दिया है। यंग के अनुसार, प्रतिनिधित्व व्यक्ति पर नहीं परंतु वर्ग पर आधारित होना चाहिए। उनके अनुसार, लोकतांत्रिक प्रक्रियाओं में समाविष्टि होनी चाहिए ताकि ज्यादा से ज्यादा शोषित वर्ग को प्रतिनिधित्व मिल सके। फिलिप्स भी यही तर्क देती हैं और उपस्थिति की राजनीति का सुझाव देती हैं। उनका सुझाव है कि नवीन सामाजिक आंदोलनों में इस मुद्दे को उठाना चाहिए। वह महिलाओं को प्रतिनिधित्व में समान अवसर मिले, इस पर जोर देती हैं। (फिलिप्स (Phillips), 1995: 5)

निष्कर्ष (Conclusion)

अपनी पुस्तक, *पॉलिटिकल पार्टीज* (1911) में रॉबर्ट मिशेल (Robert Michels) ने तर्क दिया है कि ज्यादातर प्रतिनिधित्व व्यवस्थाएं कुलीनतंत्र की और अपकर्ष (पतन की ओर) (degenerative) होती हैं। यह ''कुलीनतंत्र के लौह नियम अथवा कानून'' (iron law of oligarchy) के नाम से प्रसिद्ध है जहां प्रतिनिधित्व व्यवस्थाओं के पतन के फलस्वरूप सहभागिता के सिद्धांत को पुनः बल प्राप्त हुआ है। आज राजनीति में ज्यादा से ज्यादा नागरिकों की सहभागिता की आवश्यकता है ताकि प्रतिनिधियों पर नियंत्रण रहे और सत्ता का दुरुपयोग न हो, जो लोकतंत्र को संरक्षित बनाता है (protective democracy)। सहभागिता को नौकरशाहीकरण, केंद्रीयकरण, जवाबदेही, पारदर्शिता में कमी और भ्रष्टाचार का उपाय माना गया है। हम यह भी समझ सकते हैं कि आज फिर से प्रत्यक्ष लोकतंत्र सुदृढ़ हो गया है। प्रत्यक्ष एवं अप्रत्यक्ष लोकतंत्र के मध्य पुनः रेखा

खींच दी गई है। सहभागिता सिद्धांत के समर्थकों का यह भी कहना है कि आज के औद्योगिक और प्रौद्योगिक समाजों में शिक्षा का स्तर ऊंचा हो गया है और बौद्धिक तथा राजनीतिक चेतना से संपन्न समाज में अभिजन और गैर-अभिजन के बीच की खाई कम हुई है। इसलिए कार्यक्षमता और विकास की दृष्टि से अधिकांश मामलों में सामान्य लोगों की सहभागिता कोई बाधा नहीं रह गई है। वास्तव में देखा जाए तो सत्ता का विकेंद्रीकरण ही अत्याचार के विरुद्ध सबसे मजबूत सुरक्षा-कवच है। सहभागिता पर आधारित लोकतंत्र ही नागरिकों को तटस्थता, अज्ञान और अलगाव से बचा सकता है और लोकतंत्र की बुनियादी जरूरतों को पूरा कर सकता है।

महत्त्वपूर्ण प्रश्न

1. लोकतांत्रिक व्यवस्था में सहभागिता की क्या भूमिका है? विवेचना कीजिए।
2. क्या प्रतिनिधित्व लोकतंत्र में लोगों की सहभागिता और महत्त्वपूर्ण हो जाती है?
3. क्या विमर्शी और सहभागी लोकतंत्र प्रतिनिधित्व लोकतंत्र को और सशक्त बना सकता है? वर्तमान राजनीति के संदर्भ में विवेचना कीजिए।
4. सहभागिता एवं प्रतिनिधित्व सिद्धांत का आलोचनात्मक विश्लेषण कीजिए।

संदर्भ (References)

Acharya, A. and Bhargava, R., 2008, *Political Theory: An Introduction*, New Delhi: Pearson Longman.

Dahl, Robert A., 1982, *Dilemmas of Pluralist Democracy: Autonomy vs. Control*, Yale: Yale University Press.

Heywood, Andrew, 1992, *Political Ideologies,* U.K.: Palgrave Macmillan.

Held, David, 1991, *Models of Democracy*, Cambridge: Polity Press.

Mill, J.S., 1991, 'Considerations on Representative Government' in *On Liberty and Other Essays*, Oxford: OUP, a[1861].

Phillips, Anne, 1991, *Engendering Democracy*, Cambridge: Polity Press.

Pateman, C., 1960, *Participation and Democratic Theory*, Cambridge: CUP.

Pitkin, Hannah, 1967, *The Concept of Representation,* Berkeley and Los Angeles, University of California Press.

Ricardo Blaug and John Schwarzmental(ed), 2000, *Democracy: A Reader,* Edinburgh, Edinburgh University Press.

अध्याय बारह

विमर्शी लोकतंत्र
(Deliberative Democracy)

अमरीन

- *विमर्शी लोकतंत्र का विकास*
- *विमर्शी लोकतंत्र की अवधारणा तथा विचार*
- *विमर्शी लोकतंत्र के मुख्य सिद्धांतकार तथा उनके विचार*
- *सर्वदेशीय लोकतंत्र*
- विमर्शी लोकतंत्र : आलोचना
- *निष्कर्ष*
- *महत्त्वपूर्ण प्रश्न*
- *संदर्भ*

विमर्शी लोकतंत्र पिछले अध्याय जोकि सहभागिता तथा प्रतिनिधित्व की व्याख्या करता है, उसकी आलोचनात्मक समझ पर आधारित है। डेविड हेल्ड ने ''सहभागिता सिद्धांत'' का तर्क देते हुए कहा कि यह सिद्धांत बेहतर तो है लेकिन इससे यह स्पष्ट नहीं हो पाता कि क्यों और कैसे सिर्फ सहभागिता मानवीय विकास–जो लोकतंत्र का एक महत्त्वपूर्ण लक्ष्य है, के उच्चतर स्तर को प्राप्त करने में सहायक हो सकती है। इस बात का कोई तर्कसंगत आधार नहीं मिलता कि सहभागिता नागरिकों को सामान्य हित के प्रति अधिक सहयोगशील और प्रतिबद्ध बनाएगी। हेल्ड इस केंद्रीय मान्यता को भी आवश्यक रूप से सत्य नहीं मानते कि आम लोग अपने जीवन को प्रभावित करने वाले मुद्दों पर नीति निर्धारण करने और निर्णय लेने में

* अमरीन, असिस्टेंट प्रोफ़ेसर, राजनीति विज्ञान विभाग, ज़ाकिर हुसैन दिल्ली कॉलेज (सांध्य), दिल्ली विश्वविद्यालय।

अधिक उत्तरदायी बनना चाहते हैं। यदि वे सामाजिक-आर्थिक मामलों और नीतियों के निर्धारण में भाग लेना नहीं चाहें तो उन्हें इसके लिए बाध्य करना उचित नहीं माना जा सकता। फिर भी मान लिया जाए कि आम लोग अपने लोकतांत्रिक रुझान को यदि एक सीमा से आगे ले जाना चाहें और बुनियादी स्वतंत्रता और अधिकार के मामले में दखलंदाजी करने लगें तो लोकतंत्र का क्या हश्र होगा, ऐसे प्रश्नों पर सहभागिता सिद्धांत के समर्थकों ने पर्याप्त ध्यान नहीं दिया है।

विमर्शी लोकतंत्र का विकास
(Development of Deliberative Democracy)

लोकतंत्र में नागरिकों की सहभागिता को प्रभावी रूप देने में विमर्शी लोकतंत्र एक महत्त्वपूर्ण प्रयास है। विमर्शी लोकतंत्र की शुरुआत 1990 में हुई परंतु इस अवधारणा को पूर्ववर्ती विचारकों के विचारों में भी देखा जा सकता है। इस विचार को अरस्तू तथा एथेंस के नगर-राज्य और रूढ़िवादी विचारक एडमंड बर्क के विचारों में देखा जा सकता है। बर्क के लिए विमर्श किसी भी उतावलेपन अथवा जल्दबाजी में किए गए कार्य के विपरीत एक परिपक्व चिंतन है। इसके साथ ही, उदारवादी विचारक जैसे जे.एस. मिल तथा जॉन डीवी के विचारों में भी विमर्शी लोकतंत्र की झलक मिलती है। इन विचारकों की निरंतरता में सहभागी लोकतंत्र की सिद्धांतकार कैरोल पैटमन (Carole Pateman, 1970) भी शामिल हैं जोकि समकालीन उदारवादी लोकतंत्र में अवसरों के अभाव को लेकर असंतुष्ट थीं। बेंजामिन बार्बर (1984) की "मजबूत लोकतंत्र" (strong democracy) की संकल्पना विमर्शी लोकतंत्र तथा सहभागी लोकतंत्र के मध्य जुड़ाव का एक प्रयास है जो लोकतांत्रिक बातचीत पर जोरदार तरीके से बल देता है।

विमर्शी लोकतंत्र की अवधारणा तथा विचार
(Concept and Idea of Deliberative Democracy)

हालांकि 1990 से पहले सिद्धांतकार लोकतंत्र को सामान्यत: मतदान तथा प्रतिनिधित्व के माध्यम से हितों की रक्षा तथा इच्छाओं की समग्रता को प्राप्त करने के माध्यम के तौर पर समझते थे, जहां सामूहिक निर्णय लिए जा सकें पर विमर्शी लोकतंत्र की शुरुआत से लोकतांत्रिक वैधता का केंद्र वास्तविक विमर्श के माध्यम से सहभागिता की योग्यता बन गया। "विमर्शी लोकतंत्र" (Deliberative Democracy) शब्द का इस्तेमाल पहली बार जोसफ बेसेट्ट ने 1980 में किया।

विमर्शी लोकतंत्र इस अवधारणा के आधार पर कार्य करता है कि मनुष्य सामाजिक प्राणी है। चूंकि वह समाज में रहता है और समाज का अभिन्न अंग है इसलिए आपसी वाद-विवाद का जन्म भी होता है। इसीलिए समाज के विभिन्न हितों के मध्य विमर्श की आवश्यकता है।

विमर्शी लोकतंत्र का मुख्य विचार लोगों के मध्य बातचीत है। इसके माध्यम से विभिन्न प्रकार के विचार एक साथ सामने आते हैं। लोकतंत्र की विशेषताएं जैसे सहभागिता, समानता, न्याय के आधार पर लोकतंत्र का स्पष्टीकरण किया जाता है, उसी प्रकार विमर्श के माध्यम से भी लोकतंत्र को स्पष्ट किया जा सकता है, तथा साथ ही लोकतंत्र की अन्य विशेषताओं को भी प्राप्त किया जा सकता है। विमर्शी लोकतंत्र सहभागिता और विमर्श के माध्यम से समानता और न्याय स्थापित करने का प्रयास करता है। विमर्श का माध्यम भाषा तथा इसकी प्रक्रिया संवाद है; संवाद के द्वारा एक बेहतर समाज की ओर बढ़ने का प्रयास किया जाता है। इसकी प्रक्रिया के माध्यम से ही व्यक्ति समाज में एक-दूसरे से जुड़ते हैं और व्यक्ति निर्णय-निर्माण की प्रक्रिया में सहभागिता प्राप्त करने योग्य होता है। संवाद साधारण व्यक्तियों में वाद-विवाद की योग्यता को उत्पन्न करता है। यह साधारण व्यक्तियों के लिए राजनीतिक प्रतियोगिता स्थापित करता है जोकि लोकतंत्र पर निर्भर है तथा इसके माध्यम से लोकतंत्र का जन संप्रभुता (popular sovereignty) का रूप उभरता है। विमर्श निर्णय-निर्माण में सहभागिता का अवसर प्रदान करता है तथा राजनीतिक प्रतिस्पर्धा को भी बढ़ावा देता है।

औपचारिक तौर पर देखें तो विमर्शी लोकतंत्र के कई आयाम हैं जैसे—चिंतन, तार्किक, सूचनात्मक तथा सामाजिक आयाम। विमर्शी लोकतंत्र के चिंतन आयाम से अभिप्राय है कि वे प्राथमिकताएं, वरीयताएं, निर्णय तथा विचार जिन्हें निश्चित माना जाता है, विमर्श में परिवर्तन के लिए सहज अनुगामी होते हैं। विमर्शी लोकतंत्र में प्रामाणिकता एक मुख्य सरोकार है। लोकतांत्रिक नियंत्रण आदर्श रूप में तात्त्विक होना चाहिए न कि प्रतीकात्मक। इसके लिए सहभागियों के मध्य बिना किसी दबाव के वार्तालाप को शामिल करना आवश्यक है।

विमर्शी लोकतंत्र के मुख्य सिद्धांतकार तथा उनके विचार
(Major Philosophers and Their Ideas of Deliberative Democracy)

विमर्शी लोकतंत्र प्रक्रियात्मक लोकतंत्र की कमियों को उजागर करता हुआ व्यक्ति की सहभागिता को अधिक महत्त्व देता है। व्यक्ति को केवल वोट देने तक सीमित करने से वास्तविक संरचना का निर्माण नहीं हो सकता है।

जॉन लॉक सामाजिक समझौते के माध्यम से सीमित, उत्तरदायी और प्रतिनिधि सरकार का निर्माण करते हैं। राजनीतिक योग्यता किसी भी समाज के भविष्य का निर्माण करती है। उदारवादी लोकतंत्र के लिए लोकतंत्र केवल अल्पमत और बहुमत नहीं, बल्कि राजनीतिक समझ को प्राप्त करने के लिए अधिकार देना था। जॉन लॉक कुछ अधिकारों की बात कहते हैं जो आधारभूत तथा प्राकृतिक हैं–जीवन का अधिकार, स्वतंत्रता का अधिकार तथा संपत्ति का अधिकार। राज्य इन अधिकारों को व्यक्ति से नहीं छीन सकता। यदि वह ऐसा करता है तो लोग उसके विरुद्ध विद्रोह कर सकते हैं। यह विधि के शासन को महत्त्व देते हैं। कानून लोगों के लिए एक अमूर्त शासन पद्धति है। यह शासन पद्धति को परिवर्तित करने का कार्य भी करती है।

रूसो के सामान्य इच्छा के सिद्धांत को प्रक्रियात्मक लोकतंत्र में महत्त्व नहीं दिया जाता क्योंकि रूसो प्रतिनिधि सरकार के विरोधी हैं। रूसो के अनुसार व्यक्ति अधिकार तथा स्वतंत्रता का उपयोग तभी कर सकता है जब समाज के निर्णय निर्धारण में उसकी सहभागिता हो।

1990 के दशक में दो मुख्य उदारवादी विचारकों ने विमर्शी लोकतंत्र की घोषणा की। ये विमर्शी लोकतांत्रिक सिद्धांतकार थे–जॉन रॉल्स तथा हेबरमास। इन दोनों विचारकों ने लॉक और रूसो के मॉडल से अलग अपनी बात रखी।

जॉन रॉल्स (1993)

जॉन रॉल्स पूर्ण प्रक्रियात्मक न्याय का सिद्धांत देते हैं तथा इस सिद्धांत का निर्माण जनसहभागिता के माध्यम से होता है। रॉल्स के अनुसार, न्याय तभी संपूर्ण होगा जब उसमें लोगों की भागीदारी होगी। राज्य का तर्क लोगों के मध्य विमर्श के पश्चात् आता है। जब साधारण जनता को राजनीतिक प्रक्रिया से निकाला जाता है तब उनके मस्तिष्क में विरोधी विचार उत्पन्न होते हैं। रॉल्स समाज को एक सहयोगात्मक उपक्रम के रूप में स्वीकार करते हैं जिसमें लाभ और हानि दोनों होते हैं तथा जिस सिद्धांत के आधार पर व्यक्ति लाभ प्राप्त करते हैं वह समानता है क्योंकि समानता ही न्याय है। काम और लाभ दोनों का बंटवारा न्यायपूर्ण होना चाहिए।

वास्तविक स्थिति में समाज में कुछ निश्चित सूचनाएं होती हैं जो निर्णय-निर्माण में सहायक होती हैं। वास्तविक स्थिति में लोग सहभागिता करते हैं तथा न्याय के दो सिद्धांतों–पहला, स्वतंत्रता तथा दूसरा, समान अवसर का निर्माण करते हैं। रॉल्स के लिए निष्पक्षता ही न्याय है।

हेबरमास (1996)

हेबरमास विमर्शी लोकतंत्र को द्विमार्गी (Two Track) मॉडल की तरह समझते हैं– एक रास्ता सार्वजनिक क्षेत्र है तथा दूसरा रास्ता विधानमंडल है। अनौपचारिक सार्वजनिक क्षेत्र में होने वाला विमर्श, विशेषतः चुनावों के माध्यम से, प्रभावशाली वार्तालाप अथवा बातचीत में परिवर्तित होता है और फिर विधानमंडल के द्वारा प्रशासनिक शक्ति में परिवर्तित होता है। हेबरमास का मानना है कि सार्वजनिक क्षेत्र वास्तव में ऐसा क्षेत्र है जहां विमर्श के माध्यम से सरकार के कार्यों का लेखा-जोखा रखा जाता है और उनका मूल्यांकन किया जाता है। संवाद विमर्श का व्यावहारिक आधार है अर्थात् यह व्यक्ति तथा समाज के मध्य संबंध को दिखाता है। व्यक्ति समाज को निर्मित नहीं करता बल्कि वह समाज में ही पैदा होता है। यह भाषा के द्वारा अपने संबंधों का निर्माण करता है, साथ ही व्यक्ति संवाद की प्रक्रिया के माध्यम से अपनी प्रकृति को समझता है। जब व्यक्ति अपने विचार अन्य व्यक्तियों के साथ साझा करता है तब विचारों के आदान-प्रदान के माध्यम से वह अपने विरोध का भी परीक्षण कर पाता है। संवाद एक ऐसी संकल्पना है जिसके अंतर्गत ज्ञान तथा तार्किक कथनों को शामिल किया जाता है, वे सभी तार्किक तथा ज्ञान पर आधारित होते हैं। संवाद के माध्यम से विचारों का आदान-प्रदान किया जाता है और उनकी तुलना करके आवश्यकतानुसार उन्हें परिवर्तित करके सही ज्ञान तक पहुंचा जाता है। संवाद के अंतर्गत प्रत्येक व्यक्ति की पहचान स्वतंत्र और समान रूप में होती है। इसका आधार साझेदारी है तथा यह लोकतांत्रिक है क्योंकि यहां सभी को समावेशित किया जाता है।

बहुल तथा विविध समाजों (plural and diverse societies) में संवाद की भूमिका अत्यंत महत्त्वपूर्ण है क्योंकि इसके माध्यम से समाज में जनसंचार को बढ़ावा मिलता है। यह एक प्रकार से सामाजिक पूंजी की तरह है। यदि किसी समाज में संवाद का अभाव है तो यह आवश्यक है कि वहां ज्ञान में सुधार किया जाए तथा ''दूसरों'' के ज्ञान को मान्यता दी जाए। विमर्श नागरिक समाज का हिस्सा है जो बातचीत की तार्किकता (communicative rationality) के माध्यम से संभव है। सामूहिक समस्याओं का समाधान भी सामूहिक होता है।

विमर्शी लोकतंत्र लोकतांत्रिक संस्थाओं को मजबूती प्रदान करता है। स्वतंत्र और समान व्यक्तियों के मध्य होने वाली विमर्श की प्रक्रिया के माध्यम से ही किसी निर्णय तक पहुंचा जा सकता है। इस विचार के आधार पर यह कहा जा सकता है कि विमर्शी लोकतंत्र एथेंसवादी मॉडल की पुनर्व्याख्या है।

- विमर्शी लोकतंत्र मानवीय तार्किकता के साथ-साथ लोकप्रिय संप्रभुता और अधिकारों की घोषणा को साथ लागू करना चाहता है।
- यह उदारवाद और लोकतंत्र दोनों को साथ लेकर आता है। रॉल्स स्वतंत्रता तथा अवसर की समानता की बात करते हैं, वहीं जॉन लॉक आधारभूत अधिकार, प्रतिनिधि सरकार तथा संविधान पर बल देते हैं। रूसो जनजीवन को अधिक महत्त्व देते हैं।
- तथ्य और मूल्यों के आधार पर हेबरमास का मॉडल व्यक्ति के अधिकारों तथा जन संप्रभुता की बात करता है। किसी एक व्यक्ति के दृष्टिकोण को अन्य व्यक्ति द्वारा आसानी से समझ पाना तथा इसकी व्याख्या करना केवल विमर्श के माध्यम से ही संभव है।
- विमर्श की दशा में व्यक्ति स्वतंत्र तथा समान होते हैं। सभी को प्रश्न पूछने का अधिकार होता है।
- रॉल्स पूर्ण प्रक्रियात्मक न्याय के सिद्धांत के संदर्भ में विमर्श की प्रक्रिया को विवेकपूर्ण मानते हैं।
- विमर्श की प्रक्रिया को सार्वजनिक कारणों से महत्त्व प्राप्त है। रॉल्स पूर्ण प्रक्रियात्मक न्याय के सिद्धांत के संदर्भ में विमर्श की प्रक्रिया को विवेकपूर्ण मानते हैं। रॉल्स इसे विवेकपूर्ण (reasonable) तथा हेबरमास जनसंचारपूर्ण तार्किकता अथवा बातचीत की तार्किकता (Communicative Rationality) मानते हैं।
- रॉल्स वास्तविक न्याय की प्राप्ति के लिए सभी को समान सहभागिता का अवसर प्रदान करना चाहते हैं, जबकि हेबरमास के अनुसार विमर्श के लिए सीमाएं नहीं होनी चाहिए।

बोहमन (Bohman) कहते हैं कि विमर्शी लोकतंत्र का आने वाला युग हैरान करने वाला होगा। अपने आरंभिक काल में ही विमर्शी लोकतंत्र ने लोकतंत्र के उदारवादी चिंतन के तरीकों पर आलोचनात्मक समीक्षा को शामिल किया है। विशेषत: इस विचार की समीक्षा पर ध्यान दिया गया कि राजनीतिक अंत:क्रिया में हितों तथा वरीयताओं को समाहित किया जाता है और उन्हें एक-दूसरे के अनुकूल बनाया जाता है न कि उन्हें परिवर्तित किया जाता है।

सैयला बेनहबीब (1996) विमर्शी लोकतंत्र का समर्थन करती हैं। यह सामूहिक हित को महत्त्व देती हैं क्योंकि ऐसी स्थिति में प्रक्रिया व्यक्ति तक सीमित नहीं रहती। विमर्शी लोकतंत्र व्यावहारिक तार्किकता तथा वैधता भी प्रदान करता है। एक

समूह के भीतर विभिन्न विचार सामने आते हैं जिनसे विभिन्न सूचनाएं ज्ञात होती हैं तथा विभिन्न मुद्दों के आधार पर उनमें कमियां भी ज्ञात होती हैं।

इस प्रकार विमर्शी लोकतंत्र व्यावहारिक तार्किकता को प्राप्त करने के लिए आवश्यक है परंतु पर्याप्त नहीं है, क्योंकि इसके द्वारा कई बार विमर्शी लोकतंत्र की गलत व्याख्या हो सकती है। प्रक्रिया के पश्चात् परिणाम निश्चित हो यह आवश्यक नहीं है। अनेक बार प्रक्रिया के पश्चात् परिणाम निश्चित नहीं होते। मुक्त अथवा दबाव के बिना किए गए विचार-विमर्श के पश्चात् सदैव बेहतर तर्क सामने आएं, यह आवश्यक नहीं है। यहां आप गुणात्मकता निश्चित नहीं कर सकते इसलिए "हितों के मध्य विवाद" (conflict of interest) को ध्यान में रखना ज़रूरी है। आदर्श रूप में विमर्श के लिए परिस्थितियां वर्तमान समय में संभव नहीं हैं इसलिए प्रतिनिधियों का सामने आना आवश्यक है। वह जितना सामान्य हित की प्राप्ति के लिए कार्य करेंगे उन्हें उतनी ही वैधता प्राप्त होगी।

सर्वदेशीय लोकतंत्र (Cosmopolitan Democracy)

सर्वदेशीय लोकतंत्र एक महत्त्वाकांक्षी योजना है जिसका लक्ष्य है कि संपूर्ण विश्व व्यवस्था विधि तथा लोकतंत्र के नियमों पर आधारित हो। हालांकि कई राजनीतिज्ञ, सिद्धांतकार, विचारक, विद्यार्थी यह मानते हैं कि विश्व राजनीति की वास्तविकता को समझते हुए सर्वदेशीय लोकतंत्र मात्र एक कल्पना बन कर रह जाती है जिसे प्राप्त करना लगभग असंभव है।

अन्य शब्दों में कहा जाए तो सर्वदेशीय लोकतंत्र एक ऐसी योजना है जिसका लक्ष्य विभिन्न राष्ट्रों में, राज्यों के मध्य तथा वैश्विक स्तर पर लोकतंत्र को विकसित करना है। यह मानते हुए कि ये तीनों स्तर काफी सीमा तक अंतर्निर्भर हैं तथा इन तीनों स्तरों पर लोकतंत्र का एक साथ अनुसरण किया जा सकता है। यह इस बात पर भी बल देते हैं कि इन तीनों स्तरों के लिए विभिन्न लोकतांत्रिक प्रक्रियाओं की आवश्यकता है। यह योजना राज्य के कार्यों को उस संस्थान के साथ एकीकृत और सीमित करने का प्रयास करती है जो विश्व नागरिकता पर आधारित है। इन संस्थानों का मुख्य सरोकार वैश्विक मुद्दों को सुलझाने पर होना चाहिए, साथ ही साथ यह राज्य के कार्यों में भी हस्तक्षेप कर सके जहां मानवाधिकारों का उल्लंघन हो।

विमर्शी लोकतंत्र : आलोचना
(Deliberative Democracy : Criticism)

कुछ प्रमुख सिद्धांत विमर्शी लोकतंत्र की आलोचना प्रस्तुत करते हैं जिनका वर्णन इस प्रकार है :

सामाजिक चयन सिद्धांत (Social Choice Theory)

केनेथ एरो (Kenneth Arrow, 1951) यह दिखाते हैं कि कोई भी सामूहिक चयन की व्यवस्था, उदाहरण के लिए मतदान व्यवस्था तथा ऐसी परिस्थितियों का समुच्चय जो हानिकर न हो जैसे सर्वसम्मति, गैर-तानाशाही, सकर्मकता, वरीयताओं का अप्रतिबंधित दायरा आदि एक साथ प्राप्त कर पाना असंभव है। विलियम रीकर (William Riker, 1982) का मानना है कि विभिन्न मतदान की व्यवस्थाएं तथा नियम सामूहिक चयन की व्यवस्था में मनमानी का एक तत्त्व मात्र हैं। विभिन्न व्यवस्थाएं विभिन्न परिणाम देती हैं, किसी भी व्यवस्था से स्वतंत्र जन इच्छा जैसा कुछ संभव नहीं है। विशेषत: जब किसी एक व्यवस्था को दूसरी व्यवस्था (मतदान, बहुमत शासन, सर्वसम्मति आदि) पर प्राथमिकता देने का कोई कारण न हो।

सामाजिक चयन सिद्धांत विभिन्न आधारों पर विमर्शी लोकतंत्र की आलोचना करते हैं।

- किसी भी आकार की राजनीतिक व्यवस्था में मतदान अतार्किक है।
- बहुमत शासन अल्पसंख्यकों का शोषण करता है।
- जो प्रतिनिधि चुने जाते हैं वे जनहित की कीमत पर स्वयं को लाभ पहुंचाने वाली योजनाएं बनाते हैं।
- नौकरशाह विशिष्ट हित समूहों तथा उनका समर्थन करने वाले राजनीतिज्ञों के साथ मिल कर सार्वजनिक संसाधनों का अपने लाभ के लिए इस्तेमाल करते हैं।
- सामान्यत: मजदूर संघ, मजदूरों की सुरक्षा के लिए बनाए गए कानून और नीतियां वास्तव में आर्थिक कार्यकुशलता की कीमत पर इन समूहों के विशेषाधिकारों की रक्षा करती हैं।
- लोकतांत्रिक राजनीति आंतरिक रूप से गैर-जिम्मेदार होती है क्योंकि यहां प्रत्येक अभिकर्त्ता (agent) अपने हित के लिए कार्य करता है।

विभेदी लोकतंत्र (Difference Democracy)

जहां विमर्शी लोकतंत्र के लिए जनसंचार (communication) अथवा बातचीत लोकतंत्र का केंद्र है, वहीं विभेदी लोकतंत्र इस बातचीत अथवा जनसंचार के तत्त्व को समस्यात्मक मानता है तथा इस बातचीत के तटस्थ स्वरूपों को आलोचनात्मक दृष्टि से देखते हैं। इनका मानना है कि विमर्शी लोकतंत्र के अपने सांस्कृतिक झुकाव हैं। आइरिस यंग (2000) तर्क (यू.एस. के संदर्भ में) देती हैं कि तार्किकता पर बल अल्पसंख्यकों को और अधिक वंचित करेगा जोकि विमर्श से संबंधित बारीकियों और ब्योरों से परिचित नहीं हैं। बातचीत के विभिन्न स्वरूपों तक अल्पसंख्यकों की अधिक पहुंच होनी चाहिए।

संशयवादी समतावादी (Sceptical Egalitarian)

संशयी समतावादी लोकतंत्र के अधिक परंपरागत स्वरूप को विमर्शी लोकतंत्र की तुलना में अधिक महत्त्व देते हैं। इनका मानना है कि राजनीति हित और शक्ति से संबंधित है, जो लोकतंत्र में गुणात्मक रूप से सुधार लाना चाहते हैं, उन्हें शक्ति की समानता की बात करनी चाहिए। इस प्रकार यह लोकतंत्र को वितरणात्मक न्याय (distributive justice) से जोड़ कर देखते हैं। इनका मानना है कि विमर्शी लोकतंत्र का संपूर्ण सिद्धांत नहीं है क्योंकि इसके समर्थक यह स्पष्ट नहीं करते कि सामूहिक निर्णय किस प्रकार लिए जाएंगे।

निष्कर्ष

आज लोकतांत्रिक वैधता का केंद्र वास्तविक विमर्श के माध्यम से सहभागिता की योग्यता बन गया है। विमर्शी लोकतंत्र का मुख्य उद्देश्य विचार-विमर्श के माध्यम से सामूहिक निर्णयों पर पहुंचना है तथा इस विमर्श की प्रक्रिया में सहभागिता अवश्य ही एक महत्त्वपूर्ण तत्त्व है, जिसके अंतर्गत संवाद स्थापित करके बातचीत को कायम किया जाता है। विमर्शी लोकतंत्र बहुल समाजों के लिए विभिन्न हितों के प्रतिनिधित्व के रूप में अत्यंत महत्त्वपूर्ण हो सकता है परंतु अभी भी जो वंचित वर्ग हैं वह विमर्शी प्रक्रिया में प्रभावी रूप से सहभागिता कर पाएंगे यह विचार करने योग्य है।

महत्त्वपूर्ण प्रश्न

1. लोकतंत्र के विमर्शी मॉडल की समीक्षा कीजिए।
2. हेबरमास द्वारा वर्णित जनसंचारपूर्ण तार्किकता (communicative rationality) के संदर्भ में विमर्शी लोकतंत्र की विवेचना कीजिए?
3. विमर्शी लोकतंत्र बहुल समाजों के लिए किस प्रकार महत्त्वपूर्ण है? टिप्पणी करें।

संदर्भ (References)

Arrow, Kenneth J, 1951, *Social Choice and Individual Values*, New York, Wiley.

Barber, Benjamin, 1984, *Strong Democracy: Participatory Politics for a New Age*, Berkeley, CA: University of California Press.

Benhabib, Seyla, 1996, *Democracy and Difference: Contesting the Boundries of Political*. Princeton, Princeton University Press.

Bessette, Joseph, 1980, 'Deliberative Democracy: The Majoritarian Principal in Republican Government.' In Robert A. Godwin and William A. Shambra, (eds.), *How Democratic is the Constitution*? Washington, DC, American Enterprise Institute.

Dunn, John, 1979, *Western Political Theory in the Face of the Future*, Cambridge, Cambridge University Press.

Habermas, Jurgen, 1996, *Between Facts and Norms: Contribution to a Discourse Theory of Law and Democracy*. Cambridge, MA: MIST Press.

Held, David, 1996, *Models of Democracy*, 2nd edn. Cambridge: Polity.

Pateman, Carole, 1970, *Participation and Democratic Theory*, Cambridge, Cambridge University Press.

Rawls, John, 1993, *Political Liberalism*. New York, Columbia University Press.

Riker, William H, 1982, *Liberalism against Populism: A Confrontation between the Theory of Democracy and the Theory of Social Choice*. San Francisco, Freeman.

Young, Iris Marion, 2000, *Inclusion and Democracy*. Oxford, Oxford University Press.

शब्द अनुक्रमणिका